2021年江苏发展分析与展望

ANALYSIS AND PROSPECT OF JIANGSU DEVELOPMENT (2021)

主　编 / 夏锦文

图书在版编目（CIP）数据

2021年江苏发展分析与展望 / 夏锦文主编. -- 北京：社会科学文献出版社，2021.1

ISBN 978-7-5201-7803-7

Ⅰ.①2… Ⅱ.①夏… Ⅲ.①区域经济发展-研究报告-江苏-2021 Ⅳ.①F127.53

中国版本图书馆CIP数据核字（2021）第004649号

2021年江苏发展分析与展望

主　　编 / 夏锦文

出 版 人 / 王利民
组稿编辑 / 任文武
责任编辑 / 高振华

出　　版 / 社会科学文献出版社·城市和绿色发展分社（010）59367143
地址：北京市北三环中路甲29号院华龙大厦　邮编：100029
网址：www.ssap.com.cn
发　　行 / 市场营销中心（010）59367081　59367083
印　　装 / 三河市东方印刷有限公司

规　　格 / 开 本：787mm×1092mm　1/16
印 张：26.75　字 数：405千字
版　　次 / 2021年1月第1版　2021年1月第1次印刷
书　　号 / ISBN 978-7-5201-7803-7
定　　价 / 98.00元

本书编委会

主编简介

夏锦文　现任江苏省社会科学院党委书记、院长，法学博士，二级教授，博士生导师，国家级教学名师。十三届江苏省委委员、省十二届人大代表。2000年被评为首届“江苏省十大优秀中青年法学家”，2006年被人事部等7部门评为“新世纪百千万人才工程”国家级人选，2007年被评为江苏省“333高层次人才培养工程”首批中青年科技领军人才，2008年获第四届全国高等学校“教学名师奖”，2010年享受国务院政府特殊津贴，2019年被评为中宣部文化名家暨“四个一批”人才，2020年被评为第五批国家特殊支持计划人才A。先后兼任教育部高等学校法学类专业教学指导委员会副主任委员、中国法学会法律史研究会常务理事、中国法学会法学教育研究会常务理事、中国法学会比较法学研究会常务理事、中国法学会法理学研究会常务理事、中国儒学与法律文化研究会执行会长，江苏省哲学社会科学界联合会副主席、江苏省法学会副会长、江苏省法学会法学教育研究会会长、江苏省人大常委会立法专家咨询组组长、南京大学兼职教授等。

主要研究领域为法学理论、法律文化的传统与现代化、现代司法理论、区域法治发展、法治理念与社会治理现代化。先后主持国家级和省部级课题20余项。在国内外期刊发表学术论文160余篇，在《人民日报》《光明日报》《经济日报》等报刊发表理论文章30余篇，公开出版《社会变迁与法律发展》、《传承与创新：中国传统法律的现代价值》、《法哲学关键词》、《法治思维》等著作和教材30余部。多次获得国家级和省部级教学科研成果奖励。

摘　要

《2021年江苏发展分析与展望》是江苏省社会科学院加强决策咨询服务的一项重要的制度化工作。本书收录1篇总报告、27篇专题报告。专题报告分为区域现代化、产业发展、开放型经济、公共治理和社会与文化事业五大板块。本书以2020年以来的江苏经济、社会、文化发展为主线，采取理论研究和数据分析相结合的方式，对江苏重大社会现实问题进行高度概括与深入分析，内容全面、视角多元、数据翔实，既是对江苏经济、社会、文化工作的总结与展望，又是为相关部门治理现代化提供参考的重要资料。

关键词： 经济　社会　文化　江苏省

目 录

Ⅰ 总报告

Ⅱ 专题报告

区域现代化

产业发展

开放型经济

公共治理

社会与文化事业

总 报 告

General Report

在构建新发展格局中把握主动走在前列

——2021年江苏经济形势分析与预测

夏锦文*

摘 要： 2020年，江苏经济经受疫情大考，经济触底反弹，增速领先，产业结构持续调整优化，三大增长动力平稳恢复，新动能成为高质量发展生力军，高水平开放持续推进，民生福祉持续有效改善。2021年，世界经济有望实现整体复苏，但不确定不稳定因素依然较多，外部局势依然严峻复杂。做好2021年江苏经济发展工作，建议针对多重情景做好沙盘推演，分类做足政策及方案储备；对接国内市场需求，塑造融入国内大循环的先发效应和领先优势；强化产业发展支撑，夯实构建新发展格局的产业基础；培育壮大创新主体，高质量构建新发展格局的微观基础；全面优化宏观环境，营造有利于构建新发展格局的综合生态。

* 夏锦文，江苏省社会科学院党委书记、院长，教授。

关键词： 疫情大考 高质量发展 新发展格局 江苏

2020年是全面建成小康社会和“十三五”规划收官之年。面对复杂严峻的宏观环境，特别是新冠肺炎疫情暴发的重大冲击，江苏省委省政府在以习近平同志为核心的党中央坚强领导下，认真贯彻落实党中央、国务院各项决策部署，团结带领全省人民同心协力、奋发进取，统筹推进新冠肺炎疫情防控和经济社会发展工作，集中精力抓好“六稳”“六保”，在危机中育新机，于变局中开新局，全省经济经受疫情大考，实现稳健增长，高质量发展基础更牢、成色更足，为2021年实现“十四五”经济发展顺利开局创造了有利条件。

一 2020年江苏经济运行总体特征

（一）经济触底反弹，增速领先

2020年第一季度，受新冠肺炎疫情的严重冲击，江苏地区生产总值同比下降5%，其中第二产业增加值下降8.8%，外贸大市和制造业大市苏州的地区生产总值同比下降8.3%。在重大考验面前，江苏在扎实做好疫情防控的同时，率先推进复工复产复商复市，全省地区生产总值增速在第二季度“浮出水面”，上半年增速达0.9%。其后，江苏经济反弹势头迅猛，前三季度实现地区生产总值73808.8亿元，同比增长2.5%，增速高出全国1.8个百分点；其中苏州市地区生产总值同比增长2.4%，展现出超强的反弹力。2020年第一季度苏沪浙鲁粤五省市地区生产总值增速均出现下滑，不过江苏第一季度GDP增速下滑较其他四省市而言相对较小。2020年上半年，五省市中仅江苏和浙江GDP增速转负为正，并且江苏高于浙江。前三季度，江苏的GDP增速在五省市中依然最高。从GDP上看，2020年前三季度江苏地区生产总值仅次于广东，居于第二位；江苏与广东GDP的差距已由上年同期的5783.8亿元缩小为当前的4588.3亿元（见表1）。

表1　苏沪浙鲁粤地区及全国生产总值比较

单位：亿元，%

省市	2020 年第一季度		2020 年上半年		2020 年前三季度	
	地区生产总值	累计同比增速	地区生产总值	累计同比增速	地区生产总值	累计同比增速
江苏	21002.8	-5.0	46722.9	0.9	73808.8	2.5
上海	7856.6	-6.7	17356.8	-2.6	27302.0	-0.3
浙江	13114.0	-5.6	29086.6	0.5	45826.0	2.3
山东	14919.3	-5.8	33025.8	-0.2	52186.0	1.9
广东	22518.7	-6.7	49234.2	-2.5	78397.1	0.7
全国	206504.3	-6.8	456614.4	-1.6	722786	0.7

资料来源：国家统计局、WIND 数据库。

（二）产业结构持续调整优化

1. 服务业支撑作用显著

2015 年开始，江苏第三产业占 GDP 比重开始超过第二产业，第三产业已经成为经济增长的第一动力。“十三五”以来，江苏第三产业增加值累计增速持续超过第二产业，成为江苏经济增长的第一动力产业。新冠肺炎疫情对江苏服务业的冲击最大，疫情发生后，一系列扶持政策密集出台，信息传输、软件和信息技术服务业，金融业在第一季度末已全面复工复产。2020 年前三季度，江苏第三产业增加值增长 2.9%，增速比上半年快 1.1 个百分点，比第二产业快 0.9 个百分点，比第一产业快 1.8 个百分点，成为稳定经济增长的重要支撑力量（见图 1）。前三季度，信息传输、软件和信息技术服务业，金融业行业增加值分别增长 13.9%、8.8%，分别比上半年快 0.3 个、0.9 个百分点；批发和零售业增长 0.1%，由上半年的下降 3.8% 转为增长。

2. 工业平稳恢复

2020 年前三季度，江苏规模以上工业增加值同比增长 3.6%，比上半年快 2.5 个百分点，比第一季度快 11.4 个百分点（见图 2）。从不同性质企业

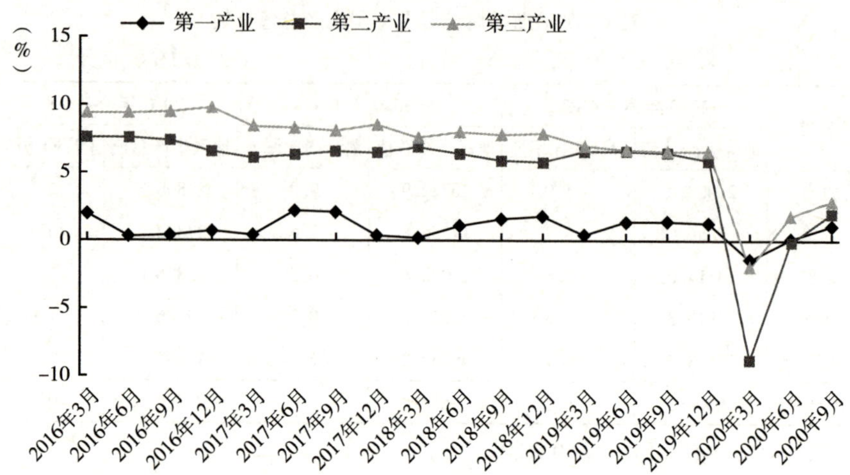

图 1　2016 年以来江苏三次产业增加值分季度累计增速

来看，前三季度股份制企业增加值同比增长 4.3%，比上半年增加 2.4 个百分点；外商港澳台投资工业增加值增长 2.0%，比上半年增加 3.3 个百分点；私营工业企业增长 5.7%，比上半年增加 1.1 个百分点，私营工业企业相对而言恢复更快。

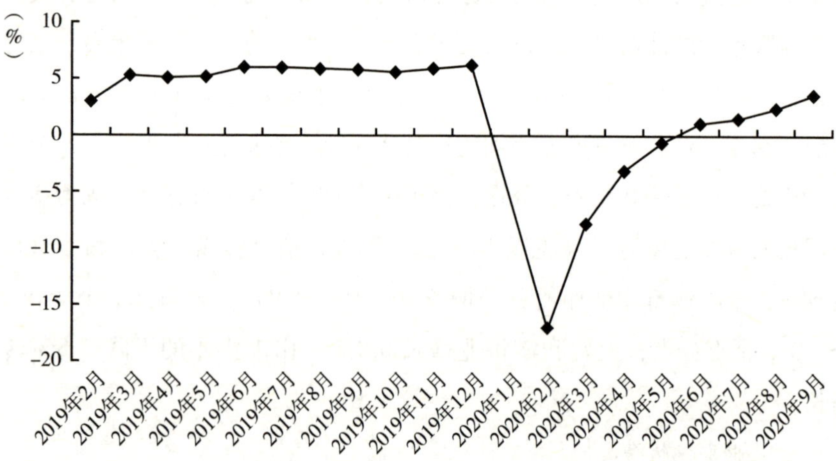

图 2　2019 年 2 月以来江苏规模以上工业增加值分月度累计同比增速

2020 年 1 ~8 月，江苏亏损企业单位数同比增长 19.7%，比上半年减少 5 个百分点，较第一季度减少 22.6 个百分点；工业企业营业收入同比下降 1.1%，降幅比上半年收窄 2.9 个百分点，比第一季度收窄 15.8 个百分点；工业企业利润总额同比增长 2.9%，比上半年提高 7.9 个百分点，比一季度提高 41.4 个百分点。

（三）三大增长动力平稳恢复

1. 投资进一步恢复

2020 年前三季度，江苏固定资产投资同比下降 1.7%，降幅比 1 ~8 月收窄 1.1 个百分点，比上半年收窄 5.5 个百分点，比第一季度收窄 18.5 个百分点（见图 3）。其中第一产业投资同比增长 42.0%，比上半年快 36.3 个百分点；第二产业投资下降 11.1%，比上半年降幅收窄 6.6 个百分点；第三产业投资增长 5.3%，比上半年快 4.1 个百分点。分领域看，基础设施投资增长 15.1%，比上半年快 1.6 个百分点；房地产开发投资增长 8.8%，比上半年快 5.7 个百分点。

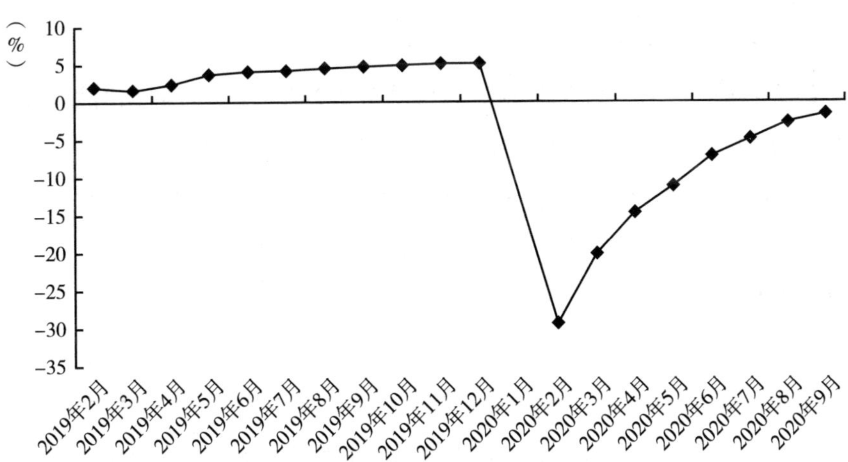

图 3　2019 年 2 月以来江苏固定资产投资完成额分月度累计同比增速

2. 消费品市场逐渐回暖

2020 年前三季度，江苏社会消费品零售总额 26543. 0 亿元，同比下降 4. 7%，降幅比上半年收窄 4. 7 个百分点，比第一季度收窄 13. 4 个百分点（见图 4）。

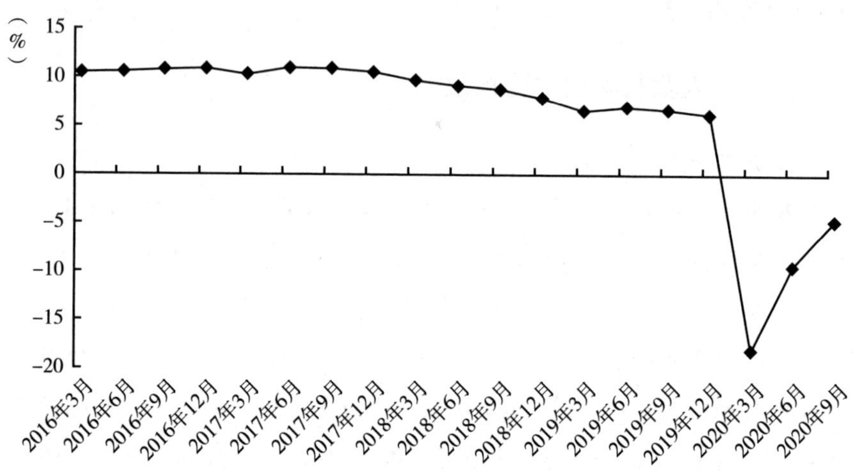

图 4　2016 年以来江苏社会消费品零售总额分季度累计同比增速

3. 进出口稳步复苏

2020 年前三季度，江苏货物进出口总额 32250. 4 亿元，同比增长 0. 8%，上半年为下降 2. 8%，增速年内首次转正；其中出口 19651. 9 亿元，同比下降 1. 8%，降幅比上半年收窄 3. 8 个百分点，比第一季度收窄 13. 1 个百分点；进口 12598. 5 亿元，同比增长 5. 2%，增幅比上半年增加 3. 3 个百分点，比第一季度增加 5. 7 个百分点（见图 5）。

4. 贸易结构继续优化

2020 年前三季度，江苏一般贸易进出口占进出口总额的比重为 53. 6%，比上年同期提高 2. 1 个百分点；机电设备、高新技术产品出口占出口总额的比重分别为 66. 2%、37. 2%，比上年同期提高 0. 7 个、1. 2 个百分点。出口国别上，对“一带一路”沿线国家进出口总额 7819. 1 亿元，同比增长 0. 8%，占进出口总额的比重为 24. 2%，与上年同期持平。

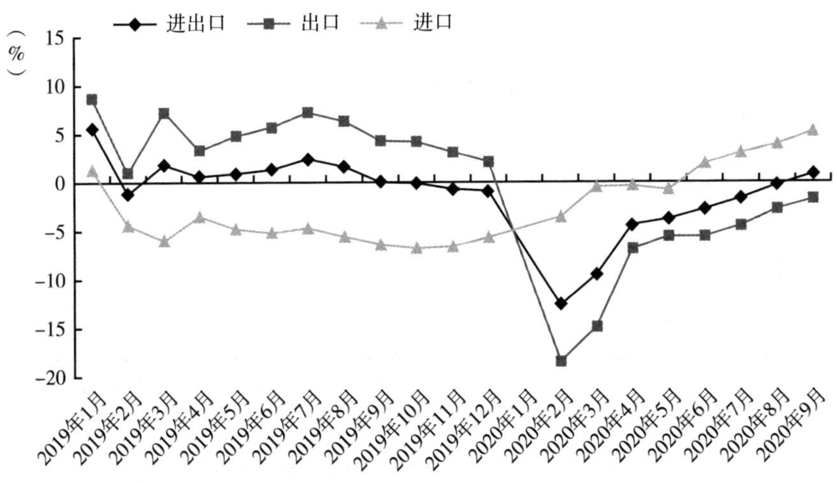

图 5　2019 年以来江苏进出口分月度累计增速

注：以人民币计算。

（四）新动能成为高质量发展生力军

1. 高新技术产业保持较快增长

2020 年前三季度，全省高技术制造业增加值同比增长 7.4%，快于规模以上工业 3.8 个百分点，对工业生产的恢复起到了重要引领作用。上半年，战略性新兴产业产值同比增长 4.4%，快于规模以上工业 4.8 个百分点；高新技术产业产值占规模以上工业比重达 47.1%，比 2019 年提高 2.7 个百分点（见图 6）。前三季度，全省高技术产业投资增长 11.3%，已连续 5 个月保持两位数增长，其中高技术制造业投资增长 9.9%，高技术服务业投资增长 18.4%。电子及通信设备制造业投资增长 10.1%，医药制造业增长 16.8%，信息服务业增长 31.6%，环境监测及治理服务业增长 37.2%。高技术产业投资与产出的快速增长，为江苏经济社会发展逐步复苏提供了重要动能。

2. 总部经济快速发展

江苏在全国较早谋划推动外资总部经济发展，截至 2019 年底，全省累

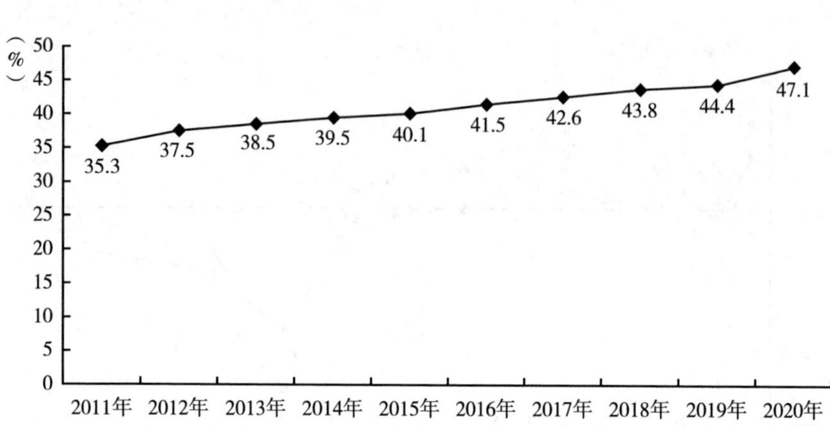

图 6　2011 年以来江苏高新技术产业产值占规模以上工业比重

计认定跨国企业地区总部与功能性机构 258 家，总量居全国前列，发展规模持续扩大，功能形态不断完善。2020 年以来，在推动形成以国内大循环为主体、国内国际双循环相互促进的新发展格局中，江苏南京、苏南等地，外资总部企业总量规模不断扩大，先进技术和管理经验溢出效应显著，发展能力稳步提升。总部经济成为维护产业链稳定运行和推进新旧动能转换的重要抓手。

3. 新基建加速推进

江苏省发改委发布的《关于 2020 年省重大项目编制和推进情况》显示，江苏 2020 年计划实施省重大项目 220 个，其中与新基建相关的项目占全省重大项目比例超两成，年度计划投资占比超三成。创新载体项目年度计划投资 87 亿元，涵盖网络通信、人工智能、新能源、光电产品研发等 20 个项目；与 5G 相关的无线江苏年度工程、宽带江苏年度工程等项目预计投入 160 亿元。目前，江苏全省上“云”企业超过 22 万家，物联网业务收入占全国“半壁江山”，数字经济规模居全国第二位，占全省 GDP 比重超过 40%。得益于新基建的发力，江苏电子元件，挖掘、铲土运输机械，工业机器人，集成电路产量前三季度同比分别增长 69.2%、21.5%、20.8%、21.5%。而电气机械及器材制造业、专用设备制造业、计算机通信和其他电子设备制造业增加值增长较快，分别增长 11.1%、8.4%、6.6%。

4. 市场活力进一步释放

面对突如其来的新冠肺炎疫情，江苏积极助力企业复工复产，出台支持企业平稳健康发展 18 条和支持企业复工复产 12 条措施，并联合相关部门出台支持个体工商户发展的 16 条措施，帮助企业纾困解难，促进市场主体快速发展，营造良好市场环境。截至 2020 年 6 月底，江苏各类市场主体期末实有数达 1111 万家，在全国占比为 9.0%，全省平均每千人拥有市场主体 138 户、企业 44 户，均高于全国平均水平。2020 年上半年，全省新登记高技术企业 1.6 万户，同比增长 35.7%。其中，高技术制造业企业 1240 户，同比增长 265.8%；高技术服务业企业 1.4 万户，同比增长 28.7%。与居全国第一位的广东相比，江苏各类市场主体总数为广东的 85.3%，其中，个体工商户期末实有数为 745.9 万家，略超广东；企业期末实有数为 356.4 万家，为广东的 62.7%，但 2020 年上半年新登记数为 25.9 万家，是广东的 2.7 倍，显示江苏经济具有巨大的成长性和爆发力，在复杂严峻的宏观环境下，这是各类创业创新者对江苏当下及未来发展投下的宝贵信任票（见表 2）。

表 2　2020 年上半年苏粤两省市场主体发展基本情况

单位：万户

市场主体数	江苏	广东
企业期末实有数	356.4	568.3
企业新登记数	25.9	9.57
个体工商户期末实有数	745.9	729.08
个体工商户新登记数	74.9	12.32
农民专业合作社期末实有数	8.5	—
农民专业合作社新登记数	0.2	—
各类市场主体期末实有数	1111	1302.23
各类市场主体新登记数	101	21.9

资料来源：江苏省市场监督管理局网站、广东省市场监督管理局网站。

5. 新兴消费蓬勃发展

受疫情防控影响，线下消费受到抑制，生鲜电商、门店到家等在线零售业态迅速壮大，“无接触配送”需求大幅提升，更多消费者选择网络购物、外卖送餐等新兴消费模式，网上购物、移动支付、共享经济等基于新技术应用的新兴消费快速增长。2020 年前三季度，江苏限额以上批发和零售业企业通过公共网络实现商品零售额 1272.7 亿元，同比增长 30.5%，增速比上半年快 4.7 个百分点；限额以上住宿和餐饮企业通过公共网络实现餐费收入 19.5 亿元，同比增长 49.9%，比上半年快 11.4 个百分点。

（五）高水平开放持续推进

1. 实际利用外资规模全国居首

2020 年 1～8 月，江苏新设立 2002 个外商投资项目，实际使用外资 153.5 亿美元，同比增长 0.2%，规模继续居全国首位。其中，全省制造业实际使用外资 79.4 亿美元，占全省实际使用外资的 40%。第一季度，苏州市实际利用外资 42.3 亿美元，增长幅度高达 163.3%，创下历史新高，表现抢眼。

2. 对外投资持续稳定

2020 年前三季度，江苏新增对外投资项目 515 个，中方协议投资额 36.0 亿美元，其中对“一带一路”沿线国家协议投资额占全省总数的 34.2%。分地区看，苏州市协议投资额 9.9 亿美元，占全省比重为 27.5%，无锡市协议投资额 8.2 亿美元，占全省比重为 22.8%。两市对外协议投资额领跑全省。分行业看，流向第二产业 21.4 亿美元，占全省总量的 59.4%；流向第三产业 14.5 亿美元，占全省总量的 40.3%。分企业类型看，民营企业境外投资 26.1 亿美元，占全省比重为 72.5%，为境外投资的主要投资主体。

（六）民生福祉持续有效改善

1. 就业形势逐渐回暖

就业是民生之基，无论是“六稳”还是“六保”，实现充分就业都是关键保障。为实现稳就业，江苏打出“免、减、缓、降、返、补”的政策“组合拳”，免征中小微企业 5 个月、允许受疫情影响的困难企业缓缴最长 6 个月的社会保险费，继续阶段性降低社保费率。提前启动失业保险稳岗返还，按照“特事特办、能办先办”的原则，对不裁员、少裁员企业优先落实返还政策，符合困难企业返还条件的，还可以采取后补的方式继续享受。特别是针对受疫情影响严重的批发零售、住宿餐饮、物流运输和文化旅游四大行业，参照困难企业标准，给予应急性返还，人均返还金额最高可达4500元。在一系列政策措施下，2020年上半年，江苏城镇新增就业63.54万人，完成全年目标的63.5%，6月末城镇登记失业率为3.11%，就业形势逐步回稳。

2. 居民收入有所增长，城乡差距持续缩小

2020年前三季度，全省全体居民人均可支配收入为32667元，同比增长4.0%，增速比上半年快1.7个百分点。其中城镇常住居民人均可支配收入为40159元，同比增长3.2%，增速比上半年快1.4个百分点；农村常住居民人均可支配收入为18124元，同比增长5.5%，增速比上半年快2.6个百分点。受新冠肺炎疫情影响，居民收入增幅较往年有所放缓。不过农村居民收入增速仍快于城镇居民，城乡居民收入差距在持续缩小，表现为城乡居民收入比从2015年的2.29∶1降为2.22∶1（见表3）。

表3　2015年以来江苏城乡居民收入情况

单位：元，%

时间	城镇常住居民人均可支配收入	城镇常住居民收入增长率	农村常住居民人均可支配收入	农村常住居民收入增长率	城乡居民收入比
2015年	37173	8.2	16257	8.7	2.29∶1
2016年	40152	8.2	17606	8.8	2.28∶1
2017年	43622	8.6	19158	8.8	2.28∶1
2018年	47200	8.2	20845	8.8	2.26∶1
2019年	51056	8.2	22675	8.8	2.25∶1
2020年1~9月	40159	3.2	18124	5.5	2.22∶1

资料来源：历年《江苏统计年鉴》、江苏省统计局网站。

3. 消费价格涨幅持续回落

2020年1~9月，江苏居民消费价格指数（CPI）累计上涨3.3%，涨幅

比上半年回落0.6个百分点，比第一季度回落1.6个百分点；其中，城市上涨3.1%，农村上涨4.0%。9月份，居民消费价格同比上涨1.4%，比8月份收窄0.9个百分点；其中城市上涨1.5%，农村上涨1.2%。分类别看，1~9月，江苏食品烟酒价格同比上涨11.8%，比上半年回落0.9个百分点；衣着下降0.2%，比上半年回落1个百分点；居住下降0.1%，比上半年回落0.5个百分点；生活用品及服务上涨0.7%，比上半年回落0.3个百分点；交通和通信下降3.3%，降幅比上半年扩大0.8个百分点；教育文化和娱乐上涨1.6%，比上半年回落0.6个百分点；医疗保健上涨0.1%；其他用品和服务上涨5.7%。1~9月，全省工业生产者出厂价格（PPI）同比下降2.4%，降幅比上半年扩大0.1个百分点，比第一季度扩大1.1个百分点。9月份，工业生产者出厂价格同比下降2.6%，降幅比上半年收窄0.5个百分点。

4. 最低生活保障标准提升，人数降低

2020年6月，江苏城镇居民最低生活保障平均标准达到729元/（人·月），比上年同期提高了40元/（人·月）；农村居民最低生活保障平均标准达到8606元/（人·年），比上年同期提高了670元/（人·年）。截至2020年8月，江苏城镇居民最低生活保障人数为115653人，比上年同期减少15575人；农村居民最低生活保障人数为675283人，比上年同期减少32982人。

二　2020年世界经济情况分析及2021年走势研判

（一）2020年世界经济发展态势

1. 全球宏观经济遭受重创，进入艰难复苏进程

突如其来的新冠肺炎疫情使得世界经济受到重创，其影响被国际货币基金组织（IMF）定义为自20世纪30年代经济大萧条以来最严重的一次危机。2020年上半年，全球有效需求不足、生产率增长停滞、投资贸易低迷

等问题突出，世界经济出现普遍性同步衰退。分国别和地区来看：美国2020年第二季度GDP同比下降9.5%，环比折年率更是大幅下降32.9%，创下二战后最大降幅。欧元区2020年前两个季度GDP分别同比下降3.1%和15%，这是近7年来的首次负增长。日本经济在2020年上半年遭受重创，各项指标全面下滑，第二季度GDP环比萎缩27.8%，为65年来最严重萎缩。中国经济2020年上半年先降后升，第一季度GDP同比下降6.8%，第二季度GDP同比增长3.2%。第二季度末，中国经济活动已迅速恢复到疫情前的水平。

2020年下半年，随着疫情得到有效控制，加之各国政府出台的经济刺激政策，全球经济缓慢复苏，国际机构纷纷上调了主要经济体的增长预期。总体而言，相对于“愁云密布”的上半年，在中国经济强劲复苏带动下，2020年下半年世界经济有所好转。国际货币基金组织10月发布的《世界经济展望》也因此调高了对2020年世界经济增长的预测指标，由6月份5.2%的萎缩上调为4.4%的负增长。经济合作与发展组织（OECD）在2020年9月也调高了对当年经济增长的预测指标，由6月份的萎缩6%调高为4.5%的负增长。

2. 全球贸易发展陷入困境，各国表现差异明显

就全球贸易发展趋势而言，根据2020年10月21日联合国贸发会议（UNCTAD）发布的报告分析，2020年第三季度，全球贸易虽略有反弹，但总体上仍为负增长，相较上年同期仍下降7%～9%。虽然这一降幅较2020年第二季度19%的同比降幅有所改善，但仍不足以使全球贸易摆脱当前困境。报告预测，2020年第四季度全球贸易同比增长将下降3%。这一预测仍有不确定性，主要受制于未来几个月新冠肺炎疫情演变对全球经济活动的影响。

分国别而言，2020年全球贸易发展特征表现，一是发展中国家出口情况好于发达国家。到7月份，发展中经济体出口同比增长从2020年第二季度的－18%改善为－6%，发达国家则从－22%改善为－14%。二是2020年第二季度全球各地区国际贸易均出现大幅下滑，其中降幅最大的是西亚和南

亚。西亚和南亚进口下降35%，出口下降41%。截至2020年7月份，除东亚以外的大多数地区贸易降幅仍然很大。三是能源和汽车行业国际贸易额仍远低于2019年同期水平。四是疫情使家庭办公设备和个人防护装备需求增长，导致通信设备、家庭办公设备、办公室机器、个人防护装备、纺织品和服装等部门贸易出现了强劲增长。

3. 全球直接投资形势低迷，复苏进程较为缓慢

在全球直接投资方面，根据联合国贸发会议（UNCTAD）2020年6月发布的《2020年世界投资报告》，预计2020年全球外国直接投资将急剧减少40%，低于2019年的1.54万亿美元，达到近20年来的最低水平。

具体而言，发展中经济体的外国直接投资降幅最大，其中拉丁美洲和加勒比地区的2020年外国直接投资预计减少一半，非洲地区则预计减少25%~40%，商品价格低迷将加剧这种负面趋势。此外，流入亚洲地区发展中经济体的资金预计将下降高达45%。就跨国直接投资的具体形式而言，2020年前几个月，新公布的绿地投资项目和跨境并购项目都比上年下降了50%以上。而作为基础设施项目投资重要来源的全球项目融资交易量下降了40%以上。

至于全球直接投资的未来发展前景，很大程度将取决于新冠肺炎疫情的持续时间以及为减轻疫情对经济影响而采取的政策措施的有效性。尽管疫情期间全球外国直接投资急剧下降，但国际生产体系将继续在经济增长和发展中发挥重要作用。预计从2022年起，投资流动可能会在全球价值链的抗风险重组、资本存量补充和全球经济复苏的引领下缓慢复苏。因此，联合国贸发会议（UNCTAD）预计2021年全球外国直接投资将进一步减少5%~10%，并在2022年开始复苏。

（二）2021年世界经济发展趋势研判

1. 全球经济有望实现整体复苏

对于即将到来的2021年，尽管新冠肺炎疫情的发展及影响仍难以判断，但IMF还是给出了较为乐观的预测，即由2020年4.4%的负增长发展为

2021 年 5. 2% 的正增长。发达经济体的增长速度预计为 3. 9%，其中美国为 3. 1%，欧元区为 5. 2%，英国为 5. 9%，日本为 2. 3%；发展中地区及新兴经济体的增长速度预测为 6%，其中中国增长速度为 8. 2%，印度为 8. 8%，俄罗斯、巴西均为 2. 8%，南非则为 3. 0%。联合国预测 2021 年美国、日本、德国、英国、法国、巴西等主要经济体的增速都将大幅提升，其中美国经济增速在 2021 年将有可能超过 4%，巴西 2021 年预计将增长 3%，中国将进一步提升至 7. 9%。

2. 全球金融市场存在较大不确定性

面对新冠肺炎疫情的全面暴发及经济严重衰退，绝大多数发达国家都实施了极其宽松的财政货币政策。特别是 2020 年 3 月，美联储降息至零利率且几乎采用了所有政策手段来维持美国经济的稳定，到 9 月 20 日，美联储的资产负债表达到 7. 09 万亿美元，是一年前同日的近 2 倍。不久前美联储宣布在 2023 年底之前不会改变利率政策。同样，目前欧洲、日本央行已经是负利率，全球经济呈现明显的负利率走势，这也蕴藏着一定的系统性金融风险。

3. 全球贸易走势不容乐观

美国大选之后，如果能摒弃单边主义贸易政策，那么全球贸易的恢复可能好于预期。如果美国单边主义贸易政策变本加厉、中美经贸摩擦进一步加剧并扩展的话，2021 年全球贸易走势将较为暗淡。此外，中东与东亚的地缘政治冲突是否会加剧也有待观察。近期，中东地区出现了亚美尼亚与阿塞拜疆的冲突，其背后依然是大国的角力，可能加剧全球经济的动荡与不确定性。

（三）2021年全球宏观形势对江苏经济的挑战

1. 面临严峻的全球供应链风险

在全球肆虐的新冠肺炎疫情冲击下，全球价值链几近断裂，对价值链条上的各国造成了巨大的冲击。需特别注意的是，某种产品产业链、供应链主体的调整对配套中小企业会造成影响，因为很多零部件是由众多的中小企业提供的。全球范围内的国际分工向区域价值链甚至主权国家内部分工转变，由此带来分工效率的降低。江苏经济深度嵌入全球产业链、供应链，未来将持续面临保障供应链完整性、安全性等方面的国际挑战。

2. 开放型经济转型升级难度较大

从贸易方式看，江苏开放型经济较高程度地依赖加工贸易和外资，近年来推进一般贸易持续发展取得初步成效，一般贸易占出口比重由2008年的34.4%提升至2020年第三季度的53.6%，但仍低于全国60.2%的平均水平。因此，江苏不仅面临“稳外贸”问题，提升贸易质量也是当务之急。

3. 高技术对外开放面临两头挤压

近年来，受部分发达国家投资保护主义和中美经贸摩擦持续升级等影响，江苏高技术对外投资规模和项目数大幅下降，大中型工业企业技术引进支出总额减少，不利于统筹利用国内外创新资源。与兄弟省市相比，江苏企业对外直接投资更多表现出市场开拓导向及资源获取导向，而推动边际产业转移、优化国内资源配置的成本导向型对外直接投资，以及获取国外技术、品牌等高级要素的技术导向型对外直接投资相对滞后。如何通过境外园区建设扩大对外直接投资规模，增强对国外市场、战略资源、劳动要素、技术品牌等资源的整合能力，是江苏发展对外直接投资面临的重大考验。

三　2021年江苏经济发展预测

从2020年前三季度的经济表现看，江苏经济在应对重大疫情冲击过程中表现出色，显示出强大韧性和巨大活力。2021年，江苏经济在积极应对复杂严峻局面、充分做好底线准备的同时，也有条件抢抓疫情冲击后国内外经济有望进入复苏周期的特殊机遇，顺势而上、主动作为，推动经济高质量发展取得更大进展。

（一）影响2021年经济增速的关键变量研判

1. 投资变量：基建和高技术产业投资增速领跑，投资引擎有望成为经济强支撑

在逆周期调节的政策导向下，预计 2021 年基础设施投资仍是财政发力重点。一方面，以 2020 年万亿元抗疫特别国债为引领，撬动地方政府投资、社会投资同向发力，持续加大公共卫生体系建设、应急物资保障、产业链改造升级、交通基础设施建设、市政基础设施建设等重点基础设施领域投资力度，不仅具有拉动当期增长的即期效应，也具有筑牢发展根基、激活长远发展潜能的战略功能，其中长期效应有望在未来逐步显现。另一方面，面对数字化、智能化浪潮蓬勃兴起，加之消费结构升级驱动，江苏以传统制造业为代表的原有生产设施体系需要全方位改造升级，这一进程短期内不会完成。2021 年是“十四五”开局之年，一大批被纳入“十四五”规划的重点项目将进入密集开工建设期，必将形成可观的投资带动效应。2020 年第三季度，江苏基础设施投资、高技术产业投资增速分别高达 15.1%、11.3%，2021 年有望延续这一高速增长势头。

2. 消费变量：大国市场规模优势加速释放，消费增长主引擎作用将更加显著

依托大国市场规模优势，我国正加速构建以国内大循环为主体、国内国际循环相互促进的新发展格局。江苏及所在的长三角地区，是我国居民消费水平最高、区域市场规模最大的区域之一，是我国构建双循环新发展格局的重点板块。一体化的区域市场和庞大的消费市场空间，将成为江苏经济的可靠支撑。从供需匹配的角度分析，庞大的市场规模以及差异化的消费结构，为江苏制造业升级提供了较为宽裕的弹性空间，也增加了外向型经济的回旋余地。居民在抗击疫情期间活跃的线上消费习惯有望得以延续，为在线新经济的发展开拓更大市场空间。预计在“十四五”开局之年，中央会陆续出台促消费的支持政策，意在夯实构建“双循环”格局的大国市场基础；同时，在改革层面，我国将深入推进市场化改革，破除制约区域市场和国内统

一大市场形成的深层次体制障碍，同时也会更加积极地推动收入分配体制改革攻坚突破，培育壮大中等收入群体规模，为全方位释放大国市场优势创造条件。江苏居民收入城乡、地区差距相对较小，加之人口基数较大，在获享市场消费红利和大国市场红利上具有便利性和领先性，这将对 2021 年及中长期增长提供源源不断的可靠动力源。

3. 外贸变量：短期冲击较大领域有望弱修复，省内、国内、东亚、国际循环联动有望稳住外贸增速

受中美战略博弈深化和疫情全球蔓延等因素影响，江苏外贸在短期内遭受较大冲击，特别是苏南等外向度高的地区受冲击程度更大。从前三季度数据看，全省完成货物进出口总额由负转正，出口降幅持续收窄，一批重大外资项目签约落地，表明全省外贸已走出最困难时期。综合研判，2021 年江苏外贸形势仍将面临较为严峻的压力。在全球供应链面临阻滞、断裂甚至碎片化风险的情况下，江苏过去融入西方跨国公司主导的国际分工格局、靠国际代工发展出口导向型经济的循环体系难以延续。江苏经济深度嵌入全球产业链，资源和产品“大进大出”特征明显，未来保障全球供应链安全、增强供应链韧性任务艰巨。同时也要看到，江苏在吸引外资特别是重大外资项目上仍具有突出优势，苏州打造外资投资中国首选地有其风向标意义；在推动东亚循环上，江苏在加强与日、韩以及我国台湾地区合作中具有基础优势，以中韩贸易投资博览会等为代表的外贸战略平台效应显现，这些积极因素将有力推动江苏外贸稳健发展。

4. 制度变量：改革攻坚突破形成稳定预期效应，筑牢经济可持续增长的制度基础

进入高质量发展阶段以后，我国经济竞争力来源逐步从过去的低成本竞争优势转为基于创新驱动的核心竞争力优势。相对于以往的成本因素，制度因素和环境因素日益成为影响经济增长的关键要素。因此，研判江苏经济形势，必须高度重视制度变量与环境变量的因素。2020 年 5 月，中共中央、国务院发布《关于新时代加快完善社会主义市场经济体制的意见》，对当前和今后一个时期深化经济体制改革、加快完善社会主义市场经济体制进行顶

层设计和系统擘画，进一步明确了中国始终坚持更加市场化和国际化的改革方向。在中央统一部署下，江苏以系统化思维推进改革落实，以更大力度、更实举措把改革推向前进，向改革要动力。随着新一轮市场化改革的深入，江苏有望获得更强的改革红利，由此构筑未来经济增长的稳定支撑。

（二）2021年江苏经济主要指标增速预测

鉴于国内外经济的巨大不确定性，江苏2021年经济发展可能形成不同走势。总体研判，除非发生重大外部冲击，我国经济增速逐步回升并达到一个相对稳态水平是大概率事件。江苏经济底盘稳、增长点多、抗风险能力较强，有条件实现相对全国平均水平更高的增速，预计2021年江苏地区生产总值可保持在6.5%～8.5%的增长区间。具体分析如下。

1. 基准情景

假设中美战略博弈虽然持续深化，但整体可控，我国高质量发展进程稳步推进，“双循环”相互促进的新发展格局稳步构建，我国经济抗压能力在逆境中得到进一步淬炼，在党中央的坚强领导和全国人民同心协力、共同努力下，这一情景是大概率事件。在各项宏观调控政策的综合作用下，预计2021年江苏地区生产总值将增长6.5%左右，固定资产投资将增长6.5%，全社会消费品零售总额将增长7.2%，城镇居民、农村居民人均可支配收入将分别增长6.2%、7.0%，一般公共预算收入将增长6.5%，税收收入将增长5.5%，进出口总额将增长6.2%。

2. 乐观情景

假设全球疫情得到有效控制，世界经济反弹较快，中美战略博弈整体可控，中央和地区各项政策前期成效开始显现，江苏经济的外部形势好转，江苏推进高质量发展、构建新发展格局的政策部署显现成效，企业家信心显著增强，区域经济增速达到较高水平，那么，预计2021年江苏地区生产总值将增长8.5%左右，固定资产投资将增长8.2%，全社会消费品零售总额将增长9.0%，城镇居民、农村居民人均可支配收入将分别增长7.0%、8.2%，一般公共预算收入将增长8.0%，税收收入将增长7.5%，进出口总额将增长7.5%。

3. 悲观情景

假设全球疫情得不到有效控制，“逆全球化”继续深化，中美战略博弈管控失当，经贸、科技等领域加速脱钩，江苏经贸将受到更大冲击、外部空间将进一步被挤压，企业家信心不足，投资热情降低，居民消费偏于保守，经济下行压力加大，那么，预计2021年江苏地区生产总值将增长5%左右，固定资产投资将增长4.5%，全社会消费品零售总额将增长5.3%，城镇居民、农村居民人均可支配收入将分别增长4.0%、5.2%，一般公共预算收入将增长4.5%，税收收入将增长3.5%，进出口总额将增长4.5%。江苏省2021年主要宏观经济金融指标预测如表4所示。

表4 江苏省2021年主要宏观经济金融指标预测

单位：%

类别	指标	2020年前三季度增长率	2021年增长率预测		
			基准情景	乐观情景	悲观情景
产出	国内生产总值	2.5	6.5左右	8.5左右	5左右
资本投入	固定资产投资	-1.7	6.5	8.2	4.5
消费	全社会消费品零售总额	-4.7	7.2	9.0	5.3
收入	城镇居民人均可支配收入	3.2	6.2	7.0	4.0
	农村居民人均可支配收入	5.5	7.0	8.2	5.2
财政	一般公共预算收入	1.0	6.5	8.0	4.5
	税收收入	-1.0	5.5	7.5	3.5
贸易	进出口总额	0.8	6.2	7.5	4.5

注：本预测中的增长率为同比。

四 构建新发展格局下江苏经济发展对策建议

（一）对接国内市场需求，塑造形成国内大循环的先发效应和领先优势

1. 服务超大规模市场需求

一是全面促进居民消费。激发市场主体创新活力，策应消费升级和消费

差异化、个性化趋势，丰富消费产品与服务供给。加强产品质量监管，全方位提升产品质量水平，守住消费安全底线，切实保障消费者权益。深入实施同线同标同质工程，引导出口消费品企业开拓国内市场，提升国内市场的产品质量。把握数字化、线上化消费趋势，加快建设“智慧商店”“智慧街区”“智慧商圈”，构建“智能+”消费生态体系。大力拓展就业空间，鼓励劳动者多渠道就业创业，增加居民的工资性收入，提高劳动报酬在初次分配中的比重，厚植居民消费的根基。

二是服务国内市场需求。基于国内人口基数较大，利用国内市场需求的积极有利条件，坚持提升江苏产品与服务的供给质量，建立江苏产品与服务在国内市场需求中的品牌优势和顾客忠诚度，满足日益扩大的国内市场需求以及人民群众对高质量、高品质生活的需求。此外，可应对新冠肺炎疫情等突发外生冲击事件造成市场需求下降的局面，“以增补减”，通过短期内可采取诸如部分补贴、发放消费券等手段对冲风险事件冲击，鼓励居民和企业消费，降低疫情通过收入渠道对消费需求的冲击与负面影响。

三是对接国内价值链体系。在利用国内价值链分工体系已有格局的前提条件下，推动国内经济内循环过程中充分发挥江苏制造业产业体系健全、产业链条完整的独特优势。对接国内产业基础实力雄厚、产业链条完整、战略回旋空间大、超大市场规模优势，通过畅通生产、分配、流通和消费等再生产环节，推动实现江苏经济与国内经济双向循环，重点打造江苏经济与全国经济的供需对接，建立以内循环为主、以外循环为辅的“双循环”新发展格局。

2. 重点推进“两新一重”

一是加大新基建的投资力度，重构传统生产模式。优化要素配置，释放新的发展动能和需求，弥补因疫情防控而受到冲击的投资需求部分。“以增补减”扩大“新基建”有效投资需求规模。“两新一重”中的“两新”是新型基础设施投资和新型城镇化，“一重”是交通、水利等重大工程建设。江苏应加大具有全局性、区域性、战略性的交通、通信、水利等领域基础设施建设的投资力度，在人员聚集的地方、城市群比较集中的地方发展基建，着力满足都市圈一体化、区域市场一体化等潜在需求。

二是充分发挥市场化投资主体作用。利用BOT、TOT、PPP、PFI、ABS等多种项目投资方式鼓励市场主体参与新基建项目建设。同时，研发创业投资引导基金、贷款风险补偿基金等政府项目基金运作模式，鼓励社会资本参与乡村振兴、基础设施、城乡公共服务等领域的投资建设。

三是拓宽融资渠道，从间接融资主导向多层次融资转型。通过发行理财产品募集资本金，主动吸纳民间资金参与项目投资，发行企业债券、中期票据、短期融资券等方式进行债券融资。加强与商业银行、保险基金、投资基金等合作，开展信贷融资或股权融资，保证融资的可持续性，从而减轻对财政资金或银行贷款的过度依赖。

3. 扩大中等收入群体规模

一是持续改善民生，提升江苏人民群众对经济发展的获得感。探索实施江苏省内“中等收入群体倍增发展战略”，力争在较短时间内，通过个人所得税税基调整、个人所得税减免抵消、财政转移支付等手段不断扩大江苏中等收入群体规模，提升江苏百姓在经济发展中的获得感，实现经济增长与居民增收同步推进，推动共享发展。

二是深化收入分配体制改革。坚持多劳多得，着重保护劳动所得，多措并举提高劳动者特别是一线劳动者劳动报酬，提高劳动报酬在初次分配中的比重，实现经济增长和居民收入同步增长、劳动生产率和劳动报酬同步提高。健全劳动、资本、土地、知识、技术、管理、数据等生产要素由市场评价贡献、按贡献决定报酬的机制。

三是积极构建多层次消费市场。依靠国内超大规模市场需求，在提升居民收入的基础上，逐步建立省内多层级消费市场。结合江苏制造业门类齐全、商品与服务供给质量较高、区域品牌知名度较高等优势，积极对接国内统一大市场，培育江苏制造满足国内超大规模市场需求的内生动力。

4. 完善现代供应链体系

一是利用现代信息技术，挖掘消费需求特征。充分利用现代信息通信技术，如电子商务、互联网、物联网、云计算、大数据、人工智能等新兴科技分析国内外消费者消费需求特征，深入挖掘潜在消费需求。引导企业积极采用个性化与定制化生产方式，为消费者提供个性化、多样化商品。

二是创新传统商品供应链模式，推进商品供应链转型升级。推动生产型供应链向消费型转变，将消费需求贯穿产品设计、采购、生产、销售、服务等全过程。推动消费型供应链体系与互联网、物联网深度融合。促进传统供应链转型升级为高效协同的智慧供应链，完善江苏商品供应链产销体系。

三是提升供应链整体能力，提升商品供应链服务效能。利用现代物流信息技术，促进物流供应链体系信息共享，推进有效对接。不断推进供应链、产业组织方式、商业经营模式创新。坚持降低交易成本的基本原则，整合省内外上下游生产资源，优化供应链环节，提升供应链运营效率。

（二）强化产业发展支撑，夯实构建新发展格局的产业基础

1. 培育新兴产业业态模式

一是积极发展乡村“三新经济”。实施休闲农业和乡村旅游精品工程。依托乡村独特生态和文化资源，突出创意设计，打造一批休闲农业精品，放大“土字号”“乡字号”“水韵江苏”等区域特色产品服务品牌，增加特色品牌产品和个性服务供给，推动休闲观光农业和乡村旅游高质量发展。积极发展网上批发、直供直销、订单配送等电商新业态，采取“线上＋实体门店”互动方式，发展食品连锁经营，升级食品配送服务，让农产品出村进城更加畅通，实现产业、主体、电商、农户共赢，促进乡村振兴新型业态集聚发展。

二是重点鼓励线上主体加速涌现。综合施策，有效降低市场主体线上创业就业成本，引导更多创新创业者开展线上经营创业活动，培育量大面广的线上经济新主体；支持发展在线化自主就业、分时就业、弹性就业、共享就业，壮大在线新经济后备梯队；实施在线新业态成长计划，培育一批在线新

业态成长型企业，推动在线经济中小微企业向“专精特新”发展，培育一批创新型企业集群。

三是积极支持传统企业在线转型。推动传统企业主动上线，实现业态线上线下融合发展，重点推动传统制造业企业智能化改造，提升传统制造方式自动化、网络化、智能化水平，并以此为基础催生个性化定制、柔性化生产、网络化协同、服务型制造等新模式、新业态；推动传统消费型企业线上发展，鼓励实体商业通过直播电子商务、社交营销开启“云逛街”等新模式，实现线上转型升级。

四是构建多元化应用场景。围绕人工智能、网络协同制造、云计算和大数据、生物技术、区块链等硬核技术和接口标准，开展市场化应用攻关，为在线新经济应用场景突破提供技术支撑；鼓励企业围绕在线教育、在线文创、在线医疗、智慧物流等领域，开展新技术、新模式、新业态融合创新的场景实测，验证商业模型，评估市场前景；支持在线新经济平台类企业将业务数据接入江苏省或各设区市公共数据运营服务平台，以市场化方式促进数据共建、共享、共用，开展区域和城市协同治理、产业功能区建设等线上经济应用场景创新；鼓励具有行业资源和专业化运营能力的企业或机构牵头组建企业生态联盟，围绕人才链、创新链、供应链、资本链、产业链，以线上集群注册、线下集中入驻、股权合作、技术联合攻关、产业资源共享等方式，共同构建多维度多层次的应用场景，促进在线新经济企业抱团发展，提升市场竞争力。

2. 发挥总部经济优势

一是发挥总部经济优势，打造世界级高新技术产业发展集群。利用国内国外双循环发展契机，吸引国内外高端生产要素参与江苏区域性金融保险中心、科教研发中心、综合技术服务中心建设，逐步形成相当于总部经济体量的世界级高新技术产业发展集群和规模。重点立足发达制造业基础，建设一个“总部基地 + 制造基地”的产业生态集群，打造引领性、高端性、主链性产业的总部，凸显江苏在全球价值链和国内价值链中的节点优势地位。着力点主要包括两个方面：一方面，要以苏锡常、宁镇扬都市圈一体化为抓手，立足工业化、城镇化基础和外向型产业优势，吸引制造业研发总部集聚，打造世界级产业创新中心；另一方面，要立足地理和交通优势，大力发展枢纽经济。

二是探索总部经济打造江苏路径。重点发展三种总部经济，第一种是基于集约发展和创新要素集聚的总部经济，有利于加快经济发展方式从要素驱动向创新驱动转变。总部经济突破了资源、能源、土地和环境等要素供给制约，缓解了经济发展与自然资源环境之间的矛盾。而总部经济对人才、知识、技术、信息等创新要素的需求也加速了创新型经济的发展。第二种是基于现代生产性服务业发展的总部经济，有利于推动产业结构升级。总部经济的主要内容是价值链两端的研发、设计、品牌、营销、物流、商务、金融等生产性服务业，具有更高的附加值，是产业发展的高级形态，是现代化经济体系中的核心部门和中坚力量。第三种是基于国内价值链构建和延伸的总部经济，有利于促进区域协调发展。在疫情冲击的全球化新背景下，原本跨越国界的产业链逐渐呈现纵向缩短和横向集聚态势，再加上我国拥有的超大规模市场优势，使得通过构建和延伸国内价值链来发展总部经济成为必然选择。

3. 促进全产业链协同发展

一是高起点建设“江苏省实验室”，打造国家技术创新中心。联合长三角乃至全国科创资源，提升原发创新能力。推进长三角区域产业协同发展，加强“从 0 到 1”基础性研究，突出科技创新在产业协同中的主导作用，构建长三角区域科创共同体，强化协同创新政策支持，形成共同支持和推动创新的强大合力。

二是高水平建设科技资源统筹服务中心和技术产权交易市场。完善科创资源产权交易机制和科创成果转化机制，协同推进科技成果转化，打通从实验室到生产车间的“最后一公里”。同时，协同长三角区域共建产业创新大平台，大力整合国际国内优质创新资源。携手长三角区域各省市推动制造业高质量发展，合力发展高端服务经济，引导产业合理布局。积极利用长三角区域内创新板块、自贸园区建设契机，着手建立长三角“联动产业发展示范区”，推动服务链、创新链、产业链和招商链“四链”协同发展，打造更具吸引力的产业链要素集聚高地。

（三）培育壮大创新动能，高质量构建新发展格局的创新基础

1. 提升尖端前沿创新能力

一是完善省域创新体系。发挥江苏创新基础厚实、创新资源富集、创新生态优良的综合优势，坚持创新在现代化建设全局中的核心地位，面向世界科技前沿、面向经济主战场、面向国家重大需求、面向人民生命健康，深入实施科教兴省战略、人才强省战略、创新驱动发展战略，完善区域创新体系，加快建成科技强省、创新强省。以打造世界级先进制造业集群为牵引，系统推进制造强省、质量强省、网络强省、数字江苏建设，全面提升产业链供应链现代化水平，加快形成一批自主可控的现代产业集群。

二是争取国家重大创新平台。聚焦前沿领域、研究基础和国家重大需求，系统谋划、前瞻布局、强力投入，在若干有条件的领域打造具有基础性、原创性、引领性的创新策源地，为科技自主自强做出江苏贡献。积极申请建设国家重大科技基础设施、国家技术创新中心和国家制造业创新中心，统筹推动南京综合性科学中心、国家实验室等创建工作，不断增强与新时代国家创新体系的融合度。

三是建设共性技术研发共享平台。重点在生物技术、微纳制造、智能交通、放射医学、有机电子等领域培育一批省级以上重点实验室等重大创新平台，加强产业技术基础能力和试验平台建设。推动大型科学仪器设施、科技文献数据、科技基础条件平台开放共享，提升科学发现、技术发明和产品产业创新的整体水平。

四是统筹安排创新平台空间布局。加强省市县上下级联动，重点通过科技资源平台向下延伸，带动全省各类平台的建设和人才的集聚。优化平台产业布局。引导各地按照“一区一战略产业”“一县一主导产业”的创新发展需求，围绕重点培育发展的战略新兴产业或特色支柱产业，建设各具特色的

新型研发机构、工程（技术）研究中心等平台载体，完善创新服务链，为创新主体培育壮大提供支撑。

五是推进创新主体做大做强。减少企业并购的制度壁垒，鼓励相关市场主体通过横向或纵向一体化经营快速扩大企业规模，进而加强资源整合，强化企业的核心竞争优势，全面增强企业的综合实力，在此基础上进一步创新核心技术，改进商业模式，增强对产业链条的影响力和控制力，占据价值链条的制高点，从而成长为具有国际竞争优势的行业龙头。

2. 推动机构协同攻关创新

一是完善科创人才跨机构协同创新机制。把科教资源优势转化为创新优势、发展优势，支持科研院所、高校与企业交叉设立院士工作站，建立校企联盟，完善“科技副总”选聘机制，将更多创新资源引入企业。开放大学和科研机构的国家实验室，加强研究机构与企业的研究合作和人员交流，鼓励企业牵头联合高校、科研院所共同设立研发机构、技术转移机构或产业技术创新战略联盟，联合开展科技攻关、科技成果转化等科技创新活动。

二是充分激发企业创新动力。坚持技术、产业、资本联动，对不同类型创新型企业和创新型企业发展的不同阶段，有针对性地给予资金、金融、人才等方面的支持，激发企业创新创业的动力和活力。制定创新导向的普惠性政策，降低企业创新和运营成本。加强政企互动，落实创新主体精准服务行动，帮助企业了解政策精神、把脉企业发展现状，及时获取政策扶持。优化创新决策和组织模式，建立常态化的企业技术创新对话、咨询制度，发挥企业和企业家在创新决策中的重要作用。

3. 鼓励企业科技成果转化

坚持以产业应用技术研究开发为重点，以引领产业发展和服务企业创新为根本，加快推进江苏产业技术研究院改革发展，推进专业研究所、产业技术创新中心、海外产业技术研发载体等建设，加强共性技术研发与服务，同时关注和培育新型研发组织与模式，发展第三方研发服务载体，深化应用型科研院所改革发展。围绕技术转移服务功能，建立国内外合作资源网络和技术转移服务载体。推进省技术产权交易市场建设，支持省内高校科研院所普遍建立技术转移中心。建设一批国际技术转移服务机构，健全省、市、县三级技术转移工作网络。构建全省技术转移信息服务“一张网”。

（四）全面优化宏观环境，营造有利于构建新发展格局的综合生态

1. 持续改善地区营商环境

一是塑造市场准入改革新优势。在全省范围内持续推进、深化“最多跑一次”“‘多规合一’极简审批”等创新举措。简化企业开办流程，搭建线下开办企业“一窗式”服务模式，实现开办企业涉及具体事项集成办理。简化中小型社会投资工程建设项目审批和临时用电、用水手续。进一步压缩实体经济企业不动产登记办理时限。构建“清”上加“亲”的政商交往模式，为企业提供量身定制的全链条服务，减少审批环节，压缩办事时限，创新服务方式。

二是精准定位政府职能及效能。全面推行“互联网＋税务”模式，探索试点纳税人全程网上办理税务模式。鼓励企业利用互联网和大数据技术手段加强轻资产创新科技型企业融资扶持。采用财政贴息、以奖代补、税收优惠、基金培育等多种新型融资配套措施强化融资支持。构建既“放权让利”，又“确权明责”，统筹“减人减事”与“降负增效”的政府服务体制格局。

三是激发开拓创新的企业家精神。引导企业家勇做创新发展的探索者、组织者、引领者，勇于推动生产组织创新、技术创新、市场创新，重视技术研发和人力资本投入，有效调动员工创造力，努力把企业打造成为强大的创新主体。引导新一代江苏企业家继承发扬“四千四万”精神中“闯”字当头的宝贵品质，敢“闯”善“闯”，迎难而上，在风云激荡的市场环境中勇拓新局、制胜未来；汲取丰厚的创新养分，涵养深厚的创新底蕴，用更强的创新能力去适应时代的“千变万化”，创造发展前沿的“千姿百态”。充分发挥市场在资源配置中的决定性作用，更好发挥政府作用，以优质公共服务

让企业家不断增强信心，实现更大发展。营造开放包容的氛围，营造激励企业家干事创业的浓厚氛围。

2. 全方位扩大对外开放

一是深度融入“一带一路”产能合作体系。把握新冠肺炎疫情冲击下国际经贸发展新趋势，系统谋划中阿（联酋）产能合作示范区、柬埔寨西港特区、连云港两基地、“霍尔果斯—东门”经济特区等园区转型升级，进一步畅通合作渠道、方式和机制，培育内生动力，稳步增强市场竞争力。重点在劳动密集型制造业、建筑业、新一代通信技术工程、节能环保新材料等领域扩大对“一带一路”沿线国家产能输出规模。鼓励企业拓展海外空间，整合利用全球高端要素资源，推进跨境产业链、价值链、资金链、供应链协同优化布局，力促优势互补、合作发展、互利共赢。积极参与数字“一带一路”建设。主动推动智能经济、共享经济、平台经济、在线新经济等数字经济引领的新经济形态产业开发合作，推进“一带一路”数字贸易、电子商务务实合作，推进苏州、南京、无锡等国家级跨境电子商务综合试验区建设，全力开展5G规模部署，鼓励支持有条件的江苏企业拓展海外发展空间，培育壮大跨境产业链。

二是强化自贸区对外开放“排头兵”作用。发挥自贸区在前沿制度探索中的关键组织者作用，对标CPTPP、世界银行营商环境标准等高标准国际经贸规则，积极学习借鉴上海、广东、海南等地经验做法，在经济管理制度规则和标准探索上自主作用、敢为人先。推动生物医药等重点产业开放创新，以企业需求为导向，以解决企业发展中遇到的困难问题为落脚点和突破口，系统破解制约重点产业创新发展的制度性瓶颈。推动自贸区制度创新成果率先在各类开放平台中落地，发挥江苏经济开发区众多、发展水平较高的优势，通过体制改革与创新探索，更好地发挥开发区示范带动利用外资质量与水平的积极作用。

三是积极融入区域、国内和国际循环。持续深入参与长三角区域市场一体化建设。探索建立规划制度统一、发展模式共推、治理方式一致、区域市场联动的区域市场一体化发展新机制，提升区域市场一体化层次水平。在培育区域市场的同时防止出现新的市场壁垒，特别是要防止因开放竞争不足导致的内卷化，为形成高水平的全国统一大市场创造有利条件。坚持“向海发展”，推动海洋经济高质量发展，在更高层次参与区域海洋领域分工协作。积极融入东亚“小循环”。加强与日、韩以及我国台湾地区等经济体产业链、供应链合作，支持企业积极参与“东亚循环”，连接产业链断点，打通供应链堵点，推进以更高效的要素配置和资源流动打通循环血脉，不断完善与东亚近邻的产业链供应链合作，以东亚“小循环”对内带动长三角等区域循环，对外融入国际“大循环”，在国家“双循环”建设中贡献江苏力量。

四是聚力提升招引外资质量水平。持续提升招商引资水平，帮助更多外贸企业畅通出口通道，稳住江苏在全球供应链中的地位。强化江苏吸引外资基础好、配套能力强、发展空间大等优势，着力推进重大外资项目突破。在国际经贸规则重构，特别是发达国家加严安全审查以限制我国技术领域快速追赶的背景下，要着力在吸引外资中更加重视技术引进，以开放平台为载体，以重大项目为依托，以吸引技术和人才为核心，通过提升利用外资质量，促进江苏创新链的完善和产业链、价值链地位的提升。切实保障外资合法权益。全面实施外商投资法及其实施条例，落实外商投资信息报告办法，健全外商投资准入前国民待遇加负面清单管理制度，促进内外资企业公平竞争，建立健全外资企业投诉工作机制，保护外资企业合法权益。

五是深化服务贸易创新发展试点。坚持包容审慎原则，构建有利于服务贸易自由化便利化的营商环境，积极促进资金、技术、人员、货物等要素跨境流动。围绕集成电路、生物医药、新金融等重点产业关联需求，在南京江北新区等区域组织开展新兴服务业开放压力测试，探索推动有序放宽或取消相关限制措施，在重点服务领域率先探索适应新形势新需要的风险防范机制。大力发展数字贸易。探索与数字经济和数字贸易发展相适应的灵活就业制度与政策，推进数字技术对产业链价值链的协同与整合。探索创制数据确权、数据资产、数据服务等交易标准及数据交易流通的定价、结算、质量认证等服务体系，规范交易行为。推进服务贸易业态创新。依托南京江北新区、中国（江苏）自贸区、苏南自主创新示范区等“国字号”平台，积极推进服务和服务贸易集聚发展，探索建立特色服务出口基地；大力发展研发、设计、检验检测测试、维修维护保养、影视制作、国际结算、跨境租赁等新兴服务贸易。

3. 推进要素市场化改革

一是深化土地要素市场化改革。健全城乡统一建设用地市场。完善农村集体经营性建设用地入市机制，建立公平合理的集体经营性建设用地入市增值收益分配制度，保障农民公平分享土地增值收益。全面推进农村土地征收制度改革，调整征地区片综合地价最低保护标准，建立公共利益征地的相关制度规定。扩大国有建设用地有偿使用范围，对可使用划拨土地的能源、环保等公共服务项目，鼓励以出让、租赁方式供应土地。积极探索落实宅基地集体所有权，保障宅基地农户资格权和农民房屋财产权，适度放活宅基地和农民房屋使用权的具体路径和办法。深化“多规合一”改革，谋划建设省—市—县全域空间治理大数据平台。改革完善城乡建设用地增减挂钩指标管理和调剂政策，优先保障重大项目，落实建设项目用地开竣工申报制度，加强土地利用动态监测监管。

二是深化劳动力要素配置市场化改革。深化户籍制度改革，畅通落户渠道。完善技术技能评价制度，畅通职称评审渠道。推进人才市场化评价，建立完善以职业属性和岗位需求为基础的评价标准，畅通非公有制经济组织、社会组织、自由职业专业技术人员职称申报渠道。破除人才流动的制度障碍，增强人才的社会性流动。着眼打破身份分割、所有制分割、体制内和体制外分割等多种形式的劳动力市场分割，切实构建统一开放、竞争有序的人力资源市场，构建多元化公共就业服务体系，落实城乡劳动者平等就业制度。拓宽高校、科研院所与企业人才流动通道，支持和鼓励事业单位科研人员创新创业。支持企业开展劳务外包、加盟协作、员工共享等用工模式创新，大力发展灵活用工新模式。

三是深化资本要素市场化改革。大力推进优质企业上市，持续做大科创板、创业板等资本市场“江苏板块”。健全企业发债融资机制，支持符合条件的企业发行银行间市场债务融资工具、交易所市场债和企业债。系统推进金融服务实体经济融资畅通，鼓励银行增加中长期信贷资金投入，加大对民营企业、小微企业支持力度，加大制造业领域贷款投放力度，有效破解民营企业、小微企业“首贷”难题。深入推进江苏省综合金融服务平台建设和政府性融资担保体系建设，增强政策性担保公司融资担保能力。支持银行保险机构创新绿色金融产品，提升绿色金融专业服务能力。稳步推动金融业对外开放。逐步放宽外资金融机构市场准入条件，支持符合条件的外资金融机构到江苏自贸区等地设立外资金融分支机构。支持省内金融机构在依法合规和风险可控的前提下，参与国际金融市场交易。建立健全各类债券风险归口监测、定期会商、违约处置等机制。

四是深化技术要素市场化改革。发挥江苏省技术产权交易市场牵引作用，构建覆盖全省、向外辐射的现代化技术交易市场网络。探索科技人员职务科技成果产权激励制度，开展赋予科技人员职务科技成果所有权或长期使用权试点。深化科技成果使用权、处置权和收益权改革，完善职务发明法定收益分配制度，提高科技成果转化收益分配比例。建立技术经理人培养培训体系，探索技术经纪人职称评审路径模式，壮大成果转移转化复合型高层次人才队伍。支持科技企业与高校、科研机构合作建立技术研发中心、产业研究院、中试基地等新型研发机构。积极探索通过天使投资、创业投资、知识产权证券化、科技保险等方式推动科技成果资本化。鼓励商业银行采用知识产权质押、预期收益质押等融资方式，为促进技术转移转化提供更多金融产品服务。

五是深化数据要素市场化改革。对数据的所有权、使用权、收益权、处置权等进一步规范。在依法加强安全保障和隐私保护的前提下，推动政府部门之间数据共享和业务协同，切实提高行政效能、服务质量和管理水平。有序推进政府数据开放共享。对具备良好市场应用前景、较大经济和社会价值的公共数据资源，政府部门可通过政府购买服务、协议约定、依法提供等方式引入技术机构开展政府数据资源市场化开发应用，从而提升数据资源价值，支撑民生服务。加快培育发展数据要素市场。建立健全统一开放、竞争有序的数据要素交易市场，完善数据流动交换共享规则，探索开展数据审计、数据保险等新型业务。在数据确权基础上，在市场定价机制、市场交易方式和市场监管上形成规范性制度和规则，加快培育数据交易市场，并加强数据市场对接。

专题报告

Special Reports

区域现代化

江苏全面建成小康社会的效果评估及开启基本实现现代化新征程的前景展望

章寿荣 顾丽敏*

摘 要: 按照国家统计局制定的《全国全面建成小康社会统计监测指标体系》，江苏以省为总体，实现程度良好，表现为实现程度稳步提升，各大类指标实现质量普遍提高，区域发展趋于协调。在此基础上，按照六大类指标的实现程度，对江苏全面建成小康取得的决定性成就以及存在的短板弱项进行系统分析，并对开启基本实现现代化新征程进行前景展望。

关键词: 全面小康 现代化 江苏

* 章寿荣，江苏省社会科学院副院长、江苏省社会科学院区域现代化研究院院长，研究员；顾丽敏，江苏省社会科学院区域现代化研究院副研究员。

按照我国社会主义现代化建设“三步走”的战略安排，到2020年，要决胜全面建成小康社会；到2035年，在全面建成小康社会的基础上，基本实现社会主义现代化；到21世纪中叶，要把我国建成富强民主文明和谐美丽的社会主义现代化强国。当前，江苏已处于全面建成小康社会的最后冲刺期。

2014年12月，习近平总书记在视察江苏时，提出“强富美高”建设新江苏的发展新要求。五年多来，江苏在以“强富美高”引领建成高水平全面小康的同时，在苏南地区积极探索开启率先基本实现现代化建设新征程，为全省乃至全国的社会主义现代化建设探路。

一　江苏全面建成小康社会的总体评价

2018年，国家统计局制定了《全国全面建成小康社会统计监测指标体系》，该指标体系涵盖了经济发展、人民生活、三大攻坚、民主法治、文化建设、资源环境6大类53项共计61个指标。从指标权重来看，人民生活类14项16个指标权重为28，是权重最高的一类指标；其次为经济发展类10项11个指标，权重为20；资源环境类共12项指标，权重为17；三大攻坚类共7项12个指标，权重为15；文化建设类共6项指标，权重为12；民主法治类共4项指标，权重为8。从单个指标看，人均GDP（2010年不变价）和居民人均可支配收入（2010年不变价）的权重均为3，是单项指标中权重最高的两项。其中，广义货币供应量与国内生产总值之比、草原综合植被盖度这两项指标不适合省级监测或不适合江苏省情，基尼系数、非化石能源占能源消费总量比重这两项指标不适合市级监测，因此在省级层面上，江苏采用51项指标对全省全面建成小康社会进行监测统计；在市级层面上采用49项指标进行监测。

（一）江苏全面建成小康社会实现程度稳步提升

根据江苏省统计局相关数据和各部门公开数据，对全面建成小康社会统计监测各项指标进行客观评价。

从实现程度看，江苏全面建成小康社会不断取得新进展。2018 年，全省综合实现程度为 97.6%，其中有 42 项指标已达到或超过目标值，达标指标占比为 82.4%；有 9 项指标尚未达标，占比为 17.6%。根据 2019 年度已有数据计算或估算（有部分统计数据尚未公布，采取间接数据估算），9 项未达标指标中有 8 项的实现值和实现程度均有提高，有 1 项维持。总体来看，2019 年实现程度将比 2018 年进一步提升，超过 98%。六大类指标实现程度分为三个梯度：人民生活和民主法治两大类指标已全部达标，三大攻坚和文化建设两大类指标实现程度分别达到 99.3%①和 99.0%，资源环境和经济发展两大类指标实现程度分别为 95.7%②和 94.8%（见表 1）。按照 2022 年召开二十大的时间节点，三大攻坚类指标完成压力较小，文化建设、资源环境和经济发展仍需聚焦短板、精准发力。

表 1　2019 年度江苏全面建成小康社会指标实现程度

单位：%，个百分点

类别	实现程度	比上年提高
经济发展	94.8	0.9
人民生活	100	—
三大攻坚	99.3	0.6
民主法治	100	—
文化建设	99.0	0.2
资源环境	95.7	0.7
总体实现程度	98.02	0.32

（二）全省全面建成小康社会的质量普遍提高

从已达标的 42 项指标来看，2019 年的实现值比 2018 年有进一步的提高或优化，反映出江苏全面建成小康社会的质量不断提升。

① 2019 年度三大攻坚类部分指标未公布，指标实现值沿用 2018 年数据，因此实际实现程度会略高。

② 2019 年度资源环境类部分指标尚未公布，理由同上。

从经济发展类的 10 项指标来看，共有 7 项已达标。人均 GDP 是衡量小康社会水平最重要的指标。全面建成小康指标体系将这一指标调整为人均 GDP 比 2010 年翻一番，到 2020 年实现 58000 元（2010 年不变价）。2019 年，江苏人均 GDP 为 123607 元，在全国各省、区中处于首位，折算成 2010 年不变价接近目标值的 2 倍。人均 GDP 保持较高增速体现了江苏经济综合实力不断增强。经济发展类指标中，反映创新发展的指标也具有较强的优势：科技进步贡献率是反映科技竞争力和科技成果转化能力的关键指标，2019 年，江苏达到 64%，比 2018 年提高了 1 个百分点，高于目标值 4 个百分点。

从人民生活类的 14 项指标来看，所有指标均已达标。居民人均可支配收入是衡量小康社会水平的另一项最重要指标，要在 2010 年基础上翻一番，到 2020 年实现 25000 元（2010 年不变价）。2019 年，江苏实现居民人均可支配收入 41400 元，比上年增长 8.7%，在全国居于前列。按不变价计接近目标值的 1.5 倍。从城乡发展的均衡性来看，城乡居民收入比在上年基础上进一步下降，为 2.25，大幅低于目标值的 2.7。江苏基本养老保险覆盖率在上年 97.8% 的基础上，参保人数增加了 112.6 万人（见表 2）。除了覆盖面扩大，江苏社会保障标准保持增长态势，2019 年，企业退休人员基本养老金人均增长 5.5%，大病保险受益人数和保障资金增幅均为 60% 左右。

表 2　2017～2019 年人民生活类部分指标实现水平

类别	2020 年目标值	2017 年	2018 年	2019 年
居民人均可支配收入	≥25000 元（2010 年不变价）	35024 元（现价）	38096 元（现价）	41400 元（现价）
城乡居民收入比	≤2.7	2.28	2.26	2.25
基本养老保险覆盖率	≥90%		97.8%	—
新增基本养老保险参保人数		—	160.4 万人	112.6 万人
城乡医保参保率	≥95%		97.8%	—
城乡医保参保人数		—	102.08 万人	127.1 万人

资料来源：2017～2019 年《江苏省国民经济和社会发展统计公报》。部分指标因统计口径调整，较上年不具可比性。

从三大攻坚类的6项指标来看，共有4项指标已达标。防范化解重大分类的2项指标的实现程度好于目标值，其中规模以上工业企业资产负债率为52.9%，尽管比上年提高了0.3个百分点，仍低于目标值7.1个百分点，存在一定的波动空间。精准脱贫有1项指标，为农村贫困人口数，2019年，按照国家标准，江苏全省贫困人口已清零；按照江苏省定人均年收入低于6000元的标准，未达标的还有零星户数。

从民主法治类的4项指标来看，各项指标均已达标，且超出目标值水平。2018年，江苏基层民主参选率为94.6%①，高于目标值2.6个百分点；每万人拥有社会组织数为12个，是目标值6个的2倍；人民陪审员参审率、每万人拥有律师数较大幅度地超过了目标值。

从文化建设类的6项指标来看，有5项指标已达标。江苏人均公共文化财政支出和城乡居民文化娱乐服务占家庭消费支出比重均已超过了220元和4.2%的目标值，以“三馆一站”覆盖率、广播电视综合覆盖率、行政村（社区）综合性文化服务中心覆盖率为代表的文化建设基础设施投入水平较高。

从资源环境类的11项指标来看，有8项指标已达标。单位GDP建设用地使用面积、单位GDP用水量和单位GDP能耗等资源消耗相关的3项指标均已达标，且实现水平大幅好于目标值。环境基础设施相关指标如一般工业固体废物综合利用率、农村自来水普及率和农村卫生厕所普及率等均比目标值有较高的实现程度，地表水达到或好于Ⅲ类水体比例和城市建成区绿地率等指标也超过了目标值水平。

（三）区域发展在全面建成小康社会进程中趋于协调

全面建成小康社会不仅强调覆盖领域的全面性，还强调覆盖区域的全面性。从全面建成小康的实现程度来看，江苏可以分为苏南、苏中、苏北三大板块。

2019年，苏南地区的全面建成小康社会实现程度均超过了96%，部分

① 因基层民主参选率仅在换届选举年统计，此处采用的是最近一次换届年度2016年的数据。

省辖市已达到99%。在市一级监测的49项指标中，南京达标指标共有44项，比上年增加了1项，为经济发展类中的服务贸易占对外贸易比重，达到19%，超过了16%的目标值；常州在2018年40项指标达标的基础上有望增加1项，为人民生活类的制造业产品质量合格率（该指标2018年实现程度为99.7%）；苏州共有43项指标达标，无锡共有40项指标达标，镇江共有39项指标达标。苏中地区实现程度在94%以上。其中，扬州2018年度达标指标为25项，2019年有望增加3项达标指标，分别为经济发展类中的R&D经费投入强度（2018年实现程度为99.2%）、人民生活类中的每千人口执业（助理）医师数（2018年实现程度为98.8%）以及文化建设类的人均公共文化财政支出（2018年实现程度为99.4%）；南通2018年达标项为36项，2019年有望增加1项指标，为资源环境类的地级及以上城市空气质量优良天数比率（2018年实现程度为99.6%）；泰州达标项为37项。苏北地区实现程度在90%以上。其中，徐州和淮安分别有望分别实现35项指标达标和28项指标达标，均比上年增加1项，为三大攻坚类的污水集中处理指数（徐州2018年实现程度为99.7%，淮安2018年实现程度为99.2%）；宿迁有25项指标达标，比上年增加了1项，为文化建设类的行政村（社区）综合性文化服务中心覆盖率；盐城、连云港分别有25项和24项指标达标。在未达标指标①方面，三大板块均有提升。考虑到各项指标的提升幅度，到决胜全面建成小康收官之年还有较大的预期空间。

二　江苏全面建成小康社会的主要成就

在社会主义现代化进程中，全面小康社会的建设成果同时也是社会主义现代化建设的阶段性成果，全面小康社会建设的水平和质量决定了现代化新征程起点的高度。小康社会的内涵随着社会主义现代化进程的推进而不断丰富，其内涵演变的特征是逐渐趋向社会主义现代化的目标内涵。江苏全面建

① 因各城市2019年全面建成小康相关数据公布存在时滞，达标指标计算可能有遗漏。

成小康社会日益体现出高水平、广覆盖、高质量的特征，为更高起点开启社会主义基本现代化创造了良好的基础条件。

（一）经济发展质量稳步提高

综合经济实力提升。2019 年，江苏实现地区生产总值 99631.5 亿元，近 5 年的平均增长率为 7.3%，保持了中高速的增长水平；人均 GDP 为 123607 元，近 5 年的平均增长率为 7.0%，增长速度较高。全社会劳动生产率达到 209837 元/人，保持了年均 7.3% 的增长水平。劳动生产率的提高，反映出单位投入的产出不断增加，江苏经济社会发展的质量和效益不断提升。2019 年，江苏城镇化率达到 70.6%，以年均 0.82 个百分点的速度提高（见表 3）。部分城市如南京（83.2%）、苏州（77%）、无锡（77.1%）等已达到或接近发达国家城市化水平（2017 年，美国城市化率为 82%，英国为 83%，德国为 77%），城市化进程加快，带动了城乡人口的流动和转化，推动力了产业发展与调整，促进了科技创新的集聚与交流，从而有助于区域经济社会整体发展水平的提升。

表 3　2015～2019 年江苏经济发展主要指标

指标	2015 年	2016 年	2017 年	2018 年	2019 年
GDP(亿元)	70116.4	76086.2	85900.9	92595.4	99631.5
人均 GDP(元)	87995	95259	107189	115168	123607
劳动生产率(元/人)	147314	159934	180578	194759	209837
城镇化率(%)	66.5	67.7	68.8	69.6	70.6

资料来源：历年江苏省统计公报。

产业结构持续优化。服务业增加值占 GDP 的比重从 2015 年的 48.6% 上升至 2019 年的 51.3%，提高了 2.7 个百分点，超过了第二产业在 GDP 中的比重。服务业对经济贡献逐步提高。一方面，现代服务业的发展反映了江苏制造业的转型升级步伐加快；另一方面，生活性服务业的发展也反映了消费需求能力的提高和消费结构的变化。战略性新兴产业既代表了科技创新的方向，也代表了产业发展的方向，在规上工业总产值中的占比从2015年的29.4%稳步提高到2019年的32.8%，反映了江苏制造业结构不断优化以及未来发展潜力不断增强，新的发展动能不断壮大。随着产业结构的调整，江苏贸易结构也不断优化。服务业增加值总量和比重的提升，推动了江苏这一外贸大省中服务贸易的加快发展，显示了江苏开放格局的优化和国际需求市场的多元化。高新技术产品出口额占出口总额比重虽然存在一定的波动，但从出口额来看，除了2019年受中美贸易摩擦影响，总体保持了较高的增量水平（见表4）。

表4　2015～2019年江苏产业结构主要指标

单位：亿元，%

指标	2015年	2016年	2017年	2018年	2019年
服务业增加值占GDP比重	48.6	50.1	50.3	51.0	51.3
服务贸易占对外贸易比重	—	—	—	9.3	10.7
战略性新兴产业销售收入占规上工业总产值的比重	29.4	30.2	31.0	32.0	32.8
高新技术产品出口额占出口总额比重	38.7	36.6	37.9	38.0	36.6
高新技术产品出口额	8165	7718	9937	10126.2	9946.6

注：2019年度服务贸易占比数据为估算值，按照江苏服务业增加值占全国比重，估算出江苏服务贸易额。统计公报数为1310.9亿美元，根据当年1美元对人民币6.2264元计算。

资料来源：历年江苏省统计公报。

（二）创新引领作用日益增强

科技投入不断增加。江苏R&D经费投入强度稳步上升，投入经费从2015年的1788亿元增加到2019年的2710亿元，尽管其中统计口径调整，2018年后计入口径缩减，但仍保持了明显的增长趋势。从研发经费的构成来看，2019年，企业投资达2419.7亿元，占全社会研发支出的87.1%，比上年增加10.4%，企业创新主体地位不断加强。

创新质量逐年提升。江苏发明专利申请量和授权量保持了较高的水平，万人专利拥有量从2016年的18.5件提高到2019年的30.2件，居全国各省区第一位。技术合同成交额从 2015 年的 700 亿元提高到 2019 年的 1675.6 亿元，年均增幅达 19.1%，技术需求加强，技术市场的流动性和活跃程度大幅提高，科技创新市场化能力增强。近年来，江苏重大科技创新成果不断涌现，2019 年，全省共有 55 个项目获国家科技奖，已连续 3 年获奖总数位列全国各省第一。

（三）民生福祉持续改善

居民人均可支配收入保持稳步提高的态势，并领先于经济增长水平，2015 ~2019 年平均增速超过 8%，其中城镇居民人均可支配收入年均增速为 8.3%，农村居民人均可支配收入年均增速为 8.7%，城乡居民收入比从 2015 年的 2.29 下降至 2.25。

消费支出持续增长，人民生活水平普遍提高。2015 ~2019 年，江苏人均消费支出绝对值增加了 6141 元，年均增长 6.8%，其中城镇居民消费支出年均增长 5.8%，农村居民消费支出年均增长 8.2%，城乡支出比由 2015 年的 1.94 下降至 2019 年的 1.77；恩格尔系数从 28.9 下降至 26.1（2018 年数据），生活富裕程度继续提高。

社会保障覆盖率不断扩大，保障水平不断提高。全省基本养老保险覆盖人口逐年增加，从 2015 年的 4418.9 万人增加到 2019 年的 5754.3 万人，年均增长 6.8%，基本养老保险基础养老金最低标准由 2016 年的 115 元增加到 2019 年的 148 元，医保人均最低财政补贴由 2017 年的 470 元增加到 2018 年的 589 元。平均预期寿命由 2015 年的 77.51 岁提高到 2018 年的 78.10 岁。教育、医疗、养老、文化等公共服务和社会保障基础设施与投入均提前超过了全面建成小康社会指标的目标值。

脱贫攻坚成效显著，建立了完善的防止返贫机制。在绝对贫困人口数字清零基础上，江苏重点防止脱贫人口返贫。采用稳岗就业、项目复工、消费扶贫等措施，防止低收入人群受疫情影响返贫。2020 年 1 ~6 月，全省有 75.5 万低收入劳动力外出务工，未外出的 3.6 万人基本落实了帮扶措施，823 个扶贫龙头企业全面复工，1684 个扶贫车间基本复工；对因感染患病、居家隔离、停产停业导致基本生活陷入困境的人员实施临时救助 11.74 万人次，支出救助金 5380 万元，面向 419 万人次困难对象发放价格临时补贴 5.01 亿元。

（四）生态文明建设进展良好

环境质量稳步提升。2019 年，全省 PM2.5 平均浓度 43 微克/立方米，同比下降 6.5%，空气质量优良率达 71.4%，均超额完成国家考核目标；104 个国考断面水质优Ⅲ类比例达 77.9%，同比提高 8.7 个百分点，国考省考断面和主要入江支流断面全部消除劣Ⅴ类，长江、淮河等重点流域水质明显改善，太湖治理连续 12 年实现“两个确保”，13 个设区市及太湖流域县（市）建成区基本消除黑臭水体，近岸海域优良海水面积比例同比提高 41.2 个百分点。①

节能减排成效显著。加快淘汰低水平落后产能，全年压减水泥产能 333 万吨，平板玻璃产能 1410 万重量箱，全面完成“十三五”任务。全年关闭化工企业 735 家。绿色江苏建设有力推进。全年高耗能行业投资同比下降 10.4%，其中化学原料和化学制品制造、有色金属冶炼和压延加工、火力发电投资分别下降 28.3%、23.0%、32.4%。规模以上工业企业新能源发电量为 641.7 亿千瓦时，同比增长 18.4%。②

农村人居环境持续改善。2019 年，农村自来水普及率超过 99%，无害化卫生户厕普及率达 95%，10 万户苏北农房改善年度任务全面完成。

三　江苏全面建成小康社会面临的短板与弱项

2019 年，江苏全面建成小康社会实现程度在上年基础上继续提高，优势指标继续巩固提升，薄弱指标加强补短板强弱项，为开启社会主义现代化

① 《2019 年江苏省国民经济和社会发展统计公报》。

② 《2019 年江苏省国民经济和社会发展统计公报》。

新征程打下了坚实的基础。指标体系既是对既有发展成果进行评价的标准，也是指引未来发展的风向标。国家统计局出台的全面建成小康社会指标体系，总体上更加强调发展的全面性和均衡性，强化了经济发展的结构优化、创新引领和区域协调，赋予人民生活更高权重，将“三大攻坚”作为一个大类予以强调，从投入、支出和基础设施三个层面引导文化建设，从扩大基层民主、加强有效监督、司法公开、法治建设四个角度明确民主法治建设方向，在资源环境类突出了绿色发展的理念。此版小康社会评价指标，更加契合中国特色社会主义理论和党的十八大、十九大精神，有助于各地在全面建成小康社会决胜期能够更好地把握当前小康社会建设情况和发展水平，可以通过时序和空间上的比较，明确自身的优势与不足，为地方决胜全面建成小康，并顺势开启基本实现现代化新征程明确努力方向，引导工作重点。通过对 2019 年各项指标的评价可以发现，江苏仍有一些结构性指标、新列入指标未能达标，反映出发展中仍然存在不平衡不充分问题，需要在全面建成小康社会收官期及“后小康时期”进一步聚焦短板弱项，实施精准攻坚。

（一）经济结构中的“新”元素分量仍有待提高

江苏是制造业大省和外贸大省，对照指标体系可以发现，全省在经济发展类有 3 项指标未达标，相比传统优势产业和贸易方式，服务经济和新兴产业等相对“新”的元素在产业结构和贸易结构中的比重有待进一步提高。2019 年，从省级层面看，江苏服务业增加值占 GDP 的比重提高到了 51.3%，距离目标值有 3.7 个百分点，实现程度为 93.3%。从纵向看，2019 年比 2015 年提高了 2.7 个百分点，除了 2016 年度比上年提高了较高幅度，达 1.5 个百分点外，其余年份增幅均在 0.2 ~ 0.7 个百分点；服务贸易是伴随着服务业的发展而发展的，尽管近年江苏服务贸易发展较快，从 2015 年起保持了 10% 以上的增速，但江苏长期形成了货物贸易巨大体量，服务业增加值占比和服务贸易比重如期达标存在难度。2015 年以来，战略性新兴产业产值保持了较高的增长速度，总量占规上工业总产值比重从 2015 年的

29.4%稳步提高到2019年的32.8%，由于战略性新兴产业对创新依存度较大，如期达标需要加强创新对新兴产业发展的支撑。

（二）“三大攻坚”仍需精准施策巩固成果

江苏财政金融风险总体可控，但需防范出现局部区域、局部领域可能产生的重大风险，重点防范地方隐性债务风险。2019年，江苏精准脱贫按照国家标准已提前清零，按照江苏省定标准也能如期达标，但仍需巩固脱贫成果，防止低收入人群因疫情、自然灾害、重大疾病的因素返贫。各项主要污染物排放逐年下降，均能超额完成国家考核目标。

（三）高质量文化供给能力仍有不足

文化建设方面，唯一的供给类指标“文化及相关产业增加值占GDP比重”尚未达标，根据现有数据估算，2019年可达到4.6%，比上年提高0.1个百分点，实现程度为94%，按照现有发展速度，如期达标压力较大。这一指标偏弱，显示出文化产业发展中，产品层面的市场创新能力不足，企业层面缺乏领军型文化企业，产业层面缺乏良性发展生态。江苏文化基础设施类指标如“三馆一站”覆盖率、综合性文化服务中心覆盖率、广播电视综合人口覆盖率均已提前达到并超过目标值。宏观层面的人均公共文化财政支出和微观层面的居民文化娱乐服务消费支出也已超过目标值。但基础设施的利用效果，需要更加丰富的文化产品和繁荣的文化产业做支撑。

（四）资源环境仍然面临较大压力

尽管近年来江苏在节能减排和生态建设方面不断取得积极进展，但生态环境仍然较为脆弱。由于全省能源资源禀赋少，但经济规模不断扩大、人民生活水平不断提高，所以能源资源对外依存度高，仍然面临短缺风险。虽然江苏的风能、太阳能等清洁能源开发利用步伐加快，但供给量占比仍然比较小，能源对外依存度下降空间有限；在能源消耗方面，由于清洁能源替代能力不高，非化石能源占比距离目标值差距较大，实现程度仅为85%左右。

同时，江苏产业结构偏工偏重，制造业能源消耗强度是农业和服务业的5倍左右。虽然目前能源消耗类指标均已较高水平达标，但与发达国家相比还存在2~4倍的差距。此外，地级及以上城市空气质量优良天数比率和森林覆盖率实现程度也不足85%。

（五）区域均衡发展难题仍然存在

江苏地区经济发展差异指数为0.21，从指标实现程度来看已在较高水平上达标。但从发展板块来看，苏中、苏北在全面建成小康社会实现程度上仍低于全省总体水平。

在经济发展类指标中，人均GDP是衡量小康建设最核心的指标之一，预计到2022年，苏北仍有个别城市达标存在困难。在创新指标方面，苏北地区的科技进步贡献率、R&D经费投入强度等指标从市级层面评估与目标值存在较大差距，创新指标滞后显示出苏北地区在培育发展新动能方面存在较大压力。

在人民生活类指标中，2019年，苏北地区居民人均可支配收入这一指标实现程度最低，除盐城外居民人均可支配收入都尚未达标，预计徐州、淮安将在1~2年内达标，宿迁实现程度仅为80%左右，如期达标难度很大。城乡居民家庭人均住房达标率、劳动年龄人口平均受教育年限、平均预期寿命等指标均有个别城市不达标。

在民主法治类指标中，苏中、苏北地区每万人拥有律师数仅扬州和徐州达标，这一指标实现程度与地方法治环境和人才环境密切相关，短期内提高存在一定压力。

在文化建设类指标中，人均公共文化财政支出这一指标实现最为困难，苏中、苏北仅扬州提前达到目标值，大部分城市实现程度不足70%，个别城市实现程度不足40%。

在资源环境类指标中，由于苏北地区总体产业层次偏低，高能耗、高污染、高排放产业比重较高，仍有部分城市在单位GDP建设用地面积、单位GDP用水量等指标如期达标存在困难。

四　江苏开启基本实现现代化新征程的前景展望

党的十九届五中全会指出，要“确保如期全面建成小康社会、实现第一个百年奋斗目标，为开启全面建设社会主义现代化国家新征程奠定坚实基础”。从指标实现程度来看，江苏以省为总体，实现程度良好，取得了决胜全面建成小康的决定性成就。基本实现现代化是小康社会和现代化社会之间一个承上启下的阶段。2019 年初，江苏在苏南部分县（市、区）开展了社会主义基本现代化试点工作，为全面开启社会主义现代化建设积累经验、探索路径。小康建设积累的现实基础和实践基础，以及试点地区为满足人民群众更高的物质文化生活要求和满足人民群众在民主、法治、公平、正义、安全、环境等方面日益增长的要求开展的探索和尝试，为江苏更高起点开启全面建设社会主义现代化新征程夯实了基础。

2021 年是“十四五”开局之年，也是全面建设社会主义现代化的开启之年。在这一特殊的历史节点，面临新的机遇和挑战。国际环境日趋复杂，科技和产业变革深入发展，新冠肺炎疫情影响深远；国内转向高质量发展阶段，内需空间不断打开，发展韧性强劲，发展优势彰显，与此同时，发展不平衡不充分问题仍然存在。社会主义现代化建设要在深刻认识国内外环境的新变化基础上，抓住机遇，应对挑战，稳步前进。

一是经济发展高质量特征更加凸显。经济发展的质量效益明显提升，经济结构更加优化。“创新型省份”建设加快，经济发展的创新驱动能力进一步增强。关键核心技术自给能力增强，创新链条整体效能提高，企业创新技术能力提高，人才创新活力激发，创新体制机制完善；现代产业体系加快形成，产业链供应链现代化水平提高，新一代信息技术、高端软件和信息服务、生物技术和新医药、新材料、高端装备、节能环保等战略性新兴产业发展壮大，支撑江苏制造业高端攀升和满足群众高品质生活需求的现代服务业加快发展，现代化基础设施体系不断完善，数字经济与实体经济深度融合；消费潜力持续释放，内需市场不断扩大，国际国内双循环良性发展。

二是民生福祉普惠共享进一步增强。城乡居民收入增长与经济增长同步前进，就业质量不断提升，教育、医疗、养老等社会公共服务能力继续提高，多层次社会保障体系进一步健全，“健康江苏”建设体系更加完善；脱贫攻坚成果不断巩固，低收入人群持续增收，乡村振兴战略持续推进，村强民富基本实现；人民生活水平全面提高，人的全面发展、人民共同富裕取得突破性进展。

三是社会文明高度更加提升。社会主义核心价值观深入人心，人民思想道德素质、科学文化素质和身心健康素质明显提高，文化建设质量与内涵持续提升，公共文化服务体系和文化产业体系更加健全，文化活力不断激发，人民精神文化生活日益丰富，文化影响力进一步提升。

四是美丽江苏建设成效更加显著。生产生活方式绿色转型成效显著，能源资源配置更加合理、利用效率大幅提高，主要污染物排放总量持续减少，生态环境持续改善，生态安全屏障更加牢固，城乡人居环境明显改善。

五是区域协调发展格局更加优化。以环境承载力为底线，区域主体功能优势互补，重大基础设施、重大生产力和公共资源布局优化；苏南加快推进基本现代化，苏中进一步提升全面小康水平，苏北巩固全面小康建设成果。特别是南北合作共建园区实现转型升级，成为区域协调发展的中坚力量。以苏锡常、宁镇扬及锡常泰、苏通跨江融合等局部一体化推动深度融入长三角一体化发展，实现产业创新、基础设施、区域市场、绿色发展、公共服务和省内全域一体化。

六是省域治理现代化水平进一步提升。社会主义民主法治更加健全，社会公平正义进一步彰显，基层治理水平明显提高，公共安全保障能力全面提高。统筹发展和安全，把安全发展贯穿江苏经济社会发展的各领域和全过程，确保经济发展安全，保障人民生命安全，维护社会稳定和安全。加快建设符合实际、系统完备、运行有效的省域治理特别是基层治理制度体系，把制度力量转化成治理效能和发展动能。

江苏社会主义现代化建设试点的成效、问题及对策研究*

王树华**

摘　要：　在苏南六个县（市、区）开展社会主义现代化建设试点是江苏省委省政府贯彻落实“为全国发展探路”任务使命的一项重要举措。试点工作开展一年多以来，试点地区通过注重组织领导、规划引领、动态跟踪和政策赋能，在探索社会主义现代化建设内涵、高质量发展路径和体制机制改革等方面取得了显著成效，但仍存在一些短板与问题，需要有针对性地采取措施推动现代化试点工作圆满收官：一是聚力“补短板、强弱项”，二是聚力完善试点评价指标体系，三是聚力加大体制机制改革创新力度。

关键词：　社会主义现代化　试点工作　苏南地区

在苏南地区的南京市江宁区、南京市江北新区、昆山市、苏州工业园、江阴市、溧阳市6个县（市、区）开展社会主义现代化建设试点，是江苏省委省政府贯彻落实中央对江苏“为全国发展探路”一贯要求的一项重要

* 本文为2020年度江苏省重点智库课题“江苏开展社会主义现代化建设试点的模式与经验研究”的阶段性研究成果。

** 王树华，江苏省社会科学院社会政策研究所副所长、江苏省社会科学院区域现代化研究院副院长，副研究员。

举措。2019 年 2 月 20 日，江苏省委办公厅、省政府办公厅发布《关于在苏南部分县（市、区）开展社会主义现代化建设试点工作的实施方案》（以下简称《试点实施方案》），明确提出在苏南选择南京市江宁区、南京市江北新区、昆山市、苏州工业园、江阴市、溧阳市 6 个县（市、区）开展社会主义现代化建设试点，并明确社会主义现代化建设试点的重点领域为经济发展现代化、民主法治现代化、文化发展现代化、社会发展现代化、生态文明现代化和人的现代化“六个现代化”。《试点实施方案》发布以来，省委省政府多次召开现代化试点工作部署会和专题推进会，6 个试点地区高效率编制试点方案，高质量推进试点工作。2020 年 2 月底，经江苏省委省政府同意，江苏省发改委印发了《苏南部分县（市、区）社会主义现代化建设试点的实施方案和赋能清单》，表明试点工作在探索性、引领性、创新性发展方面正逐步取得重要进展。党的十九届五中全会明确指出我国决胜全面建成小康社会取得决定性成就，并提出了“十四五”时期我国经济社会发展主要目标和 2035 年基本实现社会主义现代化的远景目标。因此，及时总结江苏开展社会主义现代化建设试点的做法与成效，客观剖析其中仍然存在的困难和问题并提出相应的对策，对于推进社会主义现代化建设试点阶段性收官，推进全面建成小康社会与开启基本实现现代化新征程的有机衔接具有十分重要的现实意义。

一　社会主义现代化建设试点的主要做法与成效

（一）主要做法

总体来看，江苏省级层面和 6 个试点地区相关部门推进社会主义现代化建设试点的政策做法与实践举措可以概括为如下几个方面。

1. 注重组织领导

现代化试点工作是一项系统工程，需要各部门群策群力才能取得预期效果。自江苏省委常委会提出要“积极开展现代化试点探索”以来，省市各级政府部门即通过加强组织领导，建立健全工作体系，明确责任领导和工作规则，切实做到试点工作组织到位、支持到位、保障到位，形成了强大的推进现代化试点的合力。

一是省级层面成立专项工作小组。在省委省政府领导下，成立江苏省开展社会主义现代化建设试点工作领导小组，由省委省政府领导担任组长，并建立协调指导机构，由省政府分管领导牵头，省发改委、省统计局、省委研究室、省政府研究室和省社科院等成员单位共同参与，各部门各尽所责、各扬所长、分工协作。

二是各试点地区成立领导小组。试点实施方案发布以后，6 个试点地区即着手成立领导小组，高效率编制试点方案，高质量推进试点工作。比如，南京市江宁区建立“834”推进、保障、落实体系，并针对“四个走在前列”成立对应的专项小组，分别由相关部门牵头推进；南京市江北新区系统构建“1+3”工作体系，成立试点工作领导小组，建立综合部、经济发展局双牵头工作机制；昆山市专门建立了现代化市领导挂钩工作机制，形成了“一个体系、一组领导、一个专班、一抓到底”的市领导挂钩工作机制；苏州工业园区建立了党工委管委会主要领导挂帅、分管领导牵头负责，各功能区、各相关部门为成员单位的领导小组，全面开展组织实施试点工作；江阴市成立了由市委市政府主要领导为组长的工作领导小组，多次召开推进会，专项部署、专题推进试点工作；溧阳市成立了以市委市政府主要领导为组长的试点工作领导小组，同时明确相关市领导和有关单位负责人组建成立四大试点工作专班和试点办，统筹推进各项试点任务。

2. 注重规划引领

2019 年 2 月 20 日，省委办公厅、省政府办公厅联合印发的《试点实施方案》明确了试点的主要目标、重点任务和保障措施。在省级试点方案的基础上，各试点地区也相应出台了本地区的现代化建设试点方案，为各试点地区开展试点工作提供了基本遵循。比如，南京市江宁区现代化试点实施方案紧扣打造“高质量建设‘强富美高’新江苏的江宁样本”，立足推动四个“走在前列”、加快建设“四新江宁”，在“创新驱动、城乡融合、生态文旅、社会治理”上更大力度补短板、抓重点、创特色，高质量塑造“现代产业、幸福生活、环境秀美、文明风尚”江宁现代化建设的4个鲜明标识和竞争优势。南京市江北新区现代化试点实施方案提出要努力建成全省乃至全国“现代产业新高地、智慧人文新都市、绿色发展新示范、民生幸福新标杆、开放合作新门户”，着力在自主创新、现代产业、长江大保护、开放合作、多规融合、民生福祉、深化改革等方面形成可复制、可推广的国家级新区特色经验。昆山市现代化试点实施方案围绕“六个现代化”重点任务，着力构建现代化产业体系、现代化开放体系、现代化文化发展体系、现代化城乡体系、现代化绿色安全发展体系、现代化社会发展体系、现代化政府服务体系。苏州工业园区现代化试点实施方案聚焦省委“六个现代化”系统目标，聚力打造领先示范的现代化开放旗帜、高端高新的现代化产业体系、活力迸发的现代化创新高地、最具优势的现代化人才高地、产城融合的现代化城市样本和协同高效的现代化治理高地。江阴市现代化试点建设方案围绕“六个现代化”目标，创新打造构建现代化产业体系、民富村强、长江生态安全示范区及县域治理现代化四个江阴样本。溧阳市现代化试点建设方案贯彻落实新发展理念，聚焦绿色发展，落实常州“三个明星城市”建设要求，围绕建设“强富美高”新溧阳目标，打造全省践行“两山”理念先行区、绿色产业集聚创新区和城乡融合发展示范区，为全省社会主义生态现代化建设试点探路。

3. 注重动态跟踪

通过实行工作部署、现场推进、半年监测、年度评估等动态跟踪制度，对试点地区现代化建设的探索实践情况开展监测和评估。2019年5月，省现代化建设试点有关部门、6个试点地区在南京市江宁区召开江苏省社会主义现代化建设试点工作部署会。2019年7月，省委书记就决胜高水平全面小康和积极开展社会主义现代化建设新探索，在苏南进行专项调研。2019年8月，全省召开社会主义现代化试点工作专题会（审议会），各试点单位就试点实施方案体系编制情况进行汇报。2020年2月，全省召开推进社会主义现代化建设试点工作专题会，审议通过试点方案和赋能清单。2020年9

月，在江阴市召开苏南社会主义现代化建设试点现场推进会，对下阶段工作进行部署推进。通过工作部署、专项调研、现场推进等多种方式动态跟踪现代化试点工作情况，使现代化试点工作稳步、有序推进。

4. 注重政策赋能

江苏省委省政府对试点地区赋予先行先试的责任使命，鼓励试点地区在现代化建设的体制机制、路径举措等方面积极探索、大胆先行先试。为更好地推动试点特色亮点工作目标任务，6 个试点地区根据实际情况提出困境难点、政策诉求，省级部门积极给予政策响应。目前，在省委省政府支持下，6 个试点地区合计出台了 28 项赋能清单，内容涉及自贸区建设、产业科创中心建设、土地综合改革试点、农业农村现代化示范、城乡融合发展等多个方面。

（二）取得成就

开展现代化建设试点工作以来，按照省委省政府统一部署，6 个试点地区紧扣“六个现代化”目标任务，勇挑重担、奋楫争先，努力克服中美经贸摩擦、新冠肺炎疫情等不利因素影响，推进试点任务取得积极成效。根据试点实施方案，试点工作的重要任务概括为三个方面：一是在探索社会主义现代化建设的主要内涵和指标设置上取得重要成果；二是在体制机制改革的重要领域和关键环节取得决定性成果；三是在探索高质量发展的基本路径和引领性发展的特色创造上取得突破，并建立与之相适应的现代化监测评价指标体系。对照以上任务要求，6 个试点地区的成效主要体现在以下方面。

1. 在探索社会主义现代化建设内涵上取得创新性成果

现代化不仅是经济的现代化，而且体现为政治的现代化、文化的现代化、社会的现代化和生态的现代化，关键在于人的现代化。在现代化发展过程中，经济、政治、文化、社会、生态是全面、协调和可持续发展的有机统一整体。江苏省现代化试点实施方案把现代化试点的重点任务创新性地划分为经济发展现代化、民主法治现代化、社会发展现代化、文化发展现代化、生态发展现代化、人的现代化“六个现代化”，认为社会主义现代化是以经济发达、政治民主、文化繁荣、社会和谐、生态良好、生活富裕为主要特征，实现物质文明、政治文明、精神文明、社会文明、生态文明有机统一，不断促进人的全面发展和人的现代化，是对党的十九大关于我国社会主义现代化建设“两个阶段”战略部署的细化落实，进一步丰富了中国特色社会主义现代化建设的目标内涵，使社会主义现代化建设内涵进一步具体化、形象化。

2. 在社会主义现代化指标设置上取得标志性成果

现代化指标体系不仅要监测现代化发展进程，评价试点地区的现代化建设实践探索成果，还要通过监测评价，引导和促进各地各部门积极投身社会主义现代化试点工作中来。为此，6 个试点地区结合本地发展特色和阶段性特征，以国内外既有的评价体系为参考，与高质量发展指标体系相衔接，探索性地设置了现代化试点评价指标体系，对各地试点工作的顺利开展起到了比较好的引领带动作用。

3. 在探索高质量发展动力上取得开拓性成果

各试点地区结合自身实际，在探索高质量发展动力上取得了开拓性成果。一是增强科技创新对区域发展的驱动力。试点地区通过围绕产业链部署创新链，围绕创新链培育产业链，着力增强原始创新能力，努力实现关键核心技术自主可控，确保科技创新走在前列。南京江北新区聚焦 IPv6 互联网基础设施的运营和服务、关键技术的研究和成果转化、第三方测试和认证服务，加快建设下一代互联网工程中心南京创新中心，搭建互联网基础技术公共服务平台，推动全球网络互联互通。江宁区以智能互联产业为主导发展方向，打造一个集创意研发、工业设计、新媒体、智慧科技、互联网服务等行业于一体的都市时尚科技园区，秣陵 9 车间文化创意产业园成功蝶变为省级双创示范基地，相继成为江苏省科技企业孵化器、江苏省小企业创新创业示范基地、国家级众创空间、江苏省“大众创业、万众创新”示范基地。江阴市通过加快企业上云，推动互联网、物联网和云计算与工业深度融合，实现精益制造、柔性制造和敏捷制造；加快推进新技术新产品规模化生产和推广应用。二是增强现代产业体系对区域发展的引领力。通过加强产业、科技、人才资源的整合，着力打造自主可控、安全可靠的现代产业体系，努力提升经济高质量发展水平。南京江北新区着力推进国家集成电路设计服务产业创新中心、下一代互联网国家工程中心南京创新中心等“八大中心”建设，集成电路产业、生命健康产业营业收入快速增长，集聚新金融机构200余家、基金300余只。南京江宁区以“两落地一融合”机制创新为核心，建立了源头创新、技术转移和企业集群发展“三大圈层”，覆盖研发、孵化、应用等全产业链条，紫金山实验室、“中科系”创新平台等加快推进。昆山市着力打造光电、半导体、小核酸及生物医药、智能制造四大高端产业。苏州工业园区积极融入全球创新网络，配置全球创新资源，大力推进离岸创新创业基地（中心）建设，金鸡湖创新中心、休斯顿创新中心投入运营。

4. 在体制机制改革上取得创新性成果

党的十九届四中全会明确提出通过制度完善与创新驱动推进国家治理体系和治理能力现代化。《试点实施方案》实施以来，试点地区在通过体制机制改革建立共建共治共享的社会治理格局等方面取得了决定性成果，为当前江苏省社会治理的现代化探索指明了方向。比如，江阴市抢抓国家集成改革试点县机遇，围绕行政管理体制、经济体制、开发开放体制、生态文明体制、城乡发展一体化体制、社会事业体制和基层党的建设体制等重点领域改革，治理破解影响长远发展的体制机制障碍，全面构建以党建为统领，以便捷高效的政务服务体系、沉底到边的基层治理体系、精准有力的社会救助体系、温馨周到的生活服务体系、全域覆盖的公共安全体系为支撑的县域治理“1+5”总架构。昆山市创新市场监管，管出公平和秩序，持续推进放管服改革，市场主体数量年增长超过20%，总量突破30万户，“好活”等一批新的市场主体应运而生，成为新经济发展的磅礴动力。南京市江宁区努力推动精细化管理、信息化支撑、精准化服务，在实践中逐渐形成全要素网格化社会治理“江宁模式”，成为社会治理共建共治共享的模范地区。苏州工业园区全面落实“一减、一降、三优化”营商环境30条和“放管服”改革“1+N”服务举措，形成“关助融”等21项典型案例和37项管理制度经验。

5. 在探索高质量发展路径上取得突破性进展

一是做好生态大文章。推动发展方式向绿色发展转变，是实现人与自然和谐共生的现代化必由之路。试点地区通过贯彻落实绿色发展理念，在探索以生态优先、绿色发展引领经济社会发展新路子方面取得了重要进展。比如，溧阳市以制度创新探索生态价值转化通道，探索创新生态容量评价机制，研究建立自然资源有偿使用和评价标准，推进生态保护转移支付和补偿，探索建立生态银行，将自然资源有效转化为生态资产、发展资本；通过突出绿色发展导向，大力发展先进制造、高端休闲、现代健康和新型智慧“四大经济”，全市以“四大经济”为核心的生态经济占比接近50%，努力实现生态美、产业兴、百姓富的有机统一。再如，江阴市以“三进三退”（即产业发展“高端进、低端退”，环境整治“治理进、污染退”，空间布局“生态进、生产退”）的生动实践，走出了一条生态优先、绿色发展的新路；加快打造“八公里沿江、十公里运河”城市生态T台，五大主题园区成为市民休闲娱乐的好去处，低端落后产能的退出为绿色高端产业发展腾出了空间，整理开发的周边土地升值明显，实现了生态保护、经济发展、民生改善的三方共赢。

二是实现文化大发展。江宁区、昆山市、溧阳市作为全省新时代文明实践中心建设试点地区，建立了市、区镇、村和社区三级实践体系，在提升基层思想文化工作和精神文明建设水平、推动文化建设现代化方面做出了示范、树立了样本。昆山市梳理整合建设一批具有文明实践特色功能的新时代文明实践基地、新时代文明实践点作为补充和延伸的“3+2”组织体系，进一步夯实了基层思想政治文化建设的组织基础。南京市江宁区创新推出“群众点菜、精准配送、大众点评”的“六助六送”志愿服务，打通宣传群众、教育群众、关心群众、服务群众的“最后一公里”。溧阳市通过建好用好百姓议事堂、如意小食堂、文化小礼堂、幼童小学堂、道德讲堂、心愿树爱心工作站“五堂一站”品牌，让群众在家门口感受到更有温度的服务。

三是推动城乡大融合。6个试点地区通过依托产业媒介推动城乡融合发展，有效激发了城乡融合的内生动力，城乡融合发展焕发新的活力。南京江北新区通过推进芯片之城、基因之城、扬子江新金融中心“两城一中心”建设，围绕产业链部署创新链，一批科研机构和国内外大专院所陆续入驻新区，园区、校区、社区、景区“四区联动”格局初步形成。江宁区通过创新实施“四变兴农、五新强村”行动，高质量推动乡村振兴，乡村振兴的内生机制发生变化，内生动力显著增强。溧阳市通过把宅基地制度创新与乡村振兴结合起来，探索通过建立统一的交易平台，实现农村宅基地有偿使用、有偿退出，努力推动城乡要素自由双向流动、资源高效集约利用。

二　社会主义现代化建设试点存在的问题与不足

对照《试点实施方案》的重点任务与目标要求，各试点地区虽然取得了显著成效，但仍然存在一些值得关注、需要突破的痛点、难点、堵点问题，主要体现在以下几个方面。

第一，部分领域仍然存在发展短板。从试点地区的实际情况来看，社会主义现代化建设试点工作开展一年多以来，相对于经济发展现代化，人的现代化、社会发展现代化、生态发展现代化等领域仍然存在诸多薄弱环节和明显短板。比如，在人的现代化方面，试点地区在一定程度上存在“重物轻人”的发展误区，“人”的现代化相对滞后于“物”的现代化，人的现代化素质在短期内不可能得到显著提升，需要持续用力、久久为功。在社会发展现代化方面，与之密切相关的教育、医疗、卫生等公共服务供给水平不能满足区域内居民的需要，且在一定程度上存在供给不平衡的问题。在生态发展现代化上，部分试点地区污染治理的长效机制尚未完全建立，伴随经济体量的增大，污染减排空间越来越小。

第二，现代化试点指标体系仍需进一步完善。目前，6 个试点地区均已出台了该地区的社会主义现代化建设试点评价指标体系。从目前的情况来看，该指标体系仍需进一步完善。特别是中央提出“以国内大循环为主体、国内国际双循环相互促进的新发展格局”，以及党的十九届五中全会对“十四五”时期以及 2035 年基本实现现代化远景目标的展望，为现代化试点指标体系的完善提供了新的时代背景和更为明确的发展要求。

第三，部分领域体制机制改革仍需进一步加大创新力度。从各试点地区赋能清单的落实情况来看，多数赋能事项均已取得实质性进展并有显著成效，但仍有一部分赋能事项难以落实或进展较为缓慢，以农村宅基地“三权分置”改革为例，涉及自然资源、农业农村、社会保障、住建等多个部门，事关国家、集体、个人等多方利益主体，是一项纷繁复杂的系统工程，现有的工作模式和架构协调推进有难度。此外，试点地区均地处苏南，经济发展水平相对较高，考虑到未来人口集聚、新项目落地、生产生活配套用地等需求，新增土地指标的供求矛盾难以得到显著改善，“资源要素制约”的困境亟须进一步缓解。

三 推动现代化试点工作圆满收官的对策建议

针对试点地区存在的问题与不足，下一阶段工作将着力加大“补短板、强弱项”工作力度，着力完善试点评价指标体系，着力加大体制机制改革创新力度，推动6个地区现代化试点工作的圆满收官，做好全面建成小康社会与积极开启基本实现现代化新征程的有机衔接。

一是聚力“补短板、强弱项”。针对现代化试点中的短板领域，要致力于均衡发展、协调发展，集中力量攻关薄弱环节、弱项领域。针对现代化试点的短板领域和薄弱环节，在社会发展现代化领域，要重点围绕教育、医疗、养老等群众关注度高的领域，增加优质公共服务供给，着力完善就业创业、教育、医疗、养老等基本公共服务的“隐形财富”功能，提升群众的获得感、幸福感和安全感。在人的现代化领域，要以文明实体创建活动、文明行为规范和文明社区载体建设为抓手，着力推动城乡居民养成良好的现代文明习惯和行为规范。通过深入推进文明单位（行业）、文明岗位、文明村镇（街道、园区）、文明家庭、文明校园等文明实体创建活动，着力提升文明行业、文明机关、文明单位服务质量和发展水平。通过贯彻落实市民文明行为规范，引导居民养成良好的文明行为规范。在生态发展现代化领域，要健全生态治理长效机制，持续推进重点流域水环境治理和生态修复建设，健全环保信用评价、信息强制性披露、严惩重罚等制度，探索编制自然资源资产负债表，落实资源有偿使用制度和生态补偿制度，全力巩固污染防治攻坚成果。

二是聚力完善试点评价指标体系。省级层面和各试点地区要立足现代化试点的新形势、新要求，进一步完善试点评价指标体系。要以党的十九大精神为指引，按照2020年10月底召开的党的十九届五中全会提出的“十四五”时期经济社会发展主要目标和2035年基本实现现代化远景目标的有关要求，进一步完善现代化试点评价指标体系，以更好地彰显“强富美高”新江苏的鲜明特色，更好地贯彻落实“为全国发展探路”的责任使命。要以加快形成“以国内大循环为主体、国内国际双循环相互促进的新发展格局”为根本遵循，现代化试点指标体系的完善应充分反映“新发展格局”的目标任务和路径要求，使评价指标体系更好地体现扩大内需、科技创新、产业结构优化等方面的内容。要坚持体现共性和彰显个性相结合的原则，既要体现现代化的共同特征，也要充分彰显各地发展特色，为全省其他地区乃至全国在全面建成小康社会的基础上顺势开启基本实现现代化新征程提供鲜活案例和经验借鉴。

三是聚力加大体制机制改革创新力度。针对现代化试点过程中存在的体制机制突破难题，要进一步加大改革创新力度。其一，要加强部门协同。现代化试点是一个系统性工程，涉及面广、协调难度大。为此，需要试点相关部门通力合作、协同攻关，共同纾解试点过程中的痛点、堵点、难点问题和体制机制障碍。其二，要加强省市协同。加快构建和完善“省—设区市—试点地区”三级政府响应机制，加快推动进展缓慢的赋能事项在试点地区落地并取得成效。

“十四五”时期建设“美丽江苏”的目标、任务及举措

樊佩佩　黄永亮*

摘　要：党的十九大以来，江苏省在转型升级、美丽宜居城市试点、绿色循环经济体系建设、长江经济带建设等方面取得了显著成就，为“美丽江苏”建设奠定了良好基础。“美丽江苏”包括“优化省域空间布局”、“打造美丽宜居城市”、“推进美丽田园乡村建设”、“塑造水韵江苏人文品牌”和“强化美丽江苏建设组织推进”五个方面的主要任务。当前，“美丽江苏”建设还面临如下问题：第一，城镇化发展的资源环境硬约束与生态承载力限制；第二，重化工产业与绿色转型存在矛盾；第三，农村社区环境治理存在资金不足、基础设施不平衡及人才短缺等短板。本研究提出建设美丽江苏的主要对策包括：第一，健全生态补偿制度，构建生态共建共享机制；第二，引进市场机制，鼓励全民参与，共建美丽宜居城市；第三，聚力新型现代化，推进美丽田园乡村建设；第四，从顶层设计上实现“多规合一”和无缝衔接。

关键词：生态环境　宜居城市　田园乡村　“美丽江苏”

---

* 樊佩佩，江苏省社会科学院区域现代化研究院副研究员；黄永亮，江苏省社会科学院区域现代化研究院助理研究员。

一 建设“美丽江苏”的目标和意义

党的十九大报告提出要加快生态文明体制改革，建设美丽中国，将建设美丽中国作为建设社会主义现代化强国的重要目标和历史使命。当前，我国正处于社会主义现代化建设的历史新阶段，人与自然和谐共生是现代化社会建设的必然要求。一方面，需要国民经济健康长久地发展，不断提升人民群众的物质生活水平；另一方面，这种社会经济的发展需要立足于绿色、节约、环保和可持续的发展理念，以节约资源和保护环境为指导，优化产业结构，调整企业生产方式和群众生活方式，形成经济繁荣与环境优美并存的社会发展新格局，实现人与自然的和谐。2020 年是全面建成小康社会和“十三五”规划的收官之年，同时也是“十四五”规划的开局之年。展望“十四五”，江苏将以建设“美丽江苏”为奋斗目标，在自然生态、城乡发展、人文建设、社会建设以及经济建设等方面取得更大的进步。

习近平总书记为江苏擘画了“强富美高”的发展蓝图，赋予了建设美丽江苏的重大使命。发展与环境的矛盾涉及当代与后代作为一个整体共同拥有环境资源的权利问题，还涉及环境权益在区域之间的公平分配问题。建设“美丽江苏”的关键，是从追求“资本红利”向追求“生态红利”转变，在强调代际公平的同时重视区际公平，进而从根本上实现经济发展、生态平衡与生活质量三者之间的相互促进。党的十九大以来，江苏省在转型升级、美丽宜居城市试点、绿色循环经济体系建设、长江经济带建设等方面取得了显著成就，为“美丽江苏”建设奠定了良好基础。基于此，“十四五”期间必须深入研究构建绿色可持续城乡发展体系的思路举措，争创“强富美高”的美丽中国江苏典范。

二 建设“美丽江苏”的目标、现状与成就

在“十三五”时期，江苏在政治、经济、文化和生态环境等各个社会

领域都取得了巨大的成就。建设“美丽江苏”是新时代赋予江苏的重要使命，也是一项关乎江苏未来数十年发展的重大战略任务。在社会经济高质量发展的历史阶段，我们需要对“十三五”时期所取得的成就进行重新审视，以更加积极的奋斗姿态和更加扎实的举措全面推进美丽江苏建设，打造一个更加美丽、绿色、生态、宜居、文明、繁荣的新江苏。

（一）“美丽江苏”的目标与任务

为全国发展探路是习近平总书记对江苏的明确要求和殷切希望。2020年8月，中共江苏省委、江苏省人民政府出台了《关于深入推进美丽江苏建设的意见》（以下统称《意见》），《意见》指出了“美丽江苏”建设的总要求和目标任务：“坚持以习近平新时代中国特色社会主义思想为指导，全面贯彻习近平总书记对江苏工作重要讲话指示精神，牢固树立绿水青山就是金山银山理念，坚定走生产发展、生活富裕、生态良好的文明发展道路，以优化空间布局为基础，以改善生态环境为重点，以绿色可持续发展为支撑，以美丽宜居城市和美丽田园乡村建设为主抓手”，“到2025年，美丽江苏建设的空间布局、发展路径、动力机制基本形成，生态环境质量明显改善，城乡人居品质显著提升，文明和谐程度进一步提高，争创成为美丽中国建设的示范省份。到2035年，全面建成生态良好、生活宜居、社会文明、绿色发展、文化繁荣的美丽中国江苏典范”。[①] 以《意见》提出的总要求为指导，本研究重点围绕“优化省域空间布局”、“打造美丽宜居城市”、“推进美丽田园乡村建设”、“塑造水韵江苏人文品牌”和“强化美丽江苏建设组织推进”五个方面对建设“美丽江苏”的具体任务和举措分别进行阐述。

1. 优化省域空间布局

首先，就国土空间规划而言，江苏属于人多地少、资源紧缺的典型省份，后备土地资源相对较少。因此，江苏面临着人增地减，经济建设、城乡

① 《江苏出台〈关于深入推进美丽江苏建设的意见〉》，中共江苏省委新闻网，http://www.zgjssw.gov.cn/fabuting/shengweiwenjian/202008/t20200812_6765002.shtml。

发展与耕地保护的突出矛盾。在国土空间规划上，要结合江苏特殊的省情，对接长三角一体化发展等重大战略规划，做到统筹布局、全面规划，健全和完善省域空间规划体系。与此同时，要更加注重生态资源保护意识，以可持续发展思维评估省域空间开发力度和生态环境承载能力，将“生态保护红线、永久基本农田、城镇开发边界”三条控制线作为规划布局的底线和不可逾越的红线。

其次，要深入构建“一带两轴，三圈一级”（即沿江城市带，沿海城镇轴、沿东陇海城镇轴与南京、徐州、苏锡常三个都市圈和淮安增长极）的城镇化空间格局，进一步打造“带轴集聚、腹地开敞”的区域空间格局。以都市圈形态优化整合江苏全省国土空间，将省内三大都市圈作为全省推进新型城镇化的核心区域，各都市圈城市需进一步加快集聚高端要素、高端产业和高端人才，增强都市圈的竞争力和辐射力，进一步推进都市圈内各个城市彼此间的交流合作，这样一方面能够拓展南京、苏锡常和徐州的城市影响力，带动其他省内城市快速发展，促进资本、人才、技术等在全省范围内的优化配置，为江苏经济发展培育新的发展动力；另一方面，能够进一步区分省内不同城市的发展定位，对具有重要水源涵养区、水土保持区以及生态环境良好的地区实现保护。

2. 打造美丽宜居城市

首先，摸清全省范围内各城市发展阶段，找准各城市的功能划分和精准定位是城市建设和规划的前提。当前，江苏需要进一步发挥南京、徐州和苏锡常都市圈带动力和影响力，加速推进新型城镇化进程，构建以大城市或中心城市为核心，带动周边小城市和小城镇协调发展的城市发展格局。针对有历史人文底蕴和地方特色的小城镇，需要做重点规划，给予政策和资金支持，为特色小城镇注入发展动力，改善小城镇发展面貌，增强小城镇发展活力。此外，需要注意的是，城市规划和建设不能盲目扩展，需要坚持节约集约的原则，要做到科学合理规划，高质量、高效率地利用土地空间，实现城市发展方式由“粗放扩张”到“精耕细作”转变。强化城市建设与发展“进行时意识”，注重城市建设的动态更新和维护，修复城市绿色生态，积极塑造城市形象，加强具有城市特色的标志性建筑的建造，提升城市的国际国内影响力。

其次，打造现代都市，推进城市功能的不断完善，提升城市宜居品质。实现城市各大片区的模块化管理，对各大模块进行功能划分和重点建设。在新房建造方面，要提高新建筑评估标准和验收标准，以绿色环保理念打造现代都市住房，推行成品住房和标准化装修。同时，需要打造现代宜居社区，完善社区内部各项配套设施（如商业、医疗、教育、体育休闲、公共活动等），提升社区居民生活品质。在旧房改造方面，需要全面推动城镇老旧小区的改造，杜绝各种理由的“面子工程”，不搞表面文章，旧房改造资金需要切实用在刀刃上（如支持老旧小区加装电梯），方便住户特别是老年人、孕妇及儿童上下楼。此外，需要构建现代绿色交通体系，倡导居民以公共交通作为出行的首选工具，减少城市污染排放，提高城市交通的运输能力和承载能力。

最后，需要进一步完善现代城市治理体系，提升城市治理能力。提升公众安全感是城市治理的重要目标，国安方能民乐，要深入推进平安江苏建设，打造平安城市，提升公众生活安全感和舒适度。要注重治理城市发展过程中出现的种种社会问题，深化城市治理的“互联网 +”思维，创建智慧城市，提升城市治理的科学化水平。另外，需要构建现代社区治理体系，完善多元主体的社区治理模式，鼓励公众参与社区治理和城市治理，提升公众参与城市治理的主动性和积极性。

3. 推进美丽田园乡村建设

党的十九大报告提出要坚持农业农村优先发展，按照产业兴旺、生态宜居、乡风文明、治理有效、生活富裕的总要求，建立健全城乡融合发展体制机制和政策体系，加快推进农业农村现代化，建设美丽田园乡村。

首先，聚焦乡村产业是美丽田园乡村建设的核心。大力发展乡村产业，坚持以产业转型为核心，以现代农业为基础，以生态休闲旅游业为支柱，不断发展壮大乡村产业体系，为实现乡村经济的腾飞打下坚实基础。其次，聚焦生态宜居乡村环境是美丽田园乡村建设的基础。改善乡村生态环境，构筑乡村生态屏障，加快建设美丽宜居乡村。在乡村环境治理上，将“厕所革命”、污水处理和垃圾分类“三大革命”作为整治重点，创建美丽乡村庭院，完善乡村排水、垃圾收运等设施设备。再次，要注重乡村乡风文明建设。乡风文明是新时代美丽田园乡村精神风貌的重要展现。要按照“联通上线、拓展外线、接通下线、链接无线”的四线部署，突出乡民思想教化、文化活化、乡风净化、环境美化的功能，培育文明的乡风、良好的家风、淳朴的民风，建设邻里守望、诚信重礼、勤俭节约的文明新乡村。最后，聚焦美丽田园乡村建设的有效治理。要坚持以党建为引领，采用协同治理、多元主体参与以及“互联网 + 乡村治理”的模式，构建共建、共治、共享的现代乡村治理体系，提升乡村治理效能。

4. 塑造水韵江苏人文品牌

水韵人文相互交融，提升江苏的世界知名度和影响力，首先需要打造富有地方特色的文化品牌。继承和发扬江苏各地优秀传统文化，如崇文尚教的吴文化、精工细作的淮阳文化、尊礼重义的楚汉文化、开放包容的金陵文化等。在传承优秀历史文化的基础上，还需要注重文化创新，发展文化旅游产品，将文化优势转变为经济优势，让传统文化与现代文化交相辉映。推动乡村振兴，依靠乡村历史文化与自然风光等优质资源，实现乡村文化与乡村旅游的融合发展，打造美丽乡村旅游品牌，真正建设一个“望得见山、看得见水、记得住乡愁”的美丽江苏。其次，需要深入推进文化标示工程，通过举办多种形式的大型会议和展览，如江苏发展大会、江苏文化嘉年华、江南文脉论坛等，向全国和世界展示江苏形象，提升江苏水韵文化的整体影响力。

5. 强化美丽江苏建设组织推进

首先，要继续加强组织领导，发挥省委省政府的领导核心作用。结合江苏“十四五”规划以及国土空间规划，编制和实施美丽江苏建设总体规划和专项规划。其次，需要征求科研机构或高校相关专家学者建议，研究设计一套美丽江苏建设评估的综合性指标体系。最后，积极引导社会多元主体参与是美丽江苏建设组织推进的关键。构建一套社会多元主体参与的行动机制，积极拓展公众的社会参与渠道，及时回应公众合理诉求和意见。同时加强有关媒体的宣传和舆论引导，推动其投身到美丽江苏建设中去。

（二）江苏“十三五”时期的建设经验和成就

“美丽江苏”建设要呈现“五美”：自然生态之美、城乡宜居之美、人文特色之美、文明和谐之美、绿色发展之美。党的十八大以来，习近平总书记高度重视、亲自推动长江经济带发展战略，做出了一系列重要指示批示。早在2017年6月，江苏就在全国率先制定印发《江苏省长江经济带发展实施规划》，把省域全境纳入了长江经济带发展规划。江苏全省上下坚定不移贯彻新发展理念，把推动长江经济带发展作为系统工程统筹谋划，在省域全境展开生态优先、绿色发展的生动实践。

“十三五”期间，长江经济带生态优先发展战略成效初显。比如，江苏苏州市吴江区和浙江嘉兴市秀洲区探索建立“联合河长制”，推广“新安江生态补偿”模式，健全生态环境联防联治机制和科学的生态价值评估与补偿体系。近年来，常州把破解“化工围江”摆在压倒性位置，做好“无效供给、低端产能”的减法和“高端产业、绿色产业”的加法，沿江一公里范围内的34家化工生产企业除3家保留改造提升外，其余确保年内全部关停，在江苏省内率先开展化工企业腾退用地空间置换试点。泰州加快形成沿江生态空间保护和产业布局规划，深化“健康长江泰州行动”，推动“水里岸上一起查、水土气一起治”，全方位保护长江生态环境。扬州在南水北调东线输水廊道沿线一公里范围内规划建设江淮生态大走廊，确保“一江清水向北送”。镇江彻底解决江豚自然保护区7000多亩江滩湿地非法侵占问题，再现美丽自然的风貌。无锡全力推进太湖治理，全力清退江阴生产型岸线，水天一色，风光更旖旎。苏州、张家港开展“五大整治提升工程”，让江湾更安全、江村更美丽。①

本研究结合“十四五”期间“美丽江苏”建设五个维度（生态良好、生

① 李予阳：《长江经济带绿色发展积蓄新动能》，《经济日报》2020年10月26日；吴琼：《江苏省推动长江经济带发展领导小组会议侧记：绿色发展之水奔腾美丽江苏》，澎湃新闻·澎湃号·政务，https://www.thepaper.cn/newsDetail_forward_9661862，2020年10月21日。

活宜居、社会文明、绿色发展、文化繁荣）的目标要求以及推进路径，整体推进、重点突破，聚焦重要领域和关键环节，全民参与、共建共享、协同推进、凝聚合力，围绕“美丽江苏”四个重点方面的建设内容［经济建设、城乡建设（美丽宜居城市和美丽宜居乡村）、人文建设及生态环境建设］，总结江苏“十三五”时期所取得的经验成就。

1. 经济建设

在“十三五”时期，江苏地区生产总值以及三大产业生产总值整体呈现逐步增长的趋势，第三产业在地区生产总值中的比重越来越高。地区生产总值从 2016 年的 76086. 17 亿元增长到了 2019 年的 99631. 52 亿元，第一产业生产总值从 2016 年的 4078. 48 亿元增长到了 2019 年的 4296. 28 亿元，第二产业生产总值从 2016 年的 33855. 73 亿元增长到了 2019 年的 44270. 51 亿元，第三产业生产总值从 2016 年的 38151. 96 亿元增长到了 2019 年的 51064. 73 亿元（见表 1）。

表 1　江苏“十三五”时期全省地区生产总值

单位：亿元

类别	2016 年	2017 年	2018 年	2019 年
地区生产总值	76086. 17	85900. 94	92595. 4	99631. 52
第一产业	4078. 48	4076. 65	4141. 72	4296. 28
第二产业	33855. 73	38654. 85	41248. 52	44270. 51
第三产业	38151. 96	43169. 44	47205. 16	51064. 73

从增长幅度来看，2016 ~ 2019 年，江苏地区生产总值的平均增长率为 6. 95%，第一产业的平均增长率为 1. 50%，第二产业的平均增长率为 6. 35%，第三产业的平均增长率为 7. 98%（见图 1）。整体而言，江苏在“十三五”时期，第三产业的年平均增长率最高。第三产业是社会生产力发展和社会进步的必然结果，是衡量现代经济发展程度的主要标志。因此，在“十四五”时期，需要进一步推动第三产业的发展，提升第三产业在地区生产总值中的比重。

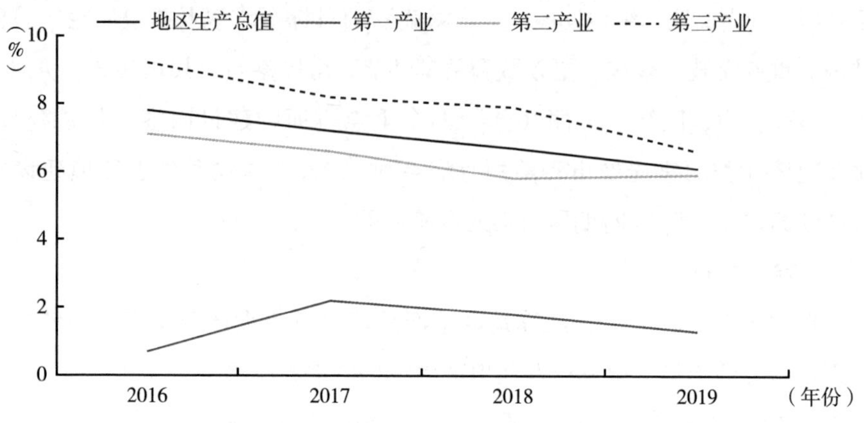

图1　江苏“十三五”时期地区生产总值平均增长率

2. 城乡建设

首先，从“十三五”时期江苏城乡居民收入来看，整体而言，无论是城镇居民还是农村居民，人均可支配收入都在逐年提升。具体而言，居民人均可支配收入从2016年的32070元增长到了2019年的41400元，城镇居民人均可支配收入从2016年的40152元提高到了2019年的51056元，农村居民人均可支配收入从2016年的17606元增长到了2019年的22675元（见表2）。

表2　江苏“十三五”时期城乡居民收入情况

单位：元

类别	2016年	2017年	2018年	2019年
居民人均可支配收入	32070	35024	38096	41400
城镇居民人均可支配收入	40152	43622	47200	51056
农村居民人均可支配收入	17606	19158	20845	22675

从收入增长幅度来看，从2016年到2019年，江苏城乡居民人均可支配收入的增长幅度均相对平缓。居民人均可支配收入在2016～2019年的平均增长率为8.83%，城镇居民人均可支配收入的平均增长率为8.3%，农村居民人均可支配收入的平均增长率为8.68%（见图2）。尽管“十三五”时

期，城乡居民收入均有所提升，但同时值得注意的是，2016～2019 年，城乡居民的人均可支配收入差距仍在继续扩大，2016 年城乡居民人均可支配收入差距为 22546 元，而 2019 年城乡居民人均可支配收入差距则提高到了 28381 元。因此，进一步缩小城乡居民收入差距依旧是"十四五"时期"美丽江苏"建设的重点工作内容之一。

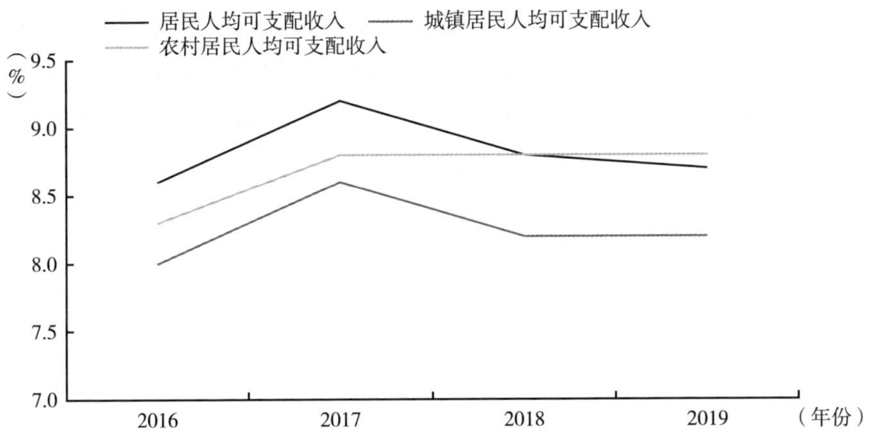

图 2　江苏"十三五"时期城乡居民收入增长率

从城乡居民的消费支出来看，2016～2019 年城乡居民的消费水平均有所提升。居民人均生活消费支出从 2016 年的 22130 元增长到了 2019 年的 26697 元，城镇居民人均生活消费支出从 2016 年的 26433 元增长到了 2019 年的 31329 元，农村居民人均生活消费支出则从 2016 年的 14428 元提高到了 2019 年的 17716 元（见表 3）。

表 3　江苏"十三五"时期城乡居民消费情况

单位：元

类别	2016 年	2017 年	2018 年	2019 年
居民人均生活消费支出	22130	23469	25007	26697
城镇居民人均生活消费支出	26433	27726	29462	31329
农村居民人均生活消费支出	14428	15612	16567	17716

从消费增幅来看，2016～2019 年，城乡居民的消费增长幅度也较为平缓。居民人均生活消费支出的平均增长率为 6.78%，城镇居民人均生活消费支出的平均增长率为 5.85%，农村居民人均生活消费支出的平均增长率为 8.30%（见图 3）。可以发现，相对于城镇居民而言，农村居民人均生活消费支出的年平均增长率要更高，这也在一定程度上说明“十三五”时期农民的生活水平有了较大提升。然而，不可忽视的是，尽管农村居民的消费支出增长率相对较高，但城乡居民的消费差距依旧存在，2016 年的城乡居民人均生活消费支出差距为 12005 元，2019 年城乡居民人均生活消费差距则为 13613 元。未来，需要进一步缩小城乡居民人均生活消费支出差距。

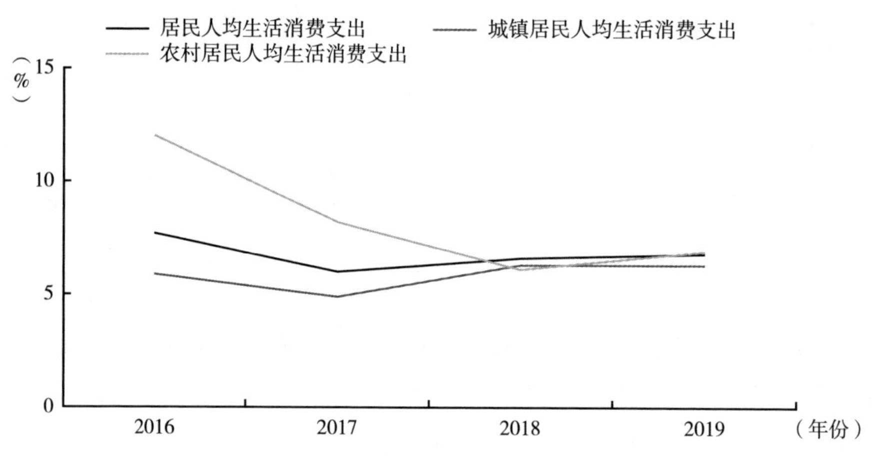

图 3　江苏“十三五”时期城乡居民消费支出增长率

3. 人文建设

“十三五”时期，江苏基本建成了一套完备的现代公共文化服务体系，基本实现了全省公共文化设施网络的全面覆盖。公共文化服务标准和均等化程度逐年提升，公共文化资源的利用效率和综合效益也有所提高。在艺术创作方面，江苏创作出了一大批具有艺术性、观赏性的艺术佳作，江苏艺术展演月等活动的全国影响力显著提升。此外，江苏的文化产业结构在“十三五”时期也得到了明显的优化，构建了一套相对完备的现代文化产业体系。

公共文化资源整合力度不断加大，优化了城市街道、社区、乡镇以及村基层的文化资源配置，构建了区域文化共建共享机制。另外，通过聚焦"互联网+"，运用移动互联网和现代科技手段不断扩大公共文化服务，推动了公共文化的数字化建设，打通了公共文化建设的"最后一公里"，显著提升了城乡居民对公共文化服务的评价。

4. 生态环境建设

在"十三五"时期，江苏开展了生态环境管理制度综合改革试点，建立了一套相对完备的生态环境治理体系。以绿色发展理念推进城镇化进程，完善了城市绿地生态系统。严格控制了"两高一资"行业的发展，推动绿色节能能源的利用。此外，通过转变生产方式，推进传统制造业的绿色转型升级，加强垃圾分类和再生资源回收工作，积极推进绿色健康的生活方式，节能减排，发展绿色交通，鼓励生态出行。此外，《大气污染防治计划》和《水污染防治行动计划》均得到了有效实施，大气污染、水污染以及土壤污染得到有效的治理，绿色城市、智慧城市、生态城市创建取得了一定成效。

三 "美丽江苏"建设的问题与困境

从根本上说，粗放型的经济发展是导致污染物不断产生的根本原因。经济发展方式之所以粗放，是因为我国还没有建立起一套健全的绿色低碳循环发展的经济体系。江苏的经济发展快于全国，遇到的生态环境问题早于全国，有别于全国，也重于全国。对江苏而言，建成高水平全面小康社会，生态环境既是突出短板，更是难点和痛点，其中的主要矛盾无疑是经济发展与污染防治之间的关系。

健全的绿色低碳循环发展经济体系是高质量发展的内在要求和根本保障。高质量发展不仅要求经济发展质量和效益不断改善，也要求生态环境质量和效益不断提升。"美丽江苏"就是江苏省委省政府基于江苏省情和发展的新的阶段性特征提出的可持续发展战略。当前，健全江苏的绿色循环经济体系尚面临如下问题。

（一）城镇化发展的资源环境硬约束与生态承载力限制

江苏自觉将“率先建成生态省，率先建成全国生态文明示范省”作为奋斗目标，通过一系列制度安排和扎实举措精准治理生态环境问题，践行绿色发展理念以及绿色发展方式和绿色生活方式，形成了生态文明的江苏形态。与众多其他省域不同，江苏有着“人口密度大、开发强度大、经济体量大、人均环境容量小、单位面积污染负荷高”的特殊省情，随着江苏经济社会发展的不断深入，资源环境问题愈发成为江苏可持续发展的最大瓶颈。由于缺乏对各地资源环境承载力的科学评估，各地城镇化发展规划、城乡规划、建设用地规划等没有“底线”地做大人口规模，忽视了人口发展对于环境容量以及生态空间的需求。因此，“美丽江苏”建设要以资源环境承载力为“底线”，为科学制定各种规划奠定基础。

（二）重化工产业与绿色转型存在矛盾

江苏产业结构加速转型，绿色低碳循环产业占比快速提升。但由于重化工业占比高、生态环境容量小，如何处理偏重的产业结构与绿色转型之间的矛盾，如何应对石化、冶金等产业各环节环境风险源多、长江沿岸重化企业布局集中的挑战，如何克服绿色低碳经济发展中因制度性壁垒和制度性成本居高不下而导致的优质生态产品与服务供给不足，需要直面问题，聚力攻坚。因此，绿色变革面临深层障碍、艰巨任务。推进绿色变革，构建以绿色低碳循环为标识的新型产业体系至关重要。

（三）农村社区环境治理存在资金不足、基础设施不平衡及人才短缺等短板

在美丽乡村建设背景下，全国各地农村积极开展环境治理。虽然江苏省大多数农村地区都有村集体资产，但村集体资产主要用于农村社区的基础设施建设，用于环境建设的资金明显低于基础设施建设与公共服务建设。由于不同地区间的经济发展水平不同，江苏农村环境基础设施建设中存在区域差

异，主要与经济发展水平和政策目标差异有关。江苏省根据实际情况，对不同地区提出不同的发展目标，引导区域发展。目前，苏南的人居环境建设已经进入全面提升阶段，而苏中与苏北地区仍处在完善环境基础设施建设的阶段。

四　建设美丽江苏的主要路径

（一）健全生态补偿制度，构建生态共建共享机制

为了更好地进行生态治理、生态保护，不同行政地区之间就要协同协作，以构建跨地区生态补偿为抓手，建设以流域、功能区、城市群为区域载体的生态共建共享机制。一是在上一级政府的统领下，在区域内各地区协商一致的前提下，统一规划配置和利用生态资源，统一相关政策制度，统一进行监管考核，共享生态资源，共建生态系统。二是以“谁受益、谁补偿，谁保护、谁获补偿”的原则，依据定量各地区和特定市场主体所分享的公益性生态环境效益和直接经济效益，按照收益比例分担生态建设和环境保护成本。三是加快健全优化生态补偿制度，加大省级财政对生态保护红线区域的转移支付力度。重点推动跨部门、跨区域、跨流域的生态补偿机制建设，进一步推进自然资源资产化、用能权交易、碳排放权交易、水权交易、排污权交易制度，以市场化的手段实现资源利用效率的最大化。

（二）引进市场机制，鼓励全民参与，共建美丽宜居城市

建立城镇老旧小区改造项目库，探索建立以财政资金为引导、社会资本参与的多种投融资模式。积极探索市场化的参与机制和改造收益让渡分享机制，吸引电梯、快递、停车、物业服务等领域的专业机构和社会资本。尝试政府和居民共同确定改造项目内容，由政府兜底负责市政配套设施不完善等基础问题，引导居民共同出资参与老旧小区提档升级，鼓励全民共同参与服务设施的改造、建设和运营，并支持以“平台 + 创业单元”方式发展养老、托育、家政等社区服务新业态。

（三）聚力新型现代化，推进美丽田园乡村建设

充分发挥国有企业的基建资源、资本和专业平台的优势，对美丽乡村实行前瞻性定位、整体规划、整体开发，并把现代企业经营管理理念注入新农村的开发、建设、运营全过程。创新运营模式，把产业发展与富民强村有机联结，将农村丰富的自然生态资源禀赋转变为经济效益。对适宜于集体和农民的业态，引导集体和农民主动参与；对投资体量大的项目，引入有资金实力的专业化团队建设经营，最终走出一条以环境改善为先导，通过绿色产业发展方式的转型实现富民强村，进而提升乡风文明程度的新型现代化发展之路。

（四）从顶层设计上实现“多规合一”和无缝衔接

“美丽江苏”建设的总体规划和专项规划要与全省“十四五”规划、国土空间规划有效衔接，推动发展理念深层转变，让各部门的利益相互促进，进而充分体现出整体性治理的理念和系统化推进的思路。其关键在于“美丽江苏”规划要在目标上落实“优空间、护资源、稳生态、促发展”。具体而言，包括严格遵守国土空间规划中明确提出的生态保护红线、永久基本农田、城镇开发边界三条控制线，坚定支持生态环境规划中提及的生态保护红线、环境质量底线、资源利用上线、生态环境准入清单“三线一单”要求，科学划定河湖与水利工程保护的基准线、水利基础设施建设规划预留线和涉水生态空间线等方面。从强化顶层设计入手，目的是让规划目标一致、规划期限一致、规划“底”图一致、规划依据匹配。

苏北农村地区全面小康难点与对策研究

苗　国*

摘　要：推进农业农村现代化是全面建设社会主义现代化国家的重大任务，坚持脱贫攻坚、实现全面建成小康社会的目标是我们党的庄严承诺。实现苏北农村地区全面小康是解决发展不平衡不充分问题的重要举措，是推动农业农村高质量发展的必然选择。江苏全面小康的关键在苏北，苏北的短板重点在农村。近年来，苏北地区通过加强对农村扶贫工作的组织领导，提高扶贫项目建设和公共服务投入水平，加大政策宣传力度和督查工作力度，通过抓市场、上项目、优服务、扩招商等方式保增收，千方百计增加贫困群众收入，扶贫工作取得了明显的成效。与此同时，也存在高质量发展、高水平全面小康内生性动力不足，农村低收入家庭脱贫基础尚不牢固，“精准扶贫”持续稳定增收的能力还不强，部分低收入家庭支出性贫困矛盾较为突出以及对贫困群体重视不够等问题。

关键词：全面小康　相对贫困　苏北农村

一　江苏全面小康建设现状与苏北农村全面小康短板

全面建成小康社会，最突出的短板在“三农”。全面建设社会主义现代

* 苗国，江苏省社会科学院区域现代化研究院副研究员。

化国家，大头重头也在“三农”。党的十九届四中全会指出，“坚决打赢脱贫攻坚战，巩固脱贫攻坚成果，建立解决相对贫困的长效机制”。党的十九届五中全会提出，“优先发展农业农村，全面推进乡村振兴”。

“十三五”以来，江苏探索出一条“区域发展和精准扶贫相结合、外部扶持与内生发展相结合、政府主导与社会力量参与相结合”的精准扶贫道路。深刻领会十九届五中全会精神，作为东部经济强省，江苏的绝对贫困已经成为过去式：全省累计 199.4 万人实现脱贫，脱贫率为 77.8%，贫困发生率由 2016 年的 5.8% 降至目前的 1.1%；截至 2019 年底，江苏省人均年收入 4000 元以下低收入人口实现全部脱贫，724 个经济薄弱村集体经济收入达 18 万元，达标率为 88.2%。2020 年中央一号文件作为 21 世纪以来第 17 个指导“三农”工作的“头号文件”，把“持续抓好农业稳产保供和农民增收，确保脱贫攻坚战圆满收官”作为主攻方向，基础和潜力也在“三农”。依照《中共中央关于制定国民经济和社会发展第十四个五年规划和二〇三五年远景目标的建议》布局“十四五”，江苏必须守好“三农”这个战略后院，在消除绝对贫困后，相对贫困的研究与解决已成为江苏新时代扶贫工作的重点与全面小康社会建设的难点问题。

（一）江苏全面小康建设现状

“十三五”时期是江苏省率先全面建成小康社会的决胜阶段。江苏的“全面小康”是高水平、高质量发展的小康，全面小康意味着小康建设各领域（含人口、区域）的全面覆盖，根据省统计部门测算，2018 年全省高水平全面建成小康社会综合实现程度为 97.6%，比上年提高 1.7 个百分点；六大类目标实现程度分别为：经济发展类 93.9%、人民生活类 100%、三大攻坚类 98.7%、民主法治类 100%、文化建设类 98.8%、资源环境类 95.0%。[①] 从旧版整体指标来看，全面建成小康社会在江苏已经达标。但是，省委省政府为了科学地对各市县党委和政府扶贫开发工作进行成效考

① 刘西忠：《高水平全面建成小康社会的江苏实践》，《群众》2019 年第 18 期。

核，自2019年起江苏“自加压力”，开始全面采用《江苏高水平全面建成小康社会统计监测实施方案》（苏统〔2019〕21号文）作为开展全面小康工作和监测评价的依据。在经济发展、人民生活、三大攻坚、民主法治、文化建设和资源环境六大类指标中，经济发展依然是苏北五市最大的薄弱项，其他各类指标中也不同程度地存在短板。总体而言，苏北经济社会发展水平仍然需要迈上新台阶，全面小康社会建设依然处于“决战攻坚”的关键阶段。

（二）区域协调视角下的全面小康

新版《江苏高水平全面建成小康社会统计监测实施方案》主要聚焦6大项目61项具体指标，除经济发展指标外，人民生活类指标权重最高，也是人民群众对全面建成小康社会进行评价的重要标准，苏北地区的三大攻坚战已经取得了阶段性胜利，金融风险合理可控，脱贫攻坚任务出色完成，污染防治成效显著。但是，有33.07%的农村脱贫户的人均收入在6000~7999元低水平线上，生活质量不高，返贫的可能性较大，脱贫攻坚成果仍需巩固。

从GDP差距来看，2019年苏北地区人均GDP为75498元，只是苏中115360元的65.4%，苏南167660元的45.03%，苏北地区城镇居民人均可支配收入为33607元，只是苏中44330元的75.8%，苏南58564元的一半水平稍多；从农民收入差距来看，2019年苏南地区农村人均纯收入达到29030元，而苏北地区只有17982元，苏北地区只是苏南地区的61.9%，城镇居民收入水平指标纵向比较，差距在不断减少，而农民纯收入差距基本保持稳定，说明苏北农村全面小康的难点在于农民增收（见表1）。

而从城镇化进程来看，2019年苏南地区城镇化率已经达到76.8%，各项主要指标与之前相比，苏北地区已经逐步缩小差距，特别是城市化水平达到63.2%，与江苏平均水平相差不远；苏南、苏北发展不平衡，特别是苏北第一产业负担重，三农问题困扰多，是长期以来苏北全面小康建设的瓶颈。从区域协调发展的角度看，产业扶贫、精准扶贫、阳光扶贫的大部分对象仍集中在苏北农村地区。从脱贫致富的重点人群源头看，扶贫开发的靶点依然集中在苏北农村低收入人口、省定经济薄弱村、扶贫开发重点片区和扶贫开发重点县（区）这四类对象。考虑到最核心的人民生活指标，苏北脱贫攻坚的主要目标是使家庭人均年收入6000元以下的相对贫困人口走向共同富裕。

表1　2019年江苏三大区域经济社会状况

单位：元，%

地区	人均GDP	城镇居民人均可支配收入	城市化水平	农民人均纯收入	居民人均储蓄存款	GDP结构
苏南	167660	58564	76.8	29030	275456	1.7∶45.1∶53.1
苏中	115360	44330	66.8	21815	146379	5.0∶47.4∶47.6
苏北	75498	33607	63.2	17982	75357	10.3∶43.3∶46.5

资料来源：《江苏统计年鉴2019》。

（三）苏北农村全面小康建设的亮点

最近五年来，江苏精准发力，扶贫精准施策、靶向治疗，把帮扶的“靶心”瞄准占全省乡村人口6%左右的低收入人口、6%左右的经济薄弱村、苏北6个重点片区，扶贫攻坚取得了一些成功经验。

第一，“点穴式”扶贫，指导精确，成效突出。各部门为调动基层积极性，因地制宜谋划产业结构，带动低收入户的发展和村集体收入增加。各地建立机关企事业单位“挂村包户”脱贫责任制，创新帮扶到人新平台、新机制，依托高校、龙头企业在农业设施及农产品加工设备上加大投入力度，使有务农积极性的大户有地种，让外出经商或办工业企业的人安心从业。有力地促进了农村劳动力的合理转移，真正做到地尽其利、人尽其才，发家致富各显身手，使共同富裕的路子越走越宽。集中“优势兵力”发力，一改过去“撒胡椒面”式的扶贫模式的固有缺点，一方面资金数量少，项目小而散，效益不高；另一方面，由于缺乏项目特色，市场竞争力不足，扶贫效果的可持续差。事实上，基层政府对一线信息的掌握最为充分，企业对如何规避市场风险更有心得。许多地方都在政策聚焦、资金精准投放、利用市场优势，因地制宜打理“一村一品”方面下真功夫，取得较强的榜样示范效应。

第二，“机制扶贫”，深化农村改革激励创新成为共识。近年来，江苏牵住苏北农村住房条件改善工程这一“牛鼻子”，大力推进村庄环境整治、美丽乡村建设，深入推动城乡基本公共服务均等化，各地结合农民集中居住布局调整，推动农房改善区适度规模经营加快发展。通过引导农村土地经营权向农民合作社、种养大户、家庭农场等新型经营主体规范有序流转，有效促进土地集约化、种植规模化，推动家庭化种植向农场化、企业化转变，鼓励农业龙头企业牵头组建产业化联合体，引导农户自愿以土地经营权等入股企业，推广“订单收购 + 分红”“农民入股 + 保底收益 + 按股分红”等模式，建立契约型、股权型利益联结机制，促进农民稳定增收。农村土地合作社正成为实现村集体收入增长的重要途径，一些乡镇依托优势资源，改变原有方式，推动土地流转、基地建设与合作经济组织快速发展。实现“农民土地流转得租金、村级服务得佣金、劳动力进厂上班得薪金”的新局面，乡村振兴战略取得丰硕成果。

第三，“教育文化环境”扶贫拔掉“穷根”。江苏长期以来不断加强教育扶贫、文化扶贫，一方面，加大对重点片区的教育脱贫攻坚力度，在薄弱学校改造、校舍安全工程、薄弱初中提升工程、小学特色文化建设、高中质量提升和特色建设、特困学生资助、农村师资提升优化等方面，加大对重点薄弱片区的支持力度；另一方面，大力发展农村职业教育，积极开展中职高职、社区教育与职业培训，2019 年苏北招收近 15 万名返乡农民接受中职教育，在新冠肺炎疫情期间，大力落实好中央一号文件精神，“六稳”“六保”切实把稳就业、保就业放在民生工程的首位。通过政府出资健康体检、医疗救助、扶贫助学，最大限度隔断贫困的代际传递，而三大攻坚战中的环境扶贫，有效推动了苏北地区综合实力的显著增强，环境改善不仅让苏北面貌焕然一新，通过基础设施更新提档，还让全面小康建设有了内涵式的发展，贫困人口卫生环境和习惯改善，一方面有助于贫困人口提高生活质量，另一方面提升了人们的精神面貌，改善了社会面貌，树立了个人自强信心，并使得积极的社会治理渗透到寻常百姓生活中，大到农村集中区的规划设计、绿化管养、救助分配，小到杂工使用、垃圾清运、五保供养，全部都要经过村民议事，现场表决通过。“村里做事民主，全部阳光操作，大事、小事都让群众知道，让村民参与决策”，这无疑提升了发展聚力，打造了社会治理正循环。

第四，阳光扶贫让群众满意度提升。淮安作为江苏最先上线“阳光扶贫”系统的试点市，利用大数据融合手段打通司法、民政、公安、税务、房产等多部门“信息孤岛”，将全市7部门3大类28个条线的扶贫济困资金纳入全覆盖、全透明管理。扶贫资助与政策落实情况不仅在办公计算机系统中全程留痕，后台管理部门也可随时调取对比分析，对各种失范行为与潜在腐败风险进行预警提醒，并通过App向社会公示，扶贫透明阳光工程受到当地百姓的欢迎与支持。据悉，淮安市的“阳光扶贫”系统已由省扶贫办向苏北其他四市推广。

二　苏北农村全面建成小康社会的机制短板与内生动力机制开发

长期以来，江苏省委省政府高度重视苏北地区发展，陆续出台了“四项转移”“南北挂钩”“两不愁三保障”“三大攻坚”等一系列扶持苏北发展的政策措施，确保农村同步全面建成小康社会，其关键在于缓解相对贫困，缓解苏北地区的相对贫困将是一项长期而艰巨的任务。

（一）全面小康之“三农”短板

第一，江苏的贫困人口除重大疾病等致贫因素外，还存在许多新的致贫变量。一是受到新冠肺炎疫情以及经济转型影响，农村低水平群体的就业竞争力和薪资议价能力偏低，更容易遭遇失业、不完全就业、薪资下降等困扰，导致工资性收入下滑，进而波及整个家庭。二是农村老年人群体由于退出劳动力市场且缺乏财富积累，加之农村年轻劳动人口外流，陷入贫困的概率远高于其他群体。三是一些中青年创业人群前期投入大，在遭遇创业失败时缺乏自救能力，如果社会支持不能及时跟进，也可能陷入生活困境。在苏北农村出现光富“口袋”不富“脑袋”的现象：随着市场经济的全面实施，逐渐富裕起来的农村显现出“一切向钱看”“有钱能使鬼推磨”等不良思想倾向，团结邻里、互帮互助等传统美德出现淡化趋势，“两耳不闻窗外事，一门心思为挣钱”，全面小康、共同富裕的文化氛围逐步淡化。

第二，“点穴式”扶贫并未完全发挥苏北相对资源禀赋优势，并带来一定的环境污染问题。苏北地区的工业发展保持了较快的增长速度，总结其原因是多方面的，包括长三角地区经济结构转型升级使许多传统产业向苏北梯度转移，苏北地区交通基础设施逐渐改善，环境容量较高，劳动力价格相对低廉，省委省政府给予特殊优惠政策并大力扶持，税收以及土地成本相对较低。但是，苏北的很多市县产业定位仍然比较模糊，尚没有建立起与本地经济社会发展相适应的比较优势。新上项目“眉毛胡子一把抓”，外部市场竞争加剧，也使其地方的产业特色和优势正在逐步消失。苏北地区高污染、高耗能产业仍占主导，导致单位 GDP 资源和能源消耗居高不下，空气质量不稳定，相关指标达标比例较低。单位 GDP 用地和用水量两项指标，苏北大部分地区均无法达标，有些地市层面达标的（如徐州），其下辖县（区）达标也很困难。以空气质量优良天数占比为例，2019 年徐州市仅为 59.2%，淮安为 72.6%，均达不到 80% 的目标值。

第三，苏北地区通过土地流转实行土地的规模化经营，但产业规模化发展依然遥遥无期。苏北农村的产业结构仍然是以传统产业为主，农业总产值仍以农林牧副渔为主，现代农业所需的龙头企业、市场体系、社会化服务体系尚发育不全，同时，科技创新能力不足，导致农业产业技术层次较低，产品的附加值低、竞争能力弱，经济发展缺乏新的增长点。[①] 简单给钱、给物、给项目已经无法解决经济发展的深层次问题，即便做到一户一个挂钩干部、一户一个解决方案，是否能经得住市场竞争考验还有许多路要走。

---

① 张春龙：《以工业化、城镇化和现代化推进苏北城乡一体化》，《唯实》2013 年第 2 期。

第四，“机制扶贫”深化农村改革还有许多硬骨头。苏北城乡一体化发展必须遵循经济学普遍规律。中国的乡村工业化曾走过一段曲折的道路，乡村企业的兴起是在以下背景下展开的：一是家庭联产承包责任制的实施，二是随之而来的农村剩余劳动力的显性化，三是自由迁徙权的缺失。在此情形下，农业剩余劳动力只能就地转移，“亦工亦农”实属“制度樊篱”阻碍资源自由流动与优化配置下的“无奈之举”。乡村工业化思路早已被中国实践所淘汰，中国绝大多数乡村企业在特定时期经历短暂的辉煌后迅速走向衰败，昙花一现的“苏南乡村工业化模式”就是典型。其原因非常简单：一是经济效率低下，“一哄而上”发展乡村工业，绝大多数“低水平重复建设”起来的乡村工业被残酷的市场竞争无情淘汰；二是环境污染严重，易被视为落后产能而“关停并转”或在环境整治过程中被强制淘汰；三是人口管制松动与城乡比较收益悬殊，驱使人口由乡村内部的“就地转移”转变为乡城之间的“异地转移”，缺乏比较优势的乡村企业多走向衰败成为必然。[①] 中外经验证实，乡村只适合发展农业，在工业产能过剩、城市生产效率高与多元文化生活吸引力强的21世纪，束缚在“一亩三分地”的捆绑型农业无法解决“三农”最核心的问题，农业要有比较好的效益，必须进行规模经营。[②] 虽然苏北户均土地比苏南多，但远远没有达到产生较好效益所需的土地规模。与苏南相比，苏北县域城镇化水平仍然较低，大量外出务工人口流向经济发达地区，随之而来的是，村庄空心化、农户空巢化、农民老龄化加剧。但返乡人口规模集中居住区，还未能建成较为完善的供水、排污、供电等基础设施和商业、教育、医疗、文化等服务设施，一方面必然会抬高基础设施和服务设施的建设成本，另一方面会使这些基础设施和公共服务资源利用不足，造成巨大浪费。

---

① 陈友华、苗国：《乡村振兴：认识误区、比较优势与制度变革》，《江苏行政学院学报》2020年第2期。

② 陈友华、苗国：《乡村振兴：认识误区、比较优势与制度变革》，《江苏行政学院学报》2020年第2期。

（二）破解“三农”短板的对策思路

跳出“三农”治理“三农”问题。发展经济是改善民生的前提和基础，我国农村就业吸纳能力普遍不足，人口外流情况苏北更为明显。这一方面导致苏北村庄整体环境差，危旧房较多，安全舒适性差；另一方面，农房布局分散，土地利用率低，集约化生产与产业转型被土地所束缚。[①] 据调研，苏北一些县（市）人口流出巨大，近年来返乡务工回流人数增加，根据苏北农村人口流动的规律性特点和农民意愿，产业结构调整与旧房改造应该结合新型城镇化发展需求，不能盲目扩张第二产业，大搞基础设施建设比拼，甚至盲目上项目与大城市展开第三产业竞争，苏北乡村振兴的关键在于跳出农业思维，用比较优势理论中的工业化和城市化思维真正釜底抽薪式破解“三农”问题。

让扶贫对象依靠自己的力量增收致富，才是解决绝对贫困的治本之策。从“输血”向“造血”转变，关键是在激活内生动力上求突破。解决相对贫困问题，更多地要靠常态化的机制和市场力量。要推动苏北城乡发展一体化，夯实全面建设小康社会的基础。一是发展市场导向的高效益产业。重点向自主可控产业和特色富民产业两端发力，构筑江苏产业新优势，涵养民生供给的新型产业源泉。二是发展民生友好型就业。近年来，传统劳动密集型产业加速转移，加之“机器换人”以及数字革命、智能革命对传统就业岗位的冲击，使得江苏就业困难群体和新生就业群体面临巨大挑战。为此，需要积极鼓励容纳就业人数多的就业类型，同时探索发展就近式、灵活性就业方式，全方位拓展就业渠道。产业的转型升级是下一步苏北面临的一个重要问题。不能操之过急，不能一个模式“一刀切”。

对于弱项补短板，其关键在于领会中央一号文件中的风险与兜底意识。解决相对贫困问题要两手抓，一手是抓好“造血式”扶贫，“授之以鱼，不

---

① 褚家佳：《乡村振兴背景下苏北农村人居环境整治的现状、成因及对策》，《江苏农业科学》2020 年第 1 期。

如授之以渔”；另一手是抓好兜底保障，对于客观因素致贫群众的基本生活应保尽保。在制定有关社会救助政策及完善社会救助制度时，不能仅局限于消极的补偿与救助（虽然这是一项基础性的工作），而应以消除社会排斥、实现社会整合为目标，依托就业优先政策夯实全面小康基础。

三　补齐发展短板，推动苏北地区全面建成小康社会的新样板

习近平总书记在党的十九大报告中强调：“理解改革要实，谋划改革要实，落实改革也要实，既当改革的促进派，又当改革的实干家。”苏北地区全面小康事业的突破，一定要鼓足领导干部实干精神，既要有勇闯潮头的改革勇气，又要大力弘扬求真务实、愚公移山的实干精神，不打折扣地贯彻中央一号文件精神，通过奋进实干最终确保苏北农民与全省人民一道迈入全面小康社会，决不让他们在全面小康建设中掉队落伍。

（一）扶贫攻坚战胜利的关键在于党的坚强领导

党政各部门要统一思想认识，把贯彻中央精神解决好“三农”问题作为实际工作的重中之重，“一以贯之抓脱贫，八大举措补短板，五大方面保供给促增收，四条政策强治理，五项措施促保障”。既把当务之急解决好，集中力量打赢脱贫攻坚战，又着力长远发展，抓好“三农”领域的基础性工作，重点考核建档立卡贫困人口数量的增减、实际帮扶低收入人口数量、经济薄弱村脱贫达标数量、对象地区农村低收入人口人均收入增长情况。精准扶贫要不留“尾巴”和“盲点”，特别是补齐农村低收入人口这块突出“短板”，因户制宜，制订产业帮扶计划，帮助解决好资金、项目、技能等方面的问题，填补经济薄弱乡村这片明显“洼地”。

（二）城乡融合发展

着眼“十四五”，要牢固树立农业农村优先发展政策导向，把乡村建设

摆在社会主义现代化建设的重要位置，立足苏北实际，根据贫困地区脱贫与致富的双重要求，把推进区域城乡、市镇一体化发展与低收入农户增收结合起来，因地制宜，紧扣优势条件、市场需求、示范带动以及移风易俗等重点，立足自身实际，创新扶贫路径，发挥好苏北自然生态条件好这一独特优势，大力培育和发展区域性特色产业，拓宽苏北地区精准扶贫与农民增收新思路。把推进区域整体发展与低收入农户增收结合起来。顺应城镇化规律，鼓励有条件的农民进城、进中心镇、进中心村，推进城乡关系重构。进一步科学推进乡村规划建设，持续提升乡村宜居水平，推进县乡村公共服务一体化，全面加强乡村人才队伍建设，加快推进乡村全面振兴。

通过深化农村改革，进一步激活农村资源要素。要健全城乡融合发展机制，巩固和完善农村基本经营制度，深化农村土地制度改革和集体产权制度改革，破除制约农业农村发展的制度障碍，激发强劲内生动力。

（三）职教富民

不断推进“职教富民”行动，优先支持经济薄弱地区建设现代化示范性职业学校、优质特色职业学校和现代化实训基地，为提升人才培养质量打下良好基础。强化重点片区职业学校基础能力建设和内涵建设，建设高水平现代化职业学校和高水平示范性实训基地。开展苏北地区与苏南地区结对帮扶、教师交流锻炼、教学资源共享等，促进苏北职业教育均衡发展。

（四）建立解决相对贫困的长效机制

建立解决相对贫困的长效机制，凸显江苏未来脱贫工作的重心转向，即从消除绝对贫困转向相对贫困治理。江苏基本消除绝对贫困，相对贫困治理成为脱贫工作的核心任务。脱贫是一个动态过程。特别是虽然贫困户越来越少，但越到最后越是“老大难”，这些低收入群体贫困脆弱性高、抵御风险能力弱，如果政府前期扶贫政策的支持和投入退出，就可能出现返贫风险。一方面要兜住底线，加强对贫困和准贫困人口的民生保障，防止政策过早撤出带来“悬崖效应”；另一方面，不能随意调高标准，防止陷入“福利陷阱”。同时，加强对低收入群体的动态监测，确保脱贫政策不留死角、不落一人。支持农民工返乡创业园和创业点建设，促进重点扶贫对象就地就近就业创业，特别是新冠肺炎疫情之后，交通运输、批发零售、文化娱乐、住宿餐饮等行业的小微企业、民营企业受冲击较大。在更好支持其复工复产上，要特别鼓励银行机构增加流动资金贷款投放。鼓励实行灵活用工、共享员工等新型用工方式，多元化满足企业用工需求。将符合条件的返乡创业农民工纳入一次性创业补贴范围。引导支持发展“三来一加”项目，加强乡村公益性岗位开发，优先安排低收入群众和中老年劳动力就业。

参考文献

陈友华、苗国：《乡村振兴：认识误区、比较优势与制度变革》，《江苏行政学院学报》2020 年第 2 期。

刘西忠：《高水平全面建成小康社会的江苏实践》，《群众》2019 年第 18 期。

褚家佳：《乡村振兴背景下苏北农村人居环境整治的现状、成因及对策》，《江苏农业科学》2020 年第 1 期。

张春龙：《以工业化、城镇化和现代化推进苏北城乡一体化》，《唯实》2013 年第 2 期。

宁镇扬、苏锡常都市圈一体化发展现状、展望及对策*

杜宇玮 关 枢**

摘 要： 宁镇扬、苏锡常都市圈一体化发展，是江苏对接融入长三角区域一体化国家战略的重要途径和关键步骤。本文基于都市圈一体化相关理论阐述，从宁镇扬、苏锡常都市圈的现实背景出发，首先揭示了两大都市圈在交通基础设施一体化、城市间产业结构分工、统一开放大市场及城市间合作协调等方面存在的问题，并提出了相应的完善方向。其次，在确定两大都市圈总体和具体发展目标的基础上，从协调利益关系、完善治理机制、明确城市定位和抢抓制度红利等方面提出了都市圈一体化发展的基本思路。最后，从加强规划编制衔接、完善基础设施一体化、优化产业体系及空间布局、构建资源共享和政策协同机制以及强化一体化制度保障等角度，提出了宁镇扬、苏锡常都市圈一体化发展的对策举措。

关键词： 宁镇扬 苏锡常 都市圈一体化 城市

---

* 本文得到江苏省决策咨询研究基地课题“长三角一体化发展国家战略下宁镇扬、苏锡常都市圈一体化研究”（立项号：19SSL003）的资助。

** 杜宇玮，江苏省社会科学院区域现代化研究院副研究员；关枢，江苏省社会科学院区域现代化研究院助理研究员。

城市是区域发展的重要空间载体，注重城市之间融合协同发展的都市圈或城市群建设作为新型城市化的主导模式，正日益成为塑造区域竞争新格局的主要途径。都市圈是特定区域城市群网络中的“子集”，都市圈一体化发展是在区域一体化的大背景下展开的，是城市发展的高水平体现。随着改革开放的不断深入，21 世纪以来中国城市化进程也出现了以都市圈或城市群为特征的区域空间集聚化趋势。随着长三角区域一体化、京津冀一体化、粤港澳大湾区等国家战略的深入实施，中国经济已经进入以城市群为引领、以都市圈一体化为主导的新发展阶段。宁镇扬、苏锡常作为《长江三角洲城市群发展规划》中明确提及的两大都市圈，无疑是长三角建设世界级城市群的重要组成部分。推动两大都市圈一体化发展，对于江苏加快实现省内全域一体化，进而在长三角区域更高质量一体化发展中走在前列具有重要的现实意义。

一　宁镇扬、苏锡常都市圈一体化发展的基础背景

（一）都市圈和都市圈一体化的理论基础

1. 都市圈的概念与特征

都市圈是由“都市带”的概念演化而来。法国地理学家戈特曼以人口规模和人口密度为指标首先描述了大都市带（megalopolis），认为大都市带应具有2500 万以上人口规模和每平方千米250 人以上的人口密度。[①] 按照这一标准，他认为世界范围内已形成了六大都市带或都市圈，分别为以纽约为中心的美国东北部大西洋沿岸或都市圈，以芝加哥为中心的北美五大湖或都市圈，以东京为中心的日本太平洋沿岸或都市圈，以伦敦为中心的英伦或都市圈，以巴黎为中心的欧洲西北部或都市圈和以上海为中心的中国长江三角

① Gottmann J. “Megalopolis or the Urbanization of the Northeastern Seaboard,” *Economic Geography*, 1957 (3): 189 - 200.

洲或都市圈。发达国家的历史经验表明，工业化中后期产业集聚达到相当规模，城市化达到较高水平时，都市带或都市圈便应运而生。都市圈经济将工业化和城市化有机结合，实现了都市圈经济范围内资源的优化配置和都市圈内的经济发展；多个都市圈的资源的空间优化配置和经济协调发展更推进了整个国家的经济发展。因此，都市圈在当今世界经济发展中占据着重要位置，都市圈经济已然成为一种区域经济发展的典型模式。随着我国城市化进程不断加快，都市圈作为一种新的城市空间形态，已成为我国城市化发展的一个重要趋势。

都市圈是一种以高密度的城市、一定规模的人口和巨大的城市体系为特征形成的区域空间组织。都市圈一般包括一两个作为整个城市体系中心城市的特大城市，还包括数量不等的中小城市，作为经济腹地环绕形成圈层状区域结构。都市圈对外具有相对独立性，内部各城市间的分工合作却非常密切。2019 年，国家发改委在《关于培育发展现代化都市圈的指导意见》中明确了我国都市圈的概念：都市圈是城市群内部以超大特大城市或辐射带动功能强的大城市为中心、以一小时通勤圈为基本范围的城镇化空间形态。从美、日、欧等发达国家和地区以及中国的都市圈发展历史中可以发现，都市圈具有如下一般的规律性特征。

第一，都市圈主要分布在大的平原地区。平原地区开发历史较早，适合人居和大规模的产业布局，城市建设的成本较低，是都市经济圈滋生和发育的主要地区。比如，伦敦都市圈发育在伦敦平原，芝加哥都市圈发育在北美五大湖沿岸平原地区，东京都市圈发育在东京湾平原地区等。中国的长三角、珠三角、京津冀三大都市圈，也都在平原地区。

第二，都市圈的发展由大的经济中心城市驱动。大的经济中心城市作为一个城市群的“心脏”，驱动了整个都市圈的运行。当然，驱动都市圈发展的也可能有多个经济中心城市，如东京都市圈的东京和横滨、大阪都市圈的大阪和神户、珠三角都市圈的香港和广州以及京津冀都市圈的北京和天津等。

第三，都市圈一般都有大的港口。港口是都市圈发展的门户，世界上主要的都市圈都有大的港口。比如，伦敦都市圈有伦敦港，是泰晤士河的出海口；巴黎都市圈有巴黎港，是塞纳河上的港口；纽约都市圈有纽约港；东京都市圈有东京港和横滨港；中国的长三角都市圈则有上海港，京津冀都市圈有天津港；等等。

第四，都市圈内部有严密的组织和分工协作关系。都市圈的经济建立在内部严密的组织和分工协作基础之上，从而构成了一个完整的地域分工协作网络。其标志是城市基础设施完善，交通联系便捷，专业化功能区遍布，生态环境良好，分工协作有序，空间管制得力，经济运行高效。

第五，都市圈一般是跨越行政区的经济区。都市圈的发展往往突破了行政区的界限，不局限在一个行政区划范围内，成了跨越行政区的经济区。目前，欧、美、日等地区和国家大的都市圈都已经进入成熟发展阶段，而中国的都市圈多处于发展阶段，有待通过“整合”实现协同发展。

2. 都市圈一体化的内涵、特征及形成因素

都市圈一体化实际上是区域一体化在城市或都市意义上的表现，主要是指一个国家内部的区域一体化。其内涵可以定义为，在一个城市群或都市圈内，不同城市或都市之间通过消除各种形式差别，实现以经济为中心的，产业布局、基础设施建设、生态治理、医疗教育等公共服务方面融合协调的一体化发展形态。

都市圈一体化的特征主要包括：一是具备完善的交通基础设施。发达的交通带来时空压缩效应，高速道路、地铁、轻轨将区域内部相连，使生产要素上下游流动，产品与市场衔接，畅通生产区与劳动人口生活区。高铁推动都市圈内经济集中化，机场和大桥等大型基础设施建成加强了区域内部与外部的输入输出功能。二是都市圈内各城市之间存在明显的层级分工。都市圈内部的紧密连接是建立在一定的空间范围内，有鲜明的中心城市和外围城市在生产和生活方面的互通协作。三是具有明确的产业分工布局定位。除了城市等级上的差异，都市圈内部的产业布局也有明确的分工，可以是基于产业链的垂直专业化分工或者基于市场协作的水平专业化分工。

都市圈一体化的形成因素主要包括区位因素、经济因素和政策因素。其中，区位因素是都市圈一体化形成的基础条件，使都市圈与其外在的某些自

然实体或经济社会实体的空间关系，包括地理位置、气候、交通等。经济因素主要是指产业发展状况，产业发展推动了都市圈一体化的形成和发展，而都市圈一体化也是新产业、新技术的发展的培养皿，都市圈的创新能力和吸收能力不断地促进产业转型升级和新产业形成。政策因素是促进都市圈一体化发展的助推剂，中央和地方政府对都市圈发展的规划和布局能够引导都市圈产业选择及其发展方向，可以不断完善都市圈配套设施，从而有助于形成合理的产业结构和空间布局。

（二）宁镇扬、苏锡常都市圈一体化发展的现实背景

都市圈一体化政策主要是由城镇体系规划发展而来，比如，2002 年江苏省率先实施的《江苏省城镇体系规划（2001 ~ 2020）》在全国引起了强烈反响。2016 年国务院发布的《长江三角洲城市群发展规划》明确提出，进一步提升上海全球城市功能，加快南京、杭州、合肥、苏锡常、宁波五个都市圈的同城化发展。中共江苏省委十三届四次全体会议决议则提出，加速推进区域一体化，作为实施“1 + 3”重点功能区战略的重要内容，从容易达成共识的领域推进，支持宁镇扬、苏锡常等有条件的地方率先突破。2020 年 8 月召开的江苏省委常委会进一步强调要“深层次推动苏锡常一体化、宁镇扬同城化”。可见，推动宁镇扬、苏锡常都市圈一体化发展，不仅是长三角城市群发展的重要内容，而且是江苏对接和融入长三角一体化国家战略的重要途径。

1. 宁镇扬都市圈一体化发展的现实背景

宁镇扬都市圈包括南京、镇江、扬州三市全域，面积 1.7 万平方千米，范围内有南京、镇江、扬州 3 个地级市（17 个市辖区），以及高邮、仪征、丹阳、扬中、句容 5 个县级市，宝应 1 个县。区位优势明显，具有承东启西、连接南北的良好区位，既是接受上海辐射的重要平台，又是将上海能量传递到长江中上游和整个中西部地区的重要节点。[①] 横跨长江的宁镇扬都市

① 参见唐启国《关于宁镇扬同城化示范区提升为国家战略的思考》，《城市》2010 年第 12 期。

圈经济实力雄厚、人民生活水平较高，在江苏经济格局中具有重要地位。2019 年，宁镇扬都市圈 GDP 达 24007 亿元，占全江苏省的 24%；其中，南京、镇江、扬州 GDP 分别为 14030 亿元、4127 亿元和 5850 亿元。三市人均 GDP 分别为 16.57 万元（南京）、12.90 万元（镇江）、12.89 万元（扬州），均高于全省人均 GDP 的 12.36 万元。南京的产业结构中第三产业占比接近 2/3，镇江和扬州的产业结构类似，第二、第三产业占比大致相同。居民收入水平虽然在全国范围内较高，但三市之间存在比较大的差距，南京为 57630 元，远高于镇江的 44258 元和扬州的 37074 元（见表 1）。

表 1　2019 年南京、镇江、扬州主要经济指标

经济指标	南京	镇江	扬州
GDP(亿元)	14030	4127	5850
人均 GDP(元)	165681	128979	128856
产业结构(一二三产业比)	2.1∶35.9∶62.0	3.4∶48.6∶48.0	5.0∶47.5∶47.5
居民可支配收入(元)	57630	44258	37074

资料来源：《2019 年南京市国民经济和社会发展统计公报》《2019 年镇江市国民经济和社会发展统计公报》《2019 年扬州市国民经济和社会发展统计公报》。

2014 年，江苏省政府发布《宁镇扬同城化发展规划》，这是江苏省颁布实施的第一个以“同城化”为主题的区域性规划。其紧扣“同城化”主题，明确以加快重大基础设施对接和重点跨界发展区域对接为突破口，构建基础设施互联互通、产业发展合作共赢、跨界区域协同建设、生态文明联动推进的区域发展新格局，深化跨江融合，共建宁镇扬大都市区。2017 年，南京市政府发布的《关于贯彻落实宁镇扬同城化发展规划的通知》又提出，“到 2020 年，宁镇扬一体化格局基本形成，初步建成具有较强活力和竞争力的国际性大都市区，南京作为宁镇扬区域中心城市的辐射带动能力明显增强”的发展目标，其中涉及交通、产业体系、生态环境、民生服务、区域协同创新、科技创新等方面。从国家战略高度的层面而言，宁镇扬板块正处于长三角一体化、江苏长江经济带、江苏沿海地区开发和国家级南京江北新区开发战略等多个国家战略的交会点上。

近年来，南京、镇江、扬州三市市长每年都召开联席会，共同会商当年宁镇扬一体化的重点任务和重点项目，三市在交通、医疗、旅游、环保等领域已实现了一定程度的融合。在交通领域，宁镇之间高铁已经实现十几分钟快速通达，高铁动车组单向日发约 130 个班次；宁镇扬三市之间日发道路客运班次 700 余班；宁镇扬普通公路全部实现免费通行；宁扬、镇扬过江通道持续增加建设中。在医疗领域，宁镇扬三市异地长居参保人员实现了异地就医结算，实现网上预约挂号和远程医疗资源的共享，南京鼓楼医院远程影像诊断中心覆盖了宁镇扬都市圈范围内各类医院 104 家。在教育领域，优质教育资源流动共享初现成果。比如，南京地区独立学院在宁镇扬地区迁址办学，南师大中北学院在镇江丹阳建设校区，扬州高等职业技术学校、扬州旅游商贸学校分别与南京工业职业技术学院、南京旅游职业技术学院合作开办“3 +3”专业，镇江新区管委会和南师大合作创办南京师大附属镇江小学，等等。在旅游领域，联合推介旅游新产品、新线路，发行了宁镇扬旅游一卡通，实行三市部分景点联票。在环保领域，宁镇扬三市共同签订了《区域空气污染联防联控合作协议》，加快了污染防治一体化进展。可以说，宁镇扬同城化的体制机制创新探索，将为长三角区域单核心结构的都市圈一体化发展提供重要的经验借鉴。

2. 苏锡常都市圈一体化发展的现实背景

苏锡常都市圈是苏南模式的发源地，所辖三市是江苏省经济发展最好的城市，同时也是我国经济最发达、人口最密集和城市化水平最高的地区之一。2019 年，苏州、无锡、常州三个地级市 GDP 分别占到上海的 50%、30% 和 20% 左右，三市 GDP 合计 38489 亿元，已超过上海经济总量。苏锡常三市人均 GDP 接近，分别为 17.9 万元、18.0 万元、15.6 万元。产业结构也大致相同，第三产业增加值比例过半，略高于第二产业。居民可支配收入略有差异，苏州略高于无锡，无锡略高于常州，总体差距不大（见表 2）。

从都市圈内部城市特点来看，苏州、无锡和常州三个城市的经济发展水平相当、产业结构相似、文化一脉相承，且在开放经济、县域经济和小城镇发展方面也各具特色和优势。其中，苏州市是一座以工业制造业为主的外向型经济大市，2019 年苏州工业产值突破 33000 亿元，位居中国和全球第一，拥有全国排名第一的国家级工业园——苏州工业园，古城风貌与园区现代城市气息交相辉映。无锡是我国乡镇企业的发源地、开放型经济的先行区，在新一代信息技术发展中抓住机遇，现已将物联网建设成全省乃至全国的发展高地。常州作为长三角地区重要的先进制造业基地，轨道交通、智能电网、光伏新能源等产业全国领先。因此，与宁镇扬都市圈以南京为单核不同，苏锡常都市圈属于多核心的网络状空间结构，包括 3 个中心城市、9 个次级城市和 7 个城镇发展轴。①

表 2　2019 年苏州、无锡、常州主要经济指标

经济指标	苏州	无锡	常州
GDP(亿元)	19236	11852	7401
人均 GDP(万元)	17.9	18.0	15.6
产业结构	1.0∶47.5∶51.5	1.0∶47.5∶51.5	2.1∶47.7∶50.2
居民可支配收入(元)	60109	54847	49840

资料来源：《2019 年苏州市国民经济和社会发展统计公报》《2019 年无锡市国民经济和社会发展统计公报》《2019 年常州市国民经济和社会发展统计公报》。

2002 年经国务院同意批复的《江苏省城镇体系规划（2001～2020）》中首次明确了“苏锡常都市圈”概念。2016 年出台的《长江三角洲城市群发展规划》，也明确将苏锡常都市圈作为“一核五圈四带”网络化空间格局中的重要组成部分，并全面强化其与上海的功能对接与互动。2017 年的《上海城市总体规划（2017～2035 年）》则提出“发挥上海作为都市圈中心城市的辐射带动作用，推动近沪地区及周边形成同城化都市圈格局”，也在一定程度上显示了对苏锡常都市圈一体化发展的支持。2020 年 4 月，首届苏锡常一体化发展合作峰会召开，签署《苏锡常一体化发展合作备忘录》，就交通基础设施互联互通、公共服务一体化、生态环保联防共治、共建企业商会联盟、产业链协同等诸多领域达成合作共识，并于 7 月召开了首届苏锡常

① 参见谢守红《苏锡常都市圈空间发展及其动力机制分析》，《经济地理》2011 年第 11 期。

一体化发展联席会议，推动备忘录工作内容进展，共同商议一体化发展。[①]经过近 20 年的发展，苏锡常都市圈已经形成连绵的城镇密集地区，已成为长三角城市群内产业体系最完整、创新能力最强、开放程度最高的核心区域。[②] 而且，随着长三角区域一体化上升为国家战略，苏锡常凭借其在工业制造业和开放型经济方面的优势，其都市圈一体化已成为江苏融入长三角一体化发展的先手棋。

二　宁镇扬、苏锡常都市圈一体化发展的关键问题

（一）存在问题

宁镇扬、苏锡常都市圈作为我国经济最发达、开放程度最高、创新能力最强的区域之一，不可否认，近年来在同城化、一体化方面做了不少有意义的路径探索和尝试，取得了一些成功经验，从而成为推动长三角区域一体化发展的重要力量和引领江苏高质量发展的重要标杆。然而，两大都市圈仍然缺乏统一有序、分工协同的产业体系、市场体系和政策体系。比如，宁镇扬在产业体系构建、信息网络融合、科技成果转化等方面的协同发展还不够理想，尚未真正实现“同城化”。而苏锡常三市由于发展实力相当且较强，因而城市之间竞争较为激烈，协同发展方面尚不充分，共同发展意愿还不够强烈。总体上看，当前宁镇扬、苏锡常都市圈在基础设施一体化、城市间产业分工、统一开放大市场、城市间合作协调等方面还存在一些问题，迫切需要通过体制机制创新和完善来推动一体化发展。

第一，都市圈交通网络体系不够完善，基础设施一体化水平有待提高。交通与都市圈的发展是密切相关的，交通运输网络是都市圈一体化的支撑，没有交通运输网络的支撑，难以形成真正意义上的都市圈。基于现代化的交

① 参见张帅《首届苏锡常一体化发展联席会议召开》，《苏州日报》2020 年 7 月 28 日。

② 参见陈小卉等《关于推动苏锡常一体化发展的相关建议》，《江苏城市规划》2018 年第 12 期。

通运输网络，实施交通运输基础设施一体化，促进区域道路同网、交通同制，消除城市“孤岛”，实现城市群“同城效应”，是实现区域经济一体化的基础和重点内容，是长三角一体化向纵深方向发展的助推器。[①] 目前，宁镇扬都市圈的交通层次存在一些需要完善的方向。例如，空铁联运的缺失降低机场聚集和辐射力，港口同质化竞争缺少协调合作，铁路资源发展不平衡不充分。苏锡常都市圈则存在东西向联系通道较多，南北向联系通道不足、城市之间高快速通道网络衔接不畅的问题。苏州和无锡的城市轨道交通二维码乘车已实现互联互通，而且在不久的将来有望实现轨道的直接连接，但是常州与无锡的城市轨道交通尚未实现互联互通，且轨道交通的连接规划也相对较为久远。

第二，都市圈内部各城市间产业结构趋同，更加有序合理的分工协作格局有待形成。从产业布局来看，不少城市强调大力提升本地配套率，延伸本地产业链，各城市都存在不同程度的“大而全”“小而全”的布局倾向。比如，南京的主导产业集中在高端软件与新一代信息服务、金融和科技服务、生物医药与节能环保新材料等领域，而扬州光电产业和镇江信息技术应用较为突出。再如，苏锡常三地都是以工业立市的地区，经济发展水平相当、产业结构趋同。特别是无锡在 2017 年成为继苏州、南京之后江苏省第三个 GDP 突破万亿元的城市，与苏州的经济水平更加接近。近年来，苏锡常在先进制造业、现代服务业和战略性新兴产业的发展等方面纷纷加大力度，瞄准高端化目标，着力提升本地产业价值链地位，似乎出现新一轮区域竞争态势，而并未形成有序竞争、布局合理的产业分工格局。

第三，都市圈内各城市间仍存在较为显著的市场分割问题，统一开放的都市圈大市场有待形成。在转型经济条件下，我国大多数的都市圈并非是城市发展到一定阶段自发形成的，而基本上是通过政府规划、行政命令的方式建设而成的，有的甚至可能是“拉郎配”的政绩工程，从而在较大程度上是一种制度安排的产物。因此，行政垄断下的市场分割和市场碎片化竞争，

---

① 参见王维《长三角交通基础设施一体化研究》，《学海》2006 年第 6 期。

可能是我国都市圈一体化发展中存在的一个不可回避的共性问题。目前，在宁镇扬、苏锡常都市圈，阻碍经济高质量发展的行政壁垒仍未完全打破，地方标准不统一，准入门槛有差异，统一开放的市场体系尚未形成。因此，都市圈一体化的关键问题之一，是如何权衡政府与市场在一体化中的作用，寻求一条充分发挥市场效率与政府作用的一体化发展路径，促成都市圈内商品和要素充分自由流动的统一开放、竞争有序大市场。

第四，都市圈内公共服务、生态环保等方面的共建共享共担机制不够健全，区域和城市间合作协调能力有待提升。多年来，都市圈内各城市的合作意愿强烈，各都市圈政府部门制定了一系列的政策措施，签署了一系列各种各样的合作协议，但涉及具体的规划、产业、项目落地，具体的道路、网络、运输联通，具体的金融、贸易结算，具体的入学、看病、科研等资源共享，尚存在不知如何下手、不知如何打通关键节点等问题。跨区域共建共享共保共治机制不健全，基础设施建设、生态环境保护、公共服务等方面的一体化发展水平有待提升。区域之间成本共担、利益共享的机制尚未建立，有效的生态补偿机制仍在不断探索中。当前，一体化发展呈现一种政府积极、学者活跃，但缺少企业和各种民间主体的广泛与深度参与的现象，一体化发展在调动相关主体的参与积极性方面有待提高。

（二）完善方向

都市圈作为城市化发展到特定阶段的产物，其形成与发展都有其内在的客观规律。都市圈一体化发展，关键是要坚持市场对资源配置的基础性作用和决定性作用，打破经济融合的行政性障碍，建立都市圈内统一的经济运行规则，促进人才、资本、技术等要素的自由流动和优化配置，依靠市场机制实现都市圈内的资源整合，以达到整体效益的最大化，从而推动都市圈经济持续增长。[①] 2019 年 2 月，国家发展改革委《关于培育发展现代化都市圈的

① 参见陈曦《我国都市圈一体化发展的制约因素及改进路径》，《中国行政管理》2010 年第 11 期。

指导意见》指出，要推进基础设施一体化，强化城市间产业分工协作，加快建设统一开放市场，推进公共服务共建共享，强化生态环境共保共治，率先实现城乡融合发展，构建都市圈一体化发展机制。结合都市圈发展现状，宁镇扬、苏锡常都市圈一体化，要在促进基础设施一体化、加强城市间产业分工协同、建立开放统一大市场以及加大城市间合作协调力度等方面进行完善。

第一，加强都市圈内各城市之间基础设施的互联互通和共建共享。根据"一带一路"倡议，长江经济带建设、长三角区域一体化等国家战略要求，以新型城镇化和城市群建设为抓手，统筹规划高铁、港口和轨道交通等重点交通枢纽建设，加快完善现代综合交通运输体系。除了交通基础设施之外，还要加强信息通信、能源供给、环境治理、文化生活等其他类型基础设施的互联互通与共建共享，推动都市圈内基础设施一体化发展。

第二，完善区域产业协同机制，延伸构建都市圈价值链。都市圈内各城市要发挥区域差异化互补优势，展开高层次的分工合作，通过构建都市圈价值链来推动产业攀升全球价值链高端。也就是说，要以都市圈产业整体竞争力提高为共同目标，根据各城市自身资源禀赋和发展特点，发展特色产业，培育地方特色产业集群。当然，这些产业集群不是孤立的"铺摊子"的产业园，而是相互之间具有明确合理的梯度分工，从而形成一系列比较完整的产业链。①

第三，建立统一开放大市场，促进商品和要素资源在都市圈内充分自由流动。一个商品和要素充分自由流动的统一开放的市场体系，实现市场一体化发展，是都市圈一体化发展的应有之义。市场一体化意味着各区域之间要互相协调，共同清理阻碍商品和要素合理流动的地方性政策法规，打破区域性市场壁垒，实施统一的市场准入制度和标准，加强区域间市场服务功能的完善与合作。②

---

① 参见杜宇玮《培育世界级先进制造业集群的中国方案》，《国家治理》2018 年第 25 期。

② 参见杜宇玮《新经济地理格局下的区域协调发展之路》，《国家治理》2019 年第 1 期。

第四，建立健全区域共享互利机制，加强城市间分工合作与协调共享。可以从江苏省级层面对两大都市圈一体化发展进行统筹协调，加强都市圈内不同城市之间的产业项目合作、民生领域合作和要素资源共享。比如，通过设立都市圈一体化发展基金，共建都市圈产业技术创新战略联盟，以及发挥行业协会等第三方机构的中介和协调作用，来推动各城市间产业集群深化相互交流合作。

三　宁镇扬、苏锡常都市圈一体化发展前景展望

理论和实践表明，城市群和都市圈的建设不仅可以集聚优势资源和创新要素，形成庞大的市场规模和释放出巨大的潜在生产力；而且可以通过融合协作分工使经济圈内各地区的优势产业和产品形成专业化生产，再通过市场进行优势互补，从而成为经济发展的新引擎。随着京津冀、长三角、粤港澳大湾区等区域一体化发展国家战略的实施，作为区域一体化和城市群一体化重要步骤的都市圈一体化，也逐渐成为近年来各界关注的焦点。2020 年 10 月公布的《中共中央关于制定国民经济和社会发展第十四个五年规划和二〇三五年远景目标的建议》明确提出，发挥中心城市和城市群带动作用，建设现代化都市圈。可以预见，随着决策层的日益重视和相关政策的不断出台，都市圈一体化有望迎来新一轮快速发展。

（一）宁镇扬、苏锡常都市圈一体化发展目标

从江苏来看，由于地理区位因素，长期以来融入长三角区域一体化的主要是苏南地区，而苏中特别是苏北地区则比较孤立。高质量发展阶段，江苏省提出要通过省内全域一体化更全面融入长三角一体化发展，主要是指通过提升省内都市圈的一体化程度，“组团”融入长三角一体化进程中。其中宁镇扬、苏锡常两大都市圈作为区位条件和经济基础最好的地区，自然成为江苏都市圈一体化发展的先手棋。新形势下，宁镇扬、苏锡常两大都市圈应当从长三角一体化发展的国家战略需求，及其与长三角一体化之间的协同联动

效应出发，探索和重新定位各自的发展目标及思路。

总体来看，宁镇扬、苏锡常都市圈一体化发展的共同目的是建设服务长三角地区的科技创新引领区和示范区。两大都市圈应当以推进新型工业化、新型城镇化和构建现代产业体系为核心，推进交通一体化、市场一体化和城乡一体化发展，加强圈内各地区在市场空间、产业功能、资源要素、基础设施、产业政策等方面的对接融合，争取建成发展活力充足、创新能力较强、产业素质较高、服务功能强大、生态环境优美、社会文明和谐的一体化区域，从而成为促进江苏全域协调发展和引领江苏创新转型的战略高地，成为长江下游流域要素承载能力最强、产业集聚程度最高、可持续发展能力最强的地区之一，成为长三角地区对外开放的重要门户。①

具体而言，宁镇扬都市圈一体化发展目标是，通过各城市的“互动、创新、合作、共进”，建设经济繁荣、社会和谐、空间集约、生态优良的同城化示范区。其关键是要破解“无核化”困境，提升南京的首位度，发挥南京作为中心城市的龙头带动和辐射作用。苏锡常都市圈一体化发展目标则是，立足工业化、城镇化基础和外向型产业创新优势，加强要素资源整合、产业转型升级、民生事业改善和生态环境保护，打造现代化的产城融合示范区。关键在于苏锡常三市要聚力协同创新，实施产业分工和错位发展，“抱团”合力打造和培育世界级先进制造业集群，以跨区域的产业集群带动都市圈和城市群发展。

（二）宁镇扬、苏锡常都市圈一体化发展的基本思路

第一，注重整体谋划，协调都市圈内各城市的利益关系。区域利益关系的协调是都市圈一体化建设中的首要问题。着眼于全省域整体谋划，加强顶层设计，深入推进“1+3”重点功能区建设，切实强化宁镇扬、苏锡常都市圈内城市联动发展，全面提升都市圈整体发展水平。宁镇扬、苏锡常地区的产业同构、市场分割等问题，实质上是地方行政体制分割下地方政府过度

① 参见杜宇玮《长三角区域一体化发展目标下的江苏方略》，《江南论坛》2019年第12期。

竞争导致的结果。因此，要实现真正意义上的宁镇扬、苏锡常都市圈一体化发展，必须改变以往单打独斗的地区本位思维，转向合作共赢的协同发展思维。在政绩考核体制下，可以考虑将都市圈整体作为考核单位，将都市圈内各城市进行“利益绑定”“算总账”，而不对都市圈内部独立行政区域进行单独考核，通过制度设计来促进区域间自发或自主地进行产业分工。

第二，完善治理机制，提升都市圈各城市间合作互动水平。两大都市圈的建设必然涉及多个领域的区域或城市间合作。除了顶层设计，还必须建立跨区域多领域合作联动机制，构建一套合理完备的区域利益共享、协调促进和风险共担机制，加大资源共建共享和有效整合力度，探索都市圈协同治理新模式。一方面，可以考虑从江苏省级层面推动设立都市圈发展基金，推动完善各个都市圈内各城市的政府间合作与发展联席会议制度，鼓励和加强两大都市圈内部以及互相之间在资源、交通、产业、科技、金融、人才、环保、信息等方面的合作；另一方面，应当充分发挥市场调节机制的决定性作用，引导行业协会与企业之间加强对接沟通，推动各城市的自贸区、综保区、高新区、港口集团等重点载体深入交流合作，实现互利共赢、联动发展。

第三，明确发展定位，实施都市圈内各城市的差别化发展。以服务长三角区域一体化发展为根本宗旨，置于长三角一体化背景下来统筹规划两大都市圈的建设，增强对高水平打造长三角世界级城市群的支撑作用。关键是立足都市圈在科技创新和产业创新方面的基础和优势，构建实体经济、科技创新、现代金融、人力资源协同发展的现代产业体系。但是，这两大都市圈应当有着不同的战略定位，聚焦各自面临的关键问题，实施差别化发展。其中，宁镇扬都市圈一体化，要充分发挥南京在资源、产业、科技、人才、信息等方面的优势，强化其交通运输功能、科技创新功能、产业辐射功能，加快国家级江北新区建设，将南京建设成宁镇扬都市圈的增长极、增长轴和辐射源，发挥南京作为中心城市的龙头带动和辐射作用。苏锡常都市圈一体化，要充分利用地处上海大都市圈西翼的区位优势、工业制造业基础雄厚的产业优势，主动对接上海，接受上海的辐射和带动，打造具有较强国际竞争力的城市群，着力提升新型城镇化水平，打造现代化的产城融合示范区。

第四，抢抓制度红利，充分利用和争取都市圈在国家战略和政策方面的更多支持。要抢抓江苏作为“一带一路”建设和长江经济带国家战略交会点的有利优势，充分发挥南京、苏州、无锡、常州等江苏省中心城市在交通、科技、产业等方面的基础优势，构建和扩张长三角各区域、各城市之间的高铁、高速公路、信息通信等基建网络，打破地理边界，推动基础设施一体化，大力发展枢纽经济，将其打造成江苏省、长三角区域发展的产业高地和增长引擎。要充分利用苏南现代化示范区国家战略和江苏自贸区建设的机遇，以制度创新和制度集成促进都市圈一体化发展。关键是要清理阻碍商品和要素合理流动的地方性政策法规，打破区域性市场壁垒，实施统一的市场准入制度和标准，加强都市圈各城市间市场服务功能的完善与合作。另外，要抓住长三角一体化发展提升为国家战略的契机，立足现有优势基础，力争将宁镇扬同城化示范区建设、苏锡常产城融合示范区建设提升为国家战略，争取更多的国家政策支持。

四　宁镇扬、苏锡常都市圈一体化发展的对策举措

基于以上两大都市圈一体化发展的关键问题、发展目标和思路，借鉴日本东京都市圈等国外典型都市圈一体化的主要模式和经验，总结国内典型都市圈建设的实践探索，我们认为至少可以从以下几个方面的对策举措来推动宁镇扬、苏锡常都市圈一体化发展。

（一）以长三角一体化发展为导向，加强都市圈规划的编制与衔接

《长江三角洲区域一体化发展规划纲要》是指导长三角地区当前和今后一个时期一体化发展的纲领性文件，分析了长三角一体化发展所具备的基础条件以及所面临的机遇挑战，明确了“一极三区一高地”的战略定位，按照2025年和2035年两个时间节点设置了分阶段目标，部署了九个方面任务，并对推进规划实施做出了具体的安排部署。关于宁镇扬都市圈，在

2014 年江苏省政府发布《宁镇扬同城化发展规划》后，再也没有进一步的规划实施方案出台。而在苏锡常都市圈一体化方面，除了在 2002 年江苏省政府制定过《苏锡常都市圈规划》外，省级层面至今没有制定新的规划对苏锡常都市圈在新时期的建设发展给予更明确的指导意见。

创新和开放是推动江苏经济高速增长的两大动力，创新是江苏发展的鲜明特色，开放是江苏发展的优势所在。宁镇扬都市圈科教优势明显，特别是南京，拥有众多高校和科研院所，人才优势也十分明显。应让宁镇扬都市圈的科教优势切实转化为创新优势，加快完善区域协同创新体系并形成规划，进而提升都市圈一体化水平。苏锡常都市圈是长三角区域对外开放时间较早、程度较高的地区，应进一步发挥对外开放优势，制定相关长期规划，推进更高层次的对外开放，以更大力度、更高水平推进全方位开放，加快构建改革开放再出发的新格局。

另外，宁镇扬、苏锡常两个都市圈在编制具体规划时，要以服务长三角区域一体化国家战略为目标导向，主动与《长江三角洲区域一体化发展规划纲要》对接，并把相关内容纳入各自的“十四五”发展规划中。要围绕提升都市圈发展质量和现代化水平，探索编制宁镇扬、苏锡常都市圈一体化的战略性总体规划以及重点领域的专项规划。同时，强化都市圈规划与城市规划的有机衔接，确保协调配合、同向发力。具体的，可以借鉴日本《国土行程计划》、《首都圈整备法》、《近畿圈整备法》和《中部圈开发整备法》等规划的制定和实施经验，重点对宁镇扬、苏锡常都市圈地区的土地资源制订合理的可持续发展的利用计划，并适时做出调整。

（二）以交通互联互通先行加快完善都市圈基础设施一体化建设

合理规划与分层建设区域交通网络，包括路网建设，加快构建高速公路、国省干线、县乡公路等都市圈多层次公路网。加快实施“断头路”畅通工程和“瓶颈路”拓宽工程，提升都市圈路网联通程度。加快构建完善一体化公路客运网络，完善充电桩、加气站、公交站场等布局，支持毗邻城市（镇）开行城际公交，加快推动近郊班线公交化。都市圈的公共交通建设，应考虑到以公共交通为导向的发展模式（transit - oriented development，TOD）土地综合开发，平衡居住在外围郊区、工作在中心城区的通勤人口的职居便利。

对宁镇扬都市圈来说，应加快宁扬城际铁路建设的进度，尽早获得施工许可，争取早日通车；加快建设宁镇城际轨道、宁句城际轨道；加快镇江至禄口机场城际线、镇江东至南京南站城际轨道的筹划，形成宁镇扬中心区域“半小时通勤快速交通圈”，在轨道交通一体化基础上促进同城化融合发展。对苏锡常都市圈来说，继续加快苏锡常南部高速的建设，尽早打通沪宁高速第二通道，缓解沪宁线目前的车流拥堵状况。充分开发利用本地两个机场，研究机场轨道交通可行性，搭建本地机场到苏锡常都市圈内各城市间的方便快捷交通，保证机场整体上有较为完善的集疏运体系，助力长三角打造“世界级机场群”。

（三）以负面清单管理制度优化都市圈产业体系及其空间布局

广泛实施负面清单制度，禁止和限制发展一批高能耗、高污染产业，对非限制类产业实施那些鼓励企业加入全球内产品分工等的开放性产业政策，能促进企业间有效竞争的组织政策以及旨在诱导企业分享产业集聚效应的集中化政策等。在具体产业选择上，宁镇扬都市圈应利用南京的科研优势和人才优势加快培育航空航天、新材料、新能源、环保与新医药4个千亿级新兴产业，强力推进眼镜、工程电器、汽车零部件、特种船舶等省重点产业集群建设，提高特色产业核心竞争力。镇江和扬州应主动承接南京“4+4+1”主导产业体系，构建现代产业链，联合打造一批先进制造业基地，建设一批有影响力的现代产业集群。宁镇扬的现代服务业发展较好，应继续发挥这一优势，共建长江国际航运物流中心，统筹利用旅游资源，推动旅游市场和服务一体化发展，加速提升旅游产业，搭建旅游信息化平台，推进区域旅游营销和旅游公共服务合作，按照主题、板块推动旅游线路整合，景区联动。

苏锡常都市圈应注重以科技创新推动制造业升级，打造中国智能制造高地。结合G42沪宁沿线人才创新走廊建设、苏南自主创新示范区建设，借助上海和南京的智力资源，推动开发区转型升级，实现经济更高质量发展。苏锡常都市圈旅游资源集聚，旅游业高度发达，应充分利用江南湖山的自然休闲资源和吴地文化的历史基础做强江南文化品牌，提升旅游国际化水平。

（四）以资源要素配置优化为重点探索构建都市圈内资源共享和政策协同机制

资源要素配置优化和效率提升，可以通过加快基础设施一体化、产业分工合作、公共服务一体化等途径来破除限制要素充分自由流动的物理障碍和制度樊篱。第一，通过构建各城市间共享的基建网络特别是大数据网络，对都市圈内城市的人口、资源、经济、环境、科教、医疗等自然资源和社会资源进行综合评估，实现科学配置，更好地发挥各自优势，进行互补，使资源的利用效用最大化。第二，通过构建基于产业链分工的价值网络，在产业发展上建立合作平台与联盟，加强区域产业互补合作，在引进科技人才与项目上差异化发展。南京应强化区域创新中心职能，推进与镇江、扬州两市在产业分工、设施共建、资源共享、平台开放等层面的合作。苏锡常地区应着力将市级产业联盟扩展成苏锡常都市圈产业联盟，扩大产业联盟影响力，深化产业合作，促进协同发展。第三，通过构建更加有效的区域协调发展制度网络，实施教育、医疗、就业和社会保障等方面的区际公共服务一体化，打破行政边界。比如，镇江、扬州应积极引进南京的优质医疗资源，探索合作办院、设立分院、组建医疗集团等实施办法，促进医疗水平共同提升。

此外，还需要从土地制度、户籍制度、融资、税收、能源供给等方面深化要素市场化配置改革。这些深层次的改革需要从国家层面进行顶层设计。但对都市圈而言，可以在土地和住房供应、税收等方面进行一些探索。比如，允许都市圈内城乡建设用地增减挂钩节余指标跨地区调剂，健全都市圈商品房供应体系，强化城市间房地产市场调控政策协同。构建以都市圈为空间尺度的一体化住房体系，推进都市圈住房规划和管控“一盘棋”。积极构建都市圈互利共赢的税收分享机制和征管协调机制，加强城市间税收优惠政策协调。

（五）以创新城市间各界互动协商机制强化都市圈一体化发展的制度保障

要建立健全宁镇扬、苏锡常城市主要领导定期会晤机制，回顾过去合作成果，商讨未来发展战略。尝试探索建立都市圈一体化的协调和组织机构，形成一套完备的监督体制，组建长期或临时专门工作小组，跟踪项目具体落实，对项目实施中的问题进行及时沟通与处理。宁镇扬、苏锡常城市政府相关职能部门之间，要建立起定期通过会议、论坛、研讨等形式针对发展中的问题进行交流协作解决的机制。在一些具体的行业或领域，可以由政府出面，指导建立相关的区域性民间组织，利用非行政性力量以及通过具体项目的合作建设来实现都市圈一体化发展。

都市圈一体化也离不开社会和民间力量的支持。在具体项目上，应鼓励社会资本参与都市圈建设与运营。限制地方政府参与营利性市场活动、干预市场的权力边界。利用社会资本参与都市圈建设与运营有利于降低政府债务，活跃的社会资本有利于引入新的技术、新的管理模式，提高经济效益和社会效益。应鼓励社会资本参与或允许跨地区、跨行业参与投资、建设和运营，以实现都市圈高质高效建设与运营。要展开多层次民间交流，强化民间对都市圈一体化融合意愿，形成一股一体化的民间助推力。都市圈的商企、行业间应搭建平台加强交流，促进市场一体化、产业一体化发展。同时，鼓励智库参与都市圈建设决策咨询，建立健全第三方评估机制。此外，加强舆论引导，创新宣传方式，营造有利于都市圈建设的氛围，增强都市圈内社会各方的认同感和积极性，汇聚形成共同参与和支持都市圈建设的强大合力。需要指出的是，宁镇扬、苏锡常都市圈一体化仅有政策和规划是不够的，更重要的是强化执行力，着力解决“有想法、没办法”的问题，以制度来保障都市圈一体化政策规划的制定与落地。

“十四五”时期江苏培育壮大创新主体的思路研究

赵锦春 沈宏婷*

摘　要：系统分析江苏培育壮大创新主体的政策举措与取得的成效，研判江苏培育壮大创新主体仍存在的问题，阐明“十四五”时期江苏培育壮大创新主体的重点领域与主攻方向。本文分析表明，在多重政策扶持和鼓励引导的条件下，江苏创新主体在机构数量、研发人员素质、创新载体质量效益等多方面取得显著进展。然而，“产学研”融合、高精尖机构与人才汇聚、创新激励机制、投融资体制等方面仍存在短板。未来，江苏应重点在主体培育、专业人才、创新平台、创新机制等方面深化体制机制改革创新，提升培育壮大创新主体的成效，并发挥创新主体在江苏经济发展中的作用。

关键词：“十四五”　创新主体　江苏

一　江苏培育壮大创新主体的成效

（一）机构建成率显著提高

1. 机构数量增速明显

2018 年，全省建立各类研究机构 247828 个，比 2014 年增加 2884 个，

* 赵锦春，江苏省社会科学院农村发展研究所副研究员；沈宏婷，江苏省社会科学院经济研究所副研究员。

年均增长 2.64%。其中，高等学校建立研究机构 1219 个，比 2014 年增长 42.7%。规上工业企业建立研究机构 22469 个，比 2014 年增长 10.08%。截至 2018 年末，全省各类机构拥有研发人员 79.41 万人，比 2017 年增长 5.3%。[①] 企业建立研究机构 2.32 万个，是 2010 年的 3.96 倍，年均增长 18.8%。

2. 研发人员素质显著提升

截至 2017 年底，全省研究机构拥有博士学历人员 2.48 万人，比 2010 年增长 2.84 倍；硕士以上学历人员 9.01 万人，比 2010 年增长 3.11 倍；全省研发机构硕士以上学历人员占机构研发人员的 17.8%，其中科研机构占比为 57.7%，高等学校占比为 86.5%，规上工业企业占比为 10.7%。截至 2017 年末，全省各类机构科研用仪器设备原价 2175.34 亿元，比 2010 年增长 5.56 倍，年均增长 27.7%。[②]

（二）"小巨人"企业快速发展

江苏围绕 13 个先进产业集群确定的重点领域，开展专精特新"小巨人"企业认定工作。截至目前，全省共培育认定省级专精特新"小巨人"企业 973 家，其中，2018 年和 2019 年共培育认定 423 家省级专精特新"小巨人"企业。加强宣传报道，编撰《江苏"隐形冠军"的成长之路》，与省内主要媒体合作，专刊报道企业发展心路历程，制作"专精特新发展"专题片，讲好企业成长故事。2019 年度省级专精特新"小巨人"企业销售利润率达 19%，比全省制造业高 10 多个百分点，专精特新"小巨人"已成为江苏制造业的特色与发展底气。[③]

---

① 江苏省统计局：《改革开放 40 年——科技篇：科技发展突飞猛进　创新能力与日俱增》，江苏省统计局网，http：//tj. jiangsu. gov. cn/art/2018/11/14/art_ 4027_ 7879963. html。

② 江苏省统计局：《改革开放 40 年——科技篇：科技发展突飞猛进　创新能力与日俱增》，江苏省统计局网，http：//tj. jiangsu. gov. cn/art/2018/11/14/art_ 4027_ 7879963. html。

③ 江苏省工业和信息化厅：《对省十三届人大三次会议第 4061 号建议的答复》（苏工信建字〔2020〕50 号）。

（三）民企创新载体持续增加

1. 提升民企创新能力

2019 年，江苏省委省政府进一步加强以民营企业为主体的创新载体建设。围绕省重点先进制造业集群培育 28 家、试点 9 家制造业创新中心，先进功能纤维创新中心、集成电路特色工艺和封装测试创新中心成为国家级制造业创新中心，创新中心的牵头单位、参与单位全部为民营企业。充分发挥企业技术中心在企业技术创新体系建设中的作用，不断提升江苏民营企业自主创新能力。累计建有省级企业技术中心 2444 家、国家企业技术中心 117 家、国家技术创新示范企业 45 家，均居全国前列，全部为民营企业。①

2. “双创”工作高质量推进

2019 年，江苏新增 2 家国家级中小企业创新创业升级特色载体、4 家国家级小微企业双创示范基地、20 家省级小微企业双创示范基地。开展省级小型微型企业创业创新示范基地运营管理培训，提升全省中小企业公共服务平台、双创基地运营管理能力和服务水平。

（四）加大重点产业扶持力度

1. 鼓励申报重大项目

2018 年，江苏省工信厅联合省发改委等 12 个部门出台了《关于促进首台（套）重大技术装备发展的实施意见》。组织开展 2019 年江苏省首台（套）重大装备和关键部件认定工作，认定 188 个省首台（套）重大装备及关键部件产品，积极组织企业申报 2019 年国家首台（套）保险项目。②

2. 重点扶持先进制造业

集中力量重点扶持集成电路、物联网、新一代信息技术研发项目和软

① 江苏省工业和信息化厅：《对省十三届人大三次会议第 4061 号建议的答复》（苏工信建字〔2020〕50 号）。

② 江苏省工业和信息化厅：《2019 年度省政府十大主要任务百项重点工作完成情况》，2019 年 12 月。

件产业新技术、新标准研发与产业化应用项目。目前，南京智能电网、无锡物联网、常州光伏、苏州纳米新材料、南通海工装备和高技术船舶等已处于全国领先地位。工信部支持无锡创建全国首个车联网先导区，无锡、南京、苏州在物联网和车联网领域发展水平已经走在全国前列，并取得先发优势。①

二　江苏培育壮大创新主体存在的主要问题

（一）“产学研”融合创新水平不足

主要表现为产学研合作不够深入，许多科技成果仍停留在实验室阶段，科技成果转化效率较低。协同创新能力不强，大多数产学研合作只是停留在条块合作层面，产业链性质的产学研协同创新明显不足；企业的合作意向不高，大多数企业与高校、科研院所开展产学研合作形式比较单一，主要通过签订技术合同，围绕某项技术、某项产品进行，尚处于短期、零散、随机的产学研合作模式，不能满足提升企业创新能力的要求。

（二）高端人才集聚培育能力不强

从对国内顶尖高校人才的吸引情况来看，作为江苏唯一的C9顶尖高校，南京大学毕业生留在江苏工作的比例仅为49.86%，远低于复旦大学（75.07%）和上海交通大学（76.74%）留在上海、浙江大学（60.62%）留在浙江的比例。② 江苏对南京大学以外C9高校学生的吸引力不仅远落后于广东，也落后于浙江（除西安交通大学、哈尔滨工业大学）。在吸引海归

---

① 江苏省工业和信息化厅：《对省十三届人大三次会议第4061号建议的答复》（苏工信建字〔2020〕50号）。

② 余秀兰、贾良定：《江苏高层次人才竞争危机的现状与对策研究》，长江产经智库，2018年8月20日。

和国际人才方面，江苏落后于上海、北京、广东甚至浙江；在对海归人士就业创业的各种调查报告中，只有南京和苏州勉强挤进前十。

（三）尖端前沿创新平台数量较少

对标京沪皖等地区，江苏在国家技术创新中心、国家实验室、大科学装置等国家重大创新型平台载体建设方面存在明显短板，创新平台数量及规划布局均显落后，平台载体功能难以充分显现。江苏在国际上知名的本土创新型跨国企业屈指可数，协调和利用国际创新资源的能力有限，境外研发合作的规模和层次较低。①

（四）研发创新激励机制有待完善

江苏研发投入高，但院校与机构占比高，企业占比较低，大中型工业企业平均研发投入占主营业务收入的比重仅为1.07%，远低于国际大企业水平。2018年，江苏财政科技支出占一般公共预算支出的比重为4.35%，明显低于广东（6.58%）和上海（5.11%），也低于安徽（4.49%）和浙江（4.40%）。尽管江苏已经出台了“科技创新40条”，但激励企业自主创新的普惠性研发奖励政策的标准和导向依然不够明确，不利于企业形成研发创新的稳定预期，制约了企业持续增加研发投入。

（五）科创型企业投融资制度不健全

目前，江苏对于创新型企业的发展给予了大量的金融支持，但现有的金融政策存在一般适用性，科创型中小企业融资环境依旧严峻。政府对高精尖企业的补贴、保障政策还存在模糊性，针对性不强。政府对科技型中小企业贷款的奖励不足，补偿机制不健全，难以充分激励商业银行支持科技型中小企业贷款，现有金融产品也不能满足科技型中小企业的融资需求。

---

① 刘志彪、孙军、姜彩楼：《江苏亟需打造集聚全球创新资源的空间载体》，《决策参阅》2017年第27期。

三 “十四五”时期江苏培育壮大创新主体的重点领域

（一）加快创新主体培育壮大

1. 加强企业研发示范引领

大力实施创新型企业培育行动计划和高新技术企业培育“小升高”计划，加快培育一批以技术创新抢占制高点、以业态创新拓展新空间、以模式创新占领新市场、以品牌创新构筑新优势的创新示范企业。以示范企业为载体，以点带面引导企业加大创新投入力度，鼓励行业领军企业构建高水平研发机构，形成完善的研发组织体系，集聚高端创新人才。

2. 推动机构协同攻关创新

支持科研院所、高校与企业交叉设立院士工作站，建立“校企联盟”，完善“科技副总”选聘机制，将更多创新资源引入企业。加强研究机构与企业的研究合作和人员交流，鼓励企业牵头联合高校、科研院所共同设立研发机构、技术转移机构或产业技术创新战略联盟，联合开展科技攻关、科技成果转化等科技创新活动。

3. 激发企业自主创新活力

坚持技术、产业、资本联动，对不同类型创新型企业和创新型企业发展的不同阶段，有针对性地给予资金、金融、人才等方面的支持。制定创新导向的普惠性政策，降低企业创新和运营成本。加强政企互动，落实创新主体精准服务行动，帮助企业了解政策精神，及时获取政策扶持。

4. 完善技术创新服务体系

支持开展研发设计、技术转移、知识产权、检验检测认证、科技咨询等专业化和综合性科技服务，探索组建省科技创新服务联盟。完善技术交易市场，扶持中介组织（企业）定期发布科技成果。开放并扩大中小企业中介服务机构的服务领域，通过政府购买服务的方式，为科技型中小企业提供创新服务。

（二）培养汇聚专业创新人才

1. 重点引进前沿高端人才

围绕产业发展需求制定更具吸引力的人才政策，搭建创新人才培养平台，营造适合人才发展的创新环境，吸引海内外人才参与江苏创新体系建设。以“引进＋培养”的方式，面向一些发达国家、世界著名高校引进高端人才。通过高端人才组建科研团队指导青年教师，把握学科发展方向，开展大项目研究，在出一批高水平成果的同时，培养青年教师和在校学生。

2. 完善高端人才培养模式

打破校校、校所、校企、校地行政壁垒，推出“校企政联合”“校际联合”“境内外联合”“校内多专业联合”培养以及“项目导向”培养等多样化的人才培养模式，满足国际化人才、高精尖人才、产业骨干人才、管理人才、复合人才、高素质技术技能人才等不同类型人才的培养需求，打造高质量的创新型人才培养体系。

3. 拓展双创人才培育渠道

大力推进高校专业教育与创新创业教育深度融合，着重引导学生强化创新意识、培育创业精神、训练创造能力，打造可持续、多样化的创新创业教育平台，在开放环境中培养创新创业人才。鼓励高校院所开办创业学院，持续举办系列培训活动，加快培养一批“懂科技、善经营、悉金融”的新型企业家。

4. 重视应用型市场化人才

加强机器人工程、自动化、机械工程、数据科学与大数据技术等与江苏优势产业相关的学科建设，以产学研协同育人机制，共同研制人才培养方案，培养创新能力强、社会适应度高的应用型高层次人才。改进高等教育和职业教育，培养适应新技术变化的人才；加强持续教育，加强在职培训和转岗培训。

（三）打造尖端前沿创新平台

1. 积极争取国家重大创新平台

把打造国家重大创新平台作为创新驱动发展的重要抓手，聚焦前沿领域、研究基础和国家重大需求，系统谋划、前瞻布局、强力投入。积极申请建设国家重大科技基础设施、国家技术创新中心和国家制造业创新中心，统筹推动南京综合性科学中心、国家实验室等创建工作，不断增强与新时代国家创新体系的融合度。

2. 建设共性技术研发共享平台

充分利用科教资源优势，重点依托“双一流”学科和国家重点实验室，集中研究和攻关前沿共性关键技术。在生物技术、微纳制造、智能交通、放射医学、有机电子等领域，积极培育建设若干国家重点实验室。① 培育一批省级以上重大创新平台，推动大型科学仪器设施、科技文献数据、科技基础条件平台开放共享。

3. 完善科技成果转化服务平台

加快推进江苏产业技术研究院改革发展，推进专业研究所、产业技术创新中心、海外产业技术研发载体等建设，加强共性技术研发与服务。推进省技术产权交易市场建设，支持省内高校院所普遍建立技术转移中心。建设一批国际技术转移服务机构，健全省、市、县三级技术转移工作网络。

4. 统筹安排创新平台空间布局

统筹建设智能电网、光伏、工程机械等 22 个重点创新平台，推动平台在产业之间的均衡发展。加快传统主导产业对重点实验室、产业技术研究院等平台的建设，提升产业的前沿创新能力。加强省市县的上下联动，重点通过科技资源平台向下延伸，带动全省各类平台的建设和人才的集聚。

---

① 刘中正：《江苏建设重大创新平台的现状分析》，《中国科技信息》2019 年第 22 期。

（四）建设创新组织协同机制

1. 加强制度规范

开展高校科技成果审批、科技成果转化、高校实验室资源共享等改革，从制度源头打通高校科技成果转化渠道，释放科技人员创新活力。制定相关法律和制度以规范、维护创新秩序和环境，合理确定大学、科研院所和企业在创新体系中的定位，明确界定合作各方的权责、知识产权的归属、专利许可等内容，解决好产学研合作中的利益分配和风险分担问题，形成产学研主体协同创新的内在动力机制。

2. 加强政策引导

坚持政府引导与市场机制相结合，为企业与大学和科研机构的合作以及产业共性关键技术的研发提供经费资助、税收减免、融资优惠、人才支持，积极鼓励社会资本进行风险投资、金融投资、天使投资，构建产学研协同创新的激励机制，引导创新资本、人才、技术、知识等创新要素向高新技术产业、政产学研项目聚集，为创新主体的合作提供有力的保障。

3. 加强组织保障

大力发展创新网络，发展研发服务、信息中介服务、技术服务的平台与网络。发展企业家协会、专家联谊会、信誉和信用机构等的组织网络。全面促进协同创新，增强企业、大学与科研机构之间的交流与合作，培育发展第三方社会化科技创新组织，积极构建产业技术创新联盟。鼓励及支持跨地区及行业的技术创新联盟组建，简化审批流程，推动联盟共同开展联合技术创新，促进联盟在相应领域的标准制定上拥有话语权。

四 “十四五”时期江苏培育壮大创新主体的思路与对策

（一）构建创新区域联动工作机制

1. 构建长三角协同创新体系

健全区域合作协调机制，创建区域科技创新体系，实现制造、研发、贸易、运营的一体化发展，推进区域共建共享发展。发挥好顶层设计、政策整合、统筹协调的作用，深化智能网联汽车、工业互联网等产业链配套对接、联动合作，形成龙头企业、中小企业、行业协会、科研院所等多方参与的创新组织体系。联动沪浙皖等地，加快建设G60科创走廊，着力实施长三角智能制造“百千万工程”，提升制造业创新主体在全球产业分工和价值链体系中的地位。开展新一代信息技术、高端装备制造、生命健康、绿色技术、新能源、智能交通等领域科技创新联合攻关，推动科技成果跨区域转化。加强与京津冀、大湾区以及中西部地区的区域科技合作。

2. 提升示范区协同发展能力

坚持“三区一高地”的战略定位，尽快在苏南国家自主创新示范区推广落实中关村政策。在重大科技创新平台、知识产权、人才激励、科技金融等方面开展先行先试，打造主要依靠创新驱动的“新苏南模式”。加快推进“五城九区多园”的创新一体化布局和产业特色发展，重点围绕新一代信息技术、高端装备制造、生命健康、绿色技术、新能源、智能交通等领域，加强科技资源整合集聚和开放共享，促进城市间科技创新和产业发展分工协作，集成联动、错位发展，提升区域协同发展能力和综合竞争力。

3. 健全省内各地市联动机制

充分发挥省科技创新工作领导小组作用，深入调研各地市创新基础条件和资源优势，创新工作机制，加强省市联动、市市联动，协同推进各地市创新驱动发展。实施“创新热点计划”，引导和支持各市培育新兴产业和创新集群。加强对各市创新发展的引导，鼓励和支持各市立足自身情况，围绕优势产业培育和发展，扩大各具特色的创新环境建设的品牌效应，提升区域创新软实力。

（二）加大创新主体资金支持力度

1. 强化政策集聚引导作用

以财政专项资金为基础，建立创新项目库、产业资源库、企业库、创新人才库的统一基础数据平台，加快产业间的跨界融合发展。加大重点培育销售规模5亿元人民币以上或市场估值超过5亿美元的硬科技企业资金奖励力度，给予项目实施周期内卓越创新企业“信用贷”授信额度。运用财政专项资金补助机制激励科技型企业普遍建立研发准备金制度。落实好企业研发费用加计扣除、高新技术企业和技术先进型服务企业税收优惠等政策，切实做到应减则减、应免尽免。对企业开展国际研发合作项目所需付汇，实行研发单位事先承诺，商务、科技、税务部门事后并联监管。适度增加创新团队专项资金投入。

2. 推动政府投入方式创新

运用政府采购、首台（套）等政策，将卓越创新企业提供的产品和服务纳入政府采购目录，优先采购卓越创新企业的产品与服务，推动城市公共领域和产业升级领域的应用场景向科技型成长性企业开放。围绕经济社会发展重大战略需求和政府购买实际需求，探索试行创新产品与服务远期约定政府购买制度，带动新技术新产品在全社会的推广应用。鼓励各地开展科技创新券补助政策试点，引导中小微企业加强与高等学校、科研机构、科技中介服务机构及大型科学仪器设施共享服务平台对接。

3. 构建多元化投融资体系

鼓励社会资本以股权、债券等形式参与创新主体发展，拓宽科技型企业融资渠道。支持行业领军企业发起设立服务于科技企业、风险自担的民营银行，深入开展投贷联动试点，引导银行、创业投资、科技担保等机构面向科技型企业开展股权债权相结合的融资服务。积极发展风险资本基金、成长贷款基金、创新基金、天使基金等金融资本，推动实施“创投企业竞争力提升行动计划”，汇聚一批注册地、核心管理机构均在江苏的创投企业，满足科技型企业多元化金融需求。

（三）加强企业创新人才队伍建设

1. 建立高端人才引进制度

制定更具全球视野、时代特征、区域特色的“江苏高层次人才俱乐部行动方案”，大力集聚国际化高端人才，推动江苏科技创新逐步走向世界先进行列。围绕人工智能、物联网、云计算、大数据、网络安全、集成电路等重点领域，引进具有国际水平的科学家、领军人才、工程师和创新团队，特别是集聚一批诺贝尔奖得主，形成项目、人才、资金、政策的“四位一体”互动机制。鼓励有条件的企业在北美、欧洲以及上海、北京、深圳等科教和创新资源密集地区建立境外研发中心和招才引智基地，提升科创型人才国际化水平。

2. 大力培养创新创业人才

构建创新型人才培养模式。鼓励高校以经济社会发展需求为导向，调整学科、专业，开展创新创业教育。加快部分省属普通本科高校向应用技术型高校转型，注重新兴产业和重点领域急需紧缺人才培养，提高应用型人才培养质量。大力推进产教融合、工学结合、校企合作培养模式，推行企业新型学徒制、“双导师制”。培育高端化创业导师队伍，形成“创业家—企业家—天使投资人—创业导师”的互助机制。建立适应不同科研活动特点和人才成长规律的科技人才分类评价机制。

3. 构建人才综合服务体系

以高端人才发展需求为导向，坚持市场发现、市场认可、市场评价，构建统一、开放、专业的人才市场体系。扩大社会力量参与，打造一批专业化人力资源服务机构，提供高端人才猎头、人力资源管理咨询等高端服务。扩大社会组织对高端人才进行公共服务的覆盖面，提高高端人才引进、管理、使用、流动等整体配套服务水平，形成具有“磁场效应”的高端人才发展环境。

（四）构建科技创新信息服务体系

1. 强化科创信息资源汇集

加快构建开放共享的科技创新信息资源库，着力推动创新资源、要素、政策以及成果等供需信息的有效对接。在江苏中小企业公共服务平台、江苏科协创新创业公共服务平台、江苏跨国技术转移中心的基础上，集成各类科技数据资源，如技术成果、高新技术企业名录、技术交易数据、新技术新产品等。以江苏大数据中心建设为契机，深化社会信用体系建设，聚焦科技创新服务信用环境评估与改善，增强科技金融、知识产权保护、科技创新成果转移转化等领域的信用设施环境的支撑力。

2. 提升科创信息服务水平

积极推动科研院所、高等院校和大型国企等将大型仪器等科技资源向市场开放，探索建立合理的利益分享机制，推进科技创新信息交流和资源共享。选择具有平台功能、专业化水平、国际视野的科技信息服务知名企业，如“盛知华”“太库孵化器”等，帮助解决企业发展中的困境，拓展其发展网络，提升其国际竞争力，打造科技服务的品牌标杆。创新完善科技服务人才的职称评定机制，为研发服务人员、技术转移人员等科技服务人员按照专业领域设置专门的职称体系。

3. 打造科创服务产业集群

加快建设苏州自主创新广场、常州科技城等科技服务业集聚区，支持高新区、经开区、科技产业园建设科技信息服务特色基地，进一步整合科技信息服务资源，加快建设能够满足本地创新主体需求、功能错位、优势互补的科技创新信息服务产业集群。

（五）提升知识产权综合服务水平

1. 完善知识产权管理规范标准

发挥知识产权局专利、商标、版权“三合一”管理体制改革创新的作用，完善专利、商标、版权等知识产权行政管理和执法体制。依托知识产权公共服务平台，为企业提供全方位的知识产权政策服务、托管服务、质押融资服务、教育培训服务等，大力推进知识产权快速审查、快速确权、快速维权以及纠纷解决等工作机制的建设。扶持科技型企业开展专利申报，推进知识产权试点、示范企业和优势企业的建设。探索专业细分领域知识产权资本化交易试点。开展全省企业知识产权评估工程，提出有针对性的能力提升计划，促进企业科技成果知识产权保护和转化能力建设。

2. 打造知识产权技术交易平台

加快推进江苏知识产权交易中心建设，积极推动高校、科研院所、大型企业知识产权与交易中心的对接，强化知识产权交易中心供需资源库建设。推进面向国际的江苏国际知识产权运营交易中心建设，完善挂牌竞价、交易、结算、信息检索、政策咨询、价值评估等功能。探索设立知识产权发展专项资金，鼓励高校、跨国公司和民营企业设立知识产权交易机构、科技成果评价机构和技术转移机构。

3. 健全国际知识产权保护制度

加强与美国、欧盟、韩国等发达国家和地区以及世界知识产权组织的合作，积极融入国际知识产权创造、运用和保护体系，提升知识产权海外布局、技术转移、人员交流培训等方面成效。研究制定海外知识产权维权指引，建立涉外企业知识产权数据库，努力为企业参与国际竞争、应对知识产权争端保驾护航。推进知识产权民事、行政和刑事司法审判“三合一”改革，探索设立知识产权法院，发展知识产权司法鉴定机构，更好发挥人才、数据、技术作为创新集聚要素的作用。

（六）鼓励企业开展科技成果转化

1. 拓宽科技成果应用渠道

拓宽企业与高校、科研院所的科技对接渠道，持续开展“校（院）企”联动合作，鼓励高校、科研院所建设一批聚焦细分领域的科技成果中试基地、熟化基地和科研试验站等，促进企业技术成果规模化应用。支持科研院所采用市场化方式为企业提供检测、测试、标准查询、技术咨询等服务。科技型企业购买科技成果并转化应用的资金支出，由财政科技计划按技术交易额一定比例给予补助。

2. 健全成果激励分配机制

赋予高校、科研院所科技成果转化自主权。转制院所和事业单位管理人员、科研人员，在按有关规定履行审批程序后，以“技术股＋现金股”组合形式持有股权，与孵化企业发展捆绑在一起，提升科技成果转化效率和成功率。鼓励企业建立健全科技成果转化的激励分配机制，充分利用股权出售、股权奖励、股票期权、项目收益分红、岗位分红等方式激励科技人员开展科技成果转化。

产业发展

江苏新基建的发展机遇、面临挑战及完善策略研究

孙克强　范　玮*

摘　要：　新基建发力于科技，关系一国能否占据世界科技发展和经济发展的制高点，具有十分重要的战略意义。作为经济较发达地区，为进一步加快产业转型发展与高质量发展，江苏应结合新基建的特点与自身实际，突出重点，扬长避短，加快推进，争取赢得更大的发展空间与发展机遇。本文从新基建促进经济社会发展基本理论出发，结合江苏发展现状，主要从五个方面的发展阐述新基建给江苏带来的发展机遇与挑战：一是城市化，二是现代农业，三是产业升级，四是企业转型，五是高效的创新创业平台。尝试构建一个较系统、较完整的政策体系的实践框架，并探讨江苏新基建发展完善策略。

关键词：　新基建　城市化　产业升级　江苏

一　引言

“新基建”的概念出自2018年12月的中央经济工作会议，并于2019年

* 孙克强，江苏省社会科学院财贸研究所所长，研究员；范玮，江苏省社会科学院财贸研究所助理研究员。

首次被列入《政府工作报告》，同年“两会”提出“除了传统基建外，新型基建将承担更为重要的角色”的要求，并要求加快推进新型基础设施建设。2020 年 3 月 4 日，中共中央政治局常务委员会召开会议指出：“要加大公共卫生服务、应急物资保障领域投入，加快 5G 网络、数据中心等新型基础设施建设进度。”2020 是全面建成小康社会和“十三五”规划收官之年，原本处于经济结构转型和贸易摩擦压力下的中国经济又遭受新冠肺炎疫情的冲击，在疫情叠加影响下，近期多省市计划投入的基建额已达到数十万亿元。基础设施建设自然是提振经济的最好措施，基础设施建设的重要性再次凸显。

新基建发力于科技，以数字、信息技术为内核，旨在促进智慧城市、智慧交通、新能源产业支持以及城际交通发展。毫无疑义，5G、大数据、云计算、互联网、物联网等新型基础设施建设，极大提升了中国基础设施建设水平。尤其在疫情的冲击下，新基建作为重要的逆周期调节手段，被赋予扭转生产端困境、推动经济复苏的重任，并且能更好地满足人民的美好生活需求。因此，能否建设高水平新型基础设施，既关系一国能否搭上智能化时代的快车，也关系一国能否占据世界科技发展和经济发展的制高点，具有十分重要的战略意义①。

就江苏而言，江苏的产业水平和产业结构已经进入更高的发展阶段，制造业大省要成为制造业强省，数字化改造必不可少。尤其新基建具有鲜明的科技特征和科技导向，能够强力推动江苏省转型升级发展。如 5G 技术主要是打造信息高速公路升级版，为智慧城市建设、工业物联网、车联网、智慧农业和智慧医疗等领域的发展提供新机遇；特高压是建设全球能源互联网的关键，通过“智能电网 + 特高压电网 + 清洁能源”，促进清洁能源大规模开发、大范围配置、高效利用；工业互联网是重构工业生产体系、变革人类的生产方式；城际高铁、城际轨道交通能够构建新型城市群网络，把地区之间

① 何自力：《“新基建”助力抗疫情稳增长正当其时》，《光明日报》2020 年 3 月 13 日，第 2 版。

和城市群之间串联起来。因此，作为经济较发达地区，为进一步加快产业转型发展与高质量发展，江苏应结合新基建带来的机遇与挑战，从实际出发，突出重点，扬长避短，加快推进，以便为江苏获取更大的发展空间与发展机遇。①

二　江苏经济社会发展进入新阶段

党的十九大报告指出："我国经济已由高速增长阶段转向高质量发展阶段，正处在转变发展方式、优化经济结构、转换增长动力的攻关期。""中国特色社会主义进入新时代"，中国经济社会发展步入新阶段，社会主要矛盾已经转化为人民日益增长的美好生活需要和不平衡不充分发展之间的矛盾，迫切需要加速新旧动能转换、推进产业结构升级、带动有效投资形成、创新社会治理方式，而这一系列新气象、新作为也将为新型基础设施建设提供强劲的内需要求与广阔的发展空间。

江苏经济历来稳健，即便面对新冠肺炎疫情带来的影响冲击和复杂严峻的国内外环境，也能扎实做好"六稳"工作，全面落实"六保"任务，国民经济延续稳定恢复的良好态势，多项指标达到或优于上年同期水平，市场活力动力增强，发展质效持续提升，基本民生较好保障，社会发展大局稳定。2020 年前三季度全省生产总值 73808. 8 亿元，同比增长 2. 5%。第一产业增加值 2431. 9 亿元，同比增长 1. 1%；第二产业增加值 31930. 4 亿元，同比增长 2. 0%；第三产业增加值 39446. 5 亿元，同比增长 2. 9%。② 目前对于江苏来说，经济步入高质量发展阶段，需要经济增长更加稳健，将更多的精力放在工业化转型、城市化加速、国际化提升上面，增强经济发展的可持续性；需要开放更加有序，提高"引进来"的水平；需要调控更加精准，处理好政府和市场的关系，努力营造一个统一、开放、竞争、有序、高效的市

① 孙克强：《以新基建促长三角区域经济转型、高质量发展》，《江南论坛》2020 年第 6 期。

② 江苏省统计局、国家统计局江苏调查总队：《前三季度江苏经济保持稳定恢复态势》，江苏省统计局网，http：//tj. jiangsu. gov. cn/art/2020/10/22/art_ 4031_ 9543877. html。

场环境，促进企业依靠科技进步与管理做大做强；需要创新更加高效，围绕“创新与技术”，加快培育战略性科技力量；需要治理更加科学，利用大数据、人工智能、云计算等为代表的数字技术帮助政府智慧管理。在这些前提下，资源使用效率需要提高，注重技术进步、自主创新等高级要素的投入，并推进信息科技在产业中的渗透与融合；产业结构需要升级换代，大力发展现代农业，创新发展先进制造业，积极发展现代服务业；发展品质需要大幅提升，完善城市服务功能，激发创新创业活力；区域关系需要协调共赢，推进城乡产业融合。

三　江苏新基建的发展机遇与挑战

江苏在经济社会发展进入新阶段之时，也同样面临着挑战。而发力新基建，很有可能激发江苏经济弯道超车新动能。这也是江苏新基建的发展机遇。

（一）江苏新基建发展现状

江苏新基建布局早，实施快，建设成果显著。面对经济发展压力，江苏提前落子以5G、人工智能、物联网为代表的新型基础设施建设，着力壮大新增长点，形成发展新动能。在最新出炉的全国首个新基建竞争力指数报告中，江苏新基建竞争力指数达86.3，位居全国第三。从5G基建、特高压、新能源，到大数据中心、人工智能、云计算，江苏新基建项目中既有致力于补链强链的战略性新兴项目，也有聚焦科创核心技术突破的自主化项目。[①]江苏已经率先进入城市创新2.0时代。江苏数字经济位居全国第二，上云企业超过22万家，物联网业务收入占全国半壁江山，拥有全国最大规模的制造业集群。2020年2月14日，江苏省发改委发布的《关于2020年省重大

① 《今年江苏新基建项目计划总投资超1800亿元》，亚泰建材丹东公司网，http://mddjtsn.yatai.com/xwzx_7838/qyxw_7842/202004/t20200410_121858.html。

项目编制和推进情况》显示，江苏2020年计划实施省重大项目220个，其中很多与新基建相关。比如，创新载体项目年度计划投资87亿元，涵盖网络通信、人工智能、新能源、光电产品研发等20个项目。与5G相关的无线江苏年度工程、宽带江苏年度工程等项目预计投入160亿元。据估算，与新基建相关的项目占江苏重大项目比例超两成，年度计划投资占比超三成。目前，新基建相关项目正有序推进，既有聚焦科创核心技术突破的自主化项目，如正在筹建、培育的江苏中科院能源动力研究中心、北京大学长三角光电研究院、中船深海空间站研发基地；也有致力于补链强链的战略性新兴项目，如华虹集成电路、五十五所射频集成电路、霍尼韦尔智能高效电机、药明康德合全新药。补短板、惠民生的公共建设项目也是全省新基建投资的重点所在。南京、苏州、无锡、徐州、南通、常州等城市的轨道交通项目、国家重要铁路干支线项目、补齐苏北交通短板的城市间高铁项目均在加快推进。①

（二）江苏新基建发展机遇与挑战

在数字时代中，数据资源就是“煤炭与原油”。对国家来说，数据资源的多寡和互联互通将成为重要的战略资源之一。对企业来说，有效利用数据资源的企业会更高效具备核心竞争力，更能够争夺科技变革话语权，如以华为、中兴为代表的中国企业。对消费者来说，消费者的行为将依靠数据资源改变，以用户为中心的新格局将被激发。从江苏实际出发，新基建至少将推动江苏经济社会五个方面的发展：一是城市化，二是现代农业，三是产业升级，四是企业转型，五是高效的创新创业平台。而城市化、现代农业、产业升级、企业转型以及高效的创新创业平台也是未来江苏新基建发展的机遇和挑战。

1. 现代城市建设需要新基建

城市是资源利用率最高的要素聚集地，城市经济搭建国家经济。城镇化和现代城市建设是江苏现代化发展的两条支线。近几年来，江苏城镇化水平

① 《江苏：发力“新基建”，跑出加速度》，《新华日报》2020年3月31日。

依旧保持较快发展势头，从2013年的64%提高到2019年的70.6%，上升6个多百分点，平均每年提高1个百分点。2019年江苏城镇化率达70.6%，高于全国城镇化率10个百分点，一直保持在全国前五的水平。而距离西方发达国家80%以上的城镇化水平，江苏城镇化发展空间巨大。2019年的中央经济工作会议以及2020年的《政府工作报告》都明确提出新基建要向都市圈、城市群转移，深入推进。传统的基础设施建设聚焦交通房产，实现人口集中集聚，而新基建则是通过科技手段，实现高速公路、居住以及城市管理的智能化，给城市带来软件升级和管理能力提升，给居民带来新的体验和价值。城镇化空间大，新基建潜力大，如果能够实现在新型城镇化引领下城镇化和新基建同步提速，应该可以成为促进经济升级换代、高质量发展的最优通道。新基建稳步推进将会提高江苏城镇化率，同时也会带动江苏城市的数字化水平。

从电子化、网络化到信息化，江苏城市发展即将迈向智能化，从依赖网络通信到开始依靠大数据技术实现智能化。在技术进步、绿色发展的背景下，无废城市、海绵城市等发展理念贯穿始终，美好的智慧生活需要新基建的有力支撑，这次疫情期间可以明显看到，智慧社区建设尤为重要。新基建的核心是将数字科技与经济对接，实现产业数字化。智能城市建设就是要构建城市数据中心，让政府部门从数字孤岛中走出来，充分实现数据沟通。如雄安新区构建的数据中心，管理部门、企业都可以在这个平台上搭建智能化应用，实现社会治理现代化，最终助力产业发展。因此，现代城市建设给新基建带来机遇和挑战。

2. 现代农业发展需要新基建

“力争在全国率先实现农业现代化”是习近平总书记对江苏的期望和要求，作为农业大省的江苏正逐步开启基本实现农业农村现代化建设的新征程。体制创新和科技创新是江苏农业经济繁荣的两大抓手，尤其是科技创新正促使农业发展水平不断提高，提质增效。

核心技术在农业发展中至关重要，未来的农业是数字农业，是高科技行业，加大农业科学技术的创新力度，特别是农业领域核心技术取得突破，也是江苏下一步的发展重点。数字农业能够放大生产力，升级产业结构，增强农业效益，提升农业资源利用率。放眼全球，发达国家和地区纷纷推出了数字农业计划。尤其是德国的农业4.0计划对国内农业发展具有非常重要的指导意义，过程当中也实现了农村的生态化和城镇化（见表1）。

表1　发达国家和地区的数字农业计划

国家和地区	数字农业计划	具体内容
美国	智慧农业研究计划	搭建人工智能战略框架
欧盟	"地平线2020"	运用对地观测技术为小农户提供智能服务
德国	有机农业——展望战略	发展以现代信息技术与先进农机装备应用为特征的农业4.0计划，强化生产智能的精准化、农业全产业链的协同化
荷兰	数字化战略	明确数字化技术在各生产环节的应用
日本	机器人新战略	启动智能化的农林水产业创造技术
韩国	信息化村计划	加快农村信息化建设，增加农民收入

毫无疑问，发展数字农业是大势所趋，江苏也已进入发展数字农业新征程。将数字农业从盆景变成风景，江苏数字农业需要更优质的基础设施配套，需要更强大的科技创新，需要更完善的体制机制创新。这就需要数字技术的释放，需要信息技术与农业农村的融合，需要突破关键技术，激发农业经济活力。

农业与其他产业的融合也需要新基建。最典型的就是江苏的农村电商发展和物流业发展。随着农村网络购物的普及和增多，农村电商网络零售额快速增长。大数据、云计算、人工智能为农村电商物流创造了丰富的应用场景，不仅催生了新的电商业态，也推动物流服务走向供应链重构，加速物流业持续发展。江苏农村市场、农村电子商务和物流正在快速增长中，需要新基建提供数字化技术和智能服务。但是，目前新基建与产业发展的结合还不够紧密，对农业的支撑作用也有待提升。因此，现代农业发展也给江苏新基建带来了发展机遇和挑战。

3. 产业升级发展需要新基建

“加快推动产业升级”是2020年《政府工作报告》提出的重点工作之一，作为经济大省、制造大省的江苏，推动产业向全球价值链中高端迈进，既是“经济强”的江苏转型升级奔向更强的现实路径，也是全面推动经济高质量发展的题中应有之义。①

人工智能是新基建的重要一环，也是产业变革的核心，助力传统行业转型升级，催生产业新技术、行业新模式、新业态等，渗透于国民经济的方方面面。有了新基建，传统生产方式将会被改造，网络化平台将替代传统的链式生产供应，生产和消费联系更加紧密，小微企业和个人将会大大降低生产制造进入门槛。作为制造业大省，江苏要实现制造业强省目标，保持制造业等优势产业的竞争力，就需要向智慧产业转型，尤其是将人工智能科技与传统制造业融合，提升制造业效率，率先在全国打造智能化的制造业新格局，发展高端制造，通过新基建这个平台，提升高端制造业。

江苏物联网产业在国内起步早，中科院无锡高新微纳传感网工程技术研发中心等单位在国内国际相关标准制定中发挥了重要作用，初步形成了以无锡为核心，以苏州、南京为支撑的物联网产业聚集区，技术创新走在全国前列。但江苏物联网在产业发展上还处于起步阶段，和世界先进水平有差距，核心技术还有待进一步突破，资源还有待进一步集聚。新基建中涉及的每个领域都离不开物联网技术，比如5G网络、特高压、充电桩、大数据中心的实时监控等。在新基建的推动下，物联网产业将会成指数级增长。同时，新基建加速，也会给江苏软件生态建设带来更多机遇和挑战。就江苏而言，以5G产业为主峰，以大数据、云计算、人工智能、物联网、网络安全为群峰的“五指山”布局已初见规模，但是核心技术研发与应用仍然掌握不够，相信新基建能够促进软件价值向各领域延伸。

4. 企业转型与创新创业平台需要新基建

相较于公路、铁路等“铁公建”，新基建更加注重利用以大数据为核心

① 《江苏加快产业转型升级　提升产业链迈向中高端》，中共江苏省委新闻网，http://zgjssw.jschina.com.cn/yaowen/202001/t20200120_6480504.shtml。

的科技要素实现传统行业的数字化转型。对企业来说，利用大数据、云计算等数字化技术来规划数据流转形式，搭建数据驾驶舱、智能工厂、工业互联网等应用平台，从而实现业务模式、组织架构、管理体系的升级，数字化转型“箭在弦上”。相较于传统的企业转型，数字化转型并不针对某个具体的业务系统，而是通过实现所有业务的智能化、自动化，最终推动产品研发、生产制造、精准营销等具体业务的优化。[①] 目前在中国企业中，如海尔开发了互联工厂，使得用户交互重创定制订单定期转放和生产控制以及交付实现了很好的整合，值得江苏企业去研究和探索。通过新基建形成工业互联网联盟，带动中小企业发展，释放中小企业的创新活力，促进江苏产业发展。[②]

同时，新基建可以促进江苏建立高效的创新创业平台，帮助企业和个人获取新的技术资源，了解新的创业和新的需求，促进中小企业产学研高效发展和企业的关系更加融通，促进企业、高校和政府以及服务公司部门的关系更加顺畅，创新创业的平台成熟，将为江苏聚合巨大的创新创业活力。[③]

四　江苏新基建完善策略

新基建将成为江苏未来经济发展的重要动能。相较于传统的“铁公基”，新基建除了建设新型基础设施之外，还要涉及城市现代化、产业发展等其他领域，形成上下一盘棋统筹模式。政府在新基金推进过程中，不仅是设计者，也是指挥者，需要营造良好的发展环境，制定一系列行业标准和政策标准，建立相关的产业基金。同时还要完善配套，补齐短板。从江苏新基建的发展机遇和挑战来看，江苏高质量发展对新基建需求大、需求急。但是目前大企业输送能力有限，小企业技术能力有限，不能有效促进新基建的发

① 《新基建浪潮下企业的数字化转型之路》，搜狐网，https：//www. sohu. com/a/424325970_120633513。

② 《加速新基建，把握五个“新”》，《新华日报》2020 年 4 月 13 日。

③ 《清华经管陈劲：新基建下的数字中国发展》，https：//baijiahao. baidu. com/s? id = 1666119608370674090。

展。因此，对新基建中上游供应端企业，需要地方政府给予扶持和支持。同时，新基建建设周期长、资金规模大、投资效率低，因此，在进行项目建设前期要做好充分准备，保障资金充分配套和使用。人才、资金、技术、管理都是新基建成为经济发展重要动能的保障。

一是采用PPP模式推进新基建。技术创新性是新基建的特质，但并非地方政府所具备的能力。在5G等众多新基建项目中，只有少数项目可以由地方政府投资实施，绝大部分还是要通过市场化模式实施，或者政府与市场合作实施。而作为当前最佳的社会资本参与基础设施投资的模式，PPP模式优势明显。新基建中可采用“使用者付费+可行性缺口补助”的PPP模式，5G基站、城市高铁和轨道交通、充电桩等可采用纯使用者付费自求平衡。这样能大大缓解新基建发展融资缺口，缓解新基建的财政压力。PPP模式和新基建的天然契合也表现在产城融合、产学研推进以及政府治理能力提升上，在天然协同的同时还能起到双重发力的作用。因此，江苏应尽可能拓宽社会资本进入新基建的渠道，减少社会资本进入新基建的附加条件，明确资金回报机制，激发民间投资热情；建立风险合理、盈利可持续的关系，建立良好的诚信机制。

二是发挥金融作用支持新基建。积极探索金融与科技产业对接机制，发展风险投资、股权投资、创业孵化等金融服务，科学运用信息技术和数据分析金融需求。针对金融科技发展新情况、新趋势，完善金融科技标准体系和金融行业新数据规范。加快制定完善5G技术、人工智能、大数据等新基建在金融业应用的技术与安全规范。加强金融科创产品的安全管理，推进金融业信息技术国际化标准。加快金融科技发展一体化进程，赋能数字普惠金融。依托5G技术，发挥移动互联网的优势，搭建金融数字化体系，实现线上经营一体化，实现区域金融信息数据共享，推动金融机构线上跨区域提供金融服务。

三是重视新基建人才培养。新基建有赖于新型人才支撑。智联招聘日前发布的《2020年新基建产业人才发展报告》显示，我国新基建核心技术人才缺口长期存在，预期2020年底将达417万人，多为5G、大数据、人工智能等各领域的通用技术人才。江苏科研院所众多，但是在培养新基建人才方面还需要系统推进，而不是简单依靠几所大学完成。首先，在有条件的院校增设课程，补上人才短板；其次，加快人才引进和培养，帮助企业和科研院所实现技术追赶。通过财政扶持，激励企业对人才的投入，吸引更多人才，实现人才链、资金链和创新链融合。

四是重视新基建网络安全管理。新基建采用的新技术也给安全漏洞管理带来新的挑战，一方面注重网络攻击，另一方面注重数据保护。尤其是数据事关国家安全、企业安全和个人安全，出现问题损失极大。因此，网络安全行业在最初阶段就要踏足新基建中，实施顶层设计，同步设计安全解决方案。只有建立新一代互联网安全基础设施，做好安全体系建设，才能保障新基建走得更远，跑得更快，做得更好。

江苏推进产业基础高级化和产业链现代化的关键问题及举措研究

张吨军*

摘　要：江苏推进产业基础高级化要处理好两方面的关系：形成最优的三次产业比例关系，建立工业与生产性服务业的正向有机联系。江苏产业基础高级化的关键问题就在于这两方面的关系没有取得最优解。江苏产业链现代化应是江苏产业尤其是制造业高质量发展的维度之一，而江苏制造业丰富的代工经验与高质量发展的成绩是江苏产业链现代化或者说在全球价值链中“走上去”的底气。针对这些问题和实际，江苏需要在思想认识、战略定力、生产要素市场等诸多方面采取切实的政策措施。

关键词：产业基础　产业链　高质量发展　江苏

近年来，中美贸易摩擦暴露出中国经济大而不强的现状，促使从中央政府到省级政府对自身产业及其产业政策的反省：我国产业嵌在全球价值链的中低端，根本上是产业基础落后所致；为求安全可靠与自主可控，中国产业在全球价值链中要向上游攀升，而这内在地需要其基础的高级化。产业基础高级化与产业链现代化的内在逻辑一目了然。2019 年 8 月 26 日，习近平总

* 张吨军，江苏省社会科学院经济研究院助理研究员。

书记在中央财经委第五次会议上提出“打好产业基础高级化、产业链现代化的攻坚战”，又在党的十九届四中全会强调“提升产业基础能力和产业链现代化水平”。既然产业基础高级化和产业链现代化是未来一段时间我国产业发展的努力方向，江苏在这个方向上应怎样推进？

“产业”（Industry）这一术语的定义有狭义与广义之分：狭义的“产业”就是指工业，例如马克思《资本论》中“机器大工业”（modern industry）与“产业革命”（industrial revolution）就是这个意义上的“产业”①②；广义的“产业”则是国民经济分类中所谓“三次产业”的概念，而在这个意义上的工业只是“第二产业”（second industry）的主体构成部分。但是二者并不矛盾：农业与（生产性）服务业的高级化无疑是工业链现代化的前提条件，前者的高级化程度决定后者的现代化水平；按照学者的观点，产业基础高级化也可以称为基础产业高级化，而基础产业或产业的基础部门是相对于价值链上的加工组装产业而言的。③ 因此，对于江苏推进产业基础高级化和产业链现代化的关键问题及举措的研究也就相当于如下三个层次的研究：推进江苏农业、（生产性）服务业与基础工业高级化的关键问题有哪些，这本质上是江苏三次产业之间需要确立什么样的关系问题；江苏基础工业部门如何促进其加工组装工业的现代化，这实际上是江苏工业价值链内部的关系问题；对于这两个层次的关键问题，政府能够采取哪些举措。

一 江苏产业结构的现状与问题

中国经济一段时间以来片面追求“三二一”型产业结构，东部沿海发达省份包括江苏概莫能外。从一个相对较长的时间段譬如十年来看，江苏服务业增加值在地区生产总值中的占比在 2010 ~ 2019 年上升了 10.7 个百分点，与之相应，在这十年间第一产业下降了 1.9 个百分点，第二产业下降了

① 马克思：《资本论》，人民出版社，1953，第 446、448 页。

② Karl Marx, *Capital*, V. 1, Foreign Languages Publishing House, Moscow, P371 - 2.

③ 刘志彪：《产业基础现代化：动态比较优势运用与产业政策》，《江海学刊》2019 年第 3 期。

8.8 个百分点。也就是说，服务业比重上升多少，那么第一、第二产业的比重之和就降低多少（见表 1）。

表 1　2010～2019 年江苏、浙江、广东三次产业增加值在地区生产总值中的占比

单位：%

年份	第一产业			第二产业			第三产业		
	江苏	浙江	广东	江苏	浙江	广东	江苏	浙江	广东
2010	6.2	5.0	5.0	53.2	51.9	50.4	40.6	43.1	44.6
2011	6.3	4.9	5.0	51.5	51.3	49.8	42.2	43.8	45.2
2012	6.3	4.8	5.0	50.2	50.0	48.8	43.5	45.2	46.2
2013	6.1	4.8	4.9	49.2	49.1	47.3	44.7	46.1	47.8
2014	5.6	4.4	4.7	47.7	47.7	46.2	46.7	47.9	49.1
2015	5.5	4.3	4.6	46.4	45.9	44.6	48.1	49.8	50.8
2016	5.2	4.3	4.7	44.8	45.9	43.2	50.0	49.8	52.1
2017	4.7	4.2	4.2	45.0	44.8	43.0	50.3	51.0	52.8
2018	4.5	3.5	4.0	44.5	41.8	41.8	51.0	54.7	54.2
2019	4.3	3.4	4.0	44.4	43.6	40.5	51.3	53.0	55.5

与浙江、广东稍做对比，江苏的三次产业结构“进三”的步子更大。以 2010 年为起点，该年江苏的第一、第二产业的增加值在地区生产总值中的占比高于浙江与广东，而浙江与广东的第三产业在地区生产总值中的占比高于江苏。这可以直观地由经济地理学得到解释：相对于“七山二水一分田”的浙江与广东，“鱼米之乡”的江苏更具有发展农业与工业的比价优势。但是 10 年之后，江苏的发展过程不是“扬长避短”，而是同浙江、广东追求同样的路径。十年间，江苏的农业增加值占比下降了 1.9 个百分点，而浙江与广东分别下降了 1.6 与 1 个百分点，换言之，江苏服务业对于农业的挤出效应更大；十年间，江苏的第二产业增加值占比下降了 8.8 个点，而浙江与广东分别下降了 8.3 与 9.9 个百分点，也就是说江苏服务业对第二产业尤其是工业的挤出效应也很大；相对于江苏，浙江相对较多地保留了第二产业尤其是工业，广东则相对保留了农业，换言之，在相对较多地牺牲农业还是工业以发展服务业的选择上，省域经济面临着权衡，江苏的这个权衡没

有取得最优解。

随着工业化与城镇化的快步推进，江苏农业所受到的影响也很显著。2010～2019年，江苏农业劳动力减少154万人；在此期间，粮食产量增加了471万吨，但是粮食耕地面积减少了10万公顷，而农作物播种总面积减少了17.7万公顷。由于农业劳动力、农作物播种面积都绝对减少，江苏农业的单位面积产量有所增加是由于农业生产技术的进步。这表明农业与工业之间具有正相关性：现代化的工业是现代化农业的前提和基础。因此，江苏的农业与工业是能够相互促进的。

江苏的生产性服务业总体水平较低，例如以服务投入占地区生产总值的比例衡量服务投入率，江苏该比例为12.28%，仅略高于全国平均水平（12.2%），而上海该比例为15.37%，发达国家一般在28%～33%；江苏生产性服务的经济效益不高，各产业物质投入率都高于60%；江苏生产性服务业对其他部门的拉动作用相对较弱，各产业的影响力系数普遍小于1。因此，江苏的生产性服务业虽然在地区生产总值中占比持续上升，但是其本身的效益与对其他部门的影响力都较低。

权衡三次产业的最优比例关系，实现三者之间的有机协调而不是简单的此消彼长，这应是江苏推进产业基础高级化的目标之一。服务业的发展要"向实"而不是仅仅"务虚"，而江苏服务业近十年来的突进很具有"脱实向虚"的倾向，其突出的表现就是生产性服务业增加值在地区生产总值中的比重虽然有所上升，但是工业增加值占比却一直处于下降状态。这与发达国家的"配第—克拉克定律"存在较大差别，例如国家发改委产业司原司长年勇曾经说："去年美国服务业的比重是81%，以此证明美国是后工业经济，是不要制造业的经济。但是很多人不知道，81%背后的东西是什么？美国的服务业里头60%以上都是为制造业服务的，大体这些年占美国经济总量48%、49%、50%。什么意思？美国为制造业服务的生产占一半，就是说美国经济全部总量里有一半是为制造业服务。加上制造业本身，就超过了60%。换句话说，美国制造业占美国经济总量超过60%。美国其实还是一个制造业大国，美国从来没有放弃制造业，直到今天。前天特朗普还说，美国要成为世界制造业的超级大国，中心意思是讲要摆脱对中国的依赖。”①

美国的这个生产性服务业与工业发展的相得益彰关系也应该是江苏所真正追求的“配第—克拉克定律”。江苏服务业尤其是生产性服务业不能积极为生产服务或者对生产的促进作用软弱，这本身就是产业链上的“堵点”或“痛点”；按照可得的统计口径②，可以说生产性服务业不能积极“向实”的表现在市场体系中就是不能形成完善的生产要素市场；而发达的资本、劳动力（包括人力资本与企业家）、产权（技术）、信息等市场是江苏产业基础高级化的前提条件，唯有这些要素市场完善而且发达，才能在工业“六基”（基础零部件、基础材料、基础工艺、基础技术、基础动力、基础软件）③ 上取得突破，这“六基”也就是工业的基础部门——产业基础高级化的载体。假如生产要素—要素的生产性服务—产品（基础中间投入—加工组装产品）以及流通与消费诸环节形成安全高效、自主可控的有机链条，也就实现了“产业基础高级化、产业链现代化”。由这个逻辑来检验江苏的生产要素市场，便能发现较多的关键性问题。

首先，资本市场发展不足，融资方式仍以间接融资为主。2019 年全年全省社会融资规模 2.41 万亿元，其中贷款 1.73 万亿元。④ 直接融资渠道少而且狭窄，造成小微企业融资难、融资贵，对江苏企业的创新活动形成约束。即使有风险创投，也是以政府部门的财政资金为主，这种财政性风投资本本身就有很强的“风险厌恶”倾向，与真正意义上的风险创投有较大差距。

其次，产权交易市场规模小、层次低，交易程序仍显烦琐。以江苏省技术产权交易市场为例，2019 年全省完成知识产权技术合同 49622 项，成

---

① 年勇：《在厦门“新时代制造：2020 中国互联网制造峰会”上的讲话》，2020 年 9 月 9 日。

② 广东省统计局：《广东统计年鉴 2020 年》之“二国民经济核算”之“2～30 全省生产性服务业增加值”。

③ 罗仲伟、孟艳华：《“十四五”时期区域产业基础高级化和产业链现代化》，《区域经济评论》2020 年第 1 期。

④ 江苏省地方金融监督管理局政策法规处：《2019 年江苏金融业综述》，2020 年 5 月 25 日。

交额 1675.6 亿元；完成专利转让 30062 件。但它是一个第四方市场平台，除买卖双方外，还必须有专业服务机构的参与。在江苏技术产权交易中心“拍卖”的专利与知识产权多是从银行质押品辗转而来，中间经过了江苏产权技术研究院（也就是“专业服务机构”形式之一）的分类组合，因此，这些专利或知识产权基本不具有技术上的先进性。换言之，真正先进的专利与知识产权的交易很少发生在江苏产权交易中心，而该中心的身份与运作机制更像是财政资金运用不当（例如上述的财政性风险创投）的善后场。

再次，信息或者大数据的平台分散在各个层面，整合难度大。江苏正在积极推动“数字江苏”建设，要按照全省一盘棋、一张网的要求打造“四横三纵”的政务信息化和大数据发展体系。2019 年江苏数字经济规模超 4 万亿元，大数据相关业务总收入达 5000 亿元。[①] 但是仅就江苏省内信息或数据而言，其采集、处理与使用权限分散在地市、省厅与国家三个层面，即使江苏有整合的意愿，行动起来也是困难重重。以江苏的征信系统为例，各地市基本上能提供法人的完整工商与税务信息，但是非法人信息以及用水、用电等方面的信息即使在地市层面也不能完全、准确、轻偿提供。

最后，劳动力供需存在结构性矛盾，教育体制机制落后于经济社会发展的需要。江苏是教育大省，但是教育结构不合理，而且不能根据经济社会发展的需要进行有效调整。以 2019 年为例，该年全省共有普通高校 142 所，普通高等教育招生 58.5 万人，普通高中教育毕业 31.4 万人而招生 38.8 万人，普通初中教育毕业 69.3 万人而招生 86.2 万人，小学毕业 87.6 万人。这组数据表明，该年 44%（30.5 万名）的普通初中毕业生不能升入普通高中，但是该年江苏普通高等教育的 46.3%（27.1 万名）由省外“调剂”；该年 30.5 万名没有升入普通高中的普通初中毕业生，通常会在中等专业学校（包括中等技术学校和中等师范学校）与职业高中中分配，后者约为前

---

① 吕永刚等：《新时代加快完善社会主义市场经济体制专题研究报告》，2020 年 10 月。

者的40%，换言之，如果江苏的教育是一个封闭的体系，在目前的条件下，江苏小学生最终能接受大学教育的概率是66.8%，但在目前“被迫”开放的情况下，这个概率只有36%。由于教育体制机制的不合理，江苏1/3的潜在劳动力“被剥夺”了接受高等教育的机会，更由于职业教育（中专加职高）的因循与落后，江苏劳动力市场上对高素质劳动力的需求大于供给就是必然的了；这也是“江苏是教育大省却又不得不高价引进人才”悖论的原因。

刘志彪教授指出：“由于技术、知识和人力资本的差异体现的是国家间教育水平的差异，一个国家的教育水平是基础产业发达与否的终极决定因素。在国际竞争中，中国如果没有长期的、持续不断的、大规模的教育和研发投入，没有历史的耐心和坚守，没有精益求精的工匠精神，没有在全球价值链上进行国际代工的经验，要在全球价值链上使这些产业‘走上去’，是根本不可能完成的产业升级任务。”① 这番话对于江苏产业尤其是其工业在全球价值链中“走上去”也是振聋发聩的，而差可欣慰的是，江苏工业具有“在全球价值链上进行国际代工”的丰富经验和高质量发展的成绩，这无疑是江苏工业在全球价值链上“走上去”的底气之一。

二　江苏工业内部的现状与问题

先看看2019年江苏工业的横截面情况。从工业看，全年规模以上工业增加值比上年增长6.2%。全年规模以上高新技术产业增加值比上年增长6.8%，比全部规模以上工业高0.6个百分点；对规模以上工业增加值增长的贡献率达23.8%。② 战略性新兴产业、高新技术产业产值分别增长7.6%和6.0%，占规模以上工业总产值比重分别达32.8%和44.4%，比上年同期分别提高0.8个、0.7个百分点。新兴行业快速增长，化学药品制剂制造、

① 刘志彪：《产业基础现代化：动态比较优势运用与产业政策》，《江海学刊》2019年第3期。

② 《2019年江苏省国民经济和社会发展统计公报》。

显示器件制造、锂离子电池制造、医疗仪器设备及器械制造、生物药品制造等行业增加值分别增长25.1%、23.2%、45.4%、13.1%、41.5%。[①]

单从2019年的这一截面数据可以看得出来，江苏的战略性新兴产业与高新技术产业增长速度快，对江苏工业的贡献越来越大。这两点正是江苏制造业高质量发展的综合显性特征，在时间序列上表现得更加明显。

2010～2018年江苏工业增加值与制造业增加值的增长速度具有高度同步性，在此期间，江苏工业增加值增速年均9.7%，制造业为9.8%；2012～2019年战略性新兴产业与高新技术产业的产值在规上工业总产值中的占比一直稳步上升，前者从2012年的37.5%上升为2019年的44.4%，后者则从2015年的29.4%上升为2019年的32.8%。近年来，江苏的工业或制造业增速有起伏，但战略性新兴产业与高新技术产业在规上工业总产值中占比稳步上升，这显示出江苏的战略性新兴产业与高新技术产业是江苏工业或制造业高质量发展的重要稳定力量。

尽管近10年来江苏制造业增加值翻了一番，取得了相当的增长速度与发展质量，但是也暴露出一定的问题，例如规上工业企业的亏损面在波动中上升趋势也很明显，2010年为8.39%，2015年为13.21%，2019年达到了14.48%。这也从反面证明了创新对于江苏制造业企业的重要性。接下来，我们对江苏制造业企业在创新、协调、绿色、开放和共享等方面的横纵状况加以简略描述，从中可以看到江苏工业内部的现状与问题。

首先是创新。这可从创新投入、创新水平与创新成果的转化等方面的数据来反映。2011～2019年江苏制造业研发投入持续上升，例如研究与试验发展经费占地区生产总值的比重从2010年的2.1%逐年增长为2019年的2.72%；同时，规上工业企业研发人员占工业从业人员的比重由2010年的3.3%逐年上升为2019年的9.1%，而规上工业企业研发经费内部支出占业务收入的比重由2010年的0.9%逐年上升到2019年的1.6%。

① 江苏省统计局综合处：《江苏高质量发展迈出坚实步伐》，江苏省统计局网站，http://tj.jiangsu.gov.cn/art/2020/1/22/art_4027_8954904.html。

以“有研发机构的企业占规上工业企业比重”衡量创新水平，该比重由2011年的12.14%上升到2019年的46.2%，也就是说到目前为止，江苏规上工业企业近半数设立了自己的研发机构（见图1）。

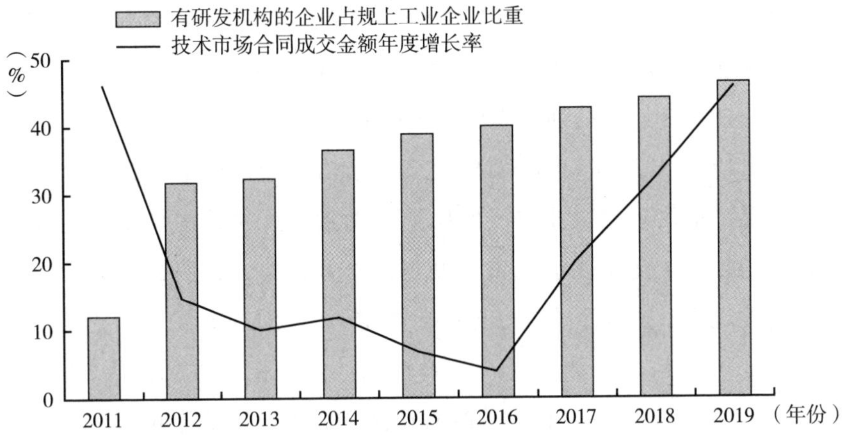

图1　2011～2019年江苏有研发机构的企业占规上工业企业比重与技术市场合同成交金额年度增长率

据江苏省统计局最新统计，2019年江苏省规下技术创新企业中有25.78%开展了合作创新，与2017年相比提高了3.24个百分点。与高校、科研机构进行产学研合作的企业比重为42.86%，比2017年提高了10.04个百分点，其中与高校合作的比重提高了9.24个百分点，与科研院所合作的比重提高了1.96个百分点。在已开展创新活动的企业中，有88.52%的企业同时也制定了未来的创新发展规划，其中，52.46%的企业计划开发新产品，47.09%的企业计划进行市场拓展或营销改进；获取新技术和引进新设备的企业占比也分别达到35.92%和27.27%。[①]

因此，江苏工业企业或制造企业整体上都认识到创新的重要性，有条件的企业成立自己的研发机构，没有独设条件的企业通过合作来进行创新，而且创新的意愿越来越强。

① 江苏省统计局社科处：《我省规下企业创新合作意识增强　持续创新热情高》，江苏省统计局网站，http：//tj. jiangsu. gov. cn/art/2020/9/4/art_ 4027_ 9484879. html。

创新成果的转化可以用“技术市场合同成交金额年度增长率”与“规上工业每亿元营业收入有效发明专利数”来获得直观印象。同样是从2011年到2019年，后者由2011年的0.28项稳步上升为2019年的1.36项；前者虽然在这段时间经历了大的起伏变化，2016年跌到谷底，但是到2019年已基本上恢复到2011年的程度（见图1）。根据上述规下企业的未来创新意愿，江苏工业与制造业的创新成果转化在未来应该会保持上行趋势。

其次是协调。这可从产品结构与产业结构两个指标来看。对于以“高新技术产品产值占规上工业总产值比重”衡量的产品结构与以“先进制造业增加值占规上工业增加值比重”衡量的产业机构，我们在上文已经做了说明。除此之外，根据企业的登记注册类型，民营工业产值相对于工业总产值的比重也可以从一个侧面反映产业结构。由该指标可见，从2010年到2019年，江苏工业中民营工业产值占比由32.85%上升到40.2%，表明江苏工业内部的产业结构一直在优化（见图2）。工业或制造业内产业与产品结果的优化也表明江苏工业与制造业的协调性持续增强。

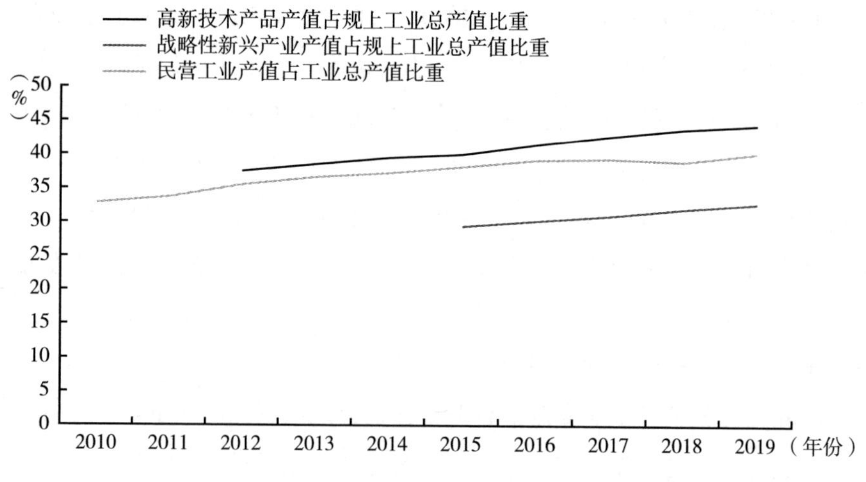

图2　2010～2019年江苏工业中产品与产业结构

再次是绿色。根据统计，2019年全年压减水泥产能333万吨、平板玻璃产能1410万重量箱，关闭化工企业735家，提前完成了“十三五”时期淘汰低水平落后产能的任务；全年高耗能行业投资同比下降 10.4%，其中化学原料和化学制品制造、有色金属冶炼和压延加工、火力发电的投资分别下降了 28.3%、23.0% 和 32.4%；规模以上工业企业新能源发电量为 641.7 亿千瓦时，同比增长了 18.4%。因此，单就 2019 年而言，江苏工业与制造业的节能减排成效是显著的。但是不得不说江苏制造业的绿色化还有较大的改进余地。例如，江苏工业的单位增加值能耗与一般工业固体废物综合利用率相对仍然较低（见图 3）。

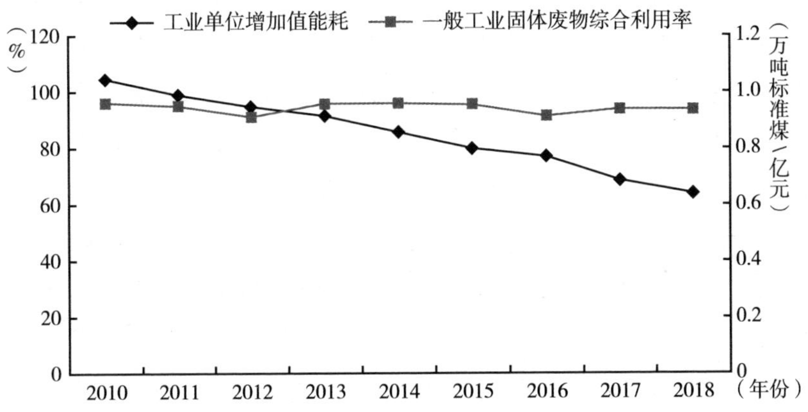

图 3　2010～2018 年江苏工业的绿色生产与资源利用

2010～2019 年，江苏的一般工业固体废物综合利用率在 94% 上下两个百分点的区间内起伏，而工业单位增加值能耗虽下降趋势明显，由 2010 年的 1.04 万吨标准煤/亿元逐年下降为 2018 年的 0.64 万吨标准煤/亿元，但是相对于发达国家，比如日本，还是显得较高。

又次是开放。相对于国内环境，开放经济面临的风险与不确定性较多，因此，表现出更大的波动性，这在江苏制造业中也不例外。例如，用工业制成品出口增长速度、制造业实际利用外资金额占比与境外制造企业中中方协议投资额增长率来衡量，江苏制造业的这三项指标都表现出明显的起伏涨落。

2019 年江苏在工业制成品贸易中，出口额为 25454.8 亿元，较上年增长1.9%，而进口额为13013.1亿元，较上年下降6.9%；从出口产品看，机电出口额增长1.9%，高新技术出口下降了1.8%。2019年利用外资仍保持了增长，实际使用外资261.2亿美元，比上年增长2.1%；而全年新批境外投资中方协议投资额为89.5亿美元。对“一带一路”沿线国家的出口与投资都保持较快增长：出口额为7284.2亿元，同比增长12.8%，占全省出口总额26.8%，对全省出口增长的贡献率为147.3%；而投资项目289个，比上年增长23.0%，中方协议投资额为34.3亿美元。因此，对“一带一路”沿线国家出口与投资的较快增长是江苏对外经济在2019年保持基本稳定的重要原因。但是从一个较长时间段（比如2010～2019年）来看，江苏制造业的开放指标都经历了起伏变化，有的指标变化幅度还相当剧烈。

最后是共享。近年来，江苏全省居民人均可支配收入增长较快，2019年增长8.7%，继续高于经济增速。但是江苏制造业产出的初次分配公平性却是在走低的，因为从2010年至2019年制造业劳动者报酬在工业增加值中的占比下降了2个百分点，近三年来一直徘徊在29%；江苏制造业对于税收的贡献度也在起伏中下行，同样在这段时间，工业生产税净额占地区生产总值的比重下降了4.6个百分点；而且江苏制造业对于就业的贡献表现出明显的下行趋势，从2010～2019年规上工业企业平均就业人员数量由2010年的1154万人下降为2019年的926万人，十年间江苏规上工业平均就业人员绝对减少了228万人。

如果说江苏规上制造业企业平均就业人员绝对减少是由于人工智能对于劳动的替代，但生产税净额在地区生产总值中占比也在下降，因此，江苏制造业的效率指标应该表现出上行趋势，实际情况却与此相反。从2010年到2018年，江苏规上工业企业的营收利润率平均在6.5%上下一个狭小的区间中变化，因此，企业的获利能力几乎没有提升。而且在此期间，规上工业企业的亏损面变化很大，2010年江苏规上企业亏损面为8.4%，到2018年亏损面增加了近7.3%。

既然江苏规上制造业企业的经济效益与公平指标负面变动居多，那么可以说，江苏制造业的共享性较差。

总之，江苏工业高质量发展的局面已经基本形成，而且高质量发展的趋势明显，例如综合质效持续提高、创新意识增强、产品与产业结构更加协调，而且开放的广度与深度都在增加，这些都是江苏工业在全球价值链中“走上去”的“大本营”。但是这其中也有明显的短板，尤其表现在江苏工业的共享性没有显著的积极变化，如果共享性效果差，直接后果就是初次分配不公，这又会间接影响生产要素市场，而生产要素市场是江苏产业基础高级化与产业链现代化的关键，这个关键不灵活，便会形成淤点、堵点与痛点，而政府举措的着力点也正在这里。

三　政策举措

江苏的三次产业之间还没有形成最优的比例关系，工业与生产性服务业之间的相互正向激励联系较弱，工业尤其是加工组装工业高质量发展仍然存在短板，因此，需要高级化产业基础与现代化产业链条在政策举措上形成推动力来解决这些问题。

第一，江苏产业基础高级化与产业链现代化的自身定位要有国家战略高度。“十四五”时期及其以后相当长的一段时间内与江苏最攸关的国家战略之一是长三角一体化，而长三角一体化发展要“紧扣一体化和高质量两个关键词”[①]。江苏的产业基础高级化与产业链现代化应作为高质量发展的内涵之一，而且要以打造长三角“高质量发展样板区”[②]为目标，要为长三角一体化与国家区域发展总体战略的高质量发展做出贡献。

第二，稳定制造业增加值对江苏 GDP 占比。江苏到 2025 年要建成国内领先、有国际影响力的制造强省，但是 2006 年以后江苏制造业在地区生产总值中的占比却一直下降。江苏制造业与服务业的增加值在地区生产总值中

① 《习近平主持召开扎实推进长三角一体化发展座谈会并发表重要讲话》，新华网，www. xinhuanet. com/politics/leaders/2020 - 08/22/c_ 1126399990. htm。

② 《习近平主持召开扎实推进长三角一体化发展座谈会并发表重要讲话》，新华网，www. xinhuanet. com/politics/leaders/2020 - 08/22/c_ 1126399990. htm。

互为消长不是科学的“配第—克拉克定律”。

第三，加强江苏的农业、工业与服务业的深化融合。江苏农业、工业的投入与产出高度服务化，生产服务业真正为生产服务，二者在地区生产总值中的有机占比达65%～70%。强化基础研究，在重大的基础理论和重大核心技术上有所突破。通过智能、绿色、定制化引导江苏农业与工业向数字化转型。

第四，提高江苏战略性新兴产业的质效，旗帜鲜明地打造先进制造业集群。重视新兴战略性制造业的制造过程与制造经验的积累，一步一个脚印补足制造业发展的空白与薄弱环节；新兴制造业、主导制造业与支柱制造业间形成门类齐全、安全可靠的现代体系，不断提升江苏先进制造业的能级，打造江苏特色的世界性地标性制造业集群。

第五，优化江苏产业的空间布局。根据自身资源禀赋与产业基础，江苏各地市形成自己的特色制造业，避免资源的无效与低效使用，形成资源最优利用的错位发展格局。

第六，维护与扩大江苏产业的国际化趋势。在单边主义与贸易保护主义盛行的国际经济趋势下，更要不断拓展江苏产业与产品的国外市场，尤其是“一带一路”沿线国家的市场；增强江苏制造业对外直接投资，提高江苏制造业在全球配置资源的能力。

第七，培育各产业内的龙头企业与领军品牌，营造本土企业家茁壮成长的环境。继续深化江苏的“放管服”改革，放出创造力、管出质量、服出实惠；着力打造江苏本土的制造业国内龙头企业甚至跨国公司，在新一代信息技术、新能源与新材料等领域形成领军品牌；形成具有爱国、创新、诚信、社会责任和国际视野的江苏制造业企业家群体。

第八，实事求是地改造江苏的教育体系。江苏的教育不需要牺牲自身以顾全大局，要运用先进的网络信息技术，大幅提升江苏人口接受高等教育的规模；以终生教育为江苏教育的目标，彻底打破“一考（一次高考）定终身”的宿命；持续大幅增加教育投资，把江苏教育纳入新基建；高配各级学校师资，尤其是职业学校要引进国外优秀师资，使江苏的职业教育与普通高等教育一样体面而有尊严。

总之，推进江苏产业基础高级化与产业链现代化的功夫在产业与产业链之外，要解放思想，不为各种各样的统计定律（例如“配第—克拉克定律”等）所束缚，而要坚信与探求江苏自有的产业参数；要有战略眼光与定力，江苏的产业定位要有长三角与世界高度，不能囿于江苏一省之内求全责备；要提高高质量发展的共享性，这与江苏的人力资本市场与消费品市场息息相关；最重要的是要革新江苏的教育体制机制，探索有江苏特色并适应江苏经济社会发展需要的教育。

四　小结

随着国外经济气候变得更加不稳定不确定，原有的产业基础与产业链受到很大冲击。为在一个更加不稳定不确定的世界中谋求发展，我国需要建立自主可控、现代高效的产业体系，这是新发展格局下的内在要求。对此，江苏的产业定位要有为国家战略做出较大贡献的定位。

对于这种要求的产业体系，产业基础的高级化与产业链的现代化是突破口。相较而言，江苏的产业基础较好，产业链也相对完备，但是它的显在与潜在的弱点也很明显。江苏工业基础较为雄厚而且门类相对齐全，但是近十年来也逐渐暴露出不少问题，例如规上工业企业亏损面较大、主营收入利润率长期徘徊在6%左右、劳动者报酬在增加值中占比下行等；江苏外贸规模以及对地区生产总值的贡献很大，但是外贸结构很不平衡，服务贸易在低位波动；江苏农业保持稳定，尤其是粮食生产连年丰收，但是农业现代化还有很大上升空间。因此，江苏产业的高级化与现代化势在必行。

产业基础是产业形成与发展的支撑，它的高级化包括产业需求与供给两个方面的高级化；这两个方面又统一于完备的生产要素市场：生产要素最优配置，要素所有者获得最佳收入，然后才有最优需求水平。因此，江苏产业基础高级化主要是生产要素市场的高级化。建立完善高效的劳动力、资本、土地、信息等要素市场是系统的工程，它关系产业高级化的能力、结构与质量。首先是劳动力市场，与江苏教育改革息息相关，这其中还涉及高端人才尤其是企业家的培育，后者的稀缺是江苏的一个明显短板。其次是资本市场，江苏资本市场的结构不合理，间接融资畸重，直接融资尤其是风险创业融资薄弱，产权交易市场的发展严重滞后。再次是土地市场，城乡建设用地市场不统一。最后是信息，数字与大数据已经是经济社会的基础设施，在这方面的建设上江苏率先提出很多概念，但是行动却相对落后。这些都是江苏产业基础高级化的痛点与堵点，打通它们就是突破口。

产业基础能力决定了产业链的水平与质量。产业基础能力既定，那么产业的技术联系与空间布局关系也就既定，因此，产业间与产业内就通过价值环节、企业结构、供需关系与空间分布形成链条式关联形态。江苏产业链的现代化需要从以下四个方面着手。首先，在现有全球价值链体系中，江苏产业一般处于价值链中低端，要对标高端，在关键环节与技术上创新突破，很大程度上也就是解决“卡脖子”技术问题。其次，要在每一个产业中形成合理的企业规模与结构，以市场主体衡量，江苏的农业市场主体过少而且规模过小，个体工商户成长为企业与“小升规”的比例低，规上企业亏损面较大且盈利能力较弱，这都表现出江苏的企业结构的问题。再次，江苏居民储蓄率仍然很高，而且储蓄的来源主要是工资收入，供需不平衡的矛盾依然突出，这一矛盾只能通过供给侧结构性改革来解决。最后，江苏的区域与城乡发展不平衡，这很大程度上是产业的空间布局不协调与不平衡造成的。

总之，江苏的产业基础高级化以打通生产要素市场痛点与堵点为突破口，而产业链现代化以价值链、企业链、供需链与空间链为着力点，这样既符合江苏实际，又能为新发展格局做出应有贡献。

疫情以来江苏支持民营经济发展的举措成效及优化建议

徐志明　刘明轩*

摘　要： 民营经济在江苏经济中具有举足轻重的地位。新冠肺炎疫情初期，民营经济受创严重，中期短暂强劲反弹后进入稳定复苏阶段。不同的行业受冲击程度不同，疫情对传统产业和劳动密集型产业冲击较大，对新产业、新业态冲击较小。疫情发生以后，江苏省各级政府各部门快速响应，迅速出台了一系列支持政策，助力民营企业复工复产，顺利度过疫情难关，取得了较为良好的成效。疫情对民营经济的未来发展具有双重影响，在造成巨大挑战的同时，也会促进民营经济加快转型升级。江苏应积极借鉴沿海发达省市民营经济政策，在资金融通、税费减免、就业稳定、运营成本降低、科技创新等方面出台扶持政策，推动各部门、各地区形成政策合力，为民营经济持续稳定发展提供有力支撑。

关键词： 民营经济　新冠肺炎疫情　支持政策　江苏

民营经济在江苏经济中具有举足轻重的地位，新冠肺炎疫情对民营经济造成了较大的冲击。有鉴于此，应在准确评估此次疫情对民营经济冲击程度

* 徐志明，江苏省社会科学院农村发展研究所所长，研究员；刘明轩，江苏省社会科学院农村发展研究所助理研究员。

的基础上，借鉴其他省市应对疫情的经验，尽快出台扶持政策，为民营经济平稳健康发展提供有力支撑。

一 疫情对江苏民营经济的冲击评估

从2020年伊始新冠肺炎疫情暴发，至今历时大半年，经过了疫情暴发、防控启动、防控胜利、防控巩固的阶段，社会经济运行也经历了一个暂停、重启、恢复的过程。在这个过程中，民营经济受到了巨大的冲击，冲击的影响随着疫情和防控的变化呈现阶段性的特点。由于对市场的依赖程度更高，较之国有经济，民营经济受到的冲击更大，不同行业、不同规模、不同外向度的民营经济主体所受影响也不尽相同。

（一）已由初期的巨大冲击阶段进入稳定复苏阶段

总体来看，目前疫情对民营经济的冲击分为三个阶段。初期，即疫情暴发、紧急防控的第一阶段，也就是第一季度，除医疗和生活必需物资的生产和配送，全国经济基本停摆，不管是市场需求端还是生产供应端几乎难以维持正常的运行，这一时期民营经济是受创最严重的。由图1和表1可以看出，不管是投资、消费、进出口还是民营经济的各项经营成果指标，在第一季度均表现为同比的负增长，其中江苏省规模以上民营工业的利润总额仅为190.2亿元，同比降低了48.2%之多。

第二阶段，自3月中下旬开始，随着疫情的稳定和最严格的紧急防控的逐步放松，市场需求和生产供应开始逐渐恢复正常运行，初期被压抑的市场需求和积压的生产库存得到一波释放；再加上为了推进复产复工的顺利进行，各级各地政府也纷纷出台对民营经济、中小企业的支持政策，使得江苏的民营经济经历了一阵较为强劲的反弹，开始猛追和弥补第一季度造成的损失。从各项指标也可以看出，第二季度江苏民营工业利润总额大幅增长，民营工业增加值已经由负转正，其他各项指标虽然还是呈现同比的负增长，但降幅大大收窄。

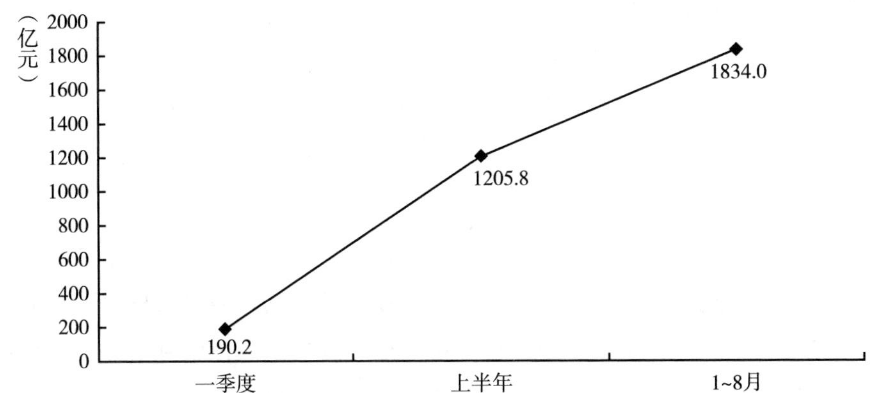

图 1　2020 年江苏省规模以上民营工业利润总额

资料来源：江苏省统计局官方网站。

表 1　2020 年江苏省民营经济各项指标

单位：%

指标	第一季度	上半年	1~8 月
规模以上民营工业利润同比增长	-48.20	-8.20	-1.30
规模以上民营工业增加值增长	-8.10	3.40	3.60
规模以上民营工业产销率	94.40	95.90	96.70
全省社会消费品零售总额同比增长	-18.10	-9.40	-5.80
固定资产投资增长	-20.20	-7.20	-2.80
全省货物进出口总额同比增长	-9.50	-2.80	0.8*
全省服务业增加值	-2.00	1.80	—

* 此处为前三季度全省货物进出口总额同比增长数据。

资料来源：江苏省统计局官方网站、江苏省人民政府官方网站。

第三阶段，疫情进入常态化防控，经济社会秩序进入常态化运行状态，民营经济开始进入缓慢稳定复苏的阶段。在这一阶段，疫情和防控带来的急性影响正逐步消除，常态化防控后带来的短暂反弹和政策红利效果也逐渐减弱，我国经济长期发展的趋势和特点，以及疫情造成的长期影响开始显现。国内经济的增速减慢和全球经济衰退，加上海外疫情的蔓延和秋冬第二波疫情暴发的可能性，都使得民营经济复苏节奏放慢。虽然仍在增长，但增速明显放慢，进入第三季度，江苏民营工业利润总额增速比第二季度明显放慢，同比增幅仍然为负。需要指出的是，长期来看最根本的问题可能仍然在于需求的紧缩，1～8月全省社会消费品零售总额同比增长和固定资产投资增长仍然为负。

（二）新产业、新业态发展势头良好

分行业类别来看，疫情之后江苏高新技术产业的发展势头良好，拉动了整体经济的发展。在工业领域，计算机通信和其他电子设备制造业、电气机械和器材制造业以及医药制造业增长迅速，甚至在第一季度也保持着较快的正向增长，从而带动了整个高技术制造业的增长。仅3月，全省规模以上计算机通信和其他电子设备制造业增加值增长16.1%，电气机械和器材制造业增加值增长14.4%，医药制造业增加值增长29.2%。上半年，全省规模以上高技术制造业增加值同比增长8.8%，快于规模以上工业7.7个百分点。

在服务业领域，软件和信息技术服务业、互联网和相关服务业，以及邮政快递业增长速度较快，弥补了线下接触性、聚集性服务行业的负增长。疫情期间，网上购物、生鲜电商、门店到家、餐饮外卖等在线零售和餐饮迅速发展，上半年，全省实物商品网上零售额同比增长12.3%，比第一季度提高9.2个百分点；完成快递业务量29.2亿件，同比增长14.5%。1～5月全省软件和信息技术服务业、互联网和相关服务业营业收入分别增长16.3%、14.7%，邮政业增长13.1%。

可见，高技术制造业和基于信息网络技术的服务业，符合社会发展规律和未来需求，不仅市场会主动选择，也会获得政策的优先大力支持。

（三）民营企业生存与发展更加艰难

民营经济的主要组成部分是中小企业。面对疫情的影响，广大中小企业的生存与发展愈加艰难。疫情暴发初期，中小企业用工难、用工成本高，省内中小企业很难生存。复工复产后，中小企业资金紧缺的问题开始浮现。由于中小企业本身现金流有限，调度资金的能力弱，加之直接承受了第一季度

生产经营暂停的亏损，企业资金链断裂的风险增加。经营初步重启，还要承担房租、工资、贷款和利息等刚性支出，额外负担防疫成本，再加上应收账款回收缓慢，资金紧缺在这一阶段成为中小企业的头号难题。

长期来看，消费需求端的动力不足直接威胁中小企业的生存发展。由于中小企业规模小、经营的业务品种单一，面对市场波动所承担的风险较高。产业链的上下游，无论哪一端、哪个环节出现了问题，中小企业都会受到波及。上游运行不畅会出现原材料断供，下游运转不灵则会导致企业库存积压。在目前国内疫情得以控制的情况下，上游的断供尚可调节，下游的需求紧缩才是致命的问题。在海外疫情蔓延加剧的情况下，外向型中小企业压力更大。

但从另一方面来看，中小企业的激烈竞争和迅速更新迭代，也正是其不断适应市场需求的一种特殊的方式。从面上来看，上半年全省市场监管部门新登记注册私营企业和个体工商户合计 98.5 万户，同比增长 19.9%；其中，新注册个体工商户 75.2 万户，同比增长 29.5%。全省私营企业和个体工商户期末实有户数均比上年有所增加。中小企业以牺牲和淘汰个体，又不断创立新建的方式，保证了面上的生机和活力。也正因为中小企业规模都不大，才能够灵活调整，并且能将这种“新陈代谢”带来的影响控制在一定的范围内。

（四）民营企业成为外贸进出口的“稳定器”

受疫情的影响，全球产业链运行不畅，导致国际市场需求萎缩、出口物流揽收迟缓、海外原材料供应不及时等诸多问题，江苏的机电产品、高新技术、纺织服装等重点出口行业受创严重，同时对外服务贸易、服务外包、运输服务也受到了巨大的冲击。在这样的背景下，江苏连续出台多项政策措施稳外贸，企业也深挖内力提档升级，全省进出口持续改善，经受住了严峻的考验。据南京海关统计，江苏省 4 月份进出口额达 3662.8 亿元，同比增长 11%，环比增长 7.6%，实现了 2020 年首次单月正增长；7 月份，外贸进出口 4047.2 亿元，同比增长 4.2%。其中出口 2485.5 亿元，同比增长 1.3%；

进口1561.7亿元，同比增长9.1%，实现同比双增长；9月份，江苏进出口同比增长9.4%，前三季度对外贸易总量首次回正。

其中，民营企业进出口增速提高，表现亮眼，成为江苏外贸的重要“稳定器”。上半年，全省民营企业进出口960.3亿美元，同比增长4.5%，增速高于全省10.5个百分点，占全省进出口总额的33.6%。其中，出口同比增长1.1%，增速高于全省9.8个百分点，占全省出口总额的39.1%；进口同比增长13.9%，增速高于全省15.3个百分点，占全省进口总额的25.0%。前三季度，江苏省民营企业进出口共计11088亿元，增长12.5%，增幅又有所提高。同期，外商投资企业和国有企业的进出口总额都呈现负增长。

究其原因，一方面离不开中国长期布局的国际贸易合作关系，以及减税降费、营商环境改善等政策的有力支持，在疫情期间，江苏对东盟保持进出口增长，“一带一路”沿线国家有力拉动；另一方面，疫情期间防疫物资、线上办公产品的出口持续高速增长，企业也根据市场需求及时调整转型。前7个月，江苏省包括口罩在内的纺织品出口1020.4亿元，同比增长11%；医药材及药品出口131.2亿元，同比增长7%；医疗仪器及器械出口119.1亿元，同比增长45.1%。苏州某家生产笔记本电脑配件的民营企业，抓住居家办公对笔记本电脑的新需求，及时进行产品和生产技术的更新升级，实现销售收入同比增长40%，进出口额同比增长103%。

二　疫情以来江苏民营经济政策梳理

疫情暴发以后，江苏省各级政府各部门快速响应，迅速出台了一系列支持政策，助力民营企业、中小企业复工复产，顺利渡过疫情难关，并取得了较为良好的成效。

（一）江苏疫情惠企政策出台快、成体系

从2020年2月2日苏州市在全国率先出台支持中小企业共渡难关的苏

“惠”十条以来，江苏省、市乃至县区各级政府，纷纷出台惠企政策；工信、社保、科技、金融、财政、公检法等部门，乃至工商联等组织，纷纷根据自身职能出台惠企服务方案。根据江苏省经济和信息化研究院的不完全统计，截至3月6日，仅省一级的政府和各部门制定出台的惠企支持政策文件就达到9个之多。其他13个地市也纷纷出台各市的惠企支持政策，其中民营经济、外向经济、中小企业发展较为活跃的县区（如太仓、昆山、江宁），也针对本地的实际情况出台了区县级政策措施。南京市制定出台的政策最多也最为全面，包括市委市政府、科技局、社保局、财政局等在内的政府部门共出台11个相关的政策文件，特别针对小微企业复工复产期间的房租减免、研发经费支持、用工社保、贷款贴息、信用保障等方方面面给予帮扶。苏州市则分别针对中小企业、新型农业经营主体、外贸企业、服务业企业出台了不同的政策。

（二）疫情惠企政策实践性和可操作性强

值得一提的是，江苏不仅制定出台了疫情惠企政策，还尽量保证其落在实处。2020年2月12日，省政府和政府办分别出台了《关于应对新型冠状病毒肺炎疫情影响推动经济循环畅通和稳定持续发展的若干政策措施》（苏政发〔2020〕15号）和《关于支持中小企业缓解新型冠状病毒肺炎疫情影响保持平稳健康发展政策措施的通知》（苏政办发〔2020〕5号，简称“苏政50条”）。为了确保政策落实落细落地，便利企业申报办事，省疫情防控工作领导小组经济运行保障组又细化制定了《“苏政50条”服务指南》，将“苏政50条”可能涉及的企业办事项目分6个批次，细化到152项具体服务业事项，详细说明了事项在“苏政50条”中的办理依据、事项内容，并清楚地列出适用范围、办理类型、办理方式、责任单位、责任处室、经办单位、需要提供的办理材料，方便企业迅速查询和办理。

（三）重点关注对中小企业的支持和帮扶

江苏疫情惠企政策充分重视了中小企业在疫情危机中的脆弱性和面临的

风险，对其给予了重点的关注。超过一半的省级惠企政策文件，明确指出是面向中小企业的，包括“苏政 22 条”和“苏政 50 条”；南京市 11 个文件中有 8 个是针对小微企业的帮扶和支持政策。除此以外，江苏省市场监管局还专门出台了《关于应对疫情影响加大对个体工商户扶持力度的若干意见》（苏市监注〔2020〕91 号）。在省委统战部的领导下，省工商联下发了《关于服务民营企业做好复工准备的通知》，整理形成了《企业复工复产疫情防控工作方案》，为企业复工复产筑起防护墙；下发《关于进一步统筹做好疫情防控和复工复产工作的通知》，要求全省各级工商联引导服务民营企业统筹抓好疫情防控和复工复产，协调帮助企业解决在复工复产过程中遇到的困难和问题。

（四）攻防兼备聚焦关键性问题

江苏省出台的疫情惠企政策，几乎条条都踩中疫情之下中小企业运营和生存的痛点，针对性非常强。这也是江苏民营经济在疫情缓解后得以较为迅速且稳妥恢复的重要原因之一。总体来看，江苏的疫情惠企政策主要包括减轻企业负担、加强金融支持、稳定就业用工、协调供应保障、优化政务服务等几个方面。特别是前三个方面，关系中小企业和低收入群体的生存，是政策尤为关注的重中之重。

用财政和税收的手段减轻中小企业负担。通过减免相关税费、延期申报和缴纳税款、降低企业房租成本、补贴经营成本、加强财政贴息支持、及时支付中小企业账款等方式，尽量降低中小企业运营成本，维持企业在疫情期间的基本生存。

加大对中小企业的金融支持力度。通过加大信贷支持力度、加强融资担保、强化金融服务、提升保险保障等方式，帮助中小企业获得足够的资金，稳定现金流。省委统战部和省工商联还联合了人民银行南京分行、江苏银保监局、江苏省地方金融监督管理局，举办促进民营企业复工复产银企对接活动，解决中小微企业经营和融资难题。

稳定中小企业的用工和就业。用工是针对企业的需求，就业是针对中低收入群体的需求，通过实施援企稳岗政策、缓交社会保险费用、优化就业和社保服务、支持中小企业就业等方式，解决企业用工问题，保障企业员工的就业稳定。

如果说上述政策属于“消极防守型”政策，那么在江苏的一揽子疫情惠企政策中，还出现了一系列“积极进攻型”政策。如加强与抗疫防疫医疗相关的科研协同攻关，推动产业转型升级，支持工业互联网平台在生产中的应用，采用“互联网+政务”的模式提升服务效率等。虽然没有重点强调，但是这些迎“疫”而上的举措在江苏民营经济复苏中也起到了巨大的正面拉动作用。

此外，其他各市、县区，以及各部门出台的各项惠企政策也亮点纷呈。比如，盐城开展“服务进万企”活动，联系对接中小企业1万家，掌握实际困难，坚持“一企一策”，提出操作性强、见效快的帮扶措施；南京市江宁区提出要加大科技创新支持力度，突破一批关键技术，促进一批技术应用，支持一批技术改造；昆山提出要推进线上用工平台的使用，激发人际资源机构的活力；等等。

三　疫情期间民营经济发展的挑战与机遇

新冠肺炎疫情对传统制造、餐饮、旅游、零售、娱乐、交通运输等民营经济较为集中的行业造成了较大冲击。自疫情暴发以来，虽然国内疫情得到了有效控制，但国际疫情仍呈蔓延之势，世界经济和国际贸易出现严重衰退，不稳定、不确定性因素显著增多。预计2020~2022年疫情对民营经济发展会有较大影响，以后影响会逐步减弱并消失。

（一）疫情对民营经济发展的影响正在逐步减弱

民营经济产业层次偏低，受疫情冲击会更大。我国经济体量大，尤其有大规模国内市场的优势，有社会主义市场经济体制的优势，既发挥市场在资源配置中的决定性作用，又发挥政府的宏观调控作用，有较强的抗风险能力。疫情暴发以来，从中央到地方出台了一系列支持民营经济发展的政策，加大减税降费力度，推动降低企业生产经营成本，优化民营经济发展环境，对民营经济健康稳定发展起到了重要支撑作用。随着国内疫情的减弱，以及各级政府扶持民营经济、扶持中小企业政策的出台，民营企业充分利用规模相对较小、对外部冲击适应性强、结构调整快的优势，发展逐步趋于稳定。

（二）疫情期间民营经济加快结构转型

新经济取代旧经济的趋势一直都在，而疫情的出现更加强化了这一趋势。疫情对劳动密集型行业，出口加工型行业以及餐饮、旅游等传统服务业影响较大，对科技密集型行业、网络经济行业冲击较小。出于健康保健需要，优质农产品、保健食品、中医药等在疫情期间会有较大需求。由于线上消费体验更加安全便捷，生鲜电商、医疗服务、在线教育、新闻资讯、移动社交、短视频和在线视频、手机游戏等行业将会获得快速发展，快递柜、快递终端站点等将更加普及。在5G的推动下，江苏有可能诞生一批世界级互联网医疗服务机构。

（三）疫情期间民营经济加快创新步伐

民营经济的创新，不仅包括产品和技术创新，也包括市场、产业链、营销模式、治理结构等的创新。创新型企业以其较高的科技含量和较为灵活的经营机制，可替代性较低，对新冠肺炎疫情有较强的抵抗能力。疫情导致国际、国内产业链重塑。疫情期间民营经济加快了技术和体制创新步伐，从传统基建转向新基建，从传统制造转向智能制造，从线下购物转向线上购物。

（四）疫情期间民营经济努力开拓国内市场

在单边主义、贸易保护主义日益抬头，以及国际疫情依然严峻的复杂形势下，国际市场萎缩、消费低迷、人流物流停滞、金融动荡，将从市场需求、供应链、大宗商品、股市债市等多个渠道向国内持续传导，对江苏民营经济未来发展构成巨大挑战和压力。劳动力成本相对较低曾经是民营经济进军国际市场的重要优势。江苏民营经济中纺织服装、皮具箱包、塑胶制品、日用品生产等劳动密集型企业仍占较大比重，疫情会加速江苏部分劳动密集型产业转移到劳动力成本更低的东南亚国家。民营经济要主动适应以国内大循环为主体、国内国际双循环的相互促进的新发展格局，推动民营企业在积极开拓国际市场的同时，努力开拓国内市场。

四　沿海发达省市民营经济政策借鉴

为应对新冠肺炎疫情，积极帮助中小企业渡过难关，中央各部委以及各省市纷纷出台相关政策文件，提出具体措施。这些政策文件虽然侧重点和细节略有不同，但总体均涵盖了金融支持、税费减负、就业稳定、运营成本降低等方面的基本内容。与此同时，北京、上海、浙江等发达省市更是不约而同地将培育发展新科技、新业态、新产业作为民营经济扶持政策的重要部分，积极地以创新驱动指向未来。

北京市一方面提出要发挥科技创新对疫情防控的支撑作用，通过加强防疫药品研发和技术攻关，加强与疫情防控所需药品和医疗器械产品生产企业对接，促进大数据和人工智能应用的方式，充分发挥北京市的科创资源优势，支撑疫情防控；另一方面，提出要引导民营企业创新发展和开放发展。突出民营企业创新主体作用，完善促进民营企业创新发展的支持机制。鼓励民营企业开展原始创新、产品创新、技术创新、商业模式创新、管理创新和制度创新，参与人工智能、区块链、前沿材料、5G 等新技术新产品模式在国家和市重大项目中的应用场景建设。支持民营企业开拓国际市场和区域市场，特别是“一带一路”沿线国家和京津冀地区。

上海市则直接将支持中小企业创新发展列为主要的防疫惠企措施。一是支持疫情防控创新产品研制攻关，对在检测技术、药物疫苗、医疗器械、防护装备等方面开展技术攻关和生产创新的“年轻”中小企业重点支持。二是支持中小企业设备融资租赁，鼓励受疫情影响较大以及生产疫情防控物资的中小企业，以融资租赁方式购置先进适用设备实施智能化改造，搭建智能化平台。三是聚焦智能制造、医疗健康等疫情防控期间表现突出的新兴产业，培育壮大新动能。四是支持中小企业扩大投资和消费，针对无人经济、在线消费等新型消费，研究储备扩大消费政策措施。

浙江省提出要全力培育新经济新业态新模式。一是加快发展新商业模式。充分发挥阿里巴巴、网易等平台公司作用，支持企业加大网上销售力度，更好拓展市场。二是大力培育数字经济新热点。充分发挥数字经济先发优势，大力发展网络诊疗、在线办公、在线教育、数字娱乐、数字生活等新业态；加大对机器人、大数据、人工智能等产业支持力度，推进产业数字化、智能化改造。三是加快生命科学科研和产业化。加强原创新药、医疗用品、医疗器械、精准诊疗、快速检测等研发攻关；大力发展生命健康产业，加快推进疑难病症诊治提升工程和中医药传承工程建设。

五　进一步完善民营经济发展政策的建议

为全力支持民营经济抗击疫情，帮助其渡过难关，并加快转型升级，建议省政府借鉴各地扶持民营经济的政策经验，出台扶持民营经济的发展政策，注重稳定发展政策与优化结构政策、短期政策与长期政策相结合，推动各部门、各地区形成政策合力，为民营经济持续稳定发展提供有力支撑。

（一）加强信贷支持，降低民营企业融资成本

加大对民营企业稳定发展和转型升级的信贷支持力度。政府有关部门加强与银行的合作，搭建银科、银税、银商等合作平台，创设特色化融资模式。为缓解民营企业资金压力，鼓励各银行机构通过增加信用贷款和中长期贷款，完善续贷政策安排等方式，加大对民营企业的信贷支持力度。特别是对群众基本生活必需、公共事业运行必需、疫情防控必需等重点领域的民营企业，适当下调贷款利率。政府应通过下调担保费率、贷款贴息等途径降低民营企业融资成本。对确无还款能力的民营企业，为其提供融资担保服务的

政府性融资担保机构应及时履行代偿义务，视疫情影响情况适当延长追偿时限。支持符合条件的民营企业上市直接融资。

（二）加大财税支持力度，缓解民营企业资金占用压力

加大对民营企业的税费减免力度。民营企业因疫情导致重大损失，生产经营困难，可申请享受房产税、城镇土地使用税困难减免税政策。优先为符合条件的疫情防控物资生产民营企业办理增值税留抵退税，缓解企业资金占用压力。对列入国家和江苏省确定的省内疫情防控急需物资生产企业名单的企业，给予贷款贴息、担保、设备投资补助、政府采购绿色通道等政策支持。安排省级工业和信息产业转型升级专项资金，支持以民营中小企业为主的企业制造装备升级、互联网化提升、企业生产制造服务和产业绿色发展等项目。认真抓好各项惠企政策的落实，确保民营企业应享尽享，切实增强获得感。

（三）降低要素成本，切实减轻民营企业经营负担

降低民营企业用地、用电、用水、人力、物流等生产经营成本，切实减轻民营企业负担。鼓励业主对中小租户适度减免疫情期间的租金，地方政府对减免租金的业主给予适度财政补贴。下调疫情期间民营企业用水价格和用天然气价格，地方财政对相关企业给予适当补贴。对参与生活物资保供的商贸流通和疫情防控相关生产的民营企业，由当地政府给予电费补贴。对参与生活物资保供的商贸流通企业，地方政府给予物流费用补贴。省财政对提供水电气费用、物流费用补贴的地方政府给予补助。对暂时性生产经营困难仍坚持不裁员或少裁员的参保企业，可适当返还企业及其职工上年度应缴纳社会保险费，降低企业用工成本。

（四）强化技术扶持，推动民营企业科技创新

加大对民营企业技术创新的政策扶持力度，推动民营企业加快科技创新。加大民营企业知识产权应用和保护力度。推进企业知识产权管理规范

化，深入实施企业知识产权战略推进计划。着力促进“大众创业、万众创新”迈上新水平。培育专精特新小巨人企业。新认定一批省级专精特新小巨人企业，推荐符合条件的企业申报全国单项冠军，对专精特新小巨人企业实行重点扶持。围绕民营企业生产经营中的实际问题，突出普及规范和高端引领两个重点，组织实施民营企业“百千万”人才培育计划，分类分层组织实施，每年培训百名领军人才、千名转型升级和产业发展人才，万名专业管理和创业创新人才。将基础较好的集群作为重点培育对象，梳理产业链主要产品、关键环节和重点企业，引导各地各部门合力培育先进制造业集群。加强高新区建设，推进科技型民营企业集聚发展。

（五）提升政府服务水平，优化民营企业营商环境

进一步深化“放管服”改革，提升政府服务效能，为民营企业创造良好的营商环境。推进“多证合一”改革，扩大“多证合一”事项。推广“证照分离”改革。大力推行不见面审批服务，在全国率先进行全程电子化登记区域、主体和业务三个“全覆盖”，真正实现审批不见面。全面推行简易注销改革。推进公共服务平台建设。在重点领域、重点行业培育省级中小企业公共服务示范平台、国家级示范平台。为中小企业提供创新、融资、技术、人才、法律等公共服务。同时，着力建设网络平台，帮助中小微民营企业解决创新发展和转型升级中遇到的困难。

江苏农业农村现代化水平评价及提升策略

曹明霞　顾纯磊*

摘　要： 农业农村现代化是国家现代化的重要组成部分。江苏作为与农业农村部合作试点省份，正在为全国农业农村现代化发展率先破难题探新路。因此，探索农业农村现代化的内涵及特征，构建科学合理的评价指标体系以及筛选适宜的评价方法都是率先探索农业农村现代化题中应有之义。在构建评价指标体系的基础上，对2017～2019年江苏农业农村现代化发展水平进行了测评。结果显示，江苏农业农村现代化整体水平相对较高，农村现代化要素系统发展水平较为突出，各评价指标发展程度差异较大。建议江苏在农业农村基础设施与基本公共服务设施管护、创新创业与科技成果转化、生态环境治理与保护、小农户与大市场的联结机制等方面要夯实基础、激发内生动力和坚持绿色发展方向等。

关键词： 农业农村　现代化　江苏

一　农业农村现代化理论内涵解构

十九大报告首次创新性地提出农业农村现代化这一概念，虽然只是在以

---

* 曹明霞，江苏省社会科学院农村发展研究所副研究员；顾纯磊，江苏省社会科学院农村发展研究所助理研究员。

往所提的农业现代化的基础上加了“农村”二字，但它的意义却发生了重大的变化，不能理解为农业现代化的简单延伸或农业现代化和农村现代化的简单相加，而是把农业和农村作为农村产业现代化、农村生态现代化、农民生活现代化和城乡融合发展现代化“四位一体”的有机整体。① 农业农村现代化这一宏伟目标，须坚持农业现代化和农村现代化一体设计与统筹推进。纵观世界农业农村发展历程，农业农村现代化本身并非目的，而是农业农村进步的历史过程。具体而言，我国的农业农村现代化是伴随着计划经济转化到市场经济，在工业化、城镇化和信息化背景下，从传统农业农村转变到相对发达农业农村的过程。新时代背景下，对农业农村现代化的并提，重塑了工农与城乡关系，不仅是对农业农村生产性价值的肯定，更是对农业农村生态、文化、社会价值的全面认同。②

农业农村现代化水平具有区域性特征。农业农村的区域性特征较为明显，不同国家的区域性特征不同，即使同一个国家不同区域、同一区域的不同地区，农业农村的生产生活条件都存在较大的差异。一个区域推进农业农村现代化进程，必须根据区域经济社会发展水平，特别是农业农村发展基础，做出符合实际而又便于操作的决策。

农业农村现代化水平具有相对性特征。农业农村现代化一方面表现为可纵向比较，即自身与以往的落后状态相比；另一方面则表现为可横向比较，即与不同国家和地区农业农村现代化水平相比。也就是说，衡量一个国家或地区是否实现了农业农村现代化，不能仅仅把本国或本地区已经达到的水平同自身以往的状态相比较，还要将农业农村发展水平与世界先进水平比较，当赶上或接近世界先进水平时，才算实现或基本实现了农业农村现代化。

农业农村现代化水平具有动态性特征。农业农村现代化是从传统农业农村转变到现代发达农业农村的过程。在这个过程中，要用现代工业提供的技术装备农业农村，用现代科学技术改造农业，用现代市场经济观念和组织方

① 《魏后凯：深刻把握农业农村现代化的科学内涵》，搜狐网，https：//www. sohu. com/a/292780307_ 819998。

② 王兆华：《新时代我国农业农村现代化再认识》，《农业经济问题》2019 年第 8 期。

式管理农业农村，创造出较高的农业生产率，同时保持生态资源的可持续性，最终实现生产发达、农民富裕、环境优美，具备一定国际可比性的先进农业农村的发展目标。

二　农业农村现代化水平评价体系构建

一个区域农业农村现代化的实现，本质上是改造传统农业农村，缩小与发达区域农业农村的差距，在一些方面达到较为先进的水平。虽然各个国家或地区的条件和情况各不相同，不具有完全的可比性，但是，同一区域在不同发展时期可以选择最基本的发展特征和阶段目标来进行对比与评价。

（一）农业农村现代化水平评价指标体系构建

科学的评价指标体系能够全面地、系统地揭示农业农村现代化的关键特性，凸显农业农村现代化的内涵和内在发展过程的实质。因此，农业农村现代化评价指标体系构建应遵循以下几大原则。

一是设计要科学。全面科学地反映农业农村现代化的内涵和总体要求，将农业与非农业、城市与农村和城乡居民作为一个有机整体。二是指标可操作。指标基础数据便于获得和计算，力求选取统计部门和各管理部门现有统计体系中已有的指标，并尽量保持与省内现有各类指标体系（如乡村振兴规划指标体系、农业现代化指标体系等）中指标口径、计算方法的一致性。三是指标要精练。在设计指标时，每个方面指标不宜超过 10 个。

江苏农业农村要素状况的特点是农业资源相对缺乏，人地矛盾突出，在农业农村现代化过程中必须通过不断优化产业结构和完善生产流通的组织制度，优先提高效率和效益。为了将江苏农业农村打造为国内现代化引领示范和标杆地区，从农业农村现代化最本质特征入手，综合考虑指标区域性特征与指标数据可获得性，从可国际比较的视角构建农业农村现代化评价监测指标体系。

根据以上原则，初步考虑设计的农业农村现代化评价指标体系须从农业、农村、农民现代化和城乡融合发展四个方面来选取。一是农业现代化，主要从农业产业的生产效率和效益、生产手段、生产技术等方面筛选。二是农村现代化，主要从农村生产、生活、生态以及乡村基础设施和公共服务等方面考虑。三是农民现代化，主要从农民收入消费和职业素养等方面选择。四是城乡融合发展现代化，主要考虑的是农业和非农产业生产效率对比、城乡发展一体化程度等方面。

（二）农业农村现代化水平评价模型筛选

1. 确定指标权重

综合评价的方法主要有层次分析法、聚类分析法、主成分分析法、因子分析法等。选择的方法不同，评价结果有可能也不同，即使采用同一个方法，各个指标赋权不同，结果也不尽相同。一般而言，对某对象进行综合评价的时候，一般应该考虑评价方法本身的适宜性和被评价对象的一般属性及其特性。就农业农村现代化而言，其现代化水平的评价涉及农业产业、农村发展、农民生活以及城乡融合等方面。这就必然要求对反映农业农村现代化程度的多个变量进行大量的监测。在对各种综合评价方法进行分析研究的基础上，本文采用层次分析法，首先对农业农村现代化水平评价各指标及准则层进行赋权。具体指标权重计算过程如下。

（1）在结构层次中有 4 大要素系统，分别是农业现代化、农村现代化、农民现代化和城乡融合发展现代化。每个要素系统分别有不同的指标，共 32 个评价指标，在最下一层是要最终进行农业农村现代化综合评价所有年份对象。

（2）根据多位专家对判断矩阵的打分，求出各层判断矩阵元素的均值。按照软件规定的程序分别以群和节点的方式将各层次及各层次内的元素输入到 AHP 专用计算软件中，计算出各个指标的权重，并最终折算成以各指标权重和为 100 的形式。根据以上指标体系设计原则及权重计算方法，得出江苏农业农村现代化水平评价监测指标体系及权重（见表 1）。

表1 江苏农业农村现代化评价指标体系及权重

一级指标	二级指标	三级指标	权重
农业现代化	投入产出效益	粮食单产(公斤/亩)	3.84
		农业劳动生产率(万元/人)	7.14
		单位面积化肥施用量(千克/亩)	2.06
		绿色优质农产品比重(%)	3.84
	设施技术	农业机械化综合水平(%)	1.44
		高标准农田占耕地面积比重(%)	4.91
		农业信息化覆盖率(%)	0.90
		农业科技进步贡献率(%)	2.04
	产业融合	农产品加工产值与农业总产值之比	3.41
		农产品网络销售额(亿元)	1.70
农村现代化	生活设施	生活垃圾集中收运的村占比(%)	6.21
		生活污水得到处理的村占比(%)	3.42
		农村无害化卫生户厕普及率(%)	1.88
	清洁生产	农膜回收利用率(%)	2.77
		农作物秸秆资源化利用率(%)	0.92
		畜禽养殖废弃物综合利用率(%)	2.77
	生态环境	林木覆盖率(%)	2.15
		自然湿地保护率(%)	4.30
	经济文化	县级以上文明村镇占比(%)	0.85
		集体经济强村占比(%)	2.56
	公共服务	村(社区)综合文化服务中心覆盖率(%)	0.57
		农村义务教育学校专任教师本科以上学历比例(%)	2.85
农民现代化	收入水平	农村居民人均可支配收入(元)	9.61
		城乡居民收入比	3.20
	支出结构	农村居民恩格尔系数	2.59
		农村居民教育与文化娱乐支出占比(%)	1.29
	职业素养	新型职业农民培育程度(%)	7.05
城乡融合发展现代化	生产融合度	农业劳动生产率与非农劳动生产率之比	8.57
		第一产业投资占比(%)	2.86
	生活融合度	四好农村路通达率(%)	0.91
		镇村公交开通率(%)	0.47
		区域供水入户率(%)	0.92

2. 综合评价指数合成

根据层次分析法计算所得的各指标的权重，加权合成综合评价指数（得分）。具体过程如下。

（1）采用综合指数法，反映各项指标当年的实现值和确定的标准目标值计算各项指标的实现程度。具体计算方法：

实现程度 =（指标值／目标值）× 100%

对于超过正向指标值或低于逆向指标值的直接按照100计算，对于逆向指标值大于目标值的则用分值的倒数计算。

（2）根据各个指标的权重计算各要素子系统的评价指数，最终计算出反映农业农村现代化水平实现程度的综合评价指数。

农业农村现代化水平评价指数的计算采取线性加权法，具体的计算公式为：

$$f_x = \sum w_i z_i$$

其中：z_i为指标x_i的实现程度，w_i为指标x_i的权重。按上面确定的权重，逐层进行合成计算结果。

三　实证分析

根据表1及线性加权计算公式，得出2017～2019年江苏省农业农村现代化综合评价指数及实现程度（见表2）。

表2　2017～2019年江苏农业农村现代化综合评价结果

单位：分，%

指标	满分	2017年		2018年		2019年	
		得分	实现程度	得分	实现程度	得分	实现程度
农业现代化	31.26	27.38	87.59	28.25	90.37	28.52	91.23
农村现代化	31.26	26.26	84.01	27.85	89.09	28.87	92.35
农民现代化	23.76	16.58	69.78	17.59	74.03	18.50	77.86

续表

指标	满分	2017 年		2018 年		2019 年	
		得分	实现程度	得分	实现程度	得分	实现程度
城乡融合发展现代化	13.72	12.08	88.05	12.15	88.56	11.62	84.69
综合得分	100.00	82.30	82.30	85.84	85.84	87.51	87.51

资料来源：《江苏统计年鉴》《江苏省乡村振兴规划（2018～2022）》《江苏省乡村振兴监测实施办法》《江苏省农业农村发展情况报告》等。

（一）农业农村现代化总体水平较高

2017～2019 年，江苏省农业农村现代化评价综合指数（得分）从 82.30 分增长到 87.51 分，已实现 2022 年目标任务的 87.51%。从四大要素系统现代化评价得分来看，农民现代化和农村现代化得分增幅较大，农民现代化评价得分从 16.58 分增长到 18.50 分，农村现代化得分从 26.26 分增长到 28.87 分，说明近年来农民和农村现代化水平在不同程度上发展较快。因此，江苏农业农村现代化总体发展水平较高且发展速度较快。

（二）农村现代化指标实现程度较为突出

从农业农村现代化评价四大要素系统指标看，农村现代化指标实现程度最高，已实现 2022 年目标值的 92.35%，农民现代化水平实现程度最低，只有 77.86%；农业现代化水平和城乡融合发展现代化水平分别达到 91.23% 和 84.69%。从反映农村现代化的 12 个指标看，已有 7 个指标实现程度达到 95% 以上，最低的实现程度也达到 80% 左右，这充分说明，通过近年来的农村环境整治，农村的面貌和现代化程度有了较大幅度的改观。

（三）农业农村评价指标实现程度差异较大

2019 年，在农业农村现代化评价指标体系 32 个指标中，实现程度最高的指标为“农业机械化综合水平”和“农村无害化卫生户厕普及率”，均已达到 2022 年的目标值；实现程度最低的指标为“农产品网络销售额”，仅完成2022年目标的40.67%，不同指标完成情况差别较大。实现程度超过90%的指标有21个，占到指标总数的65.63%；实现程度在81%～90%的指标有6个，占到18.75%；尚有5个指标实现程度在60%～80%。

四　江苏农业农村现代化水平的提升策略

农业农村现代化是国家现代化的重要组成部分，作为经济大省和农业大省的江苏，率先探索农业农村现代化发展道路是责任所在，也是使命担当。从国家战略与现实需求的角度，深刻理解“农业农村优先发展”的路径指向，突出问题导向，积极主动作为，坚持规划引领，重点考虑从以下几方面提升农业农村现代化发展水平。

（一）继续加强农业农村基础设施和基本公共服务设施建设与管护，夯实农业农村现代化的基础

目前，江苏省农业农村现代化走在了全国前列，农业农村的基础设施和基本公共服务设施有了较大程度的改善，但是农业农村基础设施薄弱的现状并没有得到根本改变，特别是与城市相比所显示出来的巨大差距，说明农业农村目前的基础设施和基本公共服务设施建设水平与农业农村现代化的要求还不适应，在“十四五”时期，江苏应当紧抓机遇，从基础设施和基本公共服务设施的改造、建设和管护三个方面下功夫，缩小城乡基础设施和基本公共服务设施差距，夯实江苏农业农村现代化的基础。第一，高标准改造。研究制定农业农村现代化条件下的基础设施和基本公共服务设施的建设标准，对农业农村已有的但达不到标准的基础设施和基本公共服务设施进行信息化、现代化改造，加入现代元素，使其达到农业农村现代化的标准要求。第二，高标准新建。按照农业农村发展规划，高标准建设农业农村基础设施。不仅要在纵向上不断提升农业农村的基础设施水平，还要在横向上不断缩小城乡基础设施方面的巨大差距，重大基础设施项目和关键民生项目进一步向农业农村倾斜，特别注意要为农业特色产业基地的建设和发展留足配套基础设施

建设用地，促进农业农村基础设施和基本公共服务设施实现跨越式发展，并根据苏南、苏中、苏北农业农村现代化的不同发展阶段和区域差异适时有序推进。第三，常态化制度化管护。设置专项资金和人员对农业农村基础设施和基本公共服务设施进行管护，定岗定责，加快建立健全农业农村基础设施长效管护机制，压实管护责任，提高农村基础设施使用寿命和效益。

（二）深入推进创新创业和科技成果转化，激发农业农村现代化的内生动力

充足的创新创业活力是决定农业农村内生发展动力的关键因素，也是农业农村现代化的必然依托。江苏省应当发挥人才和创新优势，引导城市创新创业要素向农业农村延伸，打通城乡之间、农业与非农业之间创新创业资源的交换利用，强化科技成果在农业农村的推广利用。第一，积聚创新创业人才。出台一系列有吸引力和竞争力的人才政策，深化户籍制度与农村土地制度改革，打破农村人才向城市单向流动的“魔咒”，优化农村营商环境，充分挖掘乡村历史、人文、生态和产业特色，打造优美特色田园乡村，自身培养与外部引进并重，利用一切有利条件吸引和积聚创新创业人才，为农业农村发展注入生机与活力。第二，打造优势创新创业平台。优化完善农村科技服务超市、科技特派员工作站、星创天地、产业技术创新联盟等平台载体的功能和布局，探索不同平台载体的有机联系模式，发挥不同平台载体的综合效能。第三，强化现代前沿技术应用。推动5G、互联网、大数据、区块链等现代前沿技术和无人植保飞机、智能农机等先进高端装备在农业农村的广泛应用，推进江苏农业生产方式和农机装备机构不断优化。第四，创新农业农村发展模式和业态。出台扶持政策，促进智慧农业、生态农业、有机农业、大数据农业、农产品精深加工、电子商务、直播带货等现代商业模式和业态在农业农村的充分发展，大力发展农业特色产业基地等现代农业模式，注重江苏乡村地理标志产品的打造和运营，进一步推出如阳澄湖大闸蟹、盱眙龙虾、丁庄葡萄等一批新的具有全国影响力的地理标志性农产品，激发人们到农业农村创新创业的热情。

（三）大力开展生态环境治理与保护，坚持农业农村现代化的绿色方向

在推进江苏农业农村现代化的过程中，必须始终坚持“绿水青山就是金山银山”的发展理念，正确处理农业农村现代化与生态环境保护之间的关系，全面打造生态宜居的美丽乡村，促进江苏农业农村现代化的可持续性。第一，加快实施农村人居环境整治行动。进一步优化完善村镇空间布局，坚持系统思维，在改善农民群众住房条件过程中，加强产业布局、基础设施与公共服务、乡村治理等配套设施建设，方便群众生产生活和垃圾集中处理。复制推广邳州、泗阳等地“乡村公共空间治理”的经验做法，深化厕所、垃圾、污水、农业废弃物“四项治理”，进一步提高农村无害化卫生户厕普及率，提升生活垃圾收运处理体系效能，加快建设农村生活污水处理体系。第二，深入推进农业生产方式绿色转型。积极扩大轮作休耕试点，有效保护耕地地力；积极推进化肥农药减量增效，采用有机肥替代、水肥一体、绿色防控、统防统治等方式，降低化肥农药可能造成的面源污染；积极开展农业废弃物资源化利用。加强自主研发和技术引进，推动农作物秸秆、废旧农膜、农药包装废弃物、畜禽粪污等农业废弃物多元化利用或无害化处理，同时利用好相应试点机遇。第三，提高农村居民环保意识和责任。加强农村环保知识和生态环境破坏危害方面的科普宣传，提高农村居民环保意识和责任，推动农村居民携手共同保护美丽田园乡村建设成果。

（四）有效建立小农户与大市场的联结机制，努力实现农业农村现代化不留死角

小农户的家庭经营是江苏农业农村现代化短板中的短板，但其在长期内仍将是江苏农业经营的重要形式，在失去政策支持和外部帮扶的情况下，小农户很容易在农业农村现代化的过程中被边缘化。因此，有效建立小农户与大市场的联结机制，推动小农户及其生产经营方式的现代化，是农业农村全面现代化的应有之义。第一，继续鼓励小农户流转土地。土地适度规模经营

仍是农业现代化的大势所趋，在保护好小农户土地流转收益、保障小农户生活和尊重小农户意愿的情况下，江苏仍要继续鼓励小农户从农业生产经营中退出，将小农户的土地流转集中，实现土地适度规模经营下的农业农村现代化。第二，鼓励小农户采用多种生产经营方式。对于不愿流转土地或者没有条件流转土地的小农户，应当加强小农户的专业培训，引导其向新型农业经营主体转型，提高其采用现代生产要素、对接市场和抵抗风险的能力，鼓励小农户采用农业托管、联耕联种、组建合作社等多种生产经营方式，推动小农农业的现代化。第三，强化社会服务组织与科技在联结小农户与大市场中的作用。鼓励农村社会服务组织特别是提供农业生产性服务的社会服务组织大力有序发展，解决小农户在生产经营过程中能力和信息不足的问题。强化科技支撑，提高小农户利用现代技术的能力，充分考虑小农户的年龄、文化水平等个体因素，开发适合小农户利用的现代技术和设备；同时利用农业物联网、大数据等技术手段对小农户的家庭经营行为进行监测，及时发现风险并有效化解。

（五）推动乡村治理体系完善和治理能力提升，确保农业农村现代化行稳致远

乡村治理体系和治理能力现代化是我国总体治理体系和治理能力现代化的重要构成，也是农业农村现代化的必然要求，只有乡村治理体系和治理能力与农业农村现代化的进程耦合联动，才能确保江苏农业农村现代化能够行稳致远。第一，加快建立健全自治法治德治相结合的乡村治理体系。引导村民积极参与到乡村自治中，特别要发挥新型农业经营主体、新乡贤、“五老人员”等在乡村自治中的作用；加快制定出台与农业农村发展相关的法律法规，让乡村法治能够有法可依；完善村规民约，宣传好人好事，开展文明家庭评比等，切实提高乡村居民道德水平。第二，发挥基层党组织的领导作用。贯彻落实《中国共产党农村工作条例》要求，充分发挥基层党组织在乡村治理现代化过程中的先锋模范作用，把好乡村治理体系完善和治理能力提升的正确政治方向，形成具有鲜明中国特色的乡村治理模式。第三，选优

配强村干部团队。多种途径、多种方式培养和引进乡村干部人才，加强村干部业务能力培训，充分发挥村干部在发展村集体经济和乡村治理当中的直接作用。第四，引导鼓励社会组织参与乡村治理。江苏各级地方政府对农村社会组织的培育要起到积极的鼓励和引导作用，允许社会组织参与到乡村治理的过程中，发挥社会组织为农村社会提供各方面专业化服务的作用，减轻政府在乡村治理过程中的负担，降低乡村治理的成本，实现政府、社会组织和村民等的多元共治和多方共赢。

新形势下江苏粮食行业发展思路及对策研究

高 珊*

摘 要： 江苏省始终不放松粮食安全建设，粮食综合生产和加工销售能力显著提升，收储服务与管理水平明显增强。这些成效离不开制度、人才、资金的大力支持以及品牌形象、质量、技术的持续改善。面对复杂的国内外宏观环境，充分把握国际格局重塑、国家战略叠加、粮食产业转型等重大机遇，积极应对贸易保护、供需失衡、结构单一、区域差异及资源约束等危机挑战。“十四五”时期，全省要树立以全球战略平衡、鼓励健康消费、提升竞争实力、强化应急保障为目标的发展思路，确立提高有效供给、壮大产业经济、推动创新引领、落实精准扶持和完善宏观调控等策略，促进粮食行业高质量发展。

关键词： 粮食安全 高质量发展 粮食产业经济 应急保障体系

党的十八大以来，我国明确提出“确保谷物基本自给、口粮绝对安全”的新粮食安全观，走出了一条具有中国特色的粮食安全之路。党的十九届五中全会提出了到2035年基本实现农业现代化的远景目标，保障国家粮食安

* 高珊，江苏省社会科学院农村发展研究所研究员。

全是应有之义。江苏省作为东部地区的经济大省和农业大省，又是13个粮食主产区之一，应坚持粮食自给的基本方针，加快全省粮食行业高质量发展，推动粮食行业全方位走在全国前列。进一步找准自身定位，以粮食强省新姿为“十四五”新征程的建设开好局、起好步。

一　江苏省粮食行业发展现状

“十三五”以来，江苏省粮食行业认真贯彻中央和省委省政府决策部署，以“优质粮食工程”为抓手，致力于顶层设计整体谋划，突出过程管理、项目实施等关键环节，取得显著效果，形成了较为成熟的建设经验。

（一）主要成效

2020年，虽然受全球新冠肺炎疫情蔓延、洪涝、倒春寒等灾害的不利因素影响，但全省农业农村经济运行继续保持稳中向好的发展态势，粮食行业有序复工复产，粮食产品产销稳定对接。目前，全省粮食综合生产能力再上新台阶，粮食加工业及流通业展现出新的活力，粮食仓储及社会化服务能力大幅提升，粮食应急保供体系基本形成，为“十三五”顺利收官全面夯实“三农”基本盘。

1. 综合生产能力稳定提升

粮食作物持续丰产增收。2020年江苏省夏粮生产实现单产和总产同步增加。据统计，夏粮总产量达到1373.8万吨，同比增长1.3%，增收1.5亿公斤以上；单位面积产量达到5620.5公斤/公顷，同比增长1.6%。秋粮丰收在望，全年粮食总产量预计能够顺利达到3700万吨以上。2020年夏粮中全省优质高产新品种小麦种植面积超过九成。

种植结构不断优化。2020年全省夏粮播种面积稳中有降，播种面积为244.42万公顷，同比下降了0.3%。油菜籽及蔬菜等经济作物略有增加。2020年上半年，全省油菜播种面积为17.29万公顷，与2019年同期持平，总产量达到51.2万吨，同比增长了1.5%；蔬菜及食用菌播种面积为76.03

万公顷，总产量达到2848.4万吨，分别同比增长1.1%和0.8%。

农田基础设施及物质装备显著改善。2019年江苏省农业机械化水平达到86%，农业机械总动力为5114.0万千瓦，同比增长了1.4%。全省高标准农田占比已经达到65%，农业科技进步贡献率达到69.1%。截至2020年3月，粮食生产六大环节全程机械化水平超过80%。其中，高效植保机械化能力超过69%，产地机械化烘干能力超过60%。

2.加工销售活力大幅增强

加工业大力兴起。2019年江苏省入统粮油加工企业1624家，实现年销售收入2894亿元，获得利润187.69亿元，位居全国前列。培育建成30家"苏米"核心企业。油脂加工、大米加工、面粉加工、粮油食品加工和粮油机械制造是江苏省粮油工业的支柱产业。全省粮油机械制造业产值多年来稳居全国首位。

注重集体品牌打造。江苏省编制了国内首个省域全产业链性质的"苏米"团体标准。研究制定出集体商标使用规则和产品遴选指标，对优质稻米的各个环节进行了质量规范，实现了品质、安全、营养的全过程控制。目前建成"江苏好粮油"自有基地152.85万亩，订单基地213.76万亩，2019年"苏米"销售总额达到100亿元。

3.收储服务水平明显提高

仓储物流体系基本形成。江苏省建成以区域性物流产业园区为龙头、以中心骨干仓库为支撑的网络化仓储物流格局。到2020年9月，江苏省国有及国有控股企业完好仓容居全国第四位。2019年江苏省入统标准仓房仓容达到4040.2万吨，其中完好仓容为3947.5万吨。"十三五"以来，全省已有13个粮食物流园区被授牌省级物流园，并获得一次性奖补资金。

为农服务能力快速提升。2019年江苏省国有粮库烘干设备有1003台（套），烘干能力达到9.5万吨/天，实现粮食产后服务体系在产粮大县全覆盖。全力加强仓储物流与粮油加工、批发市场等环节的对接融合。主动为种粮大户开展上门验质等服务，并开展帮助烘干整理、联系外粮销售等业务。同时，加大执行粮食收购政策的监督检查力度，畅通农民维权渠道。

4. 管理保障体系发挥实效

管理水平持续提高。江苏省充分利用智能出入库系统、数量监测系统、粮情监测系统、智能通风和气调系统等先进设施手段，稳步推进仓储信息化、运营高效化和管理智能化进程。① 加强安全生产标准化，通过强化风险管理和过程控制，坚决遏制“两个安全”事故发生。建设粮食大数据综合平台，推进信息化平台在粮食物流应急调度、联网拍卖交易等方面的应用。

应急管理体系发挥积极作用。为应对全球新冠肺炎疫情的冲击和影响，江苏省高度重视粮油市场保供稳价工作。2020 年以来，全省累计成交最低收购价粮食 8.4 亿公斤，同时做好成品粮储备投放准备。② 粮油平均零售价格为粳米 5.09 元/公斤、面粉 4.15 元/公斤，持续保持稳定。按照日均消费大米 0.25 亿公斤、面粉 0.055 亿公斤的水平测算，现有库存分别够用 13 天和37 天。

（二）典型经验

江苏省粮食行业秉承“快人一步，先行一招”的原则，在制度完善、财政支持、质量提升、技术创新等领域积累了较为丰富的经验。

1. 制度人才队伍基本建立

加强制度体系建设。全省率先出台适合地方领域的政策法规，大力提升粮食行业法治化、规范化管理水平。2018 年 1 月江苏省政府出台《关于大力发展粮食产业经济加快建设粮食产业强省的实施意见》，明确了粮食行业发展的主旨方向。2020 年 3 月《江苏省粮食流通条例》正式实施，这是全国粮食生产省的第一部地方性法规，为全省粮食流通治理现代化注入新的动能。

建立专业化人才队伍。“十三五”时期制定全省粮食行业人才发展规

① 张生彬、李德、王大伟：《江苏聚焦高质量发展　加快建设粮食产业强省》，《中国粮食经济》2018 年第 10 期。

② 夏春胜、李德、刘俭荣：《勇担当善作为　江苏着力扛稳粮食安全重任》，《中国粮食经济》2020 年第 7 期。

划，打造一支过硬的行业领军人才、企业经营管理人才、专业技术人才和高技能人才队伍。加强粮食行业从业人员的学习培训，积极组织参加各项技能比赛，参与各种评比活动，促进人才队伍向规范化、专业化方向发展。实施省地共建，江苏省粮食局与市县政府、大型企业、高校院所等单位，联合培养粮食行业的专业人才。

2. 资金投入力度不断加大

广泛争取各类资金。撬动财政资金与社会投资共同参与粮食行业建设。“十三五”以来，江苏省粮食行业争取省级以上财政补助资金 19.8 亿元，带动社会投资 73.6 亿元。2017 年以来，在深入推进“优质粮食工程”的过程中，全省在优粮优储方面投入资金 7.9 亿元，其中专项财政补助资金 4.9 亿元，带动社会投资 3 亿元。江苏省粮食集团累计为绿色储粮科技保粮投入 5000 余万元。

创新财政奖补政策。江苏省在全国首创稻谷优质优价市场化收购补贴制度。让粮食收购企业能够在商业银行与农业发展银行享受同样的基准贷款利率财政贴息政策。为解决超标粮处置难题，江苏省在全国率先以省政府规范性文件形式出台超标粮食处置办法。提出省财政对处置费用给予适当补助，地方政府同样给予相应奖励，鼓励企业配置质检等设备。

3. 品牌质量建设持续优化

大力推广优良品种。苏州、靖江、兴化等地采取多种形式主推优质食味稻种植。2019 年苏州市水稻良种统一供种种植率达到 93.9%。靖江市对 2020 年购买并种植“南粳 5055”且面积在 3.33～33.33 公顷的规模种植户给予 180 元/公顷的补贴。兴化市政府则联合稻米加工企业订单化种植“南粳 9108”1.33 万公顷，以每公斤加价 0.1 元的标准优质优价收购。

打造区域共用品牌。江苏省粮食行业成功注册“水韵苏米”作为省域共用品牌，于 2019 年先后荣获中国粮油影响力公共品牌、中国国际粮油展金奖等荣誉称号。遴选确定 70 个“江苏好粮油”产品。市县大米品牌亮点纷呈。“射阳大米”品牌价值达到 185 亿元。2019 年 11 月还联合多个部门和媒体举办首届“好吃苏米”品鉴大会，鼓励大众参与评选。

4. 技术革新领域进位争先

储粮技术名列前茅。截至目前，江苏省已经改造完善低温、准低温储粮仓容 1913.2 万吨，占比完好仓容的 48.5%，居全国第一位。应用环流熏蒸技术仓容 2669.4 万吨，居全国第三位。在全国率先建成基于云架构的省级粮食管理平台“江苏智慧粮食云平台”，促使政策性粮食收储任务库点信息化覆盖率超过 80%，粮食质量安全监测数据平台数据采集率超过 80%。

产学研深度融合。为充分发挥江苏省作为“科技兴粮”试点示范省的作用，建立“苏粮硅谷”，作为全国首个省级粮油物资类研发创新平台。目前该平台已经进驻省级以上科研机构 6 家、孵化企业 10 家，承担研发项目 6 项。绿色环保新技术广泛应用。2019 年底，江苏省粮库仓顶光伏发电装机容量达到 0.82 万千瓦，年度发电量达到 480 万千瓦时。

二　新形势下江苏省粮食行业的发展机遇与挑战

纵观历史，江苏省粮食安全形势是持续向好的，中长期看仍处于紧平衡的状态。这与国家的总体态势是保持一致的。习近平总书记指出，要以辩证思维看待“十四五”时期的新机遇和新挑战，深刻认识新发展阶段的新特征和新要求。

（一）发展机遇

江苏省粮食行业已经具备了强大的经济技术支撑、迫切的转型消费需求和良好的生产经营基础。2019 年江苏省口粮自给率超过 210%，不仅保证了省内口粮安全，也为全国做出了贡献。省内外格局的重大演变，为“十四五”时期粮食行业发展带来新的机遇。

国际农业经济格局重塑期。当前，以中国为代表的新兴经济体和发展中国家在国际事务中的地位快速上升。主要表现为在全球农产品市场中的贸易份额不断增加，参与全球农产品价值链程度不断加深。中国与世界共建共享粮食市场资源。中国在放宽农业领域外商投资准入的同时，也在有需要的国家和地区开展粮食生产、加工等投资建设，建立全球粮食命运共同体。

国家多重利好战略叠加期。我国正在实施的乡村振兴战略与一以贯之的粮食安全战略、开放共享的“一带一路”倡议、区域协调发展战略等多重政策相互交融，互为支持。这些都离不开粮食产业经济的高质量发展，“粮安稳天下”的主旨在新时代将彰显新的内涵。准确把握我国的农情、粮情以及食情新动向，有助于构建新时代多重目标下新的粮食安全观。

江苏粮食产业转型发展期。全省城乡居民恩格尔系数持续下降，食品消费结构优化升级。伴随口粮需求减少、肉蛋奶水产品需求增多，逐渐实现从传统单一化主食结构到营养多元化副食结构的跨越式转变。助推了全省粮食产业与产品格局转型升级，加速了政策工具、产业经济、应急网络等方面的深化革新。

（二）重大挑战

粮食经济活动客观存在事关经济安全、政治安全和社会和谐稳定的各种风险。逆全球化思潮、国家供需失衡以及江苏品种结构单一、区际发展不平衡、资源环境约束趋紧等挑战依然存在。

从国际形势看，全球新冠肺炎疫情的大暴发，引发国际地缘政治风险，贸易保护主义和单边主义急速强化。[①] 特别是全球粮食生产和贸易均衡的格局被打破。一些粮食出口国采取了出口禁止或者限制的措施，玉米、大豆等价格倒挂等不利因素，对我国及江苏的粮食海外风险管控提出了更高的要求。中美贸易摩擦将成为国家“十四五”时期粮食进出口的最大不确定因素。

从国家目标看，粮食产业“三高”并存的现象尚未根本缓解。种粮收益下降、关键技术亟待突破、劳动力与土地成本居高不下等问题持续困扰着粮食经营主体。近年来，非洲猪瘟、病虫害、旱涝灾害交替等风险频发，养

① 王晓君、何亚萍、蒋和平：《“十四五”时期的我国粮食安全：形势、问题与对策》，《改革》2020 年第 9 期。

殖链条的压力传导机制，都引起了粮食产品供需和价格的升降变化。迫切需要思考如何加快构建我国粮食安全的内需体系，以确保国家经济社会平稳发展。

从省内实际看，一是品种结构性短缺明显。全省玉米、大豆的饲料和工业用粮产需缺口较大，需要通过进口和省外购进的方式解决。高品质粮食产品还不能满足人民群众的消费需求。二是生产布局结构持续向苏北集中。2019 年苏北五市粮食产量占全省的 64.3%，产需盈余为 75.5 亿公斤；苏南五市粮食产量占全省的 11.6%，产需缺口为 85.1 亿公斤。三是资源环境压力较大。2019 年全省第一产业用水占总用水量的 61.4%，农田灌溉单位面积用水量达到 7120.5 立方米/公顷，农业用水量仍占较大比重。乡村人均耕地面积为 0.19 公顷/人，远低于国际平均水平（0.25 公顷/人）。

三 “十四五”时期江苏省粮食行业发展思路及策略

粮食是一种事关国计民生的特殊商品及重要战略物资。“十四五”时期是衔接我国“两个一百年”奋斗目标的第一个五年规划期，也是全球秩序分工重建的新时期。江苏省要勇于强化“探路者”的担当和勇气，努力提供新形势下粮食安全战略的“江苏方案”。

（一）总体思路

率先促成从“粮食安全”到“食物安全”的理念转变。树立底线风险意识，立足粮食多功能性，推动科技兴粮，实现粮食生产能力的战略平衡，提供更多的优质粮食产品，建成具有国际竞争力的粮食产业经济，构筑预警可控的安全保障体系。

1. 总体目标从供需平衡转向战略平衡

面对“后疫情时代”和“十四五”时期的来临，粮食行业的战略性功能得到强化。立足省内，放眼世界，加快畅通国际国内粮食资源与市场双循环。从自给平衡的现实目标出发，逐步转向高水平的中长期优储目标。在粮食生产和布局上，主动利用国内、国外两种资源，争取国际市场主动权，超前规避各类风险。

建立科学合理的粮食生产结构和布局安排。加强科技创新，深入落实“藏粮于地、藏粮于技”发展战略，中长期与短期相结合，有效管控种粮行为与收益预期。突出国内、国际资源的共同整合，优化粮食生产功能布局。加强省外、国际农业合作，建立多元可靠的省外、国际粮食供应链。加强国内产销区对接，完善跨区域供应链建设，提高粮食供给保障的稳定性。

2. 消费需求从丰产丰收转向营养健康

随着城乡居民消费结构不断升级，优质农产品和服务需求快速增长。消除饥饿与绝对贫困已经在“十三五”时期基本完成。“好不好”则是“十四五”时期高质量发展的重要议题。建立优质多元的粮食产品结构、追求品质卓越和绿色健康的幸福生活是推进农业农村现代化的必然要求。

增加绿色优质粮油产品供给。大力推广优质稻米、优质强筋小麦等优良品种。积极推广稻田综合种养等生态化、立体化种养方式，致力肥药双减增效并行。有针对性培育高端、功能性粮油新产品，满足个性化、多样化、绿色化的消费需求。引入“人均优质粮食产品消费占比”等新指标来考核优质粮食产品市场占有率。调整区域内部优质粮食产品布局，提高特色产品集聚程度。

3. 产业经济从加工充分到竞争有力

加快构建现代化粮食产业体系。秉承高质量发展要求，建立推广粮食循环经济。深入拓展粮食精深加工与转化领域，做强做大主食产业。在满足本省、本区域粮食精深加工的前提下，打通物流、仓储、贸易等环节，建成一体化全产业链发展模式，为长三角地区和全国其他地区提供粮食经济服务。

增强粮食产业市场竞争能力。围绕江苏省粮食集团，对现有粮食中小加工、贸易企业进行整合，打造全国知名、具有世界影响力的粮食产业航母。让“江苏好粮油”享誉全国，与东北粮食品牌相媲美，大幅提升全国粮食市场占有份额。鼓励省内大型粮食综合企业联合起来，参股、控股或并购国外粮商，主动开拓国际粮油市场，提升粮食产业经济的国际竞争能力。

4. 保障体系从安全可控到应急预警

加强粮食安全应急机制建设。建立稳定常态化的具有权威性的应对协调体制机制。对应中央要求，完善省、市、县三级粮食应急预案。面对各种风险，坚守不出现区域性、阶段性“卖粮难、吃粮难”的底线。对重大疫情或灾难的发生灵敏预判，上下联动，准确决策、快速处理粮油应急保供民生事务。

进一步加强粮食监测和预警。强化粮油市场预警机制，防范市场异常波动风险。依托大数据、信息化手段，及时掌握国内外粮食市场的动态变化，及早发现需要应急处置的问题。特别是对于地震、雨雪冰冻、洪涝等自然灾害和重大突发性事件做到提前预知。建设应急物资储备信息化管理系统，加强和优化基层应急响应体系建设，遵循地方人口与资源环境特征。

（二）发展策略

推动全省粮食行业实现“产购储加销”的协同贯通，促进粮食产业与现代农业相统一。以高效集约的现代化生产方式，走出一条优质多元的可持续发展道路。建立粮食产业内部与外部、粮食加工与食品制造之间的要素与产品交换通道。让种粮农民得益，把粮食行业搞活，使粮食安全更加稳固。

1. 提高有效供给

落实最严格的集约节约用地制度，提高土地利用效率。坚持数量、质量与生态“三位一体”，全面实施耕地质量保护与提升行动，净化产地环境。加大污染耕地及土壤退化等区域的治理修复力度，健全耕地质量定级及监测评价体系。加强用地养地相结合，注重水土保持工作，推进地区轮作休耕制度，提高水肥利用效率。立足地区优势建立特色种植结构，推动连片种植和适度规模化经营。

提高综合生产水平，增强粮食供应链韧性。重点打造全省粮食主产县。以粮食生产功能区和重要农产品生产保护区为载体，建设配套设施齐全、旱涝保收能力强的粮食生产核心区域。全面提高农田建设标准，按照集中连片、适度规模的要求，改善项目区灌排、田间交通等生产条件，推动“宜机化”作业、标准化生产，积极创建高标准农田示范村镇。切实改良种植环境，建设高质量农田水利工程。稳定化肥农药价格和物资储备，深入开展节本增效活动。

注重市场引导，关注优质产品营销。挖掘粮食生产多维功能，深入推进“优质粮食工程”，培育国家级知名品牌。根据市场和消费升级的现实需求导向，深耕细分市场，研发高品质产品，着力增加营养健康、专用型品种的功能型粮油产品。广泛借鉴其他省份地区品牌创建经验，扩大“苏”字头粮油品牌影响力。增强爱粮节粮意识，减少“餐桌上的浪费”，形成科学文明消费的良好风尚。

2. 壮大产业经济

大力发展粮食加工产业。支持粮食产地就地转化增值。鼓励产粮大县发展粮食产品精深加工行业，引导粮食加工业向医药、保健、化工等领域延伸，大力提升粮食主、副产品的附加值和综合效益。加大本省优质粮油出口力度，增强国内市场占有率。依托县域培育粮食加工产业集群，把产业链和价值链留在县域，让农民分享加工增值收益。①

建设现代粮食物流仓储体系。塑造“大粮食、大产业、大市场、大流通”格局，加快补齐基础设施短板，打通仓储、中转、配送等相关环节，形成粮食物流仓储业的多式联运无缝对接。持续推进现有粮库的智能化升级。优化重大粮食物流园区布局，全力建设江苏省粮食物流主要通道和进出口要道，建立国内外粮食物流仓储的重要节点，搞活粮油进出口贸易。

培育粮食行业的各类企业。支持江苏省粮油、饲料、机械等支柱企业做大做强。以领军企业抢占粮食产业发展制高点。推动全省粮食行业以大型企业集团形式去开辟国外生产基地，积极参与国际分工，充分利用国际优质粮食资源调剂省内余缺。② 深化国有粮食企业改革，为具有核心竞争力、行业带动力的骨干企业和成长性好、特色鲜明的中小企业创造优越的政策环境。鼓励粮食企业实施“订单农业”，进一步落实对小农户的利益联结机制。

---

① 张务锋：《加快建设粮食产业强国》，《经济日报》2019 年 11 月 25 日。

② 联合调研组：《促进江苏粮食产业经济发展的思路与举措》，《唯实》2018 年第 3 期。

3. 坚持创新引领

大力提升科技研发水平，创新关键性技术体系。着力推进主要粮食作物的良种重大科研联合攻关。深入挖掘全省地方特色的种质资源，加强原生优势粮食作物自主研发创新能力，积极培育具有自主知识产权的高产、优质、适应性强的粮食作物新品种。努力创建国家级农机装备创新中心，聚焦高端、智能化的江苏品牌粮食作物大型农机具研发。加强粮油精深加工和粮油副产品的关键技术攻关和装备研发，开发一批适应国内外市场需求的新型粮油产品。增强科技保粮能力，推广应用节粮减损新技术、现代粮仓建设新技术和物流配套新技术。加强高技能人才队伍的培养和选拔。

大力提升专业化服务水平，创新社会服务体系。鼓励粮食类家庭农场、合作社及企业联合发展，为小散农户提供专业化服务。统筹县域范围建立集粮食农机具存放、维修、育秧育苗以及产地烘干和初加工等于一体的“全程机械化+综合农事”服务中心，提高粮食全产业链服务水平。引导第三方服务业与粮食产业的深度融合。广泛开展代耕代种、代育代收、土地托管、统防统治、订单种植、烘干加工储藏等全环节社会化服务，整合统筹产前、产中、产后服务资源。

探索粮食领域“新基建”模式，培育粮食行业新业态。加速粮食产业数字化、智能化、设施化建设。支持建设城乡分布式冷链，按照“网络化配送、分布式仓储”等模式，构建粮食智能化物流网络。打造数字化粮食产业园，用数字化生产供应链配套，推动加工与产销全产业链升级。建设粮食智能供应链体系，加强粮食产品数据采集与共享、应用。加强粮食质量安全检验监测网络建设。发展“网上粮店”“自动售粮机”“数字化粮油博览会”等新型批零服务业态，加强线上线下粮油产品连接。发展“粮食银行”等粮企，借鉴银行经营模式，探索粮食“储蓄”及经营权让渡的粮食流通新业态，解决粮农仓储难题，减轻粮企收购资金压力。

4. 落实精准扶持

提高财政资金使用绩效。增强各级财政资金的投入刚性，并更多用于生产环节。将各种奖补措施向粮食生产经营主体和地区倾斜，向优质绿色产品倾斜。进一步加大产粮大市、县的奖励补贴力度。取消产粮大县支农项目的地方资金配套政策。建立动态化补贴机制，根据种粮主体的实际经营状况及时调整。增加对农业技术推广、设备引进等粮食规模经营行为的资金补贴。

加大金融支持力度。探索发行粮食生产专项债券。鼓励融资担保机构加大对粮油企业支持力度，扩大有效担保物范围。对于省市级粮油品牌和粮食行业科技创新项目给予相应奖励。开展投资、贷款、保险、补贴一体化的投融资模式试点，建立政府、金融机构、企业、大户等联动的支持机制。[①] 优化营商环境，减免代储政策性粮食企业的土地税、房产税、印花税等税收项目。

落实配套用地保障。以县乡级国土空间规划为依据，全力保障粮食主产区的粮食生产、仓储和物流基础设施配套用地。探索国有粮食企业用地从划拨方式改为出让方式，以明晰产权增强企业发展后劲。[②] 完善“三权分置”制度，创新土地流转方式，确保流转农户和种粮土地经营者的双方权益。优先支持家庭农场、合作社、企业等粮食规模经营主体的烘干设备、农机具存放等配套设施用地。

5. 完善宏观调控

推动粮食产业信息化发展。在粮食行业升级运用大数据、人工智能、云计算等数字技术。不断完善粮油统计信息系统，提升统计上报水平。为粮食供需双方提供准确、全面、应时的市场数据信息，建设智能化粮库和物资动态监管系统，强化在线监测和远程监控，实现自动预警和电子巡库。建立以信用监管为基础的新型信息监管平台，对粮食生产经营中的失信行为实施联合惩戒。

优化粮食储备管理。科学确定合理时期内粮食储备功能和规模。内控管理与外部监督双管齐下，切实保障粮食产品的区域平衡和季节平衡。[③] 以动

---

① 崔奇峰、王秀丽、钟钰等：《“十四五”时期我国粮食安全形势与战略思考》，《新疆师范大学学报》（哲学社会科学版）2021 年第 1 期。

② 颜波：《贯彻新发展理念　加快推进粮食产业高质量发展》，《中国粮食经济》2020 年第 4 期。

③ 课题组：《积极应对疫情影响　扛稳国家粮食安全重任》，《中国粮食经济》2020 年第 7 期。

态调整为目标，优化储备粮的品种结构和区域布局。根据粮食市场的供需余缺、价格变化及未来预期，与中央储备协同运作，把握储备节奏和力度，为调节稳定市场建立起良性粮食储备机制。

健全粮食应急保供服务网络。重点建设成品粮油低温储备库。委托现有的粮食应急供应点、粮油批发市场等经营网点承担应急粮食供应任务。提高粮食应急配送能力，增加现代化的应急运输保障设施。完善粮食供需预警系统基础数据库，确保突发事件各应急网络的相互衔接、协调运转。健全完善粮食收购贷款信用保证基金制度，逐步扩大信用保证基金规模和适用粮食品种及企业范围。

开放型经济

江苏自贸试验区建设的成效、问题及优化方向

丁 宏*

摘 要： 习近平总书记指出，建设自由贸易试验区是党中央在新时代推进改革开放的一项战略举措，在我国改革开放进程中具有里程碑意义。江苏自贸试验区设立一年来，深入贯彻落实党中央、国务院决策部署和省委省政府工作要求，围绕“打造开放型经济发展先行区、实体经济创新发展和产业转型升级示范区”的战略定位，以解放思想为引领，以改革开放为动力，以制度创新为核心，以企业需求为导向，突出差别化探索，加强系统集成，自贸区高质量发展走在全国前列，出色地完成预期的使命，为下一步创新发展奠定了坚实的基础。

关键词： 自贸试验区 制度创新 高质量发展 江苏

* 丁宏，江苏省社会科学院研究员。

一 江苏自贸试验区建设的阶段性成效

（一）在自贸区先行先试，大胆改革探索，形成制度性开放优势方面展现“江苏创新”

江苏自贸区大胆闯、大胆试、自主改，探索实施全国全省首创改革举措60余条，形成115项制度创新成果，其中3项在全国推广，4项在国家相关部委完成备案，第一批20项改革试点经验和20项创新实践案例在省内复制推广，南京片区“搭建生物医药集中监管与公共服务平台”、苏州片区“进口研发（测试）用未注册医疗器械分级管理”和“打造智慧物流服务平台”入选国务院深化服务贸易创新发展试点最佳实践案例，率先在变局中闯出一条新路，为高质量发展注入强大动能。

（二）在自贸区推进投资贸易自由化便利化，促进高水平产业集聚方面提升“江苏速度”

江苏自贸区围绕构建自主可控的现代产业体系，推动制度创新与产业深度融合，加快聚集全球高端要素，形成产业集群规模经济优势。苏州片区推动生物医药全产业链开放创新，2019年生物医药产业竞争力居全国第一位；南京片区进一步优化集成电路产业链集成创新举措，加快国家集成电路设计服务中心建设，着力破解产业链发展堵点；连云港片区生物医药集群成功入围国家先进制造业集群竞赛榜单，推动自贸区主导产业不断迈向高端，实现引领发展。

（三）在自贸区建设国际化区域创新体系，发挥产业集聚和科技创新的协同效应方面体现“江苏高度”

注重推动全面开放与强化自主创新相结合，努力营造更加适于创新要素跨境流动的便利环境，在创新策源地打造上取得新突破。加大高水平人才引进力度，引进诺贝尔奖获得者、两院院士、领军人才等国内外高端人才

2000余人，努力打造高水平人才“强磁场”。南京片区在海外设立7个创新中心，13家企业开展了30多项国际化科技合作项目；苏州片区建设“姑苏实验室”，规划总投资200亿元，力争打造材料科学领域的世界一流实验室；连云港片区深入推进高效低碳燃气轮机试验大科学装置建设，取得重要进展，使创新成为江苏自贸区建设的核心引擎。

（四）在自贸区对标国际高标准经贸规则，建设国际化法治化便利化一流营商环境方面打造“江苏标杆”

高标准国际经贸规则是新一轮经济全球化的迫切要求，是全球产业链、供应链、价值链深入发展的必然基础。江苏自贸区把营商环境建设作为关键领域，加快推进“证照分离”全覆盖改革试点，积极探索商事主体登记确认制改革、“一业一证”改革，落实外资准入前国民待遇加负面清单管理模式，加大服务业开放力度，外贸外资实现逆势增长，实际利用外资占全省7.8%，进出口总额占全省13.3%，截至2020年7月底，共新增市场主体3.07万家，日均新增近百家，成为新一轮全方位高水平开放型经济的新标杆。

（五）在自贸区立足区位优势，开展差别化探索，推动三大片区联动发展方面凸显“江苏特色”

江苏三大片区经济地理各自不同，资源禀赋有所差异，自贸区赋予的定位和使命也各不相同，他们各自发挥所长，主动积极探索，相互学习赶超，反哺江苏自贸区大步向前，形成了多点开花的省内“小循环”。南京片区发挥国家级新区与自贸试验区“双区”叠加优势，打造国际重要创新策源地；苏州片区发挥中新合作优势，打造全方位开放、国际化创新、高端化产业、现代化治理高地；连云港片区发挥“一带一路”开放门户优势，加快发展中欧班列、陆海联运，打造亚欧重要国际交通枢纽。

二　江苏自贸试验区建设面临的主要问题

（一）改革创新自主权还须进一步提升

与上海、海南、广东等地相比，特殊综合保税区、自由贸易账户体系试点等改革措施在江苏还未得以适用。在实践过程中需要国家在法规制度层面进一步拓展自贸试验区改革探索的边界，通过法律法规暂停实施、综合赋权等方式赋予自贸试验区更大的改革自主权。

（二）重大改革创新成果还须继续集成

江苏自贸试验区形成了一批制度创新成果，但多数属于管理流程或管理技术的局部创新，系统性、集成性制度创新成果较少，体现先行性、示范性的改革举措还不多，开放型经济和实体经济的特色优势尚未充分发挥，对高标准国际经贸规则仍处于“学习”和“追随”阶段，未充分发挥“创新”和“引领”作用。

（三）部分改革创新任务尚未落实到位

自贸试验区改革创新以地方政府部门为主，改革探索动力不足，创新系统性不强；多数情况下，企业仅作为制度创新的被动接受者，参与感和获得感有待提升。部分试点任务如支持自贸试验区设立汽车整车进口口岸、铁路开放口岸、国际邮件互换局（交换站）等，目前尚在国家层面研究推进。

（四）产业链创新发展瓶颈仍须突破

生物医药、人工智能、集成电路、数字金融等是江苏自贸试验区产业发展的重点领域。这些人才、技术、信息密集型产业普遍存在规制“瓶颈”，制度创新缺乏必要政策空间。特别是上海临港新片区、海南自贸港的大力度改革举措，对江苏产业发展形成“虹吸效应”，造成巨大压力。

（五）综合保税区载体作用未能得到充分发挥

南京片区范围内还没有综合保税区，申报进度相对迟缓，制约了南京片区部分业态的发展；连云港片区综合保税区发挥作用偏弱，综合保税区的“五大中心”功能并未得到充分利用，政策红利有待于进一步释放。

三　江苏自贸试验区建设面临的形势分析

（一）从发展环境看，世界进入动荡变革期，要求自贸试验区更好防范风险挑战

当今世界正经历百年未有之大变局，世界经济下行压力依然存在。新技术革命加速突破，抢占价值链、创新链、产业链、供应链高端的竞争日趋激烈。新兴经济体和发展中国家群体性崛起，大国博弈和战略竞争加剧。新冠肺炎疫情全球蔓延为世界经济发展增添更多不确定性，实体经济严重受创。“零关税、零壁垒、零补贴”、原产地规则、竞争中立原则可能成为发达国家推进经贸规则变革的基本框架，形成全球化新范式。其中一些内容明显针对我国现有经济体制和市场竞争环境，如关于我国的发展中国家地位、国有企业竞争中性以及产业政策和补贴等问题，需要我们认真研判，做好应对准备。自贸试验区应更好辨识和适应国际环境中的有利条件和不利因素，通过制度创新提出抵御风险冲击的战略先手和应急预案，对冲疫情等不利因素影响，牢牢掌握战略主动，更好防范风险挑战。

（二）从发展目标看，构建双循环新发展格局，要求自贸试验区充分发挥桥梁纽带作用

一方面，中美两国博弈升级，涵盖经济、军事、能源、科技和意识形态等多个领域，这种紧张局势是结构性的，并将长期持续。另一方面，我国逐步推动资本市场扩大开放，越开放越要重视安全，越要统筹好发展和安全。展望“十四五”，构建完整的内需体系，加快形成国内国际双循环相互促进

的新发展格局，成为新时期我国经济高质量发展的新特点、新要求。自贸试验区作为连接国内国际两个市场、两种资源的重要枢纽和平台，既要嵌入国际循环，又要服务于国内循环，通过创新规则规制，在保持高水平对外开放的同时，加大对内开放力度，发挥好超大规模国内市场优势，着重关注国内需求和国内机会，打通面向国内市场的通道渠道，将自贸试验区建设成为服务双循环新发展格局的战略性开放平台。

（三）从发展基础看，国际产业链调整重构，要求自贸试验区加快提升产业链安全水平

全球疫情蔓延对国际产业链造成深远影响，暴露了全球化背景下产业链过度分工的脆弱性和安全问题。美国、日本提出要摆脱中国影响，促进制造业回归；欧盟委员会发布欧洲新工业战略以提高工业的全球竞争力和战略自主性；部分国内企业出于降低成本、规避贸易壁垒等考虑，也在东南亚一带寻求布局。产业链出现区域集聚化和内卷化倾向，企业国际化布局可能会采取“中国＋X”策略，作为分散供应链风险的一种方式，同时挖掘多元市场机会。自贸试验区作为先进制造业创新发展的核心区域，要适应国际产业链的最新变化，及时调整战略，加快产业优化升级，做好补链、强链、延链工作，提升产业链安全水平，围绕生物医药等重点产业进行体制机制创新，打通制约产业链的难点痛点，促进全产业链协调发展。

（四）从发展动力看，外部技术封锁和定向打压，要求自贸试验区充分集聚创新要素，提升自主创新能力

经济强国的建设离不开自主创新能力的突破。在我国经济体量不断提升、部分产业发展触及发达国家核心利益的背景下，以美国为代表的发达国家必然加强对先进技术的封锁，对我国技术升级进行定向打压，我们利用全球创新资源的难度将加大。“十四五”期间，江苏自贸试验区要进一步加强集聚先进创新资源，发挥集中力量办大事的显著优势，增强基础科研能力，突破关键核心技术，促进科技、金融、贸易、产业多维度融合，推动人才、

资本、技术、知识、数据多要素联动，加强产学研、内外资、政社企多主体协同，着力打造国内国际双循环的创新创业生态系统，促进制度创新、开放创新、金融创新、科技创新深度融合，为江苏深化改革开放和高质量发展探路先行。

（五）从发展任务看，兄弟省市自贸试验区加快改革创新步伐，要求江苏自贸试验区不断深化制度集成创新探索和尝试

习近平总书记要求，海南自由贸易港建设要对接国际高水平经贸规则，促进生产要素自由便利流动，高质量高标准建设自由贸易港。要把制度集成创新摆在突出位置，解放思想、大胆创新，成熟一项推出一项，行稳致远，久久为功。上海自贸试验区临港新片区、海南自由贸易港、浙江自贸试验区在制度集成创新上迈出了有力步伐，如临港新片区建立洋山特殊综合保税区，实施更加自由化便利化的监管模式；海南自由贸易港围绕“贸易自由便利、投资自由便利、跨境资金流动自由便利、人员进出自由便利、运输来往自由便利和数据安全有序流动”打造开放型经济高地，实行以“零关税”为基本特征的自由化便利化制度安排，对鼓励类产业企业和高端人才实行减按15%的税收优惠政策；国务院出台文件支持浙江自贸试验区油气全产业链开放发展。这些制度创新暂时不具有可复制性，但总体而言，对江苏自贸试验区建设和制度创新有重要借鉴意义，应当在江苏自贸试验区高质量发展进程中进行探索和尝试。

四　“十四五”时期江苏自贸试验区的优化方向

“十四五”时期，江苏自贸试验区将以发展规划为引领，在“两区”战略定位总框架下，集聚全球创新要素，深化制度创新和对内对外开放，实现先进制造业和现代服务业创新发展，重点产业能级和竞争力显著提升，跨国公司总部和开放合作平台充分集聚，营商环境接近或达到国际一流水平，全面建成开放型经济高质量发展新高地，成为全国自贸试验区建设“排头兵”。

（一）以重点产业全产业链集成创新为突破口，建成制造业高质量发展的引领区

江苏自贸试验区在集成电路、生物医药、人工智能等重点领域有相当的基础和优势，应参照浙江经验，争取国务院或相关部委出台支持江苏重点产业尤其是生物医药全产业链创新发展的支持政策，破除产业链发展中存在的痛点堵点，主动参与和融入国内国际双循环，围绕制造业高质量发展，强化工业基础和技术创新能力，依托数据驱动和网络运作，推动制造环节向研发设计和营销服务两端延伸形成全产业链，强化服务业对先进制造业的支撑作用，推动关键核心技术攻关，打造区域合作共赢产业链供应链，建成江苏产业发展高地和先进制造业创新发展的引领区。一是加快布局前沿产业，推动5G、人工智能、生物医药、物联网等前沿技术、先进技术与自贸试验区优势产业深度融合，培育未来产业竞争新优势。二是促进两业深度融合，在自贸试验区全面推行服务型制造，大力推广定制化服务、供应链管理、全生命周期管理、总集成总承包等服务型制造模式，支持制造业从提供产品向提供“产品＋服务”整体解决方案转变。三是培育世界级产业集群，率先在自贸试验区实施集群发展促进培育计划，构建开放高效的集群创新服务体系，构建以国内循环为主、安全可靠的供应网络。四是培育国际一流企业，支持自贸试验区龙头企业通过并购重组在全球范围内整合创新资源，形成一批引领产业创新发展、具有全球竞争力和影响力的产业生态主导型企业。

（二）以深化服务贸易创新发展为基础，建成服务业扩大开放的先行区

2020年《政府工作报告》中指出，要“增加服务业扩大开放综合试点”。南京、苏州是国务院确定的全面深化服务贸易创新发展试点地区，应紧抓机遇，在全面深化服务贸易创新发展基础上，积极争取以自贸试验区为重点的服务业扩大开放综合试点，明确江苏争取国家服务业扩大开放综合试点的主要目标和重点领域，以自贸试验区为重点区域，探索解决服务业扩大

开放的普遍性问题和特色路径，积极争取试点资格，推动服务业扩大开放，不断完善服务业体制机制、政策框架和促进体系，完善服务业创新发展的事中事后监管，打造江苏现代服务业创新发展高地和扩大开放的先行区，提升“江苏服务”在全球产业链和价值链中的地位和作用。一是用足用好政策，支持自贸试验片区加快跨境电商零售出口税收、“9710/9810”等相关监管政策落地，在监管服务、统计监测、技术标准等方面争取形成一批可复制推广的经验做法，发挥示范引领作用。二是打造载体平台，支持自贸试验片区依托综合保税区和特色产业集群，建设一批跨境电商产业园，引导片区内企业积极应用海外仓、境外营销中心等载体平台开拓国际市场。三是进一步强化南京、苏州特别是两地自贸片区服务贸易创新发展试点先发优势，提高吸收全球服务业先进要素的水平，促进服务贸易价值链升级。四是探索“产业开放＋园区开放”模式，在相关的权限和政策上给予倾斜，鼓励其在集成电路、生物医药、人工智能等产业集群率先探索服务全产业链解决方案，成熟后进行复制推广。

（三）以促进产业链和创新链深度融合为目标，打造高端创新发展的策源地

习近平总书记强调，要完善关键核心技术攻关的新型举国体制。江苏自贸试验区应成为实施创新驱动战略、探索新型举国体制、集聚创新高端要素、突破关键核心技术的先导区和示范区。应进一步深化科技创新体制机制改革，建设重大科技创新平台，提升骨干科技服务机构能力，组织实施科技重大专项，探索将高新技术企业认定权下放至各片区，发挥企业作为创新主体的主动性和积极性，促进制度创新、开放创新、金融创新、科技创新的深度融合。一是集聚国内外高端创新资源，深化与重点合作对象国的科技合作，支持片区建设国际技术转移服务载体和企业海外研发中心。二是加快建设科技创新和科技服务平台，推进重大创新平台向自贸试验区布局，争取更多新型研发机构和重大公共服务平台在自贸试验区落地。三是加大产业关键核心技术攻关力度，围绕生物医药、集成电路等自贸试验区重点产业领域创

新需求，开展跨区域协同攻关，力争取得突破并填补战略空白。四是持续深化科技管理体制改革，支持自贸试验区内企业与相关试点单位加强产学研合作，探索创新促进科技成果转化的机制和模式。按照管理权限和自贸试验区需求，依法充分赋予自贸试验区科技领域的行政权力事项。

（四）以高水平国际经贸规划为标准，建成具备一流营商环境的示范区

全面对接高标准国际经贸规则体系，进一步聚焦企业关切，持续深化“放管服”改革，更下大力度激发市场活力，构建与高质量发展相适应的体制机制，加快形成公平透明、普惠友好、鼓励创新的政策支持体系，加强市场主体服务供给，推动技术贸易自由化、便利化，为各类优质资源要素流动集聚和创新创业提供最大程度便利，加快打造市场化、法治化、国际化营商环境，为全省营商环境建设提供标杆示范。一是全面提升赋权精准度，开展自贸试验区赋权调研，严格落实监管责任，强化审管衔接，加强业务指导和工作协调，实施精准放权。二是全面推行“证照分离”改革，落实涉企经营许可事项清单管理和调整制度，清单之外严禁设置市场准入门槛，为企业减负松绑。三是提升自贸试验区政务服务水平，积极推动“一业一证”改革，持续梳理“一件事”高频事项清单，重构办事流程和业务流程。四是推进政务服务“一网通办”。建成自贸试验区一体化政务服务综合办事平台，加快自贸试验区与部门业务管理系统对接，打破信息孤岛、数据壁垒，推动政务数据共享，提升“不见面审批”能力。五是建立容错免责机制，结合自贸试验区改革发展实际，建立鼓励改革创新、宽容失败的激励机制和容错免责机制，营造鼓励创新、支持担当、宽容失误、允许试错的良好环境。

（五）以自贸试验区联动创新为引领，建成开放合作平台的集聚区

自贸试验区目标是建设制度创新高地，而非政策洼地，自贸试验区发展不能局限于自身，要将制度创新红利向外扩散，进行联动创新，成为全域发

展的引擎。把江苏苏南国家自主创新示范区、国家经济技术开发区和高新区、国际合作园区等高水平开放平台载体作为自贸试验区首批联动创新的对象，进行重点突破、先行先试，点面结合、全面推进。通过推动发展战略、协同对接、强化利益共享、促进互惠交流等多种手段，促进国内外高端资源要素聚集和利用，并结合实际需要和领域特点，谋求和搭建一批具有特色的平台、载体和机制，推动自贸试验区和更多有条件的区域联动发展，促进国内地区间和国际交流合作，打造高质量发展共同体。一是强化顶层设计，完善推进联动创新的组织保障，协调联动过程中的跨区域合作和利益分歧问题，实现改革措施相互配套与协同推进。二是综合考虑多维国家战略叠加的溢出效应，尽快制订切合江苏实际、彰显江苏特色的联动创新实施方案，打造创新型经济和开放型经济高地，强化示范区和试验区的引领作用。三是强化模式探索，理性选择联动发展的战略路径，明确目标体系和基本步骤，以责任制的形式激励各地区积极对接联动创新。四是促进联动传导，实现产业的互补互动，加强对区域产业集群的统筹布局，强化省市联动和跨市域分工合作，主攻最有条件、最具优势的领域，重点培育具有先发优势的特色战略产业集群。五是深入机制创新，优化联动发展的推进策略。联动创新是一个涉及内容极其丰富的系统过程，必须围绕其重点任务和关键环节加强机制创新，不断优化具体的推进策略。

疫情冲击下江苏外贸外资的发展态势、特点及对策

张远鹏　曹晓蕾*

摘　要：2018年美国挑起和中国的贸易摩擦之后，中美两国冲突不断加深，从贸易延伸到科技等领域。2020年初新冠肺炎疫情的暴发及全球大流行，对世界经济发展造成了严重冲击，并通过市场需求、全球供应链、国际物流链、资金链等多种渠道在各国之间传递负面效应，这对深度融入全球经济的江苏开放型经济也产生重大冲击，第一季度外资、外贸的数据同比大幅下降。江苏在疫情得到控制后复工复产迅速，尽管疫情导致江苏外贸进出口出现震荡和下滑，但进出口降幅正逐月收窄，复苏态势明显，江苏利用外资实现了逆势增长，总量稳中有增，结构持续优化。针对全球第二波疫情的蔓延及疫情短期内难以控制，建议继续鼓励扩大医疗防疫产品及居家产品、视讯产品的出口，鼓励外贸企业出口转内销以及开展线上贸易，适当扩大关键零部件、能源、农产品进口，推进法治政府建设，进一步优化营商环境。

关键词：外贸　外资　新冠肺炎疫情　全球供应链　江苏

* 张远鹏，江苏省社会科学院世界经济研究所所长，研究员；曹晓蕾，江苏省社会科学院世界经济研究所副研究员。

2018 年美国挑起和中国的贸易摩擦之后，中美两国冲突不断加深，从贸易延伸到科技等领域。而 2020 年初的新冠肺炎疫情暴发，以及疫情在全球的大流行导致全球生产网络的运行面临更大的困难，中国及江苏的外贸及利用外资雪上加霜。疫情的全球蔓延，导致世界各国，无论发展中国家还是欧美等发达经济体，经济持续性下行，并通过贸易、投资和金融等多重渠道向国内传递。

一　新冠肺炎疫情重创世界经济

进入 2020 年，新冠肺炎疫情暴发，席卷中日韩、欧美、印度等全球主要产业链分布地区。3 月中旬，中国初步控制住了新冠肺炎疫情，而欧美成为疫情“震中”，并且长期以来欧美地区疫情控制效果不佳。截至 2020 年 10 月 17 日，全球新冠肺炎确诊人数约 4000 万，并波及全球 200 多个国家和地区，疫情的“震中”从东亚到欧美，再到南美、南亚、俄罗斯、非洲大陆，几乎遍布全球，疫情造成的累计死亡人数近 110 万。

为遏制新冠肺炎疫情的持续蔓延，全球多数经济体不同程度地采取了区域封锁、隔离和社交疏离等措施，这些举措对世界经济发展造成了严重冲击，并通过全球产业链等多种渠道在各国之间传递负面效应。尽管 IMF 等国际组织不断强调要强化国际多边合作，但是，面临疫情冲击，不少国家还是采取了保护主义措施，例如，日、美等国相继提出要促进本国投资回流以提振本国经济。然而，生产网络的全球分布并不能在短时间内实现大的改变，尤其是在全球大流行的疫情冲击之下，世界各国都难以独善其身。

总的来说，各国经济复苏成效与其疫情防控力度正相关。当前全球抗疫形势依然严峻，但是一些国家疫情防控措施不力，在经济重启与疫情防控之间摇摆不定，推动了秋季疫情的二次暴发，世界经济发展前景难以预测。从全球来看，东亚、东南亚地区各国在疫情防控方面取得了较好的治理效果，疫情对这些地区国家的经济影响相对较小。

新冠肺炎疫情对深度融合的全球经济产生重大冲击。

（一）需求和就业

由于新冠病毒具有极强的传染性，疫情所到之处，封城、隔离、居家减少人员外出成为控制疫情的必要手段，这也一度给世界范围内的经济活动按下了暂停键。根据美国 2020 年 5 月 8 日公布的数据，4 月一个月内美国超过 2000 万人失去工作，失业率飙升至 14.7%，是美国历史上大萧条以来的最高水平。随着失业率的上升，居民可支配收入减少。从需求侧来看，很多家庭仅限于购买生活必需品，疫情抑制了居民消费需求。因此，疫情的暴发和持续性发展导致美国等世界主要经济体发生经济大幅衰退不可避免。伴随国际市场体量的大幅度缩水，江苏对外贸易出口规模下降。

（二）全球供应链

防疫措施的实施导致生产网络各个环节在不同时空中断，全球供应链不时出现断链、掉链问题。以我国为例，2020 年第一季度很多企业因为疫情而停工停产，产量大幅下降，中国持续减产限制了韩国、日本等国生产所需的中间品投入，从而导致制造业活动中断。之后，外国疫情大流行导致的生产停滞反过来影响中国的供应链的稳定，大量中国产品尤其是出口产品的中间产品、零部件等来自欧美日韩，供应的短缺严重影响终端企业生产。供应链受到严重冲击，疫情在全球蔓延的时间错位性使需要高度同步协同的全球供应链的不同环节被阻断。根据 2020 年 2 月 17 ~20 日对 169 家会员企业进行的中国美国商会关于新型冠状病毒影响的调查报告，2020 年 2 月18 ~21 日对 577 家会员进行的新冠肺炎疫情对在华欧洲企业的影响的调研，在此次疫情之后，世界经济有可能进入一个去全球化、全球价值链局部脱钩或区域化的过程。这不利于江苏吸引和利用外资。

（三）国际物流链

疫情导致国际贸易业务与物流运输受阻。疫情蔓延迫使各国谨慎开展国际贸易业务，相关国家采取海关限制、停航、停运、拒收以及关税上调等措施，人流活动锐减，商流活动中断，导致大量国际进出口业务明显受阻。截至2020年1月30日，已经有超过40家航空公司宣布暂停飞往中国大陆的航班，包括英国航空、法国航空、汉莎航空、北欧航空、加拿大航空、美国航空、印度航空等，导致中国国际航空运力严重不足。随着中国疫情得到控制和国外疫情的不断发展，自2020年3月28日起，中国开启限制航空公司国际航班政策，国际航班降幅达85.3%。由于国际货运能力萎缩，货运企业在非传统旺季的情况下出现了征收旺季附加费的情况。物流不稳定，并且运费大涨3~5倍。这都加剧了国际物流问题，导致国际货运能力萎缩。江苏外贸企业也是一度被国际物流运输问题所困扰。

（四）企业资金链

遇到危机，银行及企业都认为现金为王。银行及其他金融机构回收资金、惜贷。发现企业因疫情导致运作困难更是不敢贷，以免企业破产清算，血本无归。疫情导致金融机构一下子收紧银根，使消费者信心下降。而疫情之中，全球供应链、国际物流链陷入高度不稳定、不确定之中，生产、物流、贸易成本大幅增加，资金需求激增。一些企业周转困难，甚至出现资金链断裂，遭遇生存困难。江苏中小企业更是一度资金严重困难。

二　疫情之下的江苏外资外贸：现状与发展态势[①]

（一）江苏外贸运行情况与发展态势

2020年1~3月，江苏全省外贸进出口总体情况与上年同期相比下降9.5%，降幅较1~2月收窄，占同期我国进出口总值的13.7%。其中，出口5259.6亿元，下降14.9%；进口3748.8亿元，下降0.5%。3月当月进出口额出现回升。3月江苏省进出口额3402.7亿元，环比增长67.1%，为

① 本部分数据除特别说明，均来源于江苏省商务厅。

第一季度单月最小降幅，外贸进出口出现恢复势头。1～6月，江苏实现外贸进出口20061.7亿元，同比下降2.8%，降幅较第一季度收窄6.6个百分点。其中，出口12170.9亿元，同比下降5.6%，降幅较第一季度收窄9.3个百分点；进口7890.8亿元，同比增长1.9%，增速较第一季度高2.4个百分点。1～9月，全省累计进出口32250.4亿元，同比增长0.8%，规模继续位居全国第二。其中，出口19651.9亿元，下降1.8%；进口12598.5亿元，增长5.2%。而1～8月，江苏累计进出口28152.2亿元，同比下降0.3%，高于全国平均水平0.3个百分点，占全国比重14.0%，规模继续位居全国第二。其中，出口17183.3亿元，下降2.8%，降幅比全国高3.6个百分点；进口10968.9亿元，增长3.9%，增幅比全国高6.2个百分点。在沿海主要省市中，江苏进出口好于广东2.9个百分点，进口分别好于广东、上海和山东8.0个、4.0个、7.7个百分点。

具体来看，江苏外贸运行具有以下特点。

1. 降幅逐月收窄，进出口全面转为正增长

受疫情影响，2020年江苏进出口震荡幅度较大，尤其是第一季度，国内疫情形势严峻，进出口下降幅度很大，但从3月份以来，随着国内疫情得到有效控制，江苏进出口持续震荡回升，累计进出口降幅逐月收窄。1～9月，累计进出口首次实现正增长，增幅较1～3月、1～6月分别提升了10.3个和3.6个百分点，其中出口增幅分别提升了13.1个和3.8个百分点。9月当月，全省货物进出口同比增长9.4%。其中，出口增长6.2%，进口增长14.6%，全省单月的进出口、出口、进口“三大指标”连续3个月全面正增长。

2. 高新技术产品出口正增长，出口产品结构优化

2020年1～9月，高新技术产品出口增长1.3%，占全省比重为37.2%，较上年同期提升2.1个百分点；机电产品出口微降0.8%，占全省比重为66.7%，较上年同期提升1.2个百分点。2020年1～8月，江苏八大主要出口行业“两升六降”。占比三成的IT产品出口5216.6亿元，增长1.0%，2020年首次实现正增长。此外，光伏产品增长1.0%。但钢材、运输设备、

轻工、机械设备、纺织服装、化学品出口分别下降 19.2%、10.7%、2.4%、8.3%、2.8%、3.4%。

3. 对传统市场出口降幅较大，对新兴市场出口止跌转增

2020 年 1 ~8 月，江苏对新兴市场和“一带一路”沿线市场出口均止跌转增，分别增长 1.0%、0.1%。对东盟出口增长 8.5%，高出全省平均水平 11.3 个百分点，占比 14.0%，提升 1.4 个百分点。对传统市场出口总体下降 6%，其中对欧盟、美国出口分别下降 4.6% 和 9.6%。2020 年 1 ~9 月，对东盟出口增长 8.7%，占比 13.9%，提升 1.3 个百分点。对“一带一路”沿线国家和地区出口增长 0.7%，占比达到 27.0%，较上年提升 0.7 个百分点。

4. 一般贸易发展好于加工贸易，实现全面正增长

2020 年 1 ~8 月，一般贸易进出口增长 4.0%，好于全国平均水平 4.3 个百分点。2020 年 1 ~9 月，一般贸易进出口增长 4.9%，连续 6 个月正增长。2020 年 1 ~8 月，加工贸易进出口下降 4.0%。

5. 民营企业发展好于外资企业，内资企业带动作用增强

2020 年 1 ~9 月，民营企业进出口增长 12.5%，带动全省进出口增长 3.8 个百分点；其中出口增长 11.1%，高出全省平均水平 12.9 个百分点。2020 年 1 ~8 月，外资企业进出口下降 5.7%。

总的来说，江苏外贸受国内外疫情影响较大，引起了进出口的大幅震荡，其中，对出口的冲击比较大，而进口受到的冲击较小。江苏进出口在 2020 年 3 月触底之后，降幅加速收窄，呈现稳定复苏态势。

（二）江苏利用外资运行情况与发展态势

2020 年以来，全球跨境投资活动锐减。根据联合国贸发会议在 2020 年中发布的《2020 年世界投资报告》预计，全球 FDI 流量 2020 年或同比暴跌 40%，远差于全球金融危机时期的谷底水平。全球主要经济体中，美国 2020 年上半年外资流入下降 64.5%，德国上半年外资流入下降 23.5%，印度前 7 个月外资流入下降 16.7%。即使是受到全球外商资金热捧、受疫情影响较低的越南，前 8 个月 FDI 流入也减少了 5.1%。在新冠肺炎疫情重创

全球经济、国际商务交流停摆之际，中国吸引外资“一枝独秀”，逆势增长。2020 年 10 月 16 日，中国商务部公布，1～9 月中国实际使用外资 7188.1 亿元人民币，同比增长 5.2%。江苏作为利用外资大省，2020 年利用外资规模继续保持全国领先，第一季度受新冠肺炎疫情影响，外商投资刹车，江苏实际利用外资 83.4 亿美元，同比下降 0.7%，随着国内疫情逐步被控制，外商信心有所恢复，上半年江苏全省实际使用外资 124.6 亿美元，同比增长 0.2%，继续居于全国首位。1～9 月，全省实际使用外资 221.1 亿美元，同比增长 8.0%。按商务部口径，1～9 月，江苏实际使用外资 172.9 亿美元，同比增长 2.5%。

1. 规模继续位居全国榜首

按商务部口径，2020 年 1～8 月，江苏实际使用外资 153.5 亿美元，同比增长 0.2%。增速与上半年持平，好于全国 0.5 个百分点。从占比看，江苏外资占全国总量的 17.2%。与其他省份相比，江苏实际使用外资比广东省多 4.2 亿美元，较上月（6.4 亿美元）减少了 2.2 亿美元；与上海、浙江和山东相比，江苏外资增速分别低了 2.3 个、10.8 个和 18 个百分点。

2. 外资结构持续优化

从制造业看，按江苏口径，1～8 月江苏制造业实际使用外资 79.4 亿美元，同比下降 15.5%，占全省实际使用外资比重的 40%。从服务业看，江苏服务业实际使用外资 108.8 亿美元，同比增长 37.5%，占全省实际使用外资的 54.8%。其中，现代服务业实际使用外资 47.7 亿美元，同比增长 27.8%，占全省实际使用外资的 24%，占比较上年同期提高了 3.4 个百分点。从战略性新兴产业看，江苏战略性新兴产业实际使用外资 120.3 亿美元，同比增长 9.7%，占全省实际使用外资的 60.6%，占比较上年同期提高了 0.1 个百分点。

3. 重大项目作用凸显

2020 年 1～8 月，江苏实际到账外资 3000 万美元以上的项目 174 个，同比增长 33.8%，实际使用外资 111.5 亿美元，同比增长 19.8%，占全省外资总量的 56.1%，占比较上年同期提高了 4 个百分点。惠氏制药、英诺赛科（苏州）、SK 三元锂电池（盐城）、北汽蓝谷麦格纳等实际到资均超过5000 万美元。全省 8 个超 10 亿美元重大项目中，丘钛微电子、益海嘉里已经到资，其他项目正陆续推进中。

4. 增资项目带动增强

2020 年 1 ~8 月，全省增资项目 884 个，同比增长 10.6%；新增合同外资 157.2 亿美元，同比增长 31.4%，占全省合同外资的 31.7%。其中，通过未分配利润再投资、债转股等实际使用外资 35.3 亿美元，同比增长 12.8%，占比 17.8%。无锡博世汽车柴油、苏州参天制药、罗氏诊断产品、江阴大明重工等项目增资均超 5000 万美元。

5. 来自亚洲地区的外资是主力军

2020 年 1 ~8 月，江苏来自我国香港地区的实际使用外资 128.5 亿美元，同比增长 27.4%，占比 64.7%，继续成为江苏外资第一大来源地。第二、三、四位分别是日本、韩国、新加坡，三国对江苏投资合计 23.6 亿美元，占比达 11.9%，比欧美地区的外资总和多 7.8 亿美元。

综上，前三季度，江苏利用外资总体逆势增长。利用外资总量稳中有增，利用外资结构持续优化，重大项目、增资项目带动和支持作用凸显。

三　2020年江苏外贸外资发展态势的原因分析

（一）国内疫情控制及时，江苏企业复工复产迅速

对疫情的快速响应和政府较强的治理能力提振了外资对江苏的信心。虽然新冠肺炎疫情导致 2020 年第一季度生产停滞，但是，中国在本次疫情中应对及时、措施得当，最大限度降低了疫情冲击。目前，在全球多国陷入疫情困境时，中国成为世界上为数不多的经济社会秩序正常运行的国家之一，尤其是以江苏、浙江等省为代表的长三角地区，在控制疫情、复工复产方面表现较好，疫情得到控制后复工复产迅速，有效保存了企业生产能力与转型升级空间。

（二）疫情使年初出口供应不足，之后国外需求不足，物流不畅严重影响外贸

在第一季度，国内的疫情导致生产停滞而引起供给不足，江苏出口供给出现断层；自第二季度以来，欧美等主要传统市场海外疫情的蔓延又导致江苏出口需求出现断层，国外疫情防控不力，严重冲击江苏出口需求。同时，由于欧美等国家和地区也是全球价值链高端环节分布集中地区，江苏外向型程度较高的加工贸易和外资企业受到的冲击比一般贸易和内资企业大，在国内外疫情的高峰期，国际物流的中断、混乱、不确定性也打乱了正常的国际贸易秩序，影响了江苏对外贸易的开展。

（三）长三角地区产业链完整，政府治理水平高

江苏所在的长三角地区，经过多年发展形成了电子电器、机械设备、纺织服装、家居产品等多种产业集群，不仅产业配套优势突出，而且兼具发达的交通网络、畅通的物流供应。这是疫情之下吸引外资的主要因素。在国内疫情有效控制、国外疫情无控制发展的对比之下，我国尤其是产业基础好、投资环境佳的长三角地区受到外资的青睐也理所当然，从江苏 2020 年利用外资的情况看，亚洲地区投资支撑作用加强，尤其是东亚和东南亚地区疫情控制效果较好，区域内的投资贸易联系日趋紧密。江苏及长三角地区在疫情中反应迅速，江苏新冠病毒感染者零死亡，在全国最早一批病人全部出院，在全国最早控制住了疫情；之后各地的复工复产措施得力，政府想尽各种办法协助企业，江苏复工复产也是全国最快的，表现了良好的政府治理效率及优越的营商环境，这也给江苏吸引外资加分。

（四）政府出台相关政策，稳定外资外贸发展

在中美贸易摩擦和新冠肺炎疫情两大背景因素之下，江苏外资外贸的稳定发展面临更大阻力，这时政策的支持作用更加重要，江苏审时度势，及时出台了稳定外资外贸发展的相关政策。2 月份以来，苏州、无锡、泰州、南

通等7市已先后专门出台稳外贸扶持政策，加大对受影响外贸企业的帮扶力度，降低疫情对外贸企业的影响。3月中旬，省防控领导小组办公室出台《关于进一步做好疫情防控推动外贸外资企业复工达产和稳外贸稳外资工作的指导意见》。22条具体举措包括：各地要引导金融机构主动对接产业链核心企业，加大流动资金贷款支持力度，给予合理信用额度；分类分层对受疫情影响较重的中小外贸外资企业，减免相关税费，延期申报和缴纳税款，降低企业房租成本，补贴经营成本，维持企业在疫情期间的基本运营等。5月19日，江苏省出台《促进利用外资稳中提质做好招商安商稳商工作的若干意见》，包括落实准入前国民待遇加负面清单管理制度，支持自贸试验区先行先试，创新投资促进工作方式，开展跨境人民币创新试点业务等23条具体的政策措施；8月4日，江苏省人民政府又发布了《关于支持出口产品转内销促进内外贸融合发展的若干措施》，提出优化市场准入服务、国际国内标准对接、开展出口产品转内销“四进”活动、扩大出口转内销产品线上活动等12条措施。江苏及时出台一系列稳外资、稳外贸的措施对利用外资、发展外贸起到了积极的作用。

四　江苏外资外贸抗疫情稳增长的对策建议

（一）鼓励扩大医疗防疫产品及居家产品、视讯产品的出口

随着秋季的来临，气温下降，欧美的新冠肺炎感染人数创新高，开始了第二波疫情，世界其他地区也很有可能暴发第二波疫情。当前，第二波疫情在欧洲、美国、印度、巴西、俄罗斯等各个国家和地区快速扩散，国际疫情仍然没有得到有效控制，冬季有蔓延扩大的可能。口罩、防护服等防疫物资需求也将扩大，有关部门应在加强质量和认证监管的同时继续鼓励防疫物资出口。鼓励线上办公、线上教育等需要的笔记本电脑、PAD等数字视频产品出口；鼓励企业抓住疫情期间居家“宅经济”需求扩大带来的居家锻炼、休闲产品的出口机会，千方百计扩大出口。

（二）鼓励外贸企业出口转内销以及开展线上贸易

由于新冠肺炎疫情在世界范围内得到控制的期限并不明确，外部需求在最近的一到两年内很大程度上无法恢复到从前水平。因此，要鼓励外贸企业积极面向国内市场，引导有条件的企业出口转内销，借助国内电商平台等渠道回归国内市场；同时积极拓展线上展会，在疫情之下，以数字技术手段为支撑的跨境电商贸易优势凸显，因此，要加强与阿里巴巴、焦点科技等平台企业合作，加强海外仓等建设，帮助江苏外贸企业通过线上展会等形式面向国际市场，实现全球接单，开展跨境电子商务。

（三）适当扩大关键零部件、能源、农产品进口

农产品进口有助于降低国内物价、保障供给，在疫情发生后，越南等国家开始限制大米出口。美国是江苏第一大出口国，应鼓励适当扩大自美国的谷物、肉类、大豆等农产品进口。目前，受疫情和世界经济低迷影响，国际上的石油、天然气等能源产品价格也处于历史低位，因此要鼓励扩大能源产品进口。在疫情之下，全球供应链受冲击较大的是汽车及零部件、机械设备及其零部件、医药医疗器械以及一些化工产品。因此，要鼓励相关企业适度扩大以上产品进口，以保证国内生产的稳定性。

（四）推进法治政府建设，进一步优化营商环境

此次疫情中，一些地方和部门面对突如其来的疫情进退失措，出台的一些防控措施朝令夕改，甚至一些地方出现严重侵犯人权的行为。欧美企业的调查中也反映他们的主要挑战包括不可预测的规则、严格的隔离要求和重新复工的广泛先决条件。欧盟企业的半数受访者面临不同地区和不同级别政府实施的规则不一致、规则经常会在短时间内改变等困扰企业的问题。美国企业希望确保中央、省和地方各级相关政策的一致性，有关疫情和政府行动的信息透明度。正如习近平总书记所说，各级党委和政府要全面依法履行职责，坚持运用法治思维和法治方式开展疫情防控工作，在处置重大突发事件

中推进法治政府建设，提高依法执政、依法行政水平。

应全面落实《外商投资法》及其实施条例、《国务院关于进一步利用外资工作的意见》及江苏省《促进利用外资稳中提质做好招商安商稳商工作的若干意见》等法规政策。建立健全外资综合服务工作机制，包括外商投资重点企业和重点项目领导联系服务机制、外商投资企业投诉和纠纷调解机制、外商投资企业政企对话沟通机制、外商投资企业部门协同服务机制。建设公正公平、透明可预期的国际一流营商环境，全国最好的政务服务环境，全国最完善的知识产权保护和服务体系，最友好的创业宜居环境。

国内国际双循环新发展格局下江苏开放型经济发展的新思路与新策略研究

张　莉*

摘　要：改革开放40多年来，江苏通过主动开放和率先融入国际大循环，积极利用外资的资本效应、贸易效应和技术溢出效应，成为全国领先的开放型经济和制造业大省。当前，百年未有之大变局与世纪未有之大流行叠加摩擦，国际政治经济格局加速演变，推动形成以国内大循环为主体、国内国际双循环相互促进的新发展格局是以习近平同志为核心的党中央根据我国发展阶段、条件和国际环境变化适时做出的重大长期战略研判，这也是江苏开放型经济高质量发展的新出发点。新发展阶段，江苏要积极更新发展思路，顺应竞争优势从低成本要素向完备的供应链体系和国内超大规模市场转变的趋势，以“内循环”支撑“外循环”，以“外循环”带动“内循环”，推动开放型发展从“江苏制造”向“江苏智造”和“江苏创新”转变。本文提出了要实施以对内开放打造世界级城市群产业群和消费群，积极布局数字经济等未来产业打造江苏创新链，深化服务业对外开放推动与制造业开放协同发展，加强与欧美等发达国家和地区以市场规则为基础的开放合作和区域产业链供应链建设，依托自贸试验区的先行先试优势建设双循环联通的强纽带等具体策略来服务构建新发展

* 张莉，江苏省社会科学院世界经济研究所助理研究员。

格局。

关键词： 国内国际双循环 外资 服务业 江苏

一 国内国际双循环新发展格局对应的新形势

2020 年 5 月 23 日，习近平总书记看望参加全国政协十三届三次会议经济界委员时，首次提出“要把满足国内需求作为发展的出发点和落脚点”，“逐步形成以国内大循环为主体、国内国际双循环相互促进的新发展格局”，[①] 并在 7 月的企业家座谈会、8 月的长三角一体化发展座谈会和经济社会领域专家座谈会等重要会议上反复强调，从不同角度做出了深刻阐释。2020 年伊始，突如其来的新冠肺炎疫情迅速蔓延至全球，当前欧美等主要经济体正进入第二波疫情，截至 10 月 16 日，全球累计感染 3900 万人，死亡 109 万人，每日新增确诊患者达 30 万人，[②] 进而引发了世界经济衰退、全球化转向区域化、中美可能的战略竞争等一系列问题，百年未有之大变局与世纪未有之大流行叠加摩擦，国际政治经济格局加速演变。打造以国内大循环为主体、国内国际双循环相互促进的新发展格局是关乎全局的深层次变革，是以习近平同志为核心的党中央根据我国发展阶段、条件和国际环境变化适时做出的重大长期战略研判和决策部署，这也是新发展阶段江苏开放型经济高质量发展的立足点和新出发点。

（一）世界经济遭遇重创，中国经济率先复苏

全球大流行引致的供应链危机传导至全球需求、劳动力供应、工

① 《把满足国内需求作为发展的出发点和落脚点（我和总书记面对面）》，《人民日报》2020 年 5 月 24 日，第 4 版。

② 百度新型冠状病毒肺炎疫情实时大数据报告，https：//voice. baidu. com/act/newpneumonia/newpneumonia/？from = osari_ aladin_ banner#tab4。

业产出、商品价格以及外贸和资本流动，不仅中止了2008年次贷危机以来的缓慢复苏，而且导致了70多年来最严重的经济衰退。虽然主要经济体已相继重启经济，世界银行等国际组织也认为世界经济衰退程度好于预期，但疫情短期之内不会消除，对全球经济的损害将是持久性的，必将深刻影响未来世界投资贸易格局。根据IMF 10月发布的《世界经济展望》：2020年世界产出将下降4.4%，其中发达经济体下降5.8%，欧元区下降8.3%，中国经济复苏呈加速态势，将增长1.9%，也是唯一实现正增长的国家。另据UNCTAD 9月预测，2020年全球经济将收缩超过4%，全球产出将减少6万亿美元以上，全球贸易将减少约1/5，外国直接投资下降40%，特别是跨国公司集中的发达国家下降最多①。

（二）全球化转向区域化，产业链供应链重构

过去几十年，跨国公司所建立的以要素比较优势为基础在世界范围进行全球价值链的分工模式，在取得巨大经济效益的同时，因产业链过度集中于某个国家和地区，某环节因意外风险或受冲击导致全球供应链中断的风险也在提高。在这次的大流行中，由于初期世界范围内防疫物资供需矛盾突出和“疫情时差”导致的全球产业链停摆，产业链供应链的安全性问题被数倍放大。日本在2020年4月提出了总计2435亿日元支持制造业从中国迁回日本或亚洲其他国家的“供应链改革”计划，美国和欧盟也正在考虑供应链重组。随着疫情初步得到控制，跨国公司正慢慢将供应链分散到不同区域国家，整体的变化是供应链会更短、更趋向区域供应链的完整性，最终将形成面向中国市场的供应链和面向世界其他市场的供应链布局。我们可以预计，未来世界将形成美国、欧洲和中国三大产业链供应链中心。

① 联合国贸发会议：《2020年贸易和发展报告》，https：//unctad. org/webflyer/trade - and - development - report - 2020。

（三）中美贸易摩擦升级，世界各国重新定位

由于文化认知等问题，美国在疫情初期并未采取最有效的隔离管控措施，截至 10 月 16 日累计有 821 万人确诊和 22 万人死亡，持续成为全球感染人数最多的国家，加上 11 月的总统大选，特朗普政府不停“甩锅”世卫组织和中国。5 月 20 日白宫发布的《美国对华战略方针》正式宣布已经视中国为美国主要“战略竞争对手”，对华“全面竞争和战略遏制”已经成为美国共和、民主两党基本共识，中美贸易摩擦逐步扩大到投资、科技和金融等领域，疫情急速加剧了这一固有矛盾，拜登政府也不会改变，美国在核心科技和关键产业加紧对中国“脱钩”和打压将是很难逆转和长期的。根据中国美国商会调查，大约 40% 的在华美资企业已将制造设施迁出中国大陆或正考虑这么做，2020 年只有 28% 的会员公司增加在中国的投资，远低于 2019 年的 48% 和 2016 年的 81%。从最初“退群”到现在“拉群扩群”，美国所要求的“更公平的全球化”，本质是构建一种与价值观和利益相近国家间的排他性的碎片化的全球化，中美战略竞争格局的逐步形成迫使世界各国重新定位自己的对外战略，日本、韩国、欧盟等主要经济体在经济合作上也必将受到这种地缘政治的影响。

（四）数字经济蓬勃发展，重塑国际经济版图

以 5G、智能应用、物联网、大数据、云计算、区块链和人工智能为代表的新一代科技革命方兴未艾，数字社会正全面到来，数字经济发展到今天必将重塑未来国际创新、生产和竞争格局，谁赢得了数字经济谁就赢得了未来几十年的领导者地位，这也是美国相继打压华为、中芯国际、TikTok 和微信的根本原因。尽管疫情导致市场动荡、各国监管审查增加，但大型科技公司仍以近年来最快的速度进行战略资产的收购交易，在全球跨境并购悬崖式下跌的同时，仅 2020 年前 5 个月，Alphabet、亚马逊、苹果、Facebook 和微软已经宣布了 19 笔交易，为 2015 年以来最多，这与 2008 年金融危机后科技公司与市场同频截然不同。疫情期间，在传统消费下降的背景下，远程

诊疗、电子商务、在线教育等依托数字技术的新业态和新消费逆势飞扬，第四次工业革命正在改变全球经济，这也将从根本上改变开放型经济发展的模式和思路。服务贸易正成为世界贸易中最有活力的部分，2005 年以来，以平均 5.4% 的增速快于货物贸易 4.6% 的增速，其中分销服务、金融服务及电信、视听和计算机服务等占世界服务贸易总额的一半以上，至 2040 年全球服务贸易份额可能提高至 50%，[①] 服务贸易也正引领国际经贸高标准规则制定。

（五）全面建成小康社会，开启现代化新征程

经过改革开放 40 多年的发展，我国深度融入世界经济循环体系，综合国力和人民生活水平均得到了大幅提升，在成为世界第二大经济体的同时，全面建成小康社会取得历史性成就，根据世界银行人均国民收入标准，我国 2010 年以 4340 美元首次迈入中等偏上收入国家队伍，2019 年，人均 GNI 首次突破 1 万美元大关，上升至 10410 美元，可以预计，以 4% 的年均增速只需 5 年，也就是在“十四五”我国就可以跨入高收入国家行列。我国经济社会已经进入高质量发展阶段，主要矛盾已经转化为人民日益增长的美好生活需要和不平衡不充分的发展之间的矛盾[②]，4 亿中等收入群体和 14 亿人口的超大规模内需市场对经济和产业的增长作用正逐步显现，随着在全球最先有效统筹疫情防控和生产恢复，我国第三季度主要指标增速由负转正，前三季度 GDP 同比增长 0.7%，全国居民人均可支配收入实际增长 0.6%，最终消费支出对 GDP 拉动从第二季度的 -2.3% 到第三季度的 1.7%，[③] 新消费和新经济引领作用凸显。

---

① WTO：《2019 年全球贸易报告：服务贸易的未来》，https：//www.wto.org/english/res_e/reser_e/wtr_e.htm。

② 《习近平：决胜全面建成小康社会　夺取新时代中国特色社会主义伟大胜利——在中国共产党第十九次全国代表大会上的报告》，共产党员网，http：//www.12371.cn/2017/10/27/ARTI1509103656574313.shtml。

③ 《国家统计局新闻发言人就 2020 年前三季度国民经济运行情况答记者问》，国家统计局网站，http：//www.stats.gov.cn/tjsj/sjjd/202010/t20201019_1794729.html。

二 江苏开放型经济服务构建国内国际双循环新发展格局的现实分析

改革开放以来，江苏通过主动开放和率先融入国际大循环，积极利用外资的资本效应、贸易效应和技术溢出效应，成为全国领先的开放型经济和制造业大省。以 2019 年为例，江苏贡献了全国 16.5% 的外商投资、13.8% 的货物进出口总额和 38% 的顺差，分别为全国冠亚军。40 多年来，江苏通过发挥劳动力和土地要素低成本优势吸引外资从事加工贸易，并通过带动国内要素的升级逐步向全球价值链两端延伸，在新材料、节能环保、医药、软件、新能源、高端装备，以及物联网、大数据等新一代信息技术方面集聚发展，形成了全国最大规模的制造业产业集群，2008 年国际金融危机之后转型升级进程加快，国内循环对国际循环的支持作用开始显现。

（一）对外贸易向优进优出演进

对外贸易在江苏经济发展中起到了重要的推动作用，全省进出口总额从 1995 年的 162.78 亿美元增长到 2019 年的 6294.7 亿美元，特别是中国加入 WTO 以后，江苏省对外贸易依存度从 2000 年的 44.2% 迅速上升至 2006 年的 104.1%，2010 年开始缓步下降至 2019 年的 43.5%。外贸顺差占 GDP 的比重也从 2000 年的 6% 上升至 2008 年的 19%，之后迅速下降并保持稳定，2019 年为 11%（见图 1）。2019 年，一般贸易占全省进出口总额比重首次过半，增长至 51.6%，超过加工贸易 14 个百分点，[①] 机电产品和新兴高新技术产品进出口占比分别为 63.0%、38.1%，保税贸易、跨境电商、市场采购等新型贸易方式迅猛发展，外贸转型升级取得实效。受中美贸易摩擦影响，与美国对外贸易额占江苏比重从 2017 年的 17.04% 下降至 2019 年的 14.4%，

---

① 江苏省人民政府办公厅：《2019 年江苏省国民经济和社会发展统计公报》，江苏省人民政府网站，http：//www.jiangsu.gov.cn/art/2020/4/14/art_77531_9044724.html。

2019 年，欧盟超过美国成为江苏第一大贸易合作伙伴，受区域产业链布局影响，与东盟贸易合作上升，对“一带一路”沿线国家出口 7284.2 亿元，增长 12.8%，快于全省平均水平。2019 年，江苏服务贸易额 545 亿美元，在全国的规模由第五位上升到第四位，以电信、计算机和信息服务、知识产权服务为代表的知识密集型服务贸易占比已超过 40%，高于全国平均水平。①

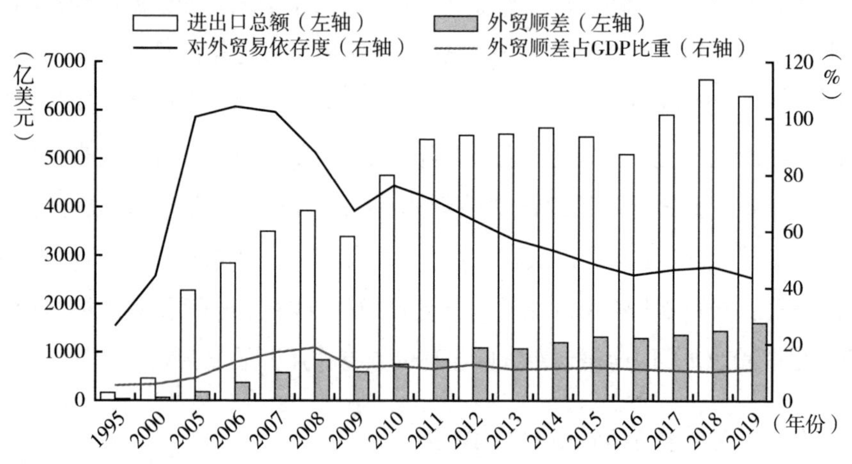

图 1　1995～2019 年江苏省货物贸易基本情况

资料来源：历年《江苏统计年鉴》和国家统计局。

受疫情影响，在经历了 2020 年初的下跌之后，据南京海关统计，2020 年 1～7 月，全省进出口 24108.8 亿元，与上年同期相比下降 1.7%，降幅较上半年收窄 1.1 个百分点，防疫物资、集成电路、手机出口增长较快，其中医疗仪器及器械增长 45.1%，机电产品和劳动密集型产品出口降幅进一步收窄。民营企业在外贸中的地位上升，实现进出口 8216.3 亿元，增长 10.2%，占全省比重同比提升 3.7 个百分点，至 34.1%。外商投资企业和国有企业进出口额分别下降 7.1% 和 5.3%。对东盟进出口 3351.5 亿元，同比增长 5%，与欧盟、美国、韩国、日本外贸降幅收窄。

① 《江苏服务贸易云上对接大会启动》，《江苏经济报》2020 年 7 月 22 日。

（二）外商投资进入提质增效阶段

利用外资是江苏融入世界分工体系的重要路径，自2003年超过广东以来，江苏一直稳居全国利用外资省市之首，2019年，江苏实际使用外资227.8亿美元，同比增长2.3%。党的十八大以来，江苏利用外资率先进入提质增效阶段，虽然整体规模有所下降，实际利用外资占GDP的比重也从1995年的7.7%逐年下降至2019年的1.8%，外商投资企业却一直贡献了全省超过一半的对外贸易。大项目在稳定外资规模中发挥了重要作用，2019年到资超1亿美元项目31个，占全省实际使用外资的22.1%；根据商务部口径，2020年1~4月，江苏实际使用外资77.6亿美元，同比下降4.0%，其中实际到资3000万美元以上的项目83个，同比增长11.8%，占全省实际使用外资总量的51%。随着内需市场的不断扩大，战略性新兴产业外资占比和现代服务业外资占比不断提升，2019年，十大战略性新兴产业实际使用外资181.5亿美元，同比增长46.4%，占全省实际使用外资的79.7%，占比较上年同期提高了21.1个百分点，现代服务业实际使用外资60.6亿美元，占全省服务业实际使用外资的49.8%，占比较上年同期提高了9.9个百分点。疫情发生之后，2020年1~4月，战略性新兴产业实际使用外资69.0亿美元，同比增长7.8%，占全省实际使用外资的66.6%，较上年同期提高8个百分点；现代服务业实际使用外资26.5亿美元，同比增长33.9%，占全省服务业实际使用外资的47.5%，占比较上年同期提高1个百分点。

外资来源地主体稳定并持续多元化，中国香港、东盟、欧盟和美国依次是江苏最重要的外资来源地。2019年，受国际投资环境影响，来自东盟的实际使用外资14亿美元，同比下降8.2%，其中来自新加坡的同比下降3.1%；来自“一带一路”沿线国家的实际使用外资14.3亿美元，同比下降8.9%；其他主要投资来源地中，来自英国、韩国、德国的实际使用外资分别同比增长106.4%、28.6%、20.0%。2020年1~4月，香港地区实际使用外资同比增长19.9%，占比63.6%，排在外资来源地第二、三、四位的韩国、新加坡、日本，实际使用外资合计12亿美元，占比达11.6%，比欧美外资总和还多出3.3亿美元，仍发挥着重要的支撑作用。

江苏还发展形成了多层次的开放载体，在转型升级中发挥了重要的引领作用。2020年上半年，江苏自贸试验区实际使用外资14.7亿美元，完成进出口总额2468.7亿元人民币，占全省的13%，自2019年8月成立以来，累计新增市场主体2.9万家，其中外资企业近300家，占全省12%，探索实施全国、全省首创改革举措60余项，形成115项制度创新成果，其中3项在全国推广，第一批20项改革试点经验、20项创新实践案例在江苏复制推广。①

（三）民营企业成为对外投资主力

2008年国际金融危机之后，江苏企业“走出去”呈现快速增长态势，以对外投资中方协议金额计，至2016年达到142亿美元，最近稳定在90亿美元左右（见图2）。从全国来看，根据商务部统计，2019年江苏以51.2亿美元贡献了全国5.6%的对外直接投资流量，位于广东（167亿美元）、上海（104.9亿美元）、山东（102.4亿美元）、浙江（89.5亿美元）和北京（82.7亿美元）之后，排第六位。2019年，江苏对外投资中方协议金额为89.5亿美元，同比下降6%，其中民营企业贡献了85%，是江苏对外投资的主力军，目的地国家（地区）排在前列的依次是中国香港（20.7%）、新加坡（8%）、美国（6.7%）、越南（5.9%）、德国（5.7%）和瑞士（4.2%），投向“一带一路”沿线国家同比增长了48%，占全省的比重上升到38%。在行业领域上，主要投向批发业（18.5%）、商业服务（12.2%）、通信设备计算机等电子设备（9.4%）、专用设备（8.2%）等制造业和科研技术服务（4.1%）②，体现了以我为主对外同时寻求技术创新支

① 《江苏自贸试验区实际利用外资在全国自贸区中占12.6%》，中新网，http://www.chinanews.com/cj/2020/08-18/9268209.shtml。

② 江苏省商务厅统计，http://swt.jiangsu.gov.cn/col/col12421/index.html?uid=43231&pageNum=2。

持与布局劳动力密集型环节的特点，是江苏开放型经济双循环发展的较早探索。

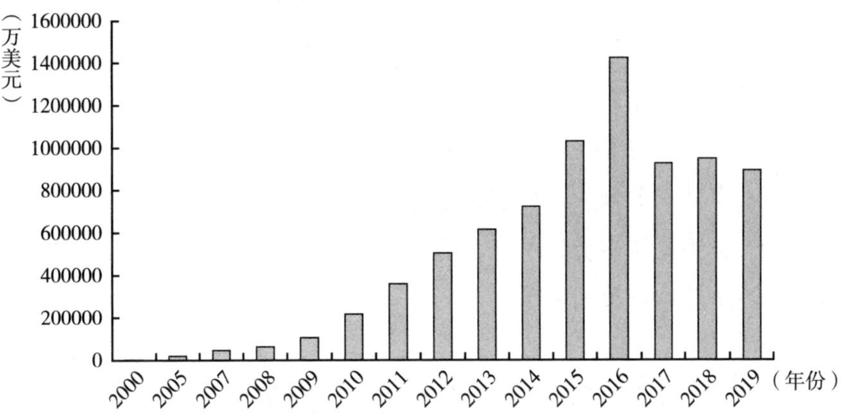

图 2　2000～2019 年对外投资江苏协议金额基本情况

受疫情影响，2020 年 1～9 月，江苏对外投资中方协议金额为 36 亿美元，同比下降 47.5%，但是对美国投资逆势上升 43%，对欧洲投资降幅也小于全省同期平均水平。

（四）对外经济合作正处于升级前缘

对外承包工程业务也是江苏开放型经济发展的重要组成部分，40 多年来，新签合同金额从 1985 年的 262 万美元上升至 2019 年的 680364 万美元，呈现指数级增长。根据江苏省商务厅统计，2019 年，江苏对外承包工程新签合同金额 680364 万美元，同比上涨 3.2%，实际完成营业额 778352 万美元，同比下降 6.5%，占全国的比重为 4.5%，列广东（9.7%）、山东（6.6%）和上海（5.4%）之后，排第四位，比 2018 年下降一个名次，年末在外 3.4 万人，同比下降 9.9%。对外承包工程业务以电力工程、房屋建筑为主，并涵盖交通运输、石油化工、工业建设、通信工程、水利建设等领域，对外承包工程业务有一半位于“一带一路”沿线国家。对外承包工程受疫情影响较大，2020 年 1～9 月，江苏实现新签合同额 313364 万美元，完成营业额423662万美元，期末在外人数为1.9万人，分别较上年同期下降36%、29%和43%。

江苏也是全国重要的对外劳务合作省份，对外劳务合作经营企业超过百家，数量在全国最多。除去对外承包工程劳务派出人员，2019年末，江苏还派出各类劳务合作人员6.5万人，同比下降7%，2020年1~9月，新签劳务人员合同工资总额为16748万美元，劳务人员实际收入总额为45278万美元，期末在外3.1万人，分别比上年同期下降45%、30%和56%。江苏在外劳务人员主要从事传统劳务，分布在新加坡、日本、安哥拉、以色列、巴哈马和阿尔及利亚等国家。

三　江苏开放型经济发展的新思路和新策略

江苏开放型经济发展到今天，对提高劳动者素质和收入水平，进而推动经济社会高质量发展和小康社会全面建成发挥了重要的作用。纵观历史上任何一个经济体，特别是大国，最终还是要依靠强劲内需和科技创新成为高收入国家和世界强国，今天我们已经走到了这样一个历史关口。随着国内外发展环境的深刻变化，世界政治经济发展都将进入一个新的阶段，江苏开放型经济也必须积极更新发展思路。在推动形成国内国际双循环发展格局要求下，我们要顺应竞争优势从低成本要素向完备的供应链体系和国内超大规模市场转变的趋势，发挥我国经济增长优势和江苏对外开放以及先进制造业集群的基础优势，用确定的市场经济思维来解决发展外部环境所面临的不确定性。以“一带一路”交会点建设为统领，同时完善与美国欧盟等发达国家开放创新合作以及在沿线新兴市场国家特别是东盟建设以我为主的区域产业链供应链布局。对标国际经贸最高标准和规则，继续坚定不移地深化改革和扩大开放，以“内循环”支撑“外循环”，以“外循环”带动“内循环”，推动开放型发展从“江苏制造”向“江苏智造”和“江苏创新”转变，增强对价值链的掌握能力，从而率先形成国际竞争和合作新优势，在急速变革的国际大循环体系中占据更有利的位置，从而屹立于未来经济发展的制高点。

（一）深化对内开放，打造世界级城市群产业群和消费群

以国内循环为主体，本质是要畅通国民经济大循环，发挥日益升级的内需在生产、分配、流通、消费中的牵引作用，在扩大和畅通国内需求的同时，提升供给体系对需求的有效性。要加大对内开放的力度和深度，大力推进省内全域一体化，积极融入长三角区域一体化，加强生产要素的流动性和对民营企业的开放性，优化区域内按现代产业链的要求进行的分工协作，并加强交通基础设施、旅游观光和医疗民生等领域的一体化对接，率先将长三角建设成为世界领先的产业群城市群和消费群，以一体化切实变现超大规模市场。紧抓数字经济发展机遇，加快新型基础设施建设，增加5G基站、车联网、大数据中心、工业互联网、人工智能和新能源汽车充电桩等领域的投资，提高投资的前瞻性、精准性和有效性。完善内外贸一体化体系，加强内外贸相关标准、认证等的衔接，引导企业特别是出口导向型企业积极转变思路，适当降低外贸依存度，主动为国内市场提供高品质的产品和服务，抓住国内消费市场迅速上升的机遇期使自身成长为世界级企业。鼓励平台经济和分析经济等新兴消费模式发展，鼓励居民创新创业，拓宽居民收入渠道，探索改革收入分配制度，健全职工工资正常增长机制，提升居民在收入分配中的比重，增强社会保险对日常风险的支撑能力，切实增加居民消费力。

（二）积极布局数字经济等未来产业，打造江苏创新链

创新最核心的要素是科学技术和人才，江苏拥有全国数量最多的高校和在校大学生，要切实发挥科教资源丰富和制造业发达的优势，虹吸全球先进和高端要素到江苏创新创业，增强科技创新驱动，完善数字经济和生物医药等未来产业布局。瞄准集成电路、生物医药和人工智能等关键行业和领域，组织实施产业前瞻技术基础研发，以及核心环节和高端产品的技术攻关，力争在产业链上下游关键节点取得一批原创性技术突破。发挥我国规模市场对创新产业在快速应用、推广和修正方面的吸引力，加快产学研转化，率先开放数字基础设施和应用场景，推动行业主体不断加强最新技术研发和运用，

以国内市场迅速带动国外市场，培养一批本土新兴行业跨国企业。加强数字经济与传统产业的融合，推动智能+应用，推动新一代信息技术在企业研发设计、生产制造、运营管理、售后服务中的深度应用，实现消费端和供给端的高效协同、精准匹配，更重要的是增强了供应链风险管理能力和透明度，提升跨工厂灵活生产的能力，提高供应链韧性和应对冲击并从中迅速恢复的财务和运营能力，以及在此基础上推动实现产业链的协同创新。对标国际一流营商环境标准，继续完善开放、服务、创新、高效的发展环境来吸引海内外人才和企业安家落户，将江苏打造为创新的热土和全国领先的科技创新供给方。

（三）深化服务业对外开放，推动与制造业开放协同发展

全球服务经济迅速发展，江苏要顺应跨国投资和产业转移呈现服务化的新趋势，将对外开放的重点放在服务业领域，在培养开放型经济新增长点的同时，形成对制造业开放的有力支撑。响应2020年国务院《政府工作报告》要求，发挥江苏服务贸易创新试点基础，积极争取国家服务业扩大开放综合试点，主动对标CPTPP和USMCA（《美墨加三国协定》）的国际最新投资经贸规则，重点推动跨境服务贸易、金融服务、电信、电子商务等领域或者与服务业高度相关的知识产权、商务人员临时入境等领域的对外开放。依托江苏跨国公司生产制造子公司众多的优势以及江苏经济社会发展的长远转型需求，强化政策引导，吸引更多跨国公司设立研发、财务、核算、采购、销售、物流、行政管理、信息处理等功能性总部，建设总部经济发展高地。将运输、金融、服务外包、知识产权、国际维护和维修、文化、旅游、会议展览等作为江苏服务业对外开放的重点行业，引进外国和民营资本，推动新兴产业规模化、主导产业高端化，实现高端制造业和现代服务业互动发展。鼓励现有制造业企业产业链向“微笑曲线”两端延伸，发展与工业设计、智能制造以及新一代信息技术和生物医药等产业相关的服务业，加快制造业服务化进程，推动生产性服务业向价值链高端发展，培育以高端服务为先导的“服务+”整体出口。

（四）加强与欧美等发达国家以市场规则为基础的开放合作，加快建设自主可控的区域产业链供应链

主导全球产业链供应链布局的是作为市场主体的跨国公司，顺应当前地缘政治格局复杂多变的趋势，其做出投资决策的依据已经从单纯追求效率转向效率与安全并重，江苏也要积极适应这种变化，发挥超大规模内需优势，吸引跨国公司到江苏布局亚洲区域中心，建设以我为主的价值链。发挥江苏友城数量全国最多的优势，突出民间外交的渠道作用，以联合国可持续发展理念为基础，创新与美国城市和企业合作的模式，寻找双方更多的利益契合点，加强在高质量外资、开放创新和价值链高端环节等领域的合作。利用中欧投资双方协定即将达成的历史机遇，发挥江苏德企和合作工业园的优势，强化苏欧合作的战略支点作用，继续加大来自欧洲的生物医药、高端装备等先进制造业的外资招引力度，特别是加强在隐形冠军企业方面的合作。抓住中日防疫物资的互助、中韩的联防联控机制营造的战略窗口期，要加紧与两国半导体和面板相关行业的外资利用，推动江苏企业向价值链高端环节攀升，缓解可能的中美战略竞争的“卡脖子”问题。要顺应产业升级规律，积极稳妥地将产业链低端环节向“一带一路”沿线国家特别是东盟区域转移，增强产业链供应链的安全性和柔性安排，从而构建以我为主的价值链。

（五）依托自贸试验区的先行先试优势，建设双循环联通的强纽带

除了内需，良好的营商环境是吸引跨国资本流向的另外一个决定性因素，相对于政策补贴，跨国企业更看重的是政策的透明度、竞争的公平性、投资贸易的自由化便利化程度，越是前沿的产业、高端的生产要素、创新的环节，对营商环境要求越高。江苏要依托各级政府已经形成的外资服务和管理相关产业的经验基础，在安全可控的前提下，积极对接现代产业体系开放需求，将省级权限下放至各自贸试验片区和服务贸易创新试点城市，对标国际高水平贸易投资规则和通行做法，先行先试进行压力测试，为我国参与和引领国际规则制定奠定坚实基础。积极借鉴发达国家和地方开放经验，积极

回应外资和民营企业的合理要求，构建国内外要素资源市场化配置的最优制度和营商环境，增强改革的系统性和集成性，推动人才、资金、技术、数据等领域在国内国际两个市场的无限和安全联通。在条件成熟的前提下，将效果良好的经验在全省范围内进行复制推广，提高全省政策水平的透明度和可预期性。

公共治理

重大突发公共卫生事件应急治理体制机制存在的问题与对策

张卫　马岚*

摘　要：　2020年新冠肺炎疫情是一次重大的突发公共卫生事件，抗击疫情是对国家治理体系和治理能力的一次综合考验。江苏及时启动突发公共卫生事件响应，构筑尽早发现病例的疫情防线，抓严抓实抓细疫情防控相关管理工作，疫情防控治理成绩显著。在应对疫情过程中，也暴露出在重大疫情防控体制机制等方面存在的问题短板：一是对于突发公共卫生事件的预警和评估不够及时精准，二是疾控部门在应急治理中的核心能力有待提升，三是公共卫生防疫体系的不完善影响了“战时”防控职能的发挥，四是应对突发公共卫生事件的制度建设亟待加强，五是非常态状况下制度化的响应机制和协同机制还不完善。针对以上问题，提出如下建议：一要确立“大公共卫生”的理念和导向，二要构建新型公共卫生安全防控网络，三要提高公共卫生应急体系运行效率，四要加强疾控机构核心能力建设。

关键词：　突发事件　公共卫生　应急治理

* 张卫，江苏省社会科学院社会学研究所所长，二级研究员，江苏高校区域法治发展协同创新中心研究人员；马岚，江苏省社会科学院社会学研究所副研究员。

公共卫生防疫问题事关人民群众生命安全和身体健康，事关经济社会发展大局，历来是我们党治国理政的一项重大任务。习近平总书记在党的十九届四中全会上强调指出，要“强化提高人民健康水平的制度保障。加强公共卫生防疫和重大传染病防控，健全重特大疾病医疗保险和救助制度”。2020 年新冠肺炎疫情是一次重大的突发公共卫生事件，抗击疫情是对国家治理体系和治理能力的一次综合考验。当前，在毫不松懈做好疫情防控工作的同时，探索如何通过完善公共卫生应急治理体制机制，提升重大传染疾病综合防治能力，具有十分重要的现实意义。

在此次新冠肺炎疫情中，江苏及时启动突发公共卫生事件响应，实行了最严格的科学防控措施，构筑了交通站点、社区、医院三道防线，在交通“两站一场”设置专用通道，对重点人员进行转运和隔离；采用“大数据 + 网格化 + 铁脚板”工作模式，建立了“四包一”社区防控机制①；率先公布 4 家定点收治医院和 55 家发热门诊，紧急实施市公共卫生医疗中心应急扩容工程，为集中收治加上“双保险”②，患者治愈率达到 100%，取得了患者“零死亡”、医院“零感染”的成绩，有效防止了新冠肺炎疫情的扩散和蔓延，保障了全省人民的身体健康和生命安全。

这次新冠肺炎疫情是新中国成立以来我国发生的传播速度最快、感染范围最广、防控难度最大的一次重大突发公共卫生事件。在应对过程中，也暴露出在重大疫情防控体制机制等方面存在的挑战和问题。

一　当前江苏公共卫生防疫综合防治面临的挑战

突发公共卫生事件是指突然发生，已经造成或者可能造成社会公众健康严重损害的重大传染病疫情、群体性不明原因疾病、重大食物和职业中毒以及其他严重影响公众健康的事件。根据事件性质、危害程度、涉及范围，突

① 《构建“大数据 + 网格化 + 铁脚板”防控模式》，中国江苏网，http://jsnews.jschina.com.cn/zt2020/xxgzbdgrdfyyq/jjaqfcfg/202003/t20200307_2497275.shtml。

② 张敬华：《探索中心城市现代化治理新路子》，《学习时报》2020 年 5 月 13 日。

发公共卫生事件可划分为特别重大（Ⅰ级）、重大（Ⅱ级）、较大（Ⅲ级）和一般（Ⅳ级）四级。其中，传染病是最为常见的突发公共卫生事件，重大传染疾病疫情是指某种传染病在短时间内发生，所波及范围广泛，出现了大量的病人或死亡病例，其发病率远远超过常年的发病水平。我国传染病法将传染病分为甲、乙、丙三类，甲类传染病属于重大传染疾病，一旦暴发则传染力强、人群易感性高、致死率高、传播范围广、治疗措施有限，需要及时对感染人群进行隔离救治。乙类传染病中的非典型肺炎，由于其危险程度较高，在具体防治中按照甲类传染病进行管理。

调查显示，2017～2019 年江苏全省突发公共卫生事件具有以下几个特点。一是报告突发公共卫生事件总件数、报告病例数逐年增加，分别为 271 件、11198 人，360 件、12632 人和 470 件、23016 人。二是事件性质以传染病和食物中毒事件为主，其中突发传染病事件分别为 262 件、10966 人，354 件、12226 人，468 件、22931 人；食物中毒事件分别为 6 件、229 人，6 件、406 人，2 件、85 人，且多为乙类、丙类及其他类传染病，2017 年、2018 年各发生一起甲类传染病。三是从事件地点看，发生在学校的突发公共卫生事件主要为突发传染病事件，三年分别为 256 件、344 件、459 件，其中流行性感冒、水痘、手足口病增加明显。对近三年来全省突发公共卫生事件的梳理和分析，可以深化我们对公共卫生防疫、重大传染疾病综合防治领域存在的问题和挑战的认识（见表 1）。

表 1　2017～2019 年江苏省突发公共卫生事件

项目 / 年度	累计报告突发公共卫生事件（件）	累计报告病例（人）	累计死亡人数（人）	突发传染病事件（件）	突发传染病病例（人）	突发传染病累计死亡人数（人）	发生在学校的突发公共卫生事件（件）
2017	271	11198	4	262	10966	0	256
2018	360	12632	1	354	12226	1	344
2019	470	23016	1	468	22931	1	459

资料来源：江苏省卫健委官方网站。

就江苏省情来看，江苏地处东部沿海地区，人口数量较多，2019 年末为 8070 万人，人口密度大，交通便利发达，2019 年末全省高速公路里程为 4865 千米，铁路营运里程达到 3539 千米，加上各类学校尤其是高等院校数量众多，根据《2019 年江苏省国民经济和社会发展统计公报》，截至 2019 年底，全省共有普通高校 142 所，在校生 187.4 万人，毕业生 48.9 万人；研究生在校生 21.5 万人，毕业生 5.0 万人，学生来自全国各地。此外，全省普通高中在校生 105 万人，全省中等职业教育在校生 62.2 万人（不含技工学校），特殊教育学校在校生 1.9 万人，普通初中在校生 242.5 万人，小学生 572.6 万人，在园幼儿 253.9 万人。还有不少海外留学生，极容易导致输入性突发急性传染病的传播和蔓延。通过对比分析，不难发现，突发传染性疾病占全省突发公共卫生事件的 95% 以上，主要发生地点是学校，在学校发生的突发传染性疾病事件主要集中于水痘、感染性腹泻、流行性感冒、手足口病、流行性腮腺炎和食源性疾病等几类。由于学校人数众多、人员密集，教室、食堂、宿舍、浴室等密闭公共场所较多，交叉感染的风险较大，防治全省学校突发传染性疾病的任务显得十分繁重。

进入 21 世纪以来，周边上海、浙江、安徽等地均发生禽流感、甲型 H1N1 流感等重大传染疾病疫情，江苏养殖业发达，人和家禽、家畜密切接触度较高。近年来，江苏各地人感染禽流感（H7N9、H7N4）也时有发生。以上这些社会和自然因素对全省公众的健康有着较大的潜在威胁，日趋复杂，全省应对突发公共卫生事件和重大传染疾病综合防治形势仍然十分严峻，面临着较大风险和压力。

各类公共卫生事件在没有预兆的情况下发生，其突发速度之快、影响范围之广、后果之严重让人们不得不对它高度重视。对地方政府来说，能否有效地对公共卫生危机进行应急管理，不仅关系公众个体生存生活状态，而且影响地区经济运行和社会安宁，当前应急管理已成为政府管理制度的重要组成部分。

二　江苏重大突发公共卫生事件应急治理中存在的问题

公共卫生治理旨在捍卫人类健康，重点是防范和应对各种突发的、严重危害民众健康或具有强毁伤力的公共卫生威胁，更要深刻反思重大突发公共卫生事件治理的短板、瓶颈和痛点在哪里，进而有序推动公共卫生治理现代化的进程，整体提升应对和治理重大突发公共卫生事件的能力和成效。

（一）对于突发公共卫生事件的预警和评估不够及时精准

1. 直报系统不够完善导致预警不及时

现行医疗卫生服务体系重视战术层面的“救治”工作，忽视战略层面的“防疫”保障体系。重大公共卫生事件发生后，第一时间预警、上报、防控的路径和方式还有待进一步健全完善。因为对于未知的新型传染病无法识别，需要经人为认定后方可启动，此次新冠肺炎疫情传染病网络直报系统并没有在第一时间发挥预警作用，这暴露出疫情预警系统的重大短板：一是最早接触到疫情的一线医护人员无法通过制度化渠道及时、有效地发声；二是对病毒检测和最终论断须通过多层级病疫检验系统与各级政府管理系统，错失将疫情控制在萌芽状态的最佳时机。

2. 公共卫生信息系统尚未互通互联，因而无法实现精准防控

本次疫情暴露出江苏在公共卫生信息化建设方面的问题，虽然已建立全省居民健康信息平台和省级疾控业务信息系统，但医疗机构的信息系统与公共卫生服务系统未实现互联互通，各级各类信息未能实现有效整合和利用。大数据、人工智能、云计算等数字技术应用还不广泛，在疫情监测分析、病毒溯源、防控救治、资源调配方面信息化建设滞后，缺乏先进的科技支持系统。基于大数据的全方位跟踪、实时沟通、监测信息整合等手段还没有日常应用。

（二）疾控部门在应急治理中的核心能力有待提升

1. 公共卫生投入不足

江苏公共卫生财政拨款预算与人口数量和GDP发展水平相比仍显不足。调查表明，2000～2017年，江苏公共卫生投入省域间人均值位次从第11位下降至第23位，卫生投入占财政支出比省域间位次从第4位下降至第22位。[①] 2019年省级公共预算中卫生健康支出41.08亿元，其中公共卫生与计划生育服务仅占4.32亿元，占卫生财政预算约10%。自2003年SARS发生以来，疾控财政投入逐年增加，但疾控支出占政府医疗服务支出的比重下降，经常性维持经费仍显不足，全省疾控体系经费缺口约16亿元，公用经费和人员经费投入较少。

2. 疾控人员数量缺口较大，专业技术人员队伍稳定性较弱

当前全省疾控中心在岗人员每万常住人口配置为1.15人，低于全国1.46人的平均水平，也低于中编办要求的每万常住人口配置1.75人的标准。2017年江苏疾控中心工作人员缺口量居全国第4位。由于收入与同级医疗机构人员相差较大，疾控人才队伍极不稳定，高端人才流失严重，2016～2018年净流失131人，多具有中高级职称。另外，与临床医师相比，公卫执业医师队伍偏弱，2019年江苏公卫执医与临床执医在册人数比为1∶16，公卫助理医师与临床助理医师在册人数比为1∶25。

3. 疫情检测能力不强

虽然“非典”后疾控中心实验室检验能力得到大幅度的发展和提高，但仪器设备严重短缺、老化的现象仍比较突出。相对于医院和科研机构而言，疾控体系的硬件配备显著滞后，实验室设备配置缺口普遍较大。按照仪器设备的配置标准，目前江苏A类仪器设备配置达标率（实际类别/应有类别）大于90%的疾控机构有55家，占比仅达50%。省级疾控中心平均基本检验能力

---

① 《中国社会建设均衡发展检测报告2019发布：江苏》，搜狐网，https://www.sohu.com/a/323045802_120133034。

仅达到国家标准的75.19%。有些实验室建设时虽然符合要求，但因为没有及时更新，现在已经过时，不能检测最新的传染病源。2018年，全省共有二级生物安全实验室289个，其中省级16个、市级71个、县级202个，其中有能力开展核酸检测的县区疾控机构有10家，仅占10%。

（三）公共卫生防疫体系的不完善影响了“战时”防控职能的发挥

1. 疾病防控基层网络还不坚实

江苏省、市、县（市、区）三级都设立了负责重大疾病预防控制和卫生执法监督专门机构，而在乡、村两级则没有相应的机构和人员，缺乏必要的监测检验设施和经费保障机制，不能有效预防、监测、发现、报告传染病疫情和突发公共卫生事件。抓好传染病防治最根本、最基础的工作在基层，而当前农村基层疾病预防控制体系不健全的状况，成为疾病防控网络中的漏洞，无法在突发重大公共卫生事件中发挥安全第一道防线的作用。

2. 疾控中心应有职能落实难

从职能定位来看，疾控中心对辖区内医疗卫生机构、社区卫生组织和乡镇卫生院具有技术指导职责，但缺乏具体的实施细则和清晰的权责界定，可操作性不强。现实状况中现有指导多流于形式，其结果是与基层咬合不力、关系隔离。由于不具有日常行政管理功能以及应急指挥协调功能，在疫情防控中难以形成合力，卫生人员去学校、社区开展服务工作时经常出现不配合的现象。

（四）应对突发公共卫生事件的制度建设亟待加强

1. 应急预案难以适应新时代需求

2012年江苏发布的《江苏省突发公共卫生事件应急预案》较国家2006年发布的应急预案虽有更新，但其中关于突发事件内容、应对策略与手段、预案的系统性和完整性等都已不能适应当前公共卫生事业的要求，亟须更新，将新出现的风险、应对手段等纳入预案，提高应急预案的时代性、科学性、指导性。

2. 公共卫生法律规章不完备

《传染病防治法》没有为新发传染病的预防和控制提供适当的法律余

地，没有从法律层面对各级医疗卫生机构、政府及职能部门的职责加以分工，导致在治理中基层防疫出现了一些执行政策过度、扭曲的现象，有的甚至以违法的手段来进行防疫，造成了疫情的次生伤害。

（五）非常态状况下制度化的响应机制和协同机制还不完善

1. 联防联控长效机制尚未建立健全

为了应对新冠肺炎疫情，全省集中了最优质的医疗资源，现场办公统一调度，凸显救治资源集聚的优势。但在疫情暴发初期，由于缺失成熟的、制度化的社会动员机制和联防联控机制，个别地区研判、评估、决策和防控协同机制不强、执行力不足、合力缺乏，导致重大疫情所要求的应急管理信息综合处理能力与部门化信息处置能力之间出现错位，出现医疗资源供不应求、物资调度不力、捐赠分配效率不高等问题。

2. 疾控与社会的协同机制不健全

当前疾病预防控制体系主要是以疾控中心为主的疾病预防控制服务机构，尚未建立起个人、家庭、社区、医院等共同参与的疾病预防控制网络。疾控机构与医疗机构、基层卫生医疗机构及其他相关部门还未形成防治合力，重医轻防和防治分离的局面未根本改变。社会普遍对基本公共卫生服务的重要性认识不足，导致群众参与度不高。

3. 全社会对突发公共卫生事件的防范意识和防范能力不足

民众的社会记忆中没有对于流行病的印象，欠缺对于传染病的科学认知和自我防护意识，也不了解自身感染后不治疗、不隔离所带来的社会危害。面对突如其来的重大传染疾病应对能力不足、应对方式欠妥，发生隐瞒疾病症状、隐瞒接触史、拒绝戴口罩、进行社会聚集等现象，危害极大。

三　完善重大突发公共卫生事件应急治理体制机制的对策建议

2020 年 6 月 2 日，习近平总书记主持召开专家学者座谈会强调指出，

“人民安全是国家安全的基石。要强化底线思维，增强忧患意识，时刻防范卫生健康领域重大风险。只有构建起强大的公共卫生体系，健全预警响应机制，全面提升防控和救治能力，织密防护网、筑牢筑实隔离墙，才能切实为维护人民健康提供有力保障”。2020 年 10 月 29 日党的十九届五中全会通过的《中共中央关于制定国民经济和社会发展第十四个五年规划和二〇三五年远景目标的建议》提出，“坚持预防为主的方针，织牢国家公共卫生防护网。改革疾病预防控制体系，强化监测预警、风险评估、流行病学调查、检验检测、应急处置等职能。建立稳定的公共卫生事业投入机制，加强人才队伍建设，改善疾控基础条件，完善公共卫生服务项目，强化基层公共卫生体系。创新医防协同机制。完善突发公共卫生事件监测预警处置机制，提高应对突发公共卫生事件能力”。重大突发公共卫生事件的防范和治理，是一个系统工程，不仅与公众健康有关，更关系经济社会发展、公共安全以及社会的公平正义，它需要整个社会全方位参与。重大突发公共卫生事件体系建设，是社会精细化管理与平时协调机制的考验和检验。

江苏公共卫生疾病预防控制有着良好的基础，基于当前所处的时代环境、面临的特殊挑战以及此次疫情应急治理中暴露的短板，在全面建成高水平小康社会、开启现代化新征程的关键时期，要明确“大公共卫生”导向，突出制度建设主线，不断优化重大突发公共卫生事件应急治理的体制机制，切实提升重大传染疾病综合防治能力，促进全省经济社会发展。从水平上看，应建设与江苏经济、社会发展水平相一致的重大突发公共卫生事件应急治理体系，按照立足当前、着眼长远的原则，突出超前性，为应对各类新型突发重大传染病奠定基础。从广度上看，突发公共卫生事件是一项系统工程，不论是从学科学术角度，还是从行政管理角度，都应坚持问题导向的多主体、多学科、多系统协同治理架构，应构筑一个全方位、立体化、多层次和综合性公共卫生危机应对网络。从具体内容上看，既要在硬件方面加强财政投入和基础设施建设，又要从制度机制层面理顺关系、强化管理，增强重大突发公共卫生事件防控的软实力和防御应对的能力。

（一）确立重大公共卫生突发事件治理的大公共卫生理念和导向

1. 改变对公共卫生的狭义理解和评判

一是要明确公共卫生不单是医学问题和技术问题，它具有强烈的公共政策性质。公共卫生不仅是医疗卫生部门的职能，更是一个社会系统工程。二是对公共卫生、疾病防控不能采用临床医学的效益标准来推动发展。公共卫生防疫防患于未然，没有疫情就是最大的成就。公共卫生着眼于公众的健康状况，不同于临床医学立竿见影的治疗成效，社会回报周期比较长；而公共卫生面向群体、注重预防，能够降低整个社会的医疗卫生成本，经济成本低，社会效益好。突发公共卫生事件应急处置是涉及全社会的系统工程，这也就意味着，构建党委领导、政府主导、社会协同和公众参与的全方位抗疫体系是打赢抗击疫情战役的根本保证。

2. 坚持公共卫生公益性导向

公共卫生属于公共物品，相关的产品和服务应该由政府而不是市场来提供，要进一步明确公共卫生公益性导向，以“大卫生、大健康”为导向强化政府公共卫生管理职能，把疾病预防控制明确为政府应优先保障的基本公共服务。

（二）构建新型公共卫生安全防控网络

1. 重视预警体系在防控中的关键作用

防疫体系的危机准备和预警能力，是防患于未然的关键所在。应将“防”放在重心位置，提升公共卫生防疫体系本身的灵敏度、专业性、科学性，充分发挥公共卫生防疫体系在风险识别和测量、评估和应对中的作用，包括制度化的疾病监测和报告系统、流行病监测培训、疾病跟踪能力、能胜任的全职管理者和协调人员以及与科研机构良好的合作等。

2. 建立融合型区域公共卫生信息系统

运用大数据、云计算、区块链、人工智能等技术，加快建设融合型区域卫生信息系统，将各类公共卫生信息报告系统、医疗服务信息进行有效整合，形成全省公共卫生信息大数据系统，建立健全数据分析、发布、决策支持机制，确保公共卫生信息公开、透明、准确，提高卫生政策决策水平和政府的公信力，实现动态防控、科学防控、精准防控。

3. 优化重大疫情救治体系

建立健全分级、分层、分流的传染病等重大疫情救治机制，完善突发重大疫情防控规范和应急救治管理办法。坚持平战结合、防治融合，加快建设江苏省公共卫生医学中心，支持有条件的设区市建设公共卫生医学中心和应急医院。加强医疗设施规划布局，推进大城市疫情防控定点医院建设。强化中医医疗机构应急救治体系建设，加强卫生应急处置医院和传染病防治医院中医科建设。

4. 充分发挥科学技术支撑作用

充分利用已有的科教优势为公共卫生风险防控提供技术支撑。将大数据、人工智能等手段应用到风险识别与测量、突发事件的发现与应对中，提高重大公共卫生事件防范和应对的科学性和有效性。依托高校科研平台、国家重点实验室、临床医学研究中心、重点企业和第三方检测企业，建立健全联防联控科技攻关机制，完善公共卫生应急科技协同攻关成果转化机制。

（三）提高公共卫生应急体系运行效率

1. 健全政令畅通、协作紧密的联防联控机制

针对可能发生的各类重大公共卫生风险和疫情，建议尽快成立江苏省重大公共卫生风险防控治理领导小组，建立、完善重大公共卫生风险部门协同机制。针对在协同过程中可能出现的责任推诿、职责交叉、管控缺口、防控漏洞等问题，重点在理顺部门之间关系上着力，包括上下级之间以及不同部门之间协力合作、省—市—区公共卫生部门之间高效协调。另外，重视与国家疾控中心以及其他部门的交流与合作，形成全方位、多层次和综合性的联防联控机制。

2. 完善直达末端、多元参与的群防群控机制

在联防联控基础上，社会防控机制要由政府“独挑大梁”转向政府、社

区、企业、社会组织、社会力量、居民共同参与，加快推进治理思维由传统的层级式行政管理向现代的开放协作式治理模式转变。强化基层社区在疫情防控中的基础功能，对社区的资源调配、行动能力要从制度层面进行设计和详细安排，使社区能够在防疫体系的社会最末端发挥积极作用。在常态时，加强对各群体公共卫生防疫的宣传、培训和演练，提升民众的健康意识和自我防护及自救能力，以便在发生疫情时能够迅速动员起来进行全民防疫。

3. 建立健全应急管理处置机制

及时更新应急预案，提高更新频率，将新出现的风险、应对手段等纳入预案，提高应急预案的科学性、针对性、指导性。在预案内容上，针对风险因素，实行源头治理，有效阻止重大公共卫生事件的发生。应将协同应急处置纳入预案。重大公共卫生事件发生后的处置，仅靠卫生部门是不够的，需要政府各部门协同、全社会参与。预演要“真刀真枪”，由应急管理部门牵头定期开展应急演练，提高协同应急能力，最大限度地降低重大公共卫生事件的危害。

4. 形成有序合规的依法防控机制

对重大突发公共卫生事件的治理，仅仅依靠管理者的个人经验、能力和魄力，将会出现极大的不确定性和不可复制性，依法防控是平稳、有序、有效进行疫情防控的重要保障。一要全面梳理、评估相关地方性法规规章，及时开展立、改、废、释工作。二要积极完善《传染病防治法》以及《突发公共卫生事件应急条例》实施细则、规范、指南，明确细致地规定各方的职责权利、行为规范、实施程序，为公共决策和应急治理提供专业支撑和科学依据。三要明确各级防疫主体的权力边界，引导各类机构、组织和公民积极履行疫情防控义务，依法严厉打击各类违法犯罪行为，提升公共卫生和重大疫情防控法治化水平。

（四）加强疾控机构核心能力建设

1. 增强疾控机构的功能

突出疾控机构在公共卫生大健康体系中的地位，加强疾控机构专业化能力建设，提升其在疫情防控中的专业话语权。建议在原有职能基础上，合理划分各级疾控机构的职能，省级疾控中心要提升科研能力，强化防控指导、信息发布等职能，市级疾控中心要强化经常性实验室检验检测能力，县级疾控中心要强化流行病学调查、健康管理等职能。要充分发挥疾控体系的纽带作用，在疫情中能够将社区和医疗机构迅速、有效地联结起来。

2. 夯实疾病预防控制网络基础

抓好传染病防治最根本、最基础的工作在基层，要将重点集中在基层公共卫生功能完善和提升上。一要加强基层医疗机构公共卫生组织建设，提升临床医务人员传染病诊断监测预警能力。在乡镇卫生院按照人口比例配备必要的公共卫生人员，社区、乡村是整个疾病预防控制网络的网底，强化防控体系最末端医疗机构的疾病预防功能。二要建立健全疾控机构和医疗机构信息共享和协同工作机制，加强医院感染科医生、社区卫生服务中心防保科医生以及家庭医生在流行病学调查、卫生检疫检查、消杀灭工作能力上的培训锻炼，使之成为强大的防疫后备力量。

3. 给予疾控机构制度和政策上的保障支持

要增加公共卫生领域财政投入，健全疾控体系财政投入保障机制，保障疾控体系和基层公共卫生体系正常运转的资金支持。对标国际先进水平推进疾控机构硬件设施升级，发挥硬件升级对学科发展、能力提升的支撑作用。建立薪酬标准不低于同级医疗机构人员平均水平的激励机制，完善经费支持等政策，充分调动广大卫生专业人员的积极性、主动性和创造性。创新人才培养模式，充分利用江苏优质卫生和教育资源，培养既有临床技能又有公共卫生视野的医防融合的复合型人才，构建科学精准的防控网络，提升应对重大传染病的能力，努力把江苏建设成为我国公共卫生体系最健全的省份之一，从容应对各种重大传染疾病综合防治，将疫情对全省经济社会的影响降到最低。

江苏安全生产治理现代化建设的主要进展与对策

何　雨*

摘　要：江苏安全生产治理现代化的风险主要表现在：交通运输安全风险持续增长，危险化学品安全风险易发多发，矿山采挖安全风险相对集中，冶金工贸安全风险警钟长鸣，建筑施工安全风险面广量大，油气管道安全风险有备无患，消防安全风险环境复杂。推进安全生产治理现代化刻不容缓：一是构建安全生产治理现代化的责任体制，二是畅通安全生产治理现代化的执行机制，三是夯实安全生产治理现代化的基层基础，四是推动安全生产治理现代化的关口前移，五是压实安全生产治理现代化的主体责任，六是实施安全生产治理现代化的重点领域专项整治，七是健全安全生产治理现代化的应急响应机制，八是完善安全生产治理现代化的多元共治机制。

关键词：安全生产　安全风险　治理现代化　江苏

在 2020 年 6 月 2 日召开的专家学者座谈会上，习近平总书记强调指出，“人民安全是国家安全的基石”，要坚持“人民至上，生命至上”原则，“强

* 何雨，江苏省社会科学院社会政策研究所副研究员。

化底线思维，增强忧患意识”，时刻防范重大风险。[①] 人民至上的新安全观，是党的十八大特别是十九大以来总体国家安全观的新发展，也为防范、化解各类安全生产事件指明了方向、提供了路径。2020 年 7 月 29 日通过的《中国共产党江苏省第十三届委员会第八次全体会议决议》将安全生产工作作为江苏“下半年及今后一个时期”全省重点工作之一，并明确要求“深入推进安全生产专项整治”。

一　江苏安全生产治理现代化的主要进展

长期以来，安全就是人们孜孜以求的目标，在我国文化中，也有很多成语表达了人们对安全的向往与期盼，如安居乐业、安身立命、安贫乐道、安邦治国、国富民安等。安全无小事，从小家到国家，处处离不开安全，然而，在漫长的岁月中，安全又总是那么的奢侈。与安全相对的概念就是灾害或灾难。作为历史悠久的超大规模国土空间国家，灾害或灾难一直是中华民族挥之不去的阴影，甲骨卜辞中数量众多的“灾”字也为中华文化打上了苦难的烙印。上古时代河川泛滥、洪水横流，最早的“灾”字取“巛”象形，顺时针旋转 90 度后，就是波浪；后与“火”相叠加，共同构成了“災”字。故从“灾”字的象形含义可以看出，其原来所指的是“水”“火”等意外事件。[②] 在相当程度上，以“水”“火”为主要威胁的“灾害”，就是最初形态的安全生产事件，而围绕着“水”“火”而展开的治理探索，也是最初形态的安全生产治理。

灾害往往以突发事件的形式呈现，并与各种破坏性后果相伴，而突发事件的定义为，“突然发生，造成或者可能造成严重社会危害，需要采取应急

① 《习近平主持专家学者座谈会强调　构建起强大的公共卫生体系　为维护人民健康提供有力保障　李克强王沪宁出席》，新华网，http://www.xinhuanet.com/politics/leaders/2020-06/02/c_1126065865.htm。

② 何雨：《社会性次生灾害：概念溯源、生成逻辑与治理架构》，《治理现代化研究》2020 年第 5 期。

处置措施予以应对的自然灾害、事故灾难、公共卫生事件和社会安全事件”。这一定义在“灾害”与“突发事件”之间建立了联系，强调了“突发事件”的后果具有严重社会危害的属性。从概念上看，“灾”是一种自然的突发事件或社会的意外事件，而“害”则是“灾”的社会后果。“灾”本身未必会造成“害”，只有当人类社会的响应机制不及时不到位时，才会造成“害”。如全球各地每年都会发生各种各样的地震、台风、暴雨等自然突发事件，但大多数都能为人类社会的响应机制所应对，因此，无法称之为“害”。只有那些突破、超越了人类社会响应机制的自然突发事件或社会的意外事件及其后果，才能称为完整意义上的“灾害”。①

进入现代社会，在工业化与城市化的冲击下，自然性“灾害”依然挥之不去，但社会性“灾难”逐渐成为主角，人们也为之赋予了一个新的概念——事故。所谓事故，就是本应正常运行的事物突然发生了故障，并引发了破坏性的结果。当事故指向生产领域时就出现了现代工业社会所独有的灾难现象——生产事故，构成了安全生产的反面。

在日益绵密的现代社会中，安全生产事关人民福祉，事关经济社会发展大局，然而，安全生产事故的阴影却如影随形，成为威胁人民群众生命财产安全的痛点，也成为影响经济社会高质量发展的堵点。党的十八以来，我国安全生产总体状况取得了显著改善，但是各类重特大安全生产事故依然时有发生，如2013年吉林长春宝源丰禽业有限公司“6・3”特大火灾事故、2014年江苏昆山中荣金属制品有限公司“8・2”特大爆炸事故、2015年河南平顶山“5・25”特大火灾事故、天津港瑞海公司“8・12”危险品仓库特大火灾爆炸事故、深圳光明新区渣土受纳场“12・20”特大滑坡事故等。触目惊心的事故反复提醒人们，必须以更大力度推进安全生产治理现代化。

江苏是经济大省，也是安全生产事故频发多发省份。据统计，2019年全省共发生各类生产安全事故6439起，死亡3377人，同比分别下降15.6%

---

① 何雨：《社会性次生灾害：概念溯源、生成逻辑与治理架构》，《治理现代化研究》2020年第5期。

和 18.1%。其中，较大事故 18 起，死亡 82 人，同比减少 16 起、63 人，分别下降 47.1% 和 43.5%。绝大多数重点行业领域和所有设区市均实现事故起数、死亡人数的“双下降”，但发生了“3·1”“9·28”两起特别重大事故，共死亡 144 人。此外，从安全事故起数、死亡人数指标上看，依然位居全国第一方阵。

党中央、国务院高度重视江苏安全生产领域面临的严峻形势，习近平总书记、李克强总理相继做出重要指示批示。为确保安全生产形势与局面得到根本扭转，2019 年 11 月底国务院派驻工作组对江苏安全生产领域开展专项整治。督导组组长、应急管理部党组书记黄明在动员会上强调指出，这是对江苏安全生产工作的政治督导、责任督导、措施督导和实效督导，坚持问题导向和目标导向、突出重点和全面政治相结合原则，开展综合督导和行业督导。准确把握“两个不放松”的总要求和“务必整出成效”的总目标，按照“一年小灶”和“三年大灶”的部署，努力打赢安全生产的持久战、攻坚战和翻身战，从根本上解决江苏重点地区重点行业领域的安全生产风险问题，并为全国安全生产治理体系和治理能力现代化提供可复制可推广的经验。

对于全省范围内安全生产领域事故高发频发问题，省委省政府高度重视、积极部署。在 2019 年 11 月底召开的“3·21”特别重大爆炸事故警示教育大会上，针对江苏安全环保风险问题，省委书记娄勤俭提出了振聋发聩的“六个为什么”，明确提出要“扛起一代人的历史责任”，以“3·21”事故为转折点，树立“全域安全”的责任意识，围绕“三个责任”落地落实，在消除监管盲区、化解风险隐患、压降事故总量上打一场攻坚战、歼灭战，通过系统性重构本质安全、绿色高端的现代产业体系，努力探索出一条源头治理、系统治理、综合治理、依法治理的现代化路径。省长吴政隆明确要求，要聚焦重大风险清单、突出问题清单、工作任务清单、典型做法清单，明确工作责任、兜底责任，立行立改、真改实改，对各类安全风险隐患进行大排查大起底，加快实现安全生产治理体系和治理能力现代化。

安全生产事故显现于社会体系的相对不足之处，也显现于人类智力不及之处，其最直接的社会功能就是可以把以前没有显现的或未被发现的问题暴露出来。只要对症下药、科学施策，同样能够提升社会肌体的免疫力、健康度。“3・21”事故后，省委省政府坚决贯彻落实习近平总书记、李克强总理等党和国家领导人重要指示批示精神，深刻汲取事故教训，全面推进江苏安全生产治理现代化。

一是强化顶层设计、源头治理。制定出台《关于进一步加强安全生产工作的意见》，从排查整治隐患、落实各方责任、夯实安全基础、提升监管能力、完善体制机制、加强组织领导6个方面，提出了30条新要求、硬措施。围绕提升化工行业本质安全水平，加快全省化工产业转型和高质量发展，出台《化工产业安全环保整治提升方案》，明确32项刚性措施，2019年全省关闭退出化工生产企业733家，化工园区由上一年的50个减少到40个。

二是构建安全生产责任体系。推动各级党委政府领导班子制定年度安全生产重点工作清单，要求述职报告中必须列入安全生产履职内容。建立对设区市党委政府和省安委会成员单位安全生产责任考核评价体系。大幅提升安全生产在全省高质量发展综合考核中的权重。将省级机关部门安全生产监管职责情况纳入年度考核内容，并将结果与部门绩效考核挂钩。制定《江苏省省级机关及中央驻苏有关单位安全生产工作职责任务清单》，压紧压实行业部门监管责任。

三是深入开展大排查大整治行动。编制《重点行业领域重大安全风险隐患及防控整改措施清单》，细化21个部门137条防控整改措施，实施清单管理，动态更新，闭环整改。开展专项行动，在全省范围内开展为期6个月的大排查大整治行动，全面排查整治重大隐患，着力化解重大安全风险。严厉打击违法违规行为。2019年省安监部门全系统检查企业75800家次，立案处罚24409件，罚款74793.5万元。其中，事前立案23555件，占立案处罚总数的96.5%，同比增长28.5%。事前罚款金额55174.2万元，占罚款总额的73.8%，同比增长31.6%。

四是召开警示宣传教育活动。以“3・21”事故为案例，深入剖析原因，深刻吸取教训，深刻领会娄勤俭书记提出的“六个为什么”，不断增强

“隐患无处不在，成绩每天归零”的危机感。举办警示教育研讨班，围绕“三个责任”做专题讲座，并将《江苏省安全生产教育培训视频教材——深刻吸取“3·21”事故教训专篇》纳入培训教材，推动对各级党委中心组、领导干部、化工企业培训的全覆盖。

五是开展安全生产巡查制度。在全国率先启动省级层面安全生产巡查，建立完善巡查准备、进驻、形成报告、反馈意见、移交移送、整改落实、复函闭环等一整套工作机制。对南京等4个设区市和省委编办、住建厅等6个省级部门开展3批次巡查，形成安全生产责任不落实、重大安全生产风险隐患“两张清单”。推动13个设区市、96个县（市、区）全部建立巡查制度，并有计划分批巡查，确保一届任期全覆盖。

六是实体化运作各级安委办。充实安委会、安委办力量，调整省安委会组成人员和组织架构；实体化运作省安委办，增设综合协调处、巡查督查处，发挥指导协调、监督检查、巡查考核作用。印发《关于加强设区市、县（市、区）和省级以上开发区安全生产委员会办公室工作力量配备的通知》，各市县安委办人员基本配备到位。研究制定安委会成员单位履职报告、专业委员会述职、安全生产警示提示、约谈督办等制度，健全安委办工作制度体系。

七是推动企业主体责任落实。制定下发《关于全面加强落实企业主体责任深入推进安全生产专项整治的通知》，明确企业20条重点事项清单。通过开展“春风行动”专题宣传活动，选树企业典型，出台优惠政策，开展企业间的交流互查，加大举报奖励力度等多种办法，着力解决企业主体责任落实难的突出问题。

八是夯实安全生产基层基础。高规格举办“安全生产月”活动启动仪式，在江苏卫视新时空开设《除隐患，保安全》专栏，曝光问题隐患。出台《高危行业领域安全技能提升行动计划》，集中开展企业负责人和安全管理人员教育培训；16个化工重点县全部聘用安全专家，开展安全帮扶。坚持科技兴安，在全国率先建设危化品风险监测预警系统和安全生产领域问题处置监管平台，精心打造应急通信网络。

二　江苏安全生产治理现代化的重点领域

严峻的安全生产治理形势有着复杂的经济社会成因。江苏濒江临海，水网密布，属于自然灾害多发易发地区，水旱、台风、暴雪、地震、滑坡等自然灾害种类全、发生频率高。同时，作为经济大省，工矿商贸企业数量居全国前列，特别是化工企业数量居全国首位，各类生产经营单位业态繁多、特点各异，各类生产安全事故易发频发，处置难度大。传统和非传统的安全风险交织并存，自然灾害、事故灾难等相互叠加，安全生产形势复杂多变。大致来说，全省安全生产风险源主要集中在下述行业领域。

一是交通运输安全风险持续增长。近年来，全省人、车、路、流量等交通要素持续快速增长，截至 2019 年底，全省机动车保有量达到 2063 万辆，驾驶人员 2873 万人，同比分别增长 5.3%、5.2%，高速公路单日高峰出口流量达到 382 万辆，日均 185 万辆，同比增长 10%。公路密度、车辆数均居全国第一位。每天有 4 万多辆危化品运输车在省内行驶。全省水上航道总里程达到 2.36 万千米，常年有近 10 万艘船舶在江苏航行作业。长江岸线只占全流域的 1/7，但水上运输总量却占全流域的 75% 以上。全省海岸线达到 954 千米，3 个沿海设区市捕鱼高峰季节每天出海人数多达 10 万人，安全风险和监管压力巨大。

二是危险化学品安全风险易发多发。近年来，化工行业已经成为重特大安全风险事件发生的主要领域。全省化工（危险化学品）生产企业 3377 家（含危化品企业 1692 家），使用危险化学品从事生产的化工企业 1267 家（一般化工企业 418 家）、经营企业 24222 家（含仓储企业 58 家）。全省涉及重点监管化工工艺企业 1957 家，涉及重点监管危险化学品企业 2554 家，构成危化品重大危险源企业 1068 家。全省有储罐区企业 3782 家、罐区 5299 个、储罐 29972 个。城镇人口密集区范围内还有危化品生产企业 89 家，发生事故极易引发群死群伤。此外，2019 年长江散装液体化学品运输量达到 6900 万吨，居全国第一位，危险货物运输量占长江流域的 80%，水体污染风险极大。

三是矿山采挖安全风险相对集中。全省有7处生产煤矿，其中，5处采深超过地下800米，2处超过地下1000米，分别为孔庄煤矿、张双楼煤矿，最深处达到地下1186米。7处煤矿都是低瓦斯矿井，开采煤层都是易自燃或自燃煤层；煤层不同程度受冲击地压灾害威胁，具有强爆炸性风险。全省金属非金属地下矿山11座，存在水害、火灾和窒息等重大风险。

四是冶金工贸安全风险警钟长鸣。全省冶金等高危行业粉尘涉爆生产企业2784家，涉氨制冷企业832家，冶金煤气企业391家，主要风险集中在62家钢铁企业、61个煤气柜（重大危险源）。涉爆、涉毒有害气体、涉高温熔融金属等高风险生产工业和作业环节多，容易引发煤气泄漏、中毒、火灾、粉尘爆炸和高温液态进水外泄灼伤等重大事故。

五是建筑施工安全风险面广量大。全省有8.2万个筑工地、1.9万家建筑施工企业，从业人员近750万人，位居全国前列。房屋建筑总面积和轨道交通工程都占全国近1/10。

六是油气管道安全风险有备无患。全省共有化学品和油气长输管道531条，管线总长5831千米，城市燃气管线长达10万千米。通常来说，由设施老化引发的管道安全风险不多，主要集中在野蛮施工上。

七是消防安全风险环境复杂。全省高层建筑约6万栋，百米以上454栋；地下空间超过71万平方米，地铁运营里程达到530千米，大型商业综合体600多个，重大火灾风险较高；全省流动人口约2100万人，“三合一”、“多合一”、九小场所、群租房数量庞大。目前，举高消防车最高仅能达到101米。同时，地下工程建筑环境复杂、地铁交通人流稠密等，加剧了救援、处置困难。

三　江苏推进安全生产治理现代化的对策建议

对江苏来说，推进安全生产治理现代化没有现成答案、他山经验，相反，还要肩负起为全国探路，提供可复制可推广经验的使命。江苏必须在直面问题、研究问题的基础上，以巨大的担当精神，创造性地解决问题。要有“扛起一代人的历史责任”的自觉性，站在历史潮流与人民利益的高度上，树立安全发展的底线理念，以“人命关天，不能要带血的生产总值”为“一条不可逾越的红线”。

一是构建安全生产治理现代化的责任体制。责任体制是公共安全风险防范的灵魂，要构建“人人有责、人人尽责”的公共安全责任链。党政主要负责人是本地区安全生产第一责任人，部门主要负责人是本行业领域安全生产第一责任人。设立三级专业安全生产委员会，由省市县（区）政府分管负责人牵头。明确领导责任、监管责任、主体责任，构建覆盖党委和政府、综合监管部门和行业主管部门、中央企业和其他生产经营单位全方位的公共安全责任体系。建立科学的责任追究体系，全面落实党委政府的领导责任，细化落实部门的监管责任，强化落实企业的主体责任。对责任单位和责任人要一追到底，绝不姑息，以防止悲剧重演。

二是畅通安全生产治理现代化的执行机制。建立安全风险评估制度和重大安全风险源头防控制度。高危项目审批必须把安全作为前置条件，实行重大安全风险“一票否决”制度。健全对长江流域江苏段、沿海、内湖、内河沿岸危险货物安全风险监控体系。在“三定”方案中，明确承担安全生产和职业健康工作职责的内设机构和人员，确保“责有人负，事有人干”。对安委会成员单位和下级政府考核，采用“一票否决”制度。建立危险化学品安全监管联席会议制度。制定安全监管分类分级和属地监督管理办法，明确生产经营单位安全生产监督和管理主体。健全行政执法和刑事司法衔接制度，完善违法线索举报、案件移送与协查机制。

三是夯实安全生产治理现代化的基层基础。加强公共安全的监管执法，强化基层监管力量，提高公共安全防范的法治化水平。制定权力清单和责任清单，规范执法行为，强化责任担当。安监部门执法队伍要形成县（市、区）级、省级以上开发区全覆盖。创新执法方式，结合“镇村治理一张网”的有关要求，在乡镇（街道）推行派驻执法、委托执法、授权执法。保障基层执法物资充足。要按照标准，足额配备监管执法装备、执法车辆和应急救援车；统一执法标志标识和制式服装，配备便携式移动执法终端。

四是推动安全生产治理现代化的关口前移。公共安全风险防范有自身的规律，要从源头上管控风险、消除隐患，防止风险演变、隐患升级为重特大事故。加强日常公共安全风险的信息收集、分析和研判，安全监管、环保、交通运输、公安、住房城乡建设、水利、农业、卫生计生、气象等有关部门按照职责分工通报部门间掌控的重大公共安全风险信息。宁防十次空，不放一次松。强化源头治理、前端处理，把重大风险隐患当成事故对待。对安全环保不达标、危害人民生命安全的企业，必须坚决关停。

五是压实安全生产治理现代化的主体责任。全面确立企业是安全生产的责任主体，要承担主体责任。相关企业思想认识不到位、安全责任不明确、机制制度不健全、日常管理不严格、排查整改不彻底、教育培训不落实、考核奖惩不认真、应急处置不得力等，是公共安全风险事件多发频发的主要成因。要坚决压实企业主体责任，构建安全生产内控机制。要依法设置安全生产管理机构，配备安全总监、注册安全工程师等专职人员。建立健全隐患排查治理制度、重大隐患治理情况“双报告”制度。当出现可能导致突发公共安全风险事件的情况时，要立即报告主管部门。要制定企业层面的突发公共安全风险事件处置预案，确保应急响应有人指挥、流程科学、运行顺畅、措施得力。

六是实施安全生产治理现代化的重点领域专项整治。标本兼治，以铁腕治标为长远治本定基调、树标杆。健全“1＋27＋1”工作体系，对全省范围内的化工、危险化学品、冶金、矿山、危废固废、道路交通、水上交通运输、建筑施工、开发区、加油站、城镇地下管网、火灾防控、民爆物品等行业领域深入开展安全生产专项整治行动，从源头上防范压降重大安全风险，确保隐患见底、措施到底、整改彻底，系统提升本质安全水平，全面压降事故起数和死亡人数，有效压降较大事故，坚决遏制重特大事故。

七是健全安全生产治理现代化的应急响应机制。建立重大安全风险事件越级上报直通车机制。对于初判为特别重大或重大突发事件、可能引发大规模群体性事件的突发事件，可以越级上报，直接通报省委省政府相关职能部门。按照统一领导、分级负责，属地为主、协调联动，快速反应、科学处置，资源共享、保障有力的原则处置公共安全突发重大风险事件。负责突发事件应急处置的属地政府，应根据需要成立现场指挥部，负责现场组织指挥工作。参与现场处置的有关单位和人员要服从现场指挥部的统一指挥。快速调集应急救援队伍、负有特定职责的人员进场，并动员后备人员做好参加应急救援和处置工作的准备。高效调集应急所需物资和设备，做好应急保障工作。及时疏散、转移可能受到危害的人员，迅速对伤病员进行诊断治疗。根据需要及时、安全地将重症伤病员转运到有条件的医疗机构救治。

八是完善安全生产治理现代化的多元共治机制。通过政府授权发布、发新闻稿、接受记者采访、举行新闻发布会、组织专家解读等方式，借助电视、广播、报纸、互联网等多种途径，主动、及时、准确、客观向社会发布事件情况和应对工作信息。密切关注受事件影响地区市场供应情况及公众反应，严厉打击借机传播谣言制造社会恐慌、哄抢救灾物资等违法犯罪行为，加强对重要生活必需品等商品的市场监管和调控。做好受影响人员与涉事单位、地方人民政府及有关部门矛盾纠纷化解和法律服务工作，防止出现群体性事件，维护社会稳定。充分发挥应急监测队伍、公安消防部队、大型国有骨干企业应急救援队伍及其他相关方面应急救援队伍等力量的协同联动作用，分专业领域积极承担公共安全风险事件的应急监测、处置与救援、调查处理等任务。

大运河江苏段沿线环境治理存在的主要问题与对策

李　洁*

摘　要：江苏大运河文化带建设提出了“三个长廊”的目标，目前，大运河江苏段沿线生态环境质量明显改善，水质提升明显，大运河江苏段环境治理在取得一定成绩的同时，依然存在一些明显的问题，主要表现在干流污染负荷重，控制难度较大；支流区域水质达标率低，治理难度大；岸线资源开发利用情况不平衡，管理保护尚未形成合力。针对一系列环境治理上的问题，大运河江苏段沿线环境治理应秉持六大重点：一是强化生态空间的管控，二是着力建设绿色生态廊道，三是修复自然生态系统，四是强调流域水污染治理，五是提升生态风险应对能力，六是强化治理能力与方法现代化。相关对策措施包括：革新沿线种植方式与周边自然生态系统有机结合；重视滨水生态景观设计，系统规划沿河生态空间；改善河岸环境，塑造亲水空间；严格落实河长制，有效保障大运河生态环境；推进大运河沿线山水林田湖草一体化保护修复；严格限制环境排放，建立大运河生态环境预警机制；制定“一湖一策”保护方案，推进重点区域生态修复；加快推进大运河区域环境治理现代化建设。

* 李洁，江苏省社会科学院经济研究所副研究员、大运河文化带建设研究院办公室副主任。

关键词： 大运河江苏段 环境治理 保护与修复

党的十九大将“坚持人与自然和谐共生”纳入新时代坚持和发展中国特色社会主义的基本方略，指出“建设生态文明是中华民族永续发展的千年大计”，具有划时代的意义。大运河全长近3200千米，是我国古代创造的一项伟大工程，也是目前世界上距离最长、规模最大的运河。它蕴含流动着中华民族的历史基因，传承着中华民族的璀璨文明。习近平总书记多次做出重要指示批示，要求我们要保护好、传承好、利用好大运河这一祖先留给我们的宝贵遗产，要古为今用，深入挖掘以大运河为核心的历史文化资源。大运河江苏段是江苏珍贵的文化名片，她犹如一条光彩照人的翡翠项链，连接起江苏南北各市的文化瑰宝，让分布在江苏大地各具特色的文化资源融入“水韵江苏”的文化版图；大运河在全国是一条线，在江苏是一张网，大运河及其支线运河支撑起江苏13个城市共进取、共繁荣的发展愿景。江苏大运河文化带建设提出了“三个长廊”的目标，努力把大运河文化带江苏段建设成为“高颜值的生态长廊、高品位的文化长廊、高效益的经济长廊”，力争将大运河江苏段建成全国样板段、示范段。

一 大运河江苏段沿线环境现状

（一）大运河江苏段水质明显提升

严格落实沿河项目环境准入机制。根据运河的水质及水功能要求，结合水质现状，严把环评审批关，限制沿河布置的高污染、高能耗项目落地，从源头控制排污总量。进一步加大对重点工业企业的检查力度，对可能影响大运河水质的沿线涉及制药、化工、造纸、采选、制革、农药等重点行业，加大执法监管力度，及时查处环境违法行为，确保沿线企业实现稳定达标排放。全面实施河长制、断面长制，每月开展水质监测与评价，严格按照断面水质结果实施水环境区域补偿和奖励措施。加强大运河沿线集中式饮用水源地环境问题和风险隐患的排查，确保饮用水水源地的水质安全。大运河水环境质量稳步提升，2015～2019 年运河沿线 37 个省考断面优于Ⅲ类断面比例从 59.5% 上升到 78.4%，全面消除劣Ⅴ类断面，南水北调东线工程出省断面（山头、蔺家坝）水质稳定达到Ⅲ类。

（二）大运河江苏段生态修复效果显著

江苏重视大运河沿线生态环境建设，严格落实生态红线保护政策，禁止擅自调整生态红线区域边界，实施“一区一策”生态保护工程，限期清理不符合保护要求的建设项目。进一步加大对重点工业企业的检查力度。大运河沿线 11 市加强生态保护和建设，划定国家级生态保护红线面积 0.81 万平方千米，占区域国土面积的 10.43%。加快筑牢生物多样性网络，开展运河沿线生物多样性试点调查，初步建立生物多样性数据库，生态环境状况指数稳步提升。生态建设扎实推进，运河沿线建成水利风景区、水美乡镇乡村近 800 家。累计建成国家生态文明建设示范区 16 个、“两山”实践创新基地 2 个。淮安段里运河、宿迁段中运河、徐州段大运河和古黄河都被打造为风景秀美的景观河道；洪泽湖、骆马湖、白马湖加大退圩还湖、退渔还湖和对非法采砂清理整顿力度，再现旖旎风光；徐州境内潘安湖、安国湖、大沙河西等生态湿地成为新的城市名片；南水北调新建工程也逐渐成为运河沿线新的旅游热点。

二　大运河江苏段沿线环境治理存在的主要问题

（一）大运河江苏段干流污染负荷重，控制难度较大

大运河江苏段干流在苏南地区穿过镇江、常州、无锡和苏州四市，均为工业经济发达、乡镇经济繁荣的相对发达区域，城镇污水处理厂沿运河布置，生活污染物排放量大，且污水管网配套不完善、管网破损等造成的

生活污水直排问题仍然比较突出。苏中、苏北的扬州、淮安、徐州区域大运河沿线企业密度较高、工业污染物入河比重较大，工业废水尚未实现全部集中处理。此外，沿线乡村区域农业面源污染仍未得到有效控制，畜禽和水产养殖量大、分布区域广、粪污处理率低，化肥和农药的流失、养殖污水渗入或排入增加了河道水体的氮、磷污染负荷，水质污染状况不容忽视。

（二）大运河江苏段支流区域水质达标率低，治理难度大

大运河江苏段支流众多，沿岸城镇集中，部分地区污水收集系统尚不完善，雨污分流不彻底，一些污水处理厂处理效率低，污水管道渗漏严重、错接混接等问题突出。苏南运河穿过镇江、常州、无锡和苏州四大城市，域内水系复杂，污染物运输受到错综复杂的水流路径影响，流向复杂，横向交换明显，在汛期主要为承转湖西高地及太湖来水向长江泄洪，而在枯水季节则承转引江水向湖西区及太湖输送。受河网调节、季节丰枯、长江潮位、太湖洪水顶托以及沿江口门控制的影响，部分支流流向往复不定，增加了水污染防治的难度。苏北运河水质整体较好，但沿线化工、造纸、金属加工等传统重污染行业占比较高，工业污染物入河比重较大。农业面源污染依然较重，南水北调水质安全保障压力较大。大运河江苏段支流水质常年为Ⅳ～Ⅴ类，主要超标指标为氨氮、总磷、化学需氧量，达标率低且水质污染问题防控难度非常大。

（三）岸线资源开发利用情况不平衡，管理保护尚未形成合力

大运河江苏段沿线城市建设用地不断扩张，部分地区存在建设用地挤占河湖生态空间，甚至出现沿岸堤建设情况。部分河段还存在堆放垃圾、非法侵占水域等破坏运河生态健康的现象，对保障河湖生态安全构成威胁。运河岸线资源开发程度高，大量硬质化护岸建设造成生态系统功能明显弱化。河湖湿地呈退化萎缩趋势，洪水调蓄功能有所下降。苏南运河属高等级航道，码头、货场设施过度占用岸线，已消耗了大量有限的岸线资源，岸线利用率

高达81.5%，无锡段、苏州段更是高达92%。[①] 一些码头、货场区域未按防洪要求建设，影响工程安全；河道两岸护岸建设，造成河道硬质化和运河生态系统弱化。苏南运河管护执法监督呈现“多头分散”现象，不能形成合力。一些河道管理督查机制、问责机制尚不明确，岸线无序开发和利用现象比较突出。苏北运河沿线化工、造纸、金属加工等重污染企业较多，部分企业内部污水处理设施不符合要求，船舶污染物收集和处理设施不全，运河沿线地区截污管网不完善，苏北城市污水处理能力不足。大运河岸线资源开发利用缺乏统一布局，岸线集约化利用程度不高，影响行洪、输水、通航等功能发挥。

三　大运河江苏段沿线环境治理的思路

（一）管制与防控：强化生态空间的管控

优化滨河自然生态空间。确定一批自然生态空间，大运河江苏段主河道两岸各1000米范围内优化滨河生态空间，滨河生态空间内严控新增非公益性建设用地，实施滨河防护林生态屏障工程，在沿河两岸集中连片植树造林，加强植被绿化。大运河江苏段主河道两岸各2000米范围内划定为核心监控区，严格自然生态环境和传统历史风貌保护，突出世界文化遗产保护。核心监控区内实行负面清单准入管理制度，因地制宜制定禁止和限制发展的产业目录，强化准入管理和底线约束，严禁新建扩建不利于生态环境保护的工矿企业等项目。

（二）塑造线性绿色空间：建设绿色生态廊道

坚持“水—岸—城”三位一体推进大运河绿色廊道建设。牢固树立“绿水青山就是金山银山”的发展理念，着力推进大运河沿线生态环境与生

① 刘俊杰、高鸣远：《苏南运河水环境保护与思考》，《治淮》2017年第12期。

产发展、文化进步之间的和谐可持续关系，实现流域人与自然和谐共生、以人为本的现代化发展道路，以水为灵魂、岸为脉络、大运河沿线城镇为明珠，“水—岸—城”一体建设一条活力四射、魅力无穷的大运河绿色生态长廊。

（三）修复与再生：修复自然生态系统

推进生态系统保护。维护提升山水林田湖草生态系统功能，共同建设跨流域生态廊道、南水北调东线工程清水走廊。加强重要生态空间统筹治理，对大运河沿线的自然保护地、重要水源地等实行特殊保护制度。将大运河文化带区域内的重点湖泊、湿地等重要区域和生态敏感区域纳入生态保护红线，细化实施分级分类分区管控，实施严格保护，并根据实际情况动态优化调整生态保护红线区域，确保生态保护红线区域面积不减少、功能不降低。

（四）防治与保护：着力流域水污染治理

以系统思维和流域治理的理念，扎实推进大运河全流域水污染防治和生态环境综合治理。建立健全入河排污口排查、监测、溯源、整治等工作规范和监管体系，把依法查处偷排漏排的责任落到实处。狠抓工业污染防治，集中治理工业集聚区水污染，加快城镇污水处理设施建设与改造。强化城镇生活污染治理，推进农业农村污染防治，防止畜禽养殖污染，控制农业面源污染。加强船舶港口污染控制，积极治理船舶污染，增强港口码头污染防治能力。

（五）化解环境风险：提升生态风险应对能力

加强环境风险评估，强化工业园区环境风险管控以及船舶污染应急能力建设，提升大运河突发水环境事件省际联防联控和应急处置能力。对环境风险和隐患进行排查，制定环境风险应急预案，提高风险防控水平，落实应急预案中的要求。准确确定环境风险点，对环境安全隐患进行定期、定点检查，建立完善的风险排查档案，及时采取适当治理措施。

（六）环境治理现代化：强化治理能力与方法现代化

强化生态环境源头预防，加强生态环境监测评估与管理，加强环境执法机制和能力建设。实施严格、高效的环境法治，为生态文明建设提供可靠法律保障。要坚持节约优先、保护优先、自然恢复为主的方针，加快制度创新，增加制度供给，完善制度配套，强化制度执行。要坚守尊重自然、顺应自然、保护自然的原则，健全源头预防、过程控制、损害赔偿、责任追究的生态环境保护体系。强化法律和经济手段，比如绿色金融、环境税、排污权交易等市场化的工具，做好环境生态保护。

四　大运河江苏段沿线环境治理的对策和措施

（一）革新沿线种植方式与周边自然生态系统有机结合

积极实施生态农业技术，推动沿河草地生态恢复，推广持续利用模式，推广农林牧复合生态模式，联结不同产业或不同组分之间物质循环与能量转换的连接技术，如种植业为养殖业提供饲料饲草，养殖业为种植业提供有机肥，进一步挖掘农林、农牧、林牧不同产业之间的相互促进、协调发展的能力。发展设施农业，在设施工程的基础上以有机肥料全部或部分替代化学肥料（无机营养液），以生物防治和物理防治措施为主要手段进行病虫害防治，以动、植物的共生互补良性循环等技术构成新型高效生态农业模式。发展观光生态农业模式及配套技术，强化农业的观光、休闲、教育和自然等多功能特征，形成新型农业生产经营形式，发展高科技生态农业园、精品型生态农业公园、生态观光村和生态农庄等模式。

（二）重视滨水生态景观设计，系统规划沿河生态空间

从景观生态视角出发，设置景观建筑或者功能型建筑满足城市居民休闲、休憩、布景的功能。景观建筑设计与选择要保持与城市滨水绿地定位和

特点的统一性、协调性，一方面能够符合绿地的风格需求，另一方面能够衬托和增强滨水绿地的景观特点。在空间的设计上既要考虑外部开放性空间的景观，还要兼顾江河、湖泊等水面景观。充分重视自然生态群落与景观生态之间的协调性，重视自然植被的观赏性，并结合滨水绿地空间高低错落的地形以及模拟水系形成符合自然规律发展的典型地貌特征，例如，滩涂、湿地等，从而使人造景观与自然景观相协调，也为保护原始生态环境提供了保障。合理选择绿化植物类型。以具有较强观赏性功能的乔木树种为主，合理选择植物群落结构。滨水绿地景观应以不破坏原生态与地形地貌为基础，并结合滨水绿地周围环境与乡土植物，采取自然化以及模拟大自然生态群落结构的设计手法。滨水绿地道路景观，一方面要重视人性化，符合观赏者的观赏需求与交通需求；另一方面要保证既符合人性空间尺度，又不破坏原始自然生态。

（三）改善河岸环境，塑造亲水空间

结合中小河流（流域）治理河道综合整治等工程建设，积极开展沿河岸边绿化工作。实现省市县级河道标准堤防已全面绿化，积极开展县级以下河道边的“三化”整治工作，确保河道两岸宜林地段绿化率达 90% 以上。提升区域河段防洪标准，重点整治河堤堤身单薄破损，河岸脏、乱、差等现象，提升沿岸城镇品位和环境面貌。以河湖库塘清淤工作为重点，加大河边“三化”的整治力度，健全完善河边“三化”长效管理机制，不断提升农村水环境面貌。加大运河沿线排污口排查整治力度。按照“查、测、溯、治”的工作步骤和要求，综合运用卫星遥感、无人机航测和人员现场踏勘等手段，全面摸排运河沿线入河排污口底数。按照“一口一档”要求，全面建立排污口档案台账，加强排口在线监测，实施长效管理。严格控制大运河江苏段设置排污口，承担南水北调输水功能的大运河苏中苏北段禁止设置入河排污口，现有入河排污口予以拆除或者关闭。

（四）严格落实河长制，有效保障大运河生态环境

大运河流域各级政府落实河长办的机构设置与人员编制，强化河长的工

作职责，厘清河（湖）长组织、协调与督办的职能定位；政府财政部门保障河（湖）长的专项工作经费；强化河（湖）长制工作考核结果的应用，将各级河（湖）长考核结果纳入各级政府的年度绩效考核中。建立流域河（湖）长定期联席会商制度；完善河（湖）长制的司法联动工作机制，成立跨省界联合执法队伍。统筹各市涉水执法监察力量，整合和统一流域内执法标准和执法力度，加强联合执法监督，采取混合编组、交叉执法、巡回执法等方式，严厉打击涉河违法行为。高效开展污水整治，因地制宜建设城镇污水处理厂尾水生态湿地，进一步提高污水处理设施出水水质。加强城镇生活污水处理厂再生水利用设施建设，推动将城镇生活污水处理厂再生水、分散污水处理设施尾水用于河道生态补水，城市绿化、道路清扫、车辆冲洗、建筑施工等优先使用再生水，提高尾水再生利用率。

（五）推进大运河沿线山水林田湖草一体化保护修复

大运河文化带江苏段主河道两岸各 1 千米滨河生态空间内，严控新增非公益性建设用地，规划湿地公园、植物园、城市公园、森林公园等，主河道 2 千米范围内的核心监控区，突出世界文化遗产保护、大运河传统历史风貌保护，合理布局水利、环保、航运、旅游等基础设施。统筹规划、分期部署、分段实施、分类推进大运河文化带江苏段山水林田湖草生态一体化保护修复。根据生态系统退化、受损程度和恢复力，合理选择适宜的保育保护、自然恢复、辅助再生或者生态重建措施。按照精明增长的城市扩张原则，推进城市双修，建设海绵型城市，让城市与外围山水林田湖草形成完整的生态体系，将耕地、林地、草地整治与建设用地布局优化相结合，打造规模集中的连片生态空间；加强生态保护修复过程监测、效果评估和适应性管理，布局山水林田湖草一体化保护修复野外保护站点、监测监控点，建设保护修复监管平台。

（六）严格限制环境排放，建立大运河生态环境预警机制

推动流域水环境管理精细化和智能化，提升流域水质信息集成和大数据

分析水平及流域水质监控预警能力，构建集信息采集、管理、数值模拟、时空预警分析和网络信息发布等功能于一体的水环境评估及风险预警决策支持系统，进行水环境日常监督管理和监控预警，提升城镇污水综合处理能力。评估现有污水处理设施能力和运行效能，统筹优化污水处理设施布局，提升污水处理能力并做到适度超前，有条件地实施污水处理厂之间的管网连通与污水调度。进水化学需氧量（CODCr）浓度低于260mg/L或者生化需氧量（BOD5）浓度低于100mg/L的城镇污水处理厂，要制定并实施“一厂一策”系统整治方案，促使城镇污水处理设施建设由“规模增长”向“提质增效”转变。新建城镇污水处理厂执行《城镇污水处理厂污染物排放标准》（GB 18918－2002）一级A排放标准，积极推进太湖流域城镇污水处理厂在一级A排放标准基础上实行氮磷特别排放限值。利用现代化手段进行流域水环境质量评价、水质趋势分析、湖泊富营养化评价、水功能区达标分析、日常水质预测预报、突发水污染事故预测预警、历史数据查询与分析、智能报表以及信息发布等工作，为流域水环境管理决策部门提供定量、可视化的水环境信息。对断面水环境质量变差或存在完不成年度水质目标风险的，及时进行通报、预警，推动做好流域水污染防治工作，深入研究水环境质量下降原因，制订整改计划，并将整改计划落实情况及时向社会公开，主动接受社会监督。

（七）制定“一湖一策”保护方案，推进重点区域生态修复

推动重点矿山生态修复，组织大运河沿线地区废弃矿场和尾矿库整治。加强重点区域采煤沉陷区治理，出台鼓励和扶持政策，拓宽融资渠道，按照“宜耕则耕、宜林则林、宜草则草、宜水则水”的原则，逐步恢复生态。推动重点河湖生态系统修复，重点加强大运河范围内太湖、洪泽湖、骆马湖、高邮湖、宝应湖、邵伯湖生态系统修复，广泛开展退田还湖、退圩还河、生态补水等措施，恢复河湖水系的连通性。实施大运河和地下水超采区综合治理，推进河湖生态环境整治。通过加强节水、限采和外调水置换等举措，逐步实现地下水采补平衡。强化湿地生态系统治理修复，综合采取退耕还湿、

退养还滩等措施，修复湿地生态系统，加强对现有湿地保护，加快湿地生态系统的自然恢复进程。

（八）加快推进大运河区域环境治理现代化建设

加强大数据平台、人工智能、卫星遥感、无人机、无人船监测等高新技术在生态环境监测和质量管理中的应用，综合运用生态环境、气象、水文水资源、水土保持、生物多样性等数据资料，建立科学规范、富有效率的基础数据库，为科学治理大运河生态环境提供依据和支撑。建立生态环境部门与公安、人民检察院联合办案机制，严厉打击环境违法行为。严格落实大运河沿线排污许可证制度，探索实践项目环评、总量控制等源头预防与网格化监管、双随机抽查、环保信用评价等事中事后监管制度的有效融合，全面提升大运河地区污染治理和生态环境建设水平。

参考文献

郭立新：《新时代大运河生态系统治理机制与路径选择》，《经营与管理》2018 年第 8 期。

刘俊杰、高鸣远：《苏南运河水环境保护与思考》，《治淮》2017 年第 12 期。

王拯：《关于“十四五”时期加强大运河生态环境保护的若干思考》，《江苏科技信息》2020 年第 12 期。

吴志广、汤显强：《河长制下跨省河流管理保护现状及联防联控对策研究——以赤水河为例》，《长江科学院院报》2020 年第 9 期。

农村居民集中安置区社区治理现状、问题和对策

唐文浩　张　卫*

摘　要： 农村居民集中安置区的社区治理是实现农村治理现代化的重点区域。伴随着城镇化和农业规模化的内在要求，江苏农村集中安置居住规模日趋扩大。当前，全省农村集中安置区社区治理以党建引领、多元参与、标准服务、优化结构和文化建设为主要抓手，积极开展治理创新。但在此过程中，农村集中安置社区治理也暴露出治理主体定位不够清晰、运行机制不够通畅、社区居民的集体意识和归属感缺失等问题。基于这些问题，本文提出了明确社区治理主体角色定位、深化社会治理机制改革、强化社区治理文化建设等对策建议。

关键词： 农村　集中安置　社区治理

社区是社会治理的基本单元，而农村社区是农村社会治理服务的基本单元。在我国社会治理体系深化改革和乡村振兴战略实施的背景下，十九届四中全会提出“推进国家治理体系和治理能力现代化，构建基层社会治理新格局”的新要求。农村社区治理建设是实现基层治理现代化的重要组成部分。作为全国社会经济发展的先发地区，江苏农村社区数量较多，客

---

* 唐文浩，江苏省社会科学院社会学研究所助理研究员；张卫，江苏省社会科学院社会学研究所所长，研究员。

观要求创新基层治理方式的需求也相对较大。截至 2019 年底，江苏有 14203 个农村社区，其中，南京市高淳区、常州市新北区、张家港市三个县（市）区的农村社区成为全国农村社区治理实验区。在国家首批 115 个全国乡村治理体系建设试点县中，南京市江宁区、江阴市、邳州市、溧阳市、海门市、东台市、宿迁市宿豫区 7 个县（市、区）在列，数量居全国第二位。江苏社区治理创新成果已连续三届蝉联“中国社区治理十大创新成果”榜首，先后获评 12 个全国村民自治模范县（市、区），16 个全国村务公开民主管理示范县（市、区），南京市江宁区、太仓市、海安市曲塘镇、江阴市山泉村、盐城市大丰区恒北村 5 个全国农村幸福社区建设示范单位。伴随着城镇化的加快和苏北农房改造的推进，江苏农村集中安置社区数量迅速增加。在 2018 年启动的三年农村人居环境整治行动目标中，江苏将在 2020 年底建成 6000 个美丽宜居村庄、300 个省级特色田园乡村。新形势下，农村居民集中安置区社区治理已成为当前江苏农村社区治理的重中之重。

一　农村集中安置社区治理现状

农村集中安置是经济发展和农业现代化的客观产物。近年来，在第二、第三产业快速发展的现实背景下，随着新型工业化、信息化、城镇化、农业现代化进程的加快，江苏土地供应需求日趋增加。在当前国家土地政策的约束和农业规模化生产的引导下，农村土地尤其是苏北、苏中农村居住建设用地开始节约化使用，进而形成了成规模的农村集中安置社区。江苏农村集中安置社区主要包括单村拆迁安置和混合拆迁安置两种形态，即居住人员以原村村民为主和多村拆迁居民混居。当前，江苏各地围绕“农村社区治理服务是乡村治理体系的重要组成部分，建立健全党委领导、政府负责、民主协商、社会协同、公众参与、法治保障、科技支撑的现代乡村治理体制”的目标要求，根据地区实际，因地制宜，可以归纳为以下五个部分。

（一）党建引领以完善治理机制

党建是基层社会治理的核心。江苏在全省范围内的农村集中安置社区都进行了精细化组织安排，成立了基层党支部，并配套建立了社区党群服务中心。在此基础上，完善党组织领导的农村集中安置社区治理的体制机制。党建解决了农村集中安置社区治理机制协调以及嵌入能力不足的问题。具体而言，江苏农村安置社区的治理主要以重点突出社区党组织建设为抓手，深化党组织在居民自治、“政社互动”、“三社联动”和网格化治理中的核心领导地位，通过协调各方面利益诉求，不断优化安置社区治理机制。典型案例是江阴市实施了“1＋10＋N”党员联户工程，具体为1名先锋党员，联系10名左右党员，联系N户群众（一般不少于10户，可以年度为单位轮换）。其中，“1＋10”是联户党小组，先锋党员就是党小组组长，“1＋10＋N”就是以先锋党员为核心、党小组为单位、直接联系服务群众的党员联户基本单元，以此保证服务对象“无死角”，解决了农村集中安置后村民对于新环境不能及时适应和融入的问题，及时解决村民的个体现实困难。总体而言，推行党员联户“1＋10＋N”制度，不仅解决了基层党组织服务群众的纵深途径，也拓宽了党建引领完善农村集中安置社区的治理机制的通道。

（二）多元参与以完备治理体系

多元治理是社区治理体系的主要内容。江苏农村集中安置社区的治理主体主要包括政府部门、社区居委会、物业公司、社会组织和社区居民。当前，江苏农村集中安置社区都已架构了“决议层、执行层、监督层”三级治理体系。决议层主要涵括政府社区治理联席会、社区居民代表、社区协商议事会和社区“两委会”等，负责商议和决策安置社区的公共和公益事项。决议层主要是由社区党组织牵头、决议层主体参与，通过网格走访、民情联系卡、热线电话、民情采集箱等渠道，对安置社区居民反映的热点、难点和焦点问题，以及社区年度工作计划目标、为民办实事项目等进行民主协商。执行层包括社区居委会、社区工作站、社区服务中心、物业公司、社会组织，负责协商议事结果等各项社区工作的执行落实。在社区治理执行体系中，社区志愿者、楼栋长等都由社区居民担任，与社区居委会和物业公司、社会组织协同进行社区治理。监督层包括社区居务监督委员会、社区治理评议小组、社区居民代表大会以及社区居民等，主要监督评议社区治理工作成效和党风廉政建设。做到大事、小事让居民参与、监督和跟踪评议，保障居民参与社区的治理途径，进而完备社区治理体系。

（三）标准服务以健全治理网络

公共服务是治理网络的现实载体，而标准化则是公共服务普惠化和网络化的基础。江苏农村集中安置社区围绕服务规范化、均等化、科学化的标准化服务发展方向，规范服务内容、程序、制度等，促进社区治理网络的巩固和健全。根据《江苏省“十三五”时期基层基本公共服务功能配置标准（试行）》要求，全省农村集中安置社区多数是以城市社区标准化服务要求标准提供对应的公共服务，主要包括公共教育、医疗卫生、文化体育、社会服务、公共安全、生活服务、政务服务 7 个服务类别，细化出幼儿园、卫生服务站、文体活动中心、文体活动广场、社区居家养老服务、残疾人服务、综治中心、警务室、微型消防站、防灾避难场所、菜市场、快递点、爱心超市、便民服务中心、帮困基金 15 个具体服务项目。省级的标准化服务的配置要求是基本要求，在实际操作过程中，各地可根据自身社会经济发展现状，增加公共服务标准的种类或提高公共服务的执行标准。标准化的公共服务保障了社会治理网络的完整化。此外，江苏农村集中安置社区现已建立了功能齐全的一站式公共服务窗口中心，实行“开放式办公、一门式受理、一口清导办、全科式服务”的公共服务实体网络，解决治理半径的“一公里”的问题。

（四）优化结构以提升居民自治

社区治理结构是居民自治的保障。全省农村集中安置社区不断完善党领导下的农村基层民主自治制度，贯彻执行村务公开和村务监督有关政策规定，实现社区的资金、资产和资源监管的公开透明，确保社区各项工作在阳光下运行，提升农村基层社区治理效能。具体的做法：制定农村集中安置社区的自治章程，健全农村集中安置社区事务公开、监督等制度，提升社区居民自治水平，建立农村集中安置社区居民互助机制，规范农村集中安置社区民主协商制度，探索推进农村集中安置社区居民提案制度，充分调动农村集中安置社区居民参与积极性，切实增强拆迁安置居民的融入感。全省现已涌现“一委三会”“百姓议事堂”“掌上云社区”“社区天天乐”“睦邻议事坊”“马庄精神”等一大批基层社区自治的鲜活案例。溧阳市加强对集中安置社区的“百姓议事堂”建设，充分发挥其民事民议、民事民办、民事民评的社会功能，重点围绕依法及时化解基层矛盾纠纷、推进基层民主自治建设。海门市实施村民小组自治“1234”工作法，即融入 1 个红色基因（建立党小组），建立 2 项议事机制（村民小组议事会和村民自治理事会），明确 3 大职责内涵（村民小组长的矛盾调解、平安巡查和便民服务作用），推行 4 种微治形式（培育“微组织”、建立“微信群”、推行“微服务”、打造“微文化”），强化和创新新形势集中安置村民小组自治模式。此外，江苏已基本完成农村股份经济合作社建设，即村集体资产股份量化以股权形式分配至成员，保障集中安置居民的权益，确保集中安置社区的和谐稳定。

（五）文化建设以培育乡村文明

文化建设是农村社区治理的灵魂。农村集中安置社区的出现客观要求打破以往的社群文化，培育新型乡村文明，以适应新时代中国农村发展形势的内在要求。全省农村集中安置社区通过挖掘自身文化底蕴，运用乡村民约进行固化，解决了拆迁安置后既有的农村文明约束淡化的问题。例如，东台市施行了农村党员群众“文明行为积分制”，以德治扬正气，大力加强农村思想道德和公共文化建设，依托镇村新时代文明实践所（站），因地制宜开展各类文明实践活动，进一步提振农村精气神，弘扬乡村文明新风尚。溧阳以文化润村为抓手，大力推进百姓议事堂、如意小食堂、文化小礼堂、幼童小学堂、道德讲堂、心愿树爱心工作站“五堂一站”品牌建设，有效地重构了新时代乡村文明。邳州市大力推进“养成新习惯，塑造新民风，共建共享新邳州”三新主题实践，大力重塑乡村正气之风。此外，全省各地农村集中安置社区通过加强农村社区文化建设，践行新时代社会主义核心价值观，依法制定完善村规民约、居民公约，探索推进道德积分治理模式，发展各具特色的农村社区文化，培育安置社区居民的文明新风，促进社会治理效能的提升。

二　农村集中安置区社区治理存在的问题

由于农村拆迁集中安置打破了传统的地域、宗族、产业架构等村民原有生活模式，并且集中居住后存在社区人员构成复杂、社区居民素质良莠不齐、传统农村治理模式难以为继的客观现实，江苏农村集中安置社区治理水平在发展和提升的同时，也面临着挑战和问题，具体有以下五个方面。

一是社区治理主体定位不够清晰。在农村集中安置社区的“三社联动”治理过程中，财政支持是运行资金的主导来源，社会资金注入较少，导致政府介入过度，行政主导集中，阻碍和抑制了社会力量广泛参与社会治理。农村集中安置的社区居委会作为根植于社区的基层群众性自治组织，在“三社联动”的社会治理过程中理应发挥平台作用，充分吸纳社会各方面资源以服务社区居民。然而，当前集中安置社区居委会普遍存在行政化色彩浓厚的倾向，已成为基层政府的延伸办事机构。社区工作者除承担社区的基本工作外，还需要应付乡镇政府或街道办事处下派的大量协助事项，甚至直接帮助相关职能部门处理相应的行政事务。部分社区社会组织发育不够完善，倾向于紧密联系政府以获取资源支持。治理主体的角色定位不明导致农村集中安置社区社会治理难以高效运作。

二是社区治理运行机制不够通畅。现行户籍管理制度中，多村集中安置区的居民来源于以往不同自然村和行政村，由于土地归属于原村组集体所有，导致人户分离现象十分普遍。这样就形成了居民难以融入居住地的村民

（社区）居委会，原居住地的村民（社区）居委会难以有效提供服务平台，造成社区治理的低效运转。社区工作机制中，由于集中安置社区居民相对较多，传统的村居机构编制和薪酬体系安排已不符合现实要求，加上部分地区购买服务不够充分，社区工作面临人员短缺、工资待遇较低的窘境。在“工资待遇不高，工作任务烦琐压力大”的背景下，集中安置社区工作人员尤其是年轻工作人员离职现象十分普遍。此外，部分社区工作人员仍固守过去的村组管理理念，服务意识淡薄，创新意识不强，严重制约了集中安置社区的治理服务水平的提升。

三是社区居民的集体意识和归属感尚未形成。全省尤其是苏北、苏中地区现已大多实行跨村跨镇安置，农民集中安置区居民突破了以往传统农村的社会治理机理，形成源自经济制度的新型人员居住模式。由于居住人员来源于不同地域，个人居住“内核化”、群体联系“碎片化”、人际关系“干燥化”成为农村集中安置小区较为普遍的社会生态。传统村居的守望相助、出入为友和以邻为伴等极富人文关怀气息特征的生活共同体尚未形成。现代城市社区治理则需要居民树立社区意识和广泛的公众参与意识。农村集中安置社区是存在于传统村居和城市社区之间的过渡地带，这也造成了居民的社区意识和归属感相对薄弱，严重影响了社区治理的在地化实践。如何塑造符合集中安置社区治理要求的居民社区意识，建立共同社区价值认同等已成为当前社区治理的瓶颈。

四是社区公共服务供给效能不足。当前，全省大部分农村地区老龄化和空巢化问题加剧，农村集中区的社会治理参与主体也正面临年轻人流失问题，特别是苏北农村集中安置社区普遍存在社区工作者年龄偏大、学历偏低、能力偏弱以及后备力量薄弱的现象。在此社会背景下，全省农村集中安置社区虽大都建成了相应的社区服务中心，但是依然存在公共服务配套不足的困境。一方面，部分社区服务中心尚未有效运转，部分甚至存在“空转”，不能完全满足集中安置社区居民的需求。社区居民在获取公共服务时仍需再跑“一公里”，严重抑制了其内生需求，影响社区治理质量。比如，部分社区便民服务大厅功能完善，用于社区居民的健身室、儿童游乐室、棋牌室、公共阅览室等虽已挂牌，但是正常运行不足，甚至一些设施远离社区，造成了社区居民参与意愿较低，进而形成了社区治理的障碍。另一方面，全省农村集中安置社区试图通过购买服务来完善社区公共配置，但是由于地区社会经济发展差异较大，部分农村地区尤其是苏北农村地区社会组织的发育成熟度尚未与社会现实需求相匹配，突出表现在农村集中安置社区养老方面，由于全省正面临人口老龄化挑战，尤其是苏北地区空巢化问题严重，社会养老服务严重滞后于现实需求。由于社区公共服务供给体系无论是在类别设置上还是在效能上都处于低效率运行，社区治理的精细化运作也受到相应影响。

五是社区配套物业服务普遍缺位。全省部分农村集中安置区的居民依然保留着原有的农村生产生活方式，现代社区物业服务模式难以有效运转。当前，普遍缺位现象包括：粮食收获季节的小区内打场晒谷和晾晒堆放粮食；部分居民杂物乱放，将拆迁产生的废弃建筑材料、家里生活生产用品胡乱堆放在公共区域，部分地区甚至出现随意支锅砌灶；社区的保洁、保绿、保畅缺乏长效服务机制，“牛皮癣”广告到处张贴，乱搭乱建现象频发，在绿化带周边破绿种蔬等，管理扯皮现象比较严重；对物业服务机构监管缺乏，第三方评价机制尚未建成，物业服务严重不规范，协同社区治理的机制没有完全形成。物业服务缺位现象虽是在制度设计方面出现偏差，但深层次的原因是成熟的城市物业服务模式与农村集中居住安置区实际需求不匹配，现已影响到社区治理顺畅运行。

三　提升农村集中安置区社区治理能力的对策建议

农村集中安置区社区治理是农村治理现代化的重要组成部分。针对社区治理主体定位不够清晰、运行机制不够通畅、社区居民的集体意识和归属感缺失、社区公共服务供给效能不足以及社区配套物业服务普遍缺位等当前暴露出的问题，本研究提出了以下五方面的对策建议。

（一）明确社区治理主体角色定位，优化社区治理结构

农村居民集中安置区应围绕“规模适度、设施完善、服务精细、治理有序”的社区建设总体目标，根据社区居民人口构成情况，宜村则村，宜居则居，统筹推进农村集中安置区的新型社区建设工作，进而全面融入城乡社区治理体系，杜绝农村社区治理的“盲区”。在此过程中，农村集中安置区的社区治理要明确参与社会治理主体的角色定位。农村集中安置区社区居委会或村居委会要摆脱行政化色彩，在回归群众自治组织的基础上，真正实现服务社区的公共平台。进一步细化政府和社会组织参与社会治理的区域界定，实现在不缺位的前提下保证不越位。继而全省农村集中安置区根据地方实际，科学设立新社区的标准，建立社区党组织，选举产生社区自治组织。在社区治理结构方面，农村集中安置区要以“规范化建设、常态化治理、便民化服务”为导向。此外，农村集中安置区应全面深化“邻里自治”。根据农村集中安置社区的不同规模划定标准，以小区、组团或楼栋为单位，设立村（居）民自治小组，全面纳入属地村（居）治理。通过完善社区治理主体定位，优化社区治理结构，保障社区高度自治，进而实现农村集中安置社区治理内涵现代化。

（二）深化社会治理机制改革，提升社区资源配置效能

农村集中安置区的社区治理改革在根源上是社区资源配置的再次重组。解决集中安置社区治理的难点痛点还是要打破原有的农村社会治理机制瓶颈。在现有户籍管理体制下，积极引导社区居民参与自治，完善社区议事会和监管委员会运作机制，进而形成社区议事会议事、社区居民代表大会决策、社区居委会执行、社区监管委员会监督的全要素社区治理体系。此外，农村集中安置社区治理应在拓宽居民自治渠道上下功夫：一方面利用现代科技手段，实现社区与居民的双向畅通交流；另一方面，利用原有村居交流方式，例如社区公开栏、活动中心文化墙、文明大舞台等，让居民充分了解各项社区规章制度，以便更为有效地参与到社区事务管理中来，为社区治理献

计献策。在搭建自治和服务平台的基础上，农村集中安置社区应进一步优化公共服务购买机制，孵化和培育社区社会组织，为社区居民提供专业化、个性化和社会化的精准服务。在通过充分发挥社区社会组织、志愿者、专业社工、居民等各类社会治理参与主体作用的前提下，全省农村集中安置社区应进一步深化社区工作机制改革，逐步提升社区服务的专业化和社会化水平，科学设置社区工作人员编制和薪酬绩效考核机制，以此实现社区公共服务资源的最优配置，提升服务效能。

（三）强化社区治理文化建设，塑造居民公众参与意识

集中安置社区的社会文化建设是营造社区治理公众参与氛围的保证。农村集中安置社区由于改变了传统宗族、家庭等集中居住模式，需要形成新时代乡村文明实践来匹配现状。集中安置社区应以打造“相邻、相亲、相照应、互信、互助、不互扰”的“幸福邻里”社区治理文化为发展方向，将社区居民由“参与者”变为“服务者”，进而实现社区的共建共享共制。全省各地应进一步强化在集中安置区设立文明实践点，引导村居干部、文化志愿者、离退休老干部以及乡村贤能定期开展文艺活动，宣传国家方针政策，并继续推进如社区文明户评比活动、最美家庭评选活动等类似的社区文化建设，破解社区治理中的居民不理解、不理睬等难题。另外，农村集中安置社区应进一步塑造居民参与公众事务意识。传统的村民参与公众事务一般是“熟人”社会的内部机制安排，而作为“半熟人”社会的农村集中安置区的参与机制则与其不同，需要通过引导载体。一方面，集中安置社区要充分发挥党员带头作用，将党组织建设与社区治理融合发展，以此保证社区居民参与的基础；另一方面，安置社区要积极联系广大热心居民，以点带面，扩大社区居民参与的规模。社区文化建设和居民公众参与意识培育相结合，为农村集中安置社区治理现代化奠定了现实基础。

（四）补齐社区公共服务短板，保障社区治理精细运作

公共服务是社区治理的主要内容。农村集中安置社区的公共服务需求既

区别于城市社区，也区别于农村村居，具有个体化差异，在补齐公共服务短板时一定要充分考虑地方实际。例如，在农村空心化的背景下，集中安置区的医疗养老等涉及老龄化公共服务配套已成为提升社区治理精细化的短板。但是由于传统养老观念、经济原因等，部分地区集中安置社区养老机构、助餐点等公共服务提供难以维持。因此，在提升农村集中安置社区治理水平方面，政府要强化社区购买服务等社会化供给方式，鼓励支持集中安置社区公共服务设施建设，为社区居民提供科学合理可承受的公共服务。相较于城市社区提供的服务而言，政府要充分考虑到农村集中安置社区居民消费支付能力有限、传统观念较重等现实原因，提供公共服务要精准化和细致化，不能盲目贪大求快，一味地与城市社区公共服务接轨，以防社区居民排斥。此外，公共服务配套资源应进一步向社区居民下沉，强化集基本和非基本公共服务等功能于一体的集中安置社区服务站，增强社区综合服务功能。充分利用现代信息科技，实现农村集中安置区的社区治理向精细高效发展。

（五）创新社区物业配套模式，协同社区服务精准化供给

农村集中安置社区的物业配套服务模式创新是实现社区服务精准化的关键。当前，城市化社区的物业服务模式与农村集中安置社区的现实需求还存在一定的差距，彼此尚未完全融合。在农村社区向城市社区过渡的过程中，各级政府应抓住乡村振兴和田园乡村战略规划实施契机，以社区党组织为领导，社区居委会、业主委员会或物业管理委员会、物业服务企业三方协同治理为基础，充分试点创新集中安置社区物业服务模式。总体而言，全省各地可以根据农村集中安置社区的规模和社区居民代表大会的建议，设立不同的物业服务标准和模式。对于规模较大和居民要求较高的农村集中安置社区，政府应辅助其引进专业物业服务公司，以标准化合同进行作业，而对于规模较小或居民要求较低的集中安置小区，可以实行业主自治的办法。通过乡镇街道、村（社）居委会、村（社）居民代表大会和物业管理公司的合作与协商，解决当前农村集中安置社区存在的物业环境问题，进而实现社区服务精准化协同供给。

江苏慈善法治建设的现状、问题与建议

钱宁峰*

摘　要：　江苏慈善法治建设从立法入手，逐渐向慈善各领域不断拓展，形成了江苏特色的慈善法治体系。其具体表现为：慈善立法走向综合化，慈善执法不断细化，慈善领域打击违法犯罪工作得到加强，慈善普法力度加大。尽管江苏始终高度重视慈善法治建设，但是仍然需要进一步重视这方面的工作：一是在慈善立法框架下完善慈善制度，二是加大慈善监管力度，三是强化慈善执法活动，四是完善慈善法律程序，五是加强慈善法治体系评估。

关键词：　慈善　法治建设　江苏

慈善法治建设是慈善事业发展的重要组成部分。保障和维护慈善事业发展是慈善法治建设的基本目标。同时，作为一种特殊的领域法，慈善法治体系的构建是慈善法治建设的中心任务。江苏高度重视慈善法治建设，对慈善领域法治化问题进行了探索。当前，全国人大常委会正在对《中华人民共和国慈善法》（以下简称《慈善法》）进行执法检查，全面了解《慈善法》的实施情况，包括配套法律法规制定、慈善组织设立和发展、慈善募捐和捐赠、慈善服务、慈善信息公开、慈善促进措施制定及落实、慈善监管工作开

* 钱宁峰，江苏省社会科学院法学研究所所长，研究员。

展等情况。[①] 党的十九届五中全会通过的《中共中央关于制定国民经济和社会发展第十四个五年规划和二〇三五年远景目标的建议》指出，发挥第三次分配作用，发展慈善事业，改善收入和财富分配格局。这就明确了慈善事业的基本定位。慈善事业的发展离不开慈善法治的保障。这就需要对江苏慈善法治建设情况进行总结分析，进一步推动江苏“十四五”时期慈善法治建设工作。

一　江苏慈善法治建设现状

慈善法治建设是一个系统工程，包括立法、执法、司法和守法等各个层面，关系慈善主体、慈善法律关系和慈善责任分配等内容。江苏慈善法治建设首先从立法入手，逐渐向慈善各领域不断拓展，形成了江苏特色的慈善法治体系。

（一）慈善立法走向综合化

江苏慈善立法始终走在全国全列。一方面，在《慈善法》制定之前，江苏率先在全国制定综合性的慈善地方性法规；另一方面，江苏在全国也是最先开展地方慈善立法的。2010 年 1 月 21 日，江苏省人大常委会就通过了《江苏省慈善事业促进条例》，该条例于 2010 年 5 月 1 日起施行，开创了我国慈善立法先河。该条例分为第一章总则、第二章慈善组织、第三章慈善捐赠和募捐、第四章慈善救助和服务、第五章扶持和奖励、第六章慈善文化建设、第七章法律责任、第八章附则，共 60 条。2017 年 12 月 2 日，江苏省人大常委会在《慈善法》出台之后在全国范围内第一个出台实施性地方性法规，即《江苏省慈善条例》。该条例分为第一章总则、第二章慈善募捐和捐赠、第三章慈善信托、第四章慈善财产、第五章慈善服务、第六章信息公开

① 《全国人大常委会启动慈善法执法检查》，中国人大网，http：//www. npc. gov. cn/npc/c30834/202007/8265511f20d04c87b99eae0fee05d1ad. shtml。

和监督管理、第七章促进措施、第八章慈善文化建设、第九章法律责任、第十章附则，共70条。同时，与慈善活动相关的配套法规也不断完善。特别是在志愿服务立法过程中，增加了与慈善相关的条款。2020年6月16日，《江苏省志愿服务条例（修订草案）》第一次征求意见稿多个条款涉及与慈善相关的内容。该草案第25条规定，鼓励志愿服务组织依法申请认定为慈善组织。不具有公开募捐资格的志愿服务组织可以与具有公开募捐资格的慈善组织合作，依法开展公开募捐。第31条第一款规定，对在志愿服务事业发展中做出突出贡献、社会影响较大的自然人、法人和非法人组织，授予“江苏慈善奖”“五一劳动奖章”“道德模范”“青年五四奖章”“三八红旗手”等称号。这些条款明确了志愿服务组织和慈善组织、志愿服务活动和慈善活动之间的关系。值得注意的是，在新冠肺炎疫情期间，江苏省人大常委会于2020年2月8日通过《江苏省人民代表大会常务委员会关于依法防控新型冠状病毒感染肺炎疫情切实保障人民群众生命健康安全的决定》，其中规定，县级以上地方人民政府及其民政等有关部门，红十字会、慈善组织、医疗机构等有关单位，应当加强对受赠财物的规范管理，确保接收、支出、发放、使用及其监督全过程透明、公开、高效、有序。该决定对红十字会和慈善组织在疫情防控期间管理受赠财物提出了要求。这些地方性法规和决定为江苏慈善活动提供了法律依据。

（二）慈善执法规则不断细化

在加强立法的基础上，江苏各级政府及其部门不断细化慈善活动规范，完善执法规则。首先，江苏省积极出台慈善发展实施规划。2010年，江苏省民政厅、财政厅、人力资源和社会保障厅、卫生厅、慈善总会联合出台《江苏省贫困家庭儿童重大疾病慈善救助实施意见》。2014年，江苏省民政厅出台了《关于加强和创新全省慈善超市建设的意见》。2015年，江苏从省级层面出台了《江苏省政府关于促进慈善事业健康发展的实施意见》。其次，完善慈善工作机制。江苏省政府建立了江苏省慈善工作联席会议制度。联席会议由省政府分管副省长担任总召集人、省政府分管副秘书长和省民政厅主要负责人担任召集人，省委宣传部等 41 个部门和单位为成员单位。联席会议办公室设在省民政厅，承担联席会议的日常工作，由省民政厅分管负责同志担任联席会议办公室主任。联席会议联络员由各成员单位有关业务处室的负责同志担任。联席会议主要职能是：在省政府领导下，研究完善江苏慈善工作体制和机制，制定相关政策制度，适时向省政府提出工作建议；组织领导、统筹协调江苏慈善工作，推动部门间的沟通与交流；拟定年度工作计划，督查、考核成员单位和各地慈善工作落实情况，指导和推动慈善事业健康发展；建立慈善综合指标评价体系和区域慈善指数发布制度，发布年度慈善工作报告白皮书；加强慈善从业人员队伍建设，推动社会工作与慈善事业融合发展，弘扬志愿服务精神；完成省政府交办的其他事项。[①] 在此基础上，完善各级慈善工作协调机制。最后，完善慈善活动规则。2010 年，江苏省民政厅就印发了《江苏省慈善募捐许可办法》，对慈善募捐许可行为进行细化。2017 年，江苏省民政厅和中国银监会江苏监管局联合印发《江苏省慈善信托备案管理暂行实施办法》，对在民政部门备案的慈善信托进行备案管理。在慈善组织信用管理方面，2018 年，江苏省民政厅联合省信用办印发了《江苏省社会组织信用管理办法》。需要注意的是，江苏加强了慈善领域的行政执法工作。2017 年，江苏省民政厅制定印发了《江苏省民政厅行政执法程序暂行规定》《江苏省民政厅行政执法目录》《江苏省民政系统行政处罚裁量权基准暂行实施办法》《江苏省民政厅行政执法文书参考样式》，其中明确了慈善组织管理类行政处罚事项和裁量权基准。例如，根据苏州市民政局行政执法目录，慈善组织有 21 项，均为行政处罚，分别是：①慈善组织未按慈善宗旨开展活动；②慈善组织私分、挪用、截留或者侵占慈善财产；③慈善组织接受附加违反法律法规或者违背社会公德条件的捐赠，或者对受益人附加违反法律法规或者违背社会公德的条件；④慈善组织违反《慈善法》第十四条规定造成慈善财产损失；⑤慈善组织将不得用于

① 《江苏省政府建立慈善工作联席会议制度》，民政部网站，http：//www. mca. gov. cn/article/xw/dfdt/201908/20190800018751. shtml。

投资的财产用于投资；⑥慈善组织擅自改变捐赠财产用途；⑦慈善组织开展慈善活动的年度支出或者管理费用的标准违反《慈善法》第 60 条规定；⑧慈善组织未依法履行信息公开义务；⑨慈善组织未依法报送年度工作报告、财务会计报告或者报备募捐方案；⑩慈善组织泄露捐赠人、志愿者、受益人个人隐私以及捐赠人、慈善信托的委托人不同意公开的姓名、名称、住所、通信方式等信息；⑪慈善组织违反《慈善法》规定泄露国家秘密、商业秘密；⑫不具有公开募捐资格的慈善组织或者个人开展公开募捐；⑬慈善组织通过虚构事实等方式欺骗、诱导募捐对象实施捐赠；⑭慈善组织向单位或者个人摊派或者变相摊派；⑮慈善组织妨碍公共秩序、企业生产经营或者居民生活；⑯慈善组织不依法向捐赠人开具捐赠票据、不依法向志愿者出具志愿服务记录证明或者不及时主动向捐赠人反馈有关情况；⑰慈善组织弄虚作假骗取税收优惠情节严重；⑱慈善组织从事、资助危害国家安全或者社会公共利益活动；⑲将慈善信托财产及其收益用于非慈善目的；⑳未按照规定将慈善信托事务处理情况及财务状况向民政部门报告或者向社会公开；㉑具有募捐主体资格的组织未征得捐赠人的许可，擅自改变捐赠财产用途。这些涉及慈善组织的行政执法事项明确了行政处罚的实体条件。

（三）慈善领域打击违法犯罪工作得到加强

由于慈善领域违法犯罪行为始终是高发违法犯罪行为，江苏不断打击慈善领域诈骗行为，维护慈善秩序。江苏公安部门专门针对慈善诈骗行为进行专门提醒，并且将有关违法犯罪行为类型进行了归纳。①虚假短信诈骗。犯罪分子一般会发送短信息，主要内容为自身因病因灾急需用钱或是赴灾区救援急需资金类短信息。②假冒公益网站诈骗。犯罪分子会假冒某公益组织，设立非法钓鱼网站，或制作假冒的门户捐款页面，利用群众的爱心，骗取捐款。③虚假电话诈骗。谎称是相关公益组织的工作人员，以募捐爱心的名义，让大家为指定账户捐款。④网站发文诈骗。一些不法分子在网络论坛或博客以灾民的名义，发布灾区的情况，多数配有强视觉冲击力的照片，以激发民众的爱心，最后公布一个接受捐款的银行账号或者网上支付账号，骗取网民捐款。⑤网络回复诈骗。一些不法分子选择点击量大、影响力大的博客文章、论坛帖子、话题以及被网站作为经典推荐的新闻内容，通过回复信息，骗取资金或者物资帮助，又或是将读者引进钓鱼网站，实施诈骗。[①] 通过打击慈善领域违法犯罪行为，在一定程度上维护了慈善声誉。

（四）慈善普法力度加大

江苏高度重视慈善普法工作。一方面，重视《慈善法》的宣传。江苏各地通过各种形式宣传《慈善法》。例如，在2020年"江苏慈善周"期间，南京各地通过微信公众号、宣传手册等方式介绍《慈善法》。[②] 另一方面，加强江苏慈善立法的解读和宣传工作。在《江苏省慈善条例》通过以后，江苏省民政厅对该条例从制定新的慈善条例的必要性、规范公开募捐、规范个人求助、慈善信托备案、促进慈善事业发展措施和慈善文化建设5个方面进行了解读。[③] 江苏省民政厅还印发了《关于学习宣传贯彻〈江苏省慈善条例〉的通知》。通过积极宣传，树立慈善法治观念。

二　江苏慈善法治建设问题

尽管江苏不断强化慈善法治建设，但是慈善法治建设依然面临着诸多问题。这些问题虽然并不是江苏这个区域所特有的，但是也反映出慈善法治建设所面临的挑战。

---

① 《警惕以募捐为由实施的诈骗》，江苏公安厅网站，http：//gat. jiangsu. gov. cn/art/2019/6/24/art_ 6373_ 8369653. html。

② 《南京开启"中华慈善日"暨"江苏慈善周"系列活动》，《慈善公益报》2020年9月9日。

③ 《江苏省民政厅：〈江苏省慈善条例〉解读》，江苏省人民政府网，http：//www. jiangsu. gov. cn/art/2018/2/8/art_ 32648_ 7950246. html。

（一）慈善立法仍然存在进一步完善的地方

江苏慈善立法经历了从制定到修改的发展历程。特别是在《慈善法》出台之后，为了保证和上位法的对应，将《江苏省慈善事业促进条例》修改为《江苏省慈善条例》，反映了对慈善立法规律的基本认识。然而，江苏慈善立法实施情况仍然存在一些需要进一步完善的地方。一是立法规定原则性较强。《江苏省慈善条例》许多条款只是提出了具体要求，但是这些要求并没有严格的规定。虽然不少条款主要由上位法进行规定，但是过多的原则性规定反映了慈善立法缺乏刚性。与《江苏省慈善事业促进条例》相比较，《江苏省慈善条例》在一些规定上不够详细。这种立法技术虽然是由于《慈善法》本身已经做了较为详细的规定，地方立法本身不需要这么详细，但是可能给慈善立法执行带来一定的困难。二是立法条款落实不够到位。《江苏省慈善条例》所建立的一些制度并没有真正建立起来。例如，该条例第52条第一款规定，省人民政府民政部门建立慈善综合指标评价体系和区域慈善指数发布制度，定期向社会发布区域慈善指数。从目前掌握的情况来看，慈善综合指标评价体系是否建立不甚清楚，区域慈善指数是否发布也无从查阅。上述两个问题在全国慈善立法过程中也存在。有学者认为，《慈善法》存在四个方面的不足：一是《慈善法》中的有些规定用词不太准确，容易引起歧义；二是《慈善法》中的有些规定存在不完善的地方，容易出现实施困难；三是《慈善法》的“法律责任”部分存在不分情节、自由裁量权过大的情形；四是《慈善法》应该规定而没有规定的内容。① 这些问题在很大程度上与慈善立法条款较为抽象有关。虽然慈善立法不可能做到面面俱到，但是地方慈善立法在《慈善法》的指引下应该更为细致。

（二）慈善违法犯罪行为依然层出不穷

尽管随着慈善法制的建立，慈善组织和慈善行为逐渐走向规范化轨道，

---

① 王涛：《〈慈善法〉的立法理念、制度创新和完善路径》，《法学论坛》2018 年第 1 期。

但是慈善违法犯罪行为依然层出不穷，尤其是利用慈善名义进行违法犯罪的案件层出不穷。例如，2017 年，江苏丰县警方抓获了犯罪嫌疑人孟某，其本为某公益协会会员，在参与公益事业过程中发现有利可图，盗窃爱心捐赠箱。[①] 又如，2018 年，江苏省南京市公安局高淳分局在“净网 2018”专项行动中捣毁一个利用微信实施电信诈骗的职业犯罪团伙，抓获犯罪嫌疑人 11 名，涉案金额近 300 万元，其中就有利用慈善名义进行的犯罪行为。[②] 同时，江苏司法机关也强化有关违法犯罪行为的责任追究。2017 年 1 月 25 日，针对章某某利用互助平台进行传销犯罪行为，江苏无锡梁溪区检察院以组织、领导传销活动罪对章某某提起公诉。2017 年 3 月 1 日，法院以组织、领导传销活动罪处章某某有期徒刑十个月，并处罚金。[③] 虽然这些慈善违法犯罪案件仅仅是个案，但是慈善常常成为违法犯罪的利用目标。正因为如此，有学者认为，“在慈善事业飞速发展的近十年里，慈善领域犯罪的发展也经历了犯罪规模由小及大、犯罪类型由分散到集中的过程，从所侵犯的犯罪客体看，慈善领域犯罪在这一时期类型化的特征逐渐清晰，形成了以侵犯财产类犯罪、破坏社会主义经济秩序类犯罪、贪污贿赂类犯罪、危害国家安全类犯罪为主的慈善领域犯罪类型图谱”[④]，这也表明慈善法律秩序的建立仍然需要不断努力。

（三）互联网慈善活动仍然需要规范

随着互联网技术的发展，慈善活动逐渐从线下走向线上，从而拓展了慈善事业发展空间。但是慈善互联网化的发展在给慈善法治带来新的机遇的同时，也出现了新的问题。尽管慈善立法对互联网领域慈善募捐进行了规范，

---

① 《慈善公益工作人员动邪念盗窃爱心捐赠箱被抓》，中国江苏网，http：//jsnews. jschina. com. cn/xz/a/201703/t20170315_ 221557. shtml。

② 《以返还慈善款等设骗局诈骗 300 万元 11 人落网》，《法制日报》2018 年 12 月 26 日。

③ 《“互助平台”实为假慈善真传销》，江苏检察网，http：//www. jsjc. gov. cn/yaowen/201801/t20180115_ 250825. shtml。

④ 刘圃君：《慈善领域犯罪的时代发展与刑法应对》，《东北大学学报》（社会科学版）2018 年第 1 期。

采用限制网络平台发布募捐信息的方式，此种做法虽然规范了互联网慈善募捐行为，但是也在一定程度上影响了互联网慈善活动的发展。2018 年，江苏开始建立统一的江苏慈善网络信息平台，该平台由江苏省慈善总会与民政部首批指定的网络募捐平台“公益宝”合作创建，该平台可以通过江苏省慈善总会和微信端的在线网络捐款通道同步实现线上捐赠功能，为捐赠人设立终身电子爱心档案，还可以为个人和企业在线设立冠名基金。此外，捐赠人可通过善款捐赠、拨付公示专栏查询，追溯每一笔项目资金。这一平台的建立将有助于提供权威的互联网慈善平台。需要注意的是，慈善活动不仅仅是慈善组织的事务，从某种意义上说，所有组织和个人均有做慈善的可能性。例如，在疫情防控期间，江苏共青团创新推出了基于手机端开发的“苏青益筹”网络募捐平台。该募捐平台显然体现了互联网募捐的开放性。也就是说，虽然立法对网络募捐信息发布平台进行了限制，但是不同组织仍然可以开发出自己独立的互联网募捐平台。因此，互联网慈善活动应该形成一定的操作指南，并逐渐朝着开放化发展。

（四）民法典时代慈善法治建设存在新课题

从历史来看，慈善活动是重要的民事行为，慈善组织是重要的民事组织。为了规范包括慈善组织在内的各类社会组织，我国先后制定了《基金会管理条例》、《民办非企业单位登记管理暂行条例》和《社会团体登记管理条例》等。2020 年，在第十三届全国人民代表大会第三次会议上，《中华人民共和国民法典》（以下简称《民法典》）正式通过，并于 2021 年 1 月 1 日起施行。尽管该法并没有直接涉及慈善活动，但是其诸多规定均可能与此有关。对此，有学者认为，《民法典》可能对公益行业产生重要影响的章节和条款主要包括非营利法人、不同类型公益组织职能、赠予合同撤销、禁止公益目的非营利法人抵押或担保、法人名称权转让、反性骚扰等。[①] 虽然公益行业并不局限于慈善活动，但是《民法典》的颁布实施对慈善法治建设

---

① 《何国科：民法典是保护公益组织和公益人的“铠甲”》，《公益时报》2020 年 6 月 8 日。

必然产生重要影响，特别是在慈善组织形式方面，虽然目前在慈善立法中将慈善组织作为一种类型来看待，但是并不是只有慈善组织才能开展慈善活动。这就需要深入研究民法典时代的慈善法律新课题。

三　江苏慈善法治建设建议

慈善活动关系国家和社会各个方面，特别是其具有浓厚的道德色彩，因此，慈善法治体系构建既要充分考虑到法律问题，也要关注道德问题，使慈善活动始终在法治化轨道上运行。要实现这一目标，必须根据形势，解决新问题，把握好慈善领域的私人领域和公共领域之间的关系，加强慈善法治建设。特别是要在江苏“十四五”规划过程中，强化发展慈善事业的法治举措。这就需要江苏始终高度重视慈善法治建设，构建适应新形势需要的慈善法治体系，完善慈善法治建设制度，提升慈善法治建设水平。

第一，在慈善立法框架下完善慈善制度。目前，随着中央和地方慈善立法的出台，慈善法律体系逐渐完善。但是，慈善制度需要进一步落实。这就需要从以下方面入手。一是加强慈善地方性法规的配套法规规章制定。在《慈善法》和《江苏省慈善条例》的基础上应该进一步细化相关规定。可以考虑制定省级慈善规章，从政府层面规范慈善行政管理。二是根据立法条款完善慈善制度。江苏慈善立法创设了许多新的制度，如慈善综合评价指标体系、区域慈善指数、第三方评估等，这些制度虽然在立法中已经明确，但是仍然没有建立相应的制度机制，需要予以填补。三是出台慈善活动规范指引。尽管慈善立法已经做了明确规定，但是要予以落实必须进一步细化相关办理流程，如慈善组织认定流程、慈善募捐信息发布流程等。例如，2020年6月17日，徐州市民政局印发《徐州市慈善活动指引》，形成全省首个指导慈善活动实施的标准化文件，该指引明确规定了慈善活动的术语和定义、活动原则、活动指引、活动实施与宣传、项目管理、志愿者管理、慈善募捐、信息公开与舆情应对、质量控制和服务保障等开展慈善活动时需要遵循的工作规范与流程。[①] 只有在立法框架下推动慈善活动标准化，才能构建慈善活动规范体系。

第二，强化慈善监管。尽管随着慈善组织的规范化，对慈善组织的监管力度越来越大，但是，从江苏社会组织监管情况来看，不少慈善组织被撤销登记的情形较多。例如，江苏真昌和关爱儿童基金会未按规定接受 2013 年、2014 年、2015 年和 2016 年基金会年度检查，违反了《基金会管理条例》第 36 条和《基金会年度检查办法》第 3 条的规定。依据《基金会管理条例》第 42 条第一款第（五）项和《基金会年度检查办法》第 11 条的规定，江苏省民政厅决定对江苏真昌和关爱儿童基金会作出撤销登记行政处罚。[②] 又如，江苏省华茂老年福利基金会、淮安市廉租房爱心基金会未按规定接受 2013 年、2014 年和 2015 年基金会年度检查，违反了《基金会管理条例》第 36 条和《基金会年度检查办法》第 3 条的规定。依据《基金会管理条例》第 42 条第一款第（五）项和《基金会年度检查办法》第 11 条的规定，江苏省民政厅决定对江苏省华茂老年福利基金会、淮安市廉租房爱心基金会作出撤销登记行政处罚。[③] 再如，江苏龙河扶贫帮困慈善基金会、启东正谐爱心助学基金会、苏州市沧浪区慈善基金会、苏州市金阊区慈善基金会、射阳县慈善基金会未按规定接受 2013 年、2014 年和 2015 年基金会年度检查，违反了《基金会管理条例》第 36 条和《基金会年度检查办法》第 3 条的规定。依据《基金会管理条例》第 42 条第一款第（五）项和《基金会年度检查办法》第 11 条的规定，江苏省民政厅决定对江苏龙河扶贫帮困慈善基金会、启东正谐爱心助学基金会、苏州市沧浪区慈善基金会、苏州市金阊区慈善基金会、射阳县慈善基金会作出撤销登记行政处罚。[④] 上述情

---

① 《徐州开展慈善活动有法可依》，《老年周报》2020 年 6 月 26 日。

② 《江苏省民政厅对 14 家社会组织作出撤销登记行政处罚》，民政部网站，http：//www. mca. gov. cn/article/xw/dfdt/201809/20180900011315. shtml。

③ 《江苏省民政厅对 14 家社会组织作出撤销登记行政处罚》，泰州市民政局网站，http：//mzj. taizhou. gov. cn/art/2018/3/5/art_ 2535_ 1636661. html。

④ 《江苏省民政厅对 8 家社会组织作出撤销登记行政处罚》，江苏省民政厅网站，http：//mzt. jiangsu. gov. cn/art/2018/1/15/art_ 55002_ 7389730. html。

形均为2018年省民政厅作出的行政处罚。这说明很多慈善组织没有按照法律法规规定开展活动。由于公益慈善类社会组织属于直接登记事项，这就需要强化对慈善组织的监管，推动慈善组织合法合规开展活动。要围绕社会信用体系建设，既要加大慈善捐赠信用信息共享力度，也要针对慈善失信行为建立“黑名单”制度。特别是对于被撤销登记的慈善组织及其负责人建立相应的监管措施，防止不当利用慈善组织名义影响慈善声誉的行为发生。

第三，强化慈善执法活动。由于不少社会组织并没有按照法律法规进行登记，非法社会组织从事慈善活动的情形不在少数。2018年，根据民政部、公安部联合开展打击整治非法社会组织专项行动的总体要求，江苏省依法取缔了8家非法社会组织，劝散44家非法社会组织，有6家组织未经登记，擅自以社会组织名义开展活动，涉嫌为非法社会组织。① 其中就有以慈善名义出现的社会组织。对于不按照规定登记或者检查的慈善组织，在执法上仍然存在一定的难度。特别是在募捐领域，慈善执法工作难度更大。一是难以进行有效监管。对于未经许可或未报备而擅自开展的募捐活动，民政局难以通过有效渠道事先获得相关信息，往往是在相关活动开展后才知晓，对于这些活动民政局难以实施有效监管；对于有官方背景的慈善机构，尤其是中央、省级主管的慈善机构开展募捐活动时，难以有效监管。二是难以开展执法查处。对于上级部门的慈善机构进行的募捐活动，即使检查到有违法行为，也有较大的执法难度；对于救灾救急、社会关注的募捐活动，违反《基金会管理条例》须进行查处，查处的舆论压力非常大；对于发起人不在本地的募捐活动，如外地慈善组织、网络募捐活动，难以执法。② 尽管其仅涉及某一地方慈善执法问题，但是具有一定的普遍性。对此，江苏应该明确不同类型慈善组织执法标准化指引，细化不同情形下的慈善执法工作。与此

① 《江苏省民政厅集中公布一批非法社会组织名单》，央广网江苏频道，http：//js. cnr. cn/2011jsfw/syyw/20181102/t20181102_ 524402746. shtml。

② 《广州市募捐条例评估报告》，载王振耀主编《以法促善：中国慈善立法现状、挑战及路径选择》，社会科学文献出版社，2014，第295～296页。

同时，要加大遵纪守法慈善组织的表彰奖励力度，树立慈善组织守法典型和做法，增强慈善组织慈善法律意识。

第四，完善慈善法律程序。江苏在慈善活动中高度重视慈善法律程序建设。早在2006年，江苏慈善总会根据《江苏省慈善总会章程》就制定了《江苏省慈善总会救助管理办法》，包括救助原则、救助范围、救助对象、慈善救助项目实施程序、救助监督，其中慈善救助项目实施程序包括立项、申请、审批、救助四个程序。2010年《江苏省慈善事业促进条例》通过之后，江苏省民政厅又出台了《江苏省慈善募捐许可办法》，从程序角度规范慈善募捐行政许可行为。对此，有学者认为，“整体而言，《江苏省慈善事业促进条例》《江苏省慈善募捐许可办法》以慈善为语境，对需要进行许可的慈善募捐活动、申请募捐许可的组织需具备的条件、提供的材料，各级县、市、省级民政部门的管理分级以及慈善募捐许可期限及其变更等作出了程序性规定，是贯彻实施《行政许可法》《政府信息公开条例》，地方民政部门推进民政许可工作法制化的积极尝试”①。2020年，江苏省民政厅根据《慈善法》《慈善组织认定办法》印发《江苏省慈善组织认定办事指引》，从程序上规范慈善组织认定工作。其包括认定对象、申请条件、相关材料准备、决策申请、章程核准及慈善组织认定。因此，慈善法律程序已经成为江苏慈善法治建设的重要组成部分。由于慈善立法通常原则性条款多、政策性强，需要慈善法律程序的有效配合。这就需要江苏不断强化慈善法律程序建设，通过程序落实慈善立法，规范慈善活动。

第五，加强慈善法治体系评估。随着慈善立法的展开，慈善立法评估也成为慈善立法的重要组成部分。江苏有些地方围绕《慈善法》执法情况进行了检查，体现了对慈善法治建设的高度重视。例如，苏州市人大常委会《中华人民共和国慈善法》执法检查组于2018年12月27日在苏州市第十六届人大常委会第十六次会议上作了《关于检查〈中华人民共和国慈善法〉贯彻实施情况的报告》。但是，从目前来看，无论是2010年《江苏省慈善

① 蔡科云：《中国慈善募捐法制建设研究》，中国社会科学出版社，2017，第173页。

事业促进条例》，还是2017年《江苏省慈善条例》，在出台实施以后始终没有进行立法评估。同时，从苏州市执法检查报告来看，由于其仅限于立法评估，难以了解慈善法治体系总体情况。因此，江苏在慈善法治建设过程中，要充分发挥法治评估手段的重要作用，从立法、执法、司法和守法四个方面对江苏慈善法治体系构建和实施情况进行科学评价，从而推动江苏慈善法治建设。

江苏干部群众党史新中国史教育的现状及推进途径

崔 巍*

摘 要：近年来，以习近平同志为核心的党中央高度重视意识形态工作，而对广大干部群众进行党史新中国史教育则是这一工作的一个重要组成部分。党的十九届五中全会为党史新中国史教育工作提供了新的精神动力。江苏省委省政府认真贯彻执行习近平总书记的指示，对全省的党史新中国史教育工作进行了周密部署和深入落实，使党史新中国史教育工作取得了重要进展。在建党100周年和全面建成小康社会之际，我们要总结经验，巩固已经取得的成绩，借鉴兄弟省市好的做法，使江苏广大干部群众的党史新中国史教育工作更加适应新的形势和环境，在更高的起点上让这项十分重要的工作深入开展下去。

关键词：意识形态　党史新中国史教育　干部群众　江苏

党中央历来高度重视意识形态工作。习近平总书记在“八一九讲话”中指出，经济建设是党的中心工作，意识形态工作是党的一项极端重要的工作，这为全国意识形态和教育工作者指明了方向。党的十九届五中全会通过

* 崔巍，江苏省社会科学院历史研究所研究员。

的《中共中央关于制定国民经济和社会发展第十四个五年规划和二〇三五年远景目标的建议》为我们绘制了宏伟的奋斗目标。而对广大干部群众进行党史新中国史教育（以下简称“党史国史教育”）则是意识形态工作的一个十分重要的方面。开展这一教育的目的就是要使广大干部群众更多了解中国共产党领导和带领中国人民进行艰苦卓绝的革命和建设的历程，从而树立正确的历史观，增强党的凝聚力和战斗力，让广大干部群众更加紧密地团结在以习近平同志为核心的党中央周围，为夺取全面建设小康社会的胜利，贯彻十九届五中全会精神，实现“两个一百年”奋斗目标而不懈奋斗。江苏省委高度重视对广大干部群众进行党史新中国史教育。在省委和各级党委的周密部署下，江苏省的党史国史教育工作已经取得了很大进展。全省基本形成教育体系，探索出许多好的做法。目前，在新的起点上把这一工作继续向前推进是我们面临的一项非常重要而又紧迫的工作。

一　江苏党史国史教育的现状

江苏是中国共产党在国内最早开展活动的区域之一。新中国成立前，党组织在江苏境内的革命活动贯穿于建党时期、大革命时期、土地革命战争时期、抗日战争时期和解放战争时期。可以说，江苏儿女的奋斗为中国新民主主义革命的胜利和新中国的建立做出了不可磨灭的贡献。新中国成立后，江苏的经济社会发展一直走在全国前列，不管是在新民主主义社会时期、社会主义事业的探索时期、改革开放时期，还是中国特色社会主义进入新时代的今天，江苏儿女都为国家的整体发展进步贡献了自己的智慧和力量。2019年，江苏的地区生产总值达到99631.5亿元，[①] 排名为国内省级行政区第二。此外，江苏的科教文卫及交通事业的发展也是有目共睹的。江苏之所以能够取得这样的成就，除了省内有着坚实的物质技术基础之外，江苏的爱国

① 江苏省统计局：《2019年江苏省国民经济和社会发展统计公报》，《新华日报》2020年3月3日。

主义和革命传统教育（党史国史教育是其重要的组成部分）给全省广大干部群众提供了强大的精神动力也是重要的原因。因此，在江苏人民与全国人民一道深入贯彻党的十九大和十九届二中、三中、四中、五中全会精神，迎接建党 100 周年，并全面建成小康社会之际，认真总结党史国史教育现状，并找到继续深入推进的途径，是一项意义重大、影响深远的工作。

经过多年的发展，江苏的党史国史教育体系已经日臻完善。在行政系统方面，省委机构中有省委宣传部及省委党史办，在省委宣传部的统一部署下，省党史办统筹全省的党史研究工作。各个市县也有宣传部及党史办，一些市辖区也设立了党史办。新中国成立后，党史与国史的关系更加紧密。从一定意义上说，党史就是国史，国史也是党史。因此，对于新中国成立之后的历史，党史办的研究内容融合了党史和国史的各个方面，形成既互相贯通，又有所区别的研究格局。党史办拥有一批政治觉悟高、学术造诣好、作风优良的研究队伍。经过多年耕耘，他们推出了很多高质量的研究成果，为继续深入开展党史国史的研究教育提供了丰富的素材和学理。此外，党史办还可以起协调作用，整合其他部门共同做项目。强强联合的结果很可能就是出更多的精品力作。这些精品力作不仅会推进学术研究，而且为全省深入开展党史国史教育提供了更多更好的教学内容。

高校、党校及社会主义学院是开展党史国史教育的另一个重要渠道。该渠道的教育对象主要是高校师生、省内的广大党员干部和各民主党派和无党派人士。近年来，为加强针对学生的思想政治教育，各高校都恢复设立了马克思主义学院，大大强化了对学生的政治理论教育，其中党史国史教育是重要组成部分。“中国近现代史纲要”是本科生的必修课，其中党史国史内容占很大比例。党校和社会主义学院也在对党员干部及民主党派人士及无党派人士的政治轮训中开设了有关党史国史的课程。该渠道的受教育者基本上是文化层次较高的人员，他们有着较高的文化素养。因此，对这些人开展党史国史教育的教育水平也是很高的，不是简单重复史实，而是把史实提高到理论的高度，是从党史国史中汲取精神营养，提高高校师生、党员干部和各民主党派人士和无党派人士的理论水平，进而提升他们对党的向心力，增强党的凝聚力和战斗力。高校、党校和社会主义学院既是教育教学机构，也是学术研究机构。它们在对学生学员进行党史国史教育的同时，也把党史国史作为研究对象，搞项目研究。有的时候，学生学员也会参与到一些研究项目中去。这样就在一定程度上形成了师生互动的格局。同时，一些学生学员也会对党史国史的研究和教学提出一些自己的看法，有些看法确实具有建设性，并被采纳应用到党史国史的研究中去。这就逐渐形成了教学、科研互相促进的格局。由于省内的高校、党校及社会主义学院大多是省属、市属的，其研究课题也大多与本省的党史国史有关。这也是国内各地方党史国史教育科研的一大特点，江苏对此也不例外。

青少年是祖国的未来，对青少年的教育是党史国史教育非常重要的组成部分。让中小学生群体树立正确的人生观和世界观，成为中国特色社会主义事业接班人，是我们教育事业的根本宗旨之一。据统计，截至 2019 年，江苏全省有普通高中教育阶段在校生 105 万人，普通初中教育阶段在校生 242.5 万人，小学教育阶段在校生 572.6 万人。[①] 对这一群体进行党史国史教育的重要性不言而喻。在中小学阶段，校内党史国史教育主要分两个部分。一是纳入教材体系的教育。如小学生有“道德与法制”课程，其中就有党史国史的内容。从初中开始，历史成为学生的必修课。在历史课的中国现代史的内容中，党史国史占有很大篇幅。学生们通过学习，能够基本了解中国共产党领导中国人民进行革命和建设的历程，对党史国史的基本发展脉络有了初步的认识。此外，在中小学的语文课本中，也选取了不少革命历史题材的好文章。有的是介绍老一辈革命家生平事迹的，有的是宣传英雄模范人物的，还有的是讲解我们党的战斗历程的。如部编教材小学二年级语文就有《邓小平爷爷植树》的课文。语文课上的这些文章配合道德与法制及历史课的教学，加强了针对中小学生的党史国史教育。除了课纲课本上的教育之外，有些学校还开发了本校的校本课程或特色班级，以学校所在地的党史

① 江苏省统计局：《2019 年江苏省国民经济和社会发展统计公报》，《新华日报》2020 年 3 月 3 日。

国史及其模范人物的事迹作为教育内容。如全国高校及中小学校就有许多被命名“周恩来班”或“邓颖超班”的班级。一个典型的例子是，南京市梅园新村是周恩来工作、生活和战斗过的地方，附近的梅园中学（现为南京市玄武区高级中学）就有班级被命名为“周恩来班”。[①] 除了在校内进行教育之外，许多中小学有时还组织学生走出课堂，参观当地的革命纪念地、纪念馆或革命遗址，加深他们对党史国史的感性认识，增强他们的使命感和光荣感。如每到清明前后，南京的学生会前往雨花台烈士纪念地凭吊；徐州的学生经常参观淮海战役纪念馆；淮安的学生瞻仰周恩来故居和纪念馆；镇江的学生参观茅山新四军纪念馆等。这些举措基本上形成了江苏全省中小学校以学校为主体的党史国史教育格局。

对普通群众的教育也是党史国史教育的一个重要方面。由于普通群众不像前述的学生、干部那样具有集中性，而是比较分散，特别是广大个体经营户、自由职业者等，终日忙于生计，无暇他顾。对于这些人，很难对他们进行比较系统的党史国史教育。对此，江苏及国内其他地区主要采取两个方式加以补充。一是由一些公共文化机构举办公益性的讲座，邀请专家主讲，吸引群众中的文史爱好者参加听讲。如南京图书馆、金陵图书馆等经常举办这类讲座。二是出版一些浅显易懂的书籍供广大群众阅读，并充分利用新媒体推送有关文章，供普通群众在工作生活之余阅读欣赏。这样也在潜移默化中对普通群众进行了教育。

总之，在笔者看来，经过多年努力发展，江苏全省已经基本形成了一整套以学校教育为主、社会教育为补充的党史国史教育体系，并在广大干部、群众和学生的教育实践中产生了良好的教育效果。

二　目前党史国史教育中存在的一些问题

尽管江苏目前的党史国史教育取得了很大的成绩和效果，基本适应当前

① 南京市梅园中学的“周恩来班”最初命名是在 1982 年，是全国首个“周恩来班”。

形势，但仍然存在一些问题与不足。在笔者看来，主要有以下几个方面。

首先，从行政体系的功能上来看，有些机构所发挥的效能比较单一，未能完全发挥其本该发挥的潜能。如党史办，该机构是从中央到地方各级党组织都有的部门，人员编制也很多，但该机构主要发挥行政及研究功能，宣传教育的职能未能充分发挥。在党史办的主持协调下，许多有关全国或当地党史的研究成果得以出版面世，但因宣传力度不大，这些成果离老百姓的生活太远。许多民众甚至不知道党史办的存在，其研究成果大多也是学术性偏强、通俗性偏弱，不适合大众阅读口味，一面世就被束之高阁或只在很小的专业人士的圈子中传阅利用，社会影响力十分有限。像《中共江苏地方史》《雨花英烈》这样非常优秀的作品，发行量都不太大。这些成果主要供学术研究之用，没能充分发挥应有的宣传教育功能。主流大众传播媒体对党史国史教育的宣传力度不够大，如电视台，鲜有既生动活泼，又能起到教育效果的特色节目。

在主流的宣传效果不彰的同时，一些有意无意歪曲丑化党史国史的东西却大行其道。有些半吊子文人，以党史国史的“专家”面目出现，打着“学术研究”或者“揭秘”、“揭示真相”等幌子，以极不负责任的态度，对党史国史上的一些事件和人物进行扭曲写作，并将其作品扩散到社会上，以满足一些人的猎奇心理。这种历史虚无主义的思潮一度十分泛滥，在社会上造成了极坏的影响。近年来，随着中央加大整治力度，此种消极的势头有所收敛，正能量的东西抬头。但历史虚无主义并没有完全消失，而是变得更加隐蔽、更加“符合人性”，其危害性丝毫不减。例如，有人故意放大某些阴暗面，抓住一点，不计其余。客观地说，金无足赤，人无完人，社会上总会存在一些不良现象，党史国史上的英模人物也可能有一些缺点不足。但这些人却故意选择性地只见树木，不见森林，夸大其词，否定主旋律。他们这样做的目的，一方面是吸引眼球、搏出名，另一方面也是捞钱。也有人是别有用心、故意歪曲。我们不能忽视这些现象给党史国史教育带来的干扰和破坏。我们必须在毫不动摇地反对历史虚无主义的同时，大力传播正能量，让党史国史研究领域“国家队”的高质量研究成果走进千家万户，传到老百姓的耳朵里，成为广大群众的精神食粮。

其次，不少部门、单位对党史国史教育仍然不够重视。我国目前实行以市场化为导向的经济体制，提高经济效益成为许多单位的中心工作，政治思想工作在无形中被忽视。这种现象在一些私营、外资企业中表现得尤其突出。即使是一些不直接进入市场的事业单位，也没有加强思想教育的强大动力。例如在中小学中，提高学生文化课成绩和升学率成了最重要的工作目标。对高校而言，加强专业课教学、增强学生在就业市场的竞争力是一项重要工作。而加强党史国史教育，既不能换取经济效益，也不能提高本单位在社会上的知名度和声誉，因而也就不受重视。2015 年，江苏省委宣传部曾搞过一次问卷调查，主要是向被调查者询问本单位领导对进行党史教育的重视情况。结果显示，“11.4% 的被调查者表示，本单位很不重视或不重视党史教育；69.7% 的被调查者表示，本单位的党史教育形式主义严重。当前，我省高校占用涉及党史教育课时的现象较为普遍。如‘中国近现代史纲要’课程在实际教学中往往被压缩或占用，一些学校甚至连教育部规定的基本课时都无法保证”[①]。这虽然是几年前的报告，但据笔者了解，目前这种状况并没有明显改善。按照有关规定，国有企事业单位每周至少有一次政治学习时间，本单位全体员工都应该参加，其内容包括当前的时事政治、党的方针政策，以及党史国史等。但许多单位的政治学习都流于形式，变成了聊天。有的单位干脆取消了相关学习，改成做业务或其他工作。

最后，教育形式和教育手段有待创新。在目前江苏党史国史教育的实践中，手段和形式不能跟上时代的发展还是一个比较突出的问题。这类教育大多在课堂中进行，有的教师只是照本宣科，生动性不够，给人以“说教”的感觉。有不少高校学生就认为思政课比较枯燥。在许多地方，党史国史教育在利用互联网等新媒体、打造利用大数据等方面还存在许多短板。在笔者看来，江苏乃至全国有一个问题需要引起重视，即更加重视宽泛的爱国主义教育，而党史国史教育的被重视度不够。例如，南京大屠杀纪念日人人皆知，而一些党史国史上的重要纪念日却知者不多。当然，加强整体爱国主义

① 《用好用活江苏丰富红色文化资源的对策研究》，《江苏发展研究报告》2015 年第 17 期。

教育是完全正确的，可以加强我们国家和民族的凝聚力。但党史国史教育本身就是爱国主义教育的一个重要组成部分，而后者更突出中国共产党领导和团结全国人民进行革命和建设、改变中国的辉煌历程。这更能加强爱国主义教育的效果。因此，在今后的爱国主义教育中适当增加党史国史方面的内容，把总体爱国主义与党史国史教育有机结合起来。

此外，许多个人也不重视学习党史国史。当然，这种现象也有其自身原因。在任何时候，为生计而奔波都是普通百姓无法避免、不得不做的事。而且在目前市场经济的大环境下，社会上物质主义思潮抬头，“一切向钱看”成为一些人的人生哲学。他们只顾赚钱，只顾满足个人的物质欲望，甚至提出“拒绝崇高”的说法。如果有人平时谈起英雄模范人物，可能会被周围的人看成异类。但人不是动物，人在满足基本生存需要之后，也是要有精神追求的。“读史可以明志”是老祖宗给我们留下的金玉良言。而党史国史中有着丰富的精神营养，可以培养情操，使人开阔眼界，提升人的综合素质，最终将全面提高个人的竞争力。但许多人看不到这一点，只顾眼前的物质利益，这也使在群众中党史国史教育推进得并不尽如人意。其实，江苏有着丰富的党史国史教育资源。据统计，全省现有红色文化遗址 1710 处，其中属于全国爱国主义教育示范基地 19 处、省级爱国主义教育基地 74 处。[①] 这其中有不少是全国著名场馆，如徐州的淮海战役纪念馆、淮安的周恩来纪念馆、南京的雨花台烈士纪念地及渡江胜利纪念馆等。但这些场馆中仅有少数有一定的参观量，大多数场馆平时的参观量不大，有的甚至门可罗雀。其实，参观这些涉及党史国史的爱国主义教育性质的场馆都是免费的，而维持这些场馆正常运转却是需要成本的。参观量过少是对爱国主义教育资源的浪费。

三　继续推进江苏省党史国史教育工作的几点意见

我们党迄今近百年的历史和共和国 70 多年的历史是辉煌灿烂的，是为

① 《用好用活江苏丰富红色文化资源的对策研究》，《江苏发展研究报告》2015 年第 17 期。

中华民族谋复兴、为中国人民谋幸福的历史。我们所取得的成就也是前无古人的，我们正向着中华民族伟大复兴的目标迈出坚实而有力的步伐。在中国特色社会主义事业进入新时代的今天，让广大干部群众从这段历史中汲取精神营养，有利于增强“四个意识”、坚定“四个自信”、做到“两个”维护，并深入贯彻执行党的十九届五中全会给我们绘制的宏伟蓝图。正是由于党史国史教育是意识形态工作的重要组成部分，江苏省的广大干部群众要更加深刻领会习近平总书记的有关论述，与党中央保持高度一致，既要看到我们在党史国史教育方面的成就，也要看到有待提高之处，在省委省政府的领导和部署下，在新的起点上把全省的党史国史教育继续向前推进。为此，笔者提出以下几点意见。

首先，对省内的党史研究宣传教育体制做适当改革，构建“大党史国史”的工作格局。把党史国史的研究宣传教育纳入省委和各级党委工作的总体框架之中。有学者提出，“成立由省委宣传部牵头，党史、文化、教育、档案、民政、旅游等部门和社科系统参与的党史工作协调指导小组，形成党委统一领导，相关部门密切配合的联动机制，广泛调动各方力量，切实形成政策与工作的有效合力”①。这样一来，就可以逐渐形成党史国史的研究宣传教育一盘棋的局面。在其中，各级党委的宣传部是总协调部门，党史办要承担具体工作的分工协作，如既要承担一部分研究工作，也要整合各种研究、宣传和教育力量，在更深更广研究的基础上加强宣传、教育。在具体的研究成果方面，要合理分配学术性强的研究成果与通俗性强的研究成果比例，适当增加通俗性研究成果的比例，并在宣传部门及大众传播媒体配合的基础上将这些成果推向市场，便于大众阅读观看，从而达到更好的宣传教育效果。其他部门也要起到相应的作用。例如，档案部门要为研究宣传教育工作提供相应的档案资料。社科研究部门要发挥研究的专业优势，多出高质量的研究成果。各级学校等教育部门要针对不同年龄段学生的不同特点，设计在理论上逐次递增的不同党史国史教材，加大校内党史国史的教育力度，让

① 《用好用活江苏丰富红色文化资源的对策研究》，《江苏发展研究报告》2015 年第 17 期。

教育效果更加明显。文化旅游部门也要发挥各自所长，推出更受欢迎的红色旅游线路、开办更多更生动的党史国史的通俗性公益性讲座，吸引更多的民众参与，并鼓励其与主讲人互动，加深对党史国史的理解。

其次，加大有关人才的培养、引进和使用力度，在社科研究的课题规划上给予适当倾斜帮扶。人才是实现一切事业兴旺发达最重要的资源，党史国史教育也不例外。欲使江苏的党史国史教育在新的起点上更上一层楼，在广大干部群众中起到更好的教育效果，就必然要让更多的人才发挥更大的作用。在党史国史教育领域，人才是多方面、多层次的，我们需要党史国史的高端研究和教育人才。研究人员应该具备相关领域的研究生以上学历、具有很高的政治觉悟和理论素养，愿意为江苏的党史国史研究事业贡献力量。教育人才应该是具有很高的教育教学技能、自觉以党的教育方针为指导、愿意为各级学校的思想政治教育工作辛勤付出的人。除了这些高层次人才之外，我们还需要大量看似普通的工作人员，他们也是人才，也应该得到相应的尊重，如许多纪念场馆的解说人员。这样的工作好像不那么“高端”，但却是一项真正的技术活，不仅需要掌握丰富的专业历史知识，还要有充分的耐心、良好的风度和不错的口才。具备这些素质的人确实是真正的人才。应该创造一种能够让这些人才充分发挥作用的环境，而且应该提高这些专业人才的待遇。特别是解说员，许多人没有正式编制，工资也不高，这就留不住人才。

要在省社科规划办的统筹协调下，在确定省社科基金资助课题时，要考虑到党史国史教育的需求。我们只有把党史国史的内容研究透彻，在不断推出新的研究成果的基础上，才能更好地去进行教育。从现有的省级社科类项目立项的情况来看，涉及党史国史及其教育的课题明显偏少，且资助力度也还不够大。我们应该适当增加此类课题的立项数量，增加经费资助，鼓励出更多更好的有关党史国史的精品力作，为实施教育提供更多的材料。

最后，更多地运用最新信息技术，借鉴兄弟省市好的做法。近年来，以网络信息技术的运用为标志的新的工业技术革命方兴未艾，深刻改变了人们的学习、工作和生活方式，几乎社会生活方方面面无所不包。因此，在党史国史教育上也要更多地运用这些技术。例如，在学校课题和工艺讲座时，要更多地使用教学软件，制作更多更精致的课件，改变过去那种比较单一的授课风格，加强师生间的良性互动，使课堂教学更加鲜活。此外，许多涉及党史国史的博物馆、纪念馆的展览形式比较单一，大多数展品都是图画照片及部分实物，部分展览运用了声光电技术，显得立体而生动，但普及度还远远不够。今后，此类场馆应多运用网络大数据、人工智能等最新技术，以便吸引更多的参观者，达到更好的展览效果。

近年来，随着网络媒体的快速发展，出现了许多不同主题的自媒体和不少俗称“网红”的知名网络主持人，在时事政治领域也不例外。如张维为、金灿荣等人。他们或者在官方电视台做嘉宾，或者在自己的自媒体网络平台做直播，把当前的时事热点与党史国史内容结合起来，紧扣大众关心的问题，以渊博的学识、平易近人的风格、幽默的语言出现，使人耳目一新，起到了很好的教育效果。如张维为作为主要嘉宾、由东方卫视开办的《这就是中国》栏目以及金灿荣开办的微信公众号“政委灿荣”等，都拥有大量粉丝，其教育效果远远超过了以往传统的教育方式。这值得江苏学习。江苏的省级电视台和各市电视台、电台也应该开设类似的高水平节目。如果江苏也有本省的类似“网红”和自媒体，针对国内外、省内外的热点问题进行生动活泼的问答教育，则无疑会把本省的党史国史教育向更高层次和更广范围推进。

总之，只要我们高举习近平新时代中国特色社会主义思想伟大旗帜，不断适应新的形势，解放思想、实事求是，在江苏省的党史国史教育领域辛勤耕耘，努力开拓进取，就会取得一个又一个新的胜利。

培育乡村振兴的“领头雁”

——新时期江苏加强农村党组织书记队伍建设的对策建议

黄　科*

摘　要：　农村党组织书记队伍是乡村振兴的领头雁，更是实施乡村振兴战略的关键。近年，江苏在乡村振兴中，抓住农村党组织书记队伍建设这一关键环节，不断优化队伍结构，提升治理能力，加强管理的规范化水平，激发队伍活力，有力地推进了江苏乡村振兴的进程。新时期面对新的时代要求，江苏也面临着一系列的新挑战，仍然需要以加强农村党组织书记队伍建设为“发力点”，从加强领导、创新举措、构建机制和提升能力等多个层面入手，培育一支高水平的农村党组织书记队伍，为江苏乡村振兴战略的实施提供不竭动力。

关键词：　乡村振兴　农村党组织书记　江苏

乡村振兴是新时期党的重大战略部署。党的十九大报告指出，“农业农村农民问题是关系国计民生的根本性问题，必须始终把解决好‘三农’问题作为全党工作的重中之重”①。习近平总书记也多次提出，推动乡村振兴，要打

---

* 黄科，江苏省社会科学院马克思主义研究所副研究员。

① 习近平：《决胜全面建成小康社会　夺取新时代中国特色社会主义伟大胜利》，人民出版社，2017，第44页。

造千千万万个坚强的农村基层党组织，培养千千万万名优秀农村基层党组织书记。乡村振兴关键在党、关键在人。2020 年中央一号文件明确要求，要扎实推进抓党建促乡村振兴，实施农村带头人队伍整体优化提升行动。农村党组织书记是乡村振兴最直接的组织者和执行者，是乡村振兴的主导和关键力量，发挥好这支队伍战斗力、凝聚力，对于加速推进江苏乡村振兴意义重大。

一 江苏加强农村党组织书记队伍建设的新举措

近年来，江苏在加强村级领导班子建设和基层党组织建设的过程中，注重加强农村党组织书记队伍建设，着重在村党组织书记干部队伍的选拔任用、教育培训、激励保障、管理监督等方面下功夫，农村党组织书记队伍结构不断优化，能力素质不断得到提升，队伍管理更加规范，人员活力有效激发，有力助推了江苏乡村振兴的进程。

（一）农村党组织书记队伍结构在不断优化

江苏在农村党组织书记的选拔过程中，注重结合村“两委”换届选举，加强村级领导班子的调整配备，严格按照“守信念、讲奉献、有本领、重品行”的要求，在基层干部队伍中选拔那些思想政治素质好、带富能力强、协调能力优秀的人担任农村党组织书记。一些地方大胆先行先试，不断拓宽用人视野，无锡等地注重从农村经济能人中，以及回乡大中专毕业生、复转军人、乡土人才中培养选拔农村党组织书记。常州等地组织实施农村党组织书记“培养工程”，采取“两推一选、公推直选”的方式，把一些政党可靠、致富能干、办事公道的人选出来，充实干部队伍。积极做好大学生村官的选聘、培训、管理工作，选拔能力突出的大学生村官担任乡科领导职务、村两委正职或村（社区）两委副职，推动其参与富民项目，实现了大学生村官“下得去、干得好、流得动”，充实了乡村振兴的基层工作力量。另外，一些地方还在尝试建立村书记后备队伍库，为农村党组织书记队伍的选拔提供充足的人才储备。

（二）农村党组织书记的乡村治理能力在逐渐提升

江苏坚持把农村党组织书记培训教育作为基层党建的重要内容，政治思想上教育和致富本领上培训双管齐下，全面提升农村党组织书记队伍的素质能力。不少地区在市级层面，都会定期组织农村党组织书记的培训班，比如无锡市就分批分专题举办基层组织建设、村务公开、民主管理、集体经济发展、新农村建设等各类培训班多期。一些地方为了扩大农村党组织书记的视野，还定期组织其赴广州、浙江等地区进行实地考察，提升其管理能力。常州等地将农村党组织书记培训纳入全市干部教育培训计划之中，构建“项目＋基地＋课堂”的能力培训体系，培育了大批能力突出的农村党组织书记，涌现诸如省最美基层干部严清华，省吴仁宝式村书记袁洪度、章伟民、周国平等许多典型人物。

（三）农村党组织书记管理的规范化凸显成效

加强农村党组织书记队伍建设关键是规范好和约束好这支队伍，因此，构建良好的管理机制必不可少。在实践中，江苏不少地区积极探索农村党组织书记队伍的管理路径，早在2016年，镇江新区就制定了《关于加强村（社区）带头人队伍建设的意见》和《关于实行双重管理加强村党组织书记队伍建设的暂行办法》，对农村党组织书记队伍的人才选用、教育培养、保障待遇进行了详细规定。常州等地构建“五纵五横”基层服务型党组织建设总体框架，出台农村党组织书记晋升管理指导意见，通过综合考核任职年限、村级集体经营性收入、村级服务中心效能发挥、为民办事、村党组织自身建设、岗位目标完成情况、群众满意度评价等指标，对农村党组织书记进行定档定位、分级管理，使得对农村党组织书记的管理更加规范合理。无锡等地狠抓干部的监督，对村级财务收支、预决算和收益分配定期开展审计，对社区、村干部任期与离任经济责任、征地补偿款的使用与管理、村级债权债务以及群众反映强烈的集体“三资”问题开展专项审计。强化党纪和法治教育，严肃查处违规违纪问题，镇江等地将村（社区）党组织纳入新区巡视范围，每届届内对农村（社区）党组织书记开展一轮综合研判，开展政治体检，严格实行个人重大事项报告制度，建立基层干部小微权力清单，促进基层干部规范用权。

（四）农村党组织书记队伍的活力不断激发

干事创业需要一支充满活力的队伍，一支充满战斗力、创造力的农村党组织书记队伍是乡村振兴的坚实保障。江苏高度重视基层干部队伍的鼓励激励，结合实际出台了一系列政策、措施，重在提高农村党组织书记的政治地位、经济待遇。镇江市润州区2020年就出台了《关于进一步规范和提升村（社区）干部待遇保障水平的意见》和《关于润州村（社区）绩效管理考核的指导意见（试行）》，将村（涉农社区）和城市社区工作者基本报酬拉到同一起跑线，解决大锅包饭和奖罚不明的问题，明确村（社区）工作者基本考核报酬与集体考核结果、个人考核结果“双挂钩”。无锡市在政治待遇上，注重对农村党组织书记的倾斜，加大从优秀农村党组织书记选拔乡镇领导干部和推选“两代表一委员”工作力度，2019年以来，先后有多名工作出色的农村党组织书记被选拔进镇领导班子，多名农村党组织书记被选拔为镇事业单位负责人。连云港市赣榆区制定出台《村党组织书记参加企业职工社会养老保险办法》，明确规定由镇财政集中为农村党组织书记缴纳企业职工养老保险费，具体费用按一定比例由个人和集体共同承担，确保符合条件的农村党组织书记参加企业职工养老保险。通过以上一系列创新举措，江苏农村党组织书记队伍的活力得以不断激发，为江苏乡村振兴提供了不竭动力。

二　江苏加强农村党组织书记队伍建设的新挑战

习近平总书记多次强调，要加强基层党组织建设，选好配强党组织带头人，发挥好基层党组织战斗堡垒作用，为乡村振兴提供组织保证。江苏在乡村振兴和农村党组织书记队伍建设上取得了明显成效，但与脱贫攻坚、乡村振兴的新时代要求以及基层党员群众的期望相比，仍然有一定差距，存在一些亟待解决的问题。

（一）农村党组织书记岗位吸引力不强，干事创业的热情需要持续释放

村党组织在基层治理中承担着极其烦琐的行政事务性工作，在考核的序列中处于最底层，除了基层党建、服贫攻坚、乡村振兴、村民自治等工作外，还要承担社会稳定、拆迁控违、环境整治、秸秆禁烧等诸多工作，其中大量的事务性工作涉及“一票否决”。烦琐的基层工作和压力型体制导致基础党组织书记普遍感觉压力巨大。调研中，不少农村党组织书记表示，在乡村振兴的时代背景下，工作任务重、要求高，压力越来越大。巨大的岗位压力导致少数干部存在思想松懈、积极性不高的问题。有些干部惯性落实上级布置的行政工作，主动联系群众、服务群众的工作做得相对较少，在一定程度上存在应付、被动的思想；有些干部抱着宁愿少做事、怕干多了会出事的心态，逃避责任。调研发现，少数干部中仍然存在“完成上级交办的任务，创新与否不重要”的观点。与繁重的工作任务相对的是，农村党组织书记的待遇仍然偏低，岗位吸引力不强。有些地区农村（社区）党组织书记的基本报酬低于省市规定的基准线，由于考核报酬主要由地方自行制定，执行的差异较大，也产生了同工不同酬的现象，挫伤了部分干实事、出实绩的农村党组织书记的创业激情，降低了岗位的吸引力，导致部分地区存在“能人不愿干、想干不会干”的现状。

另外，对于农村党组织书记的政治、物质激励机制还不完善。调研中，不少农村党组织书记反映，受身份、年龄、学历等因素限制，上升渠道比较窄。比如，有些农村党组织书记在基层工作十几年，没有渠道转换身份，考试又比拼不过年轻村干部，因而存在上升无望、内心焦虑的负面工作情绪。

（二）农村党组织书记后备干部储备不足，需要不断拓展提拔选拔渠道

习近平总书记指出，农村党组织书记是最贴近群众的领导干部。他们不仅要有深厚的政治素养，而且要有丰富的实践经验。从农村党组织书记的成长路径来看，出于熟悉村情、熟络民情、树立权威和方便管理的需要，这些人选往往源自本乡本土，普遍存在“师傅带徒弟”之类的“传帮带”现象。事实上，众所周知，江苏地区特别是苏北不少农村优秀人才大量流出，大批有文化的农村青年转向城市、城镇；大量优秀人才考取大专院校输送出去；加之一些年轻党员对当村干部热情不高，导致一些地区农村党组织书记后继无人。农村“空巢化”的现状，客观上造成了村干部后备人选的不足，少数村的村干部换来换去都是老面孔。比如，某村在2016年村党组织换届时，由于无合适人选，由镇党委推荐机关事业干部参与换届。

（三）农村党组织书记的带富能力不够，综合素质仍需提升

调研发现，一些地区的农村党组织书记队伍存在年龄大、文化低、独立分析解决问题能力不强的现状。对新形势下发展现代农业、建设新农村、带领农民致富的办法不多，跟不上现代信息化、网络化和科学化发展的新要求。少数农村党组织书记仍然属于“经验型”“资历型”干部，处理问题基本靠经验、靠面子，处理解决农村复杂矛盾的能力不强，缺乏驾驭市场经济的能力。特别是在面对“强富美高”的新江苏建设的实际需求时，少数农村党组织书记推动农村经济发展的能力不足、办法不多，有“等靠要”的依赖思想，寄希望于上级部门的资金帮扶；有的农村党组织书记工作能力不强，不愿与群众打交道，不会讲老百姓的话，导致老办法不管用、新办法不会用、硬办法不敢用，在一定程度上影响了农村党组织作用的发挥。

（四）管理监督的机制还有进一步完善的空间

从农村党组织书记队伍建设的实际情况看，各地按照中央和省市委的要

求，严格纪律规定，加强对农村党组织书记的管理监督。从总体上看，整支农村党组织书记队伍是好的，但也存在一定的问题。相比于各级机关单位，基层党组织存在“上级监督太远、同级监督太弱、群众监督太难”的问题。监督体系的不完善增加了权力制约的风险，少数村书记往往会以“小节无碍”宽容自己，以“下不为例”为开脱理由，放松对自我约束。少数村没有很好地贯彻落实民主管理制度、财务审批制度，对现金、实物管理不严，对村级事务、集体经济的监督管理还存在不同程度的漏洞和形式主义，一些地方缺乏监管力度和扎实作风。

三　新时期加强江苏农村党组织书记队伍建设的建议

“尚贤者，政之本也”，农村党组织书记能力强弱、素质高下，直接影响基层党组织建设的水平和成效，进而影响乡村振兴的进程。建设一支守信念、讲奉献、有本领、重品行的农村党组织书记队伍事关全局，影响深远。需要从加强领导、创新举措、构建机制和提升能力等多个方面入手，形成共识、凝聚合力、共同推进。

（一）着眼于乡村振兴的实际需要，坚持标准拓宽选人用人视野

乡村振兴关键在党、关键在人，只有选好乡村振兴的带头人，才能充分发挥基础党组织的活力。一是要打破用人界限，拓展用人渠道。早在2010年中央组织部就下发了《关于加强农村党支部书记建设的意见》，对农村党组织书记的选人标准、选人渠道、选人方式和后备人才培养等方面做了明确规定。在选人渠道方面，提出要拓宽思路，主要从本村优秀现任村干部、致富能手、农民经纪人、农民专业合作组织负责人、复员退伍军人、外出务工返乡的农民党员中选拔村党支部书记。鼓励优秀民营企业经营管理人员，县乡机关和企事业单位退居二线、提前离岗或退休干部职工中的党员回原籍担任村党支部书记。如果本村暂时没有合适人选的，也可以从县直部门和乡镇机关党员干部中选派。要积极探索村党支部书记跨村任职，采用强村带弱

村、大村带小村的办法建立联合党组织，从中择优选拔村党支部书记，这种拓宽选人渠道对选准用准村党支部书记大有裨益。二是培育接班梯队。要严格按照《加强村党组织书记后备人才队伍建设的通知》的要求，制定和构建农村党组织书记队伍建设的长远规划，按照长期、中期和近期目标，逐级推荐遴选一批后备人才。将打造后备梯队列入各级党委的重要议事日程，并将其作为抓基层党建工作述职评议考核的重要内容。在后备人才的选择上，以辖市、区为单位，以村两委现职干部为基础，重点在致富能手、企业经营管理者、外出务工经商人员、农民专业合作组织负责人、大学生村官、复退军人、返乡大专毕业生中选拔。在建立人才库后，要实现择优储备、动态调整、重点培养、跟踪考察、备用结合，充分培育后备干部，加速他们的成长，缩短履职成长期。三是严把选人用人的政治关、廉洁关、作风关和能力关，按照公推与公选相结合的方式，将“相马”与“赛马”相结合，明确“正负”两项选人标准，将政治过硬作为主要正向标准，将“不同心、不在岗、不作为”作为主要负向标准，让能上者上、能下者下，真正选出对乡村振兴充满热情，能够为老百姓办实事、出实绩的农村党组织书记。

（二）以教育培训为突破点，增强农村党组织书记的带富能力

增进农村党组织书记能力，根治本领恐慌的现象，必须从实际出发，按需施教，创新施教模式，提升培训教育的实效性。一是按需施教、抓好培训。坚持“缺什么补什么”的原则，针对新形势下农村党组织书记所处的地位、作用和岗位特征，围绕农村热点、难点问题，以农村工作方法、民主法制建设、领导科学、土地政策、村镇规划及经济发展等内容为核心，强化实用技术技能培训，不断提高村书记引领经济发展、创新社会治理的能力。二是分类施教。培训教育不仅要涵括农村党组织书记队伍，而且要涵盖后备队伍。按照施教对象的现实需求，骨干型的农村党组织书记突出组织领导力、引领发展力、群众工作能力三种能力教育，进一步培养锻造本领过硬、素质合格、适岗能力强的农村党组织书记；纳入人才库的后备干部，突出基本修养、基本常识、基本能力三类教育，进一步培养思想作风正、规矩意识

强、实战能力强的村年轻干部。三是创新施教途径。依托基层干部学院、社科院、区委党校及高校机构，围绕“强富美高”的新江苏建设，创新培训教育模块。比如，可以设立党建实务培训模块、乡村振兴战略模块、脱贫攻坚教育模块、电子商务教育模块等，通过这些定制式的、具有鲜明特色的培养模块，迎合农村党组织书记能力建设的现实需求，提高其履职本领。另外，还要不断丰富教育形式，定期发布主题，组织优秀的农村党组织书记谈经验讲做法、晒成绩打擂台，推动学用转化、比学赶超，充分利用互联网信息技术的便利性，打造党建智慧化平台，定期推送学习内容，组织农村党组织书记和备选对象在线学习，依托微信群、QQ 群加强学习者之间的学习交流，依托“线上 + 线下”检查相结合的方式定期检查测试学习效果。四是突出实战导向，历练农村党组织书记的本领。要组织镇领导班子成员、农村党组织书记与农村后备人才结成帮扶对子，跟踪帮促培养，定期谈心谈话，了解工作动态。制订人才培养计划，安排农村党组织书记后备人选到镇机关站所挂职，参与脱贫攻坚、环境整治、拆迁安置、综合治理等工作，提升整体干部队伍解决实际问题的能力。

（三）加强对农村党组织书记的权力监督，提升干部队伍的凝聚力和组织力

农村党组织书记官小，但个个直面百姓；村书记权微，但事事关乎民生。其廉洁、公正与否直接影响基层群众对党和政府的认同与否，必须加强监督，防止“有权任性”，确保权力在阳光下运行。一是完善权力监督体系。要创新“三务公开”的形式，党务、村务和财务公开是权力公开透明的一项基础性工程，变单一的公开栏为灵活的书面简报形式，定期出版“乡村简报”，发放到村级服务中心，供村民随时取阅，接受村民的监督。应严格实施个人事项报告制度，适时将领导干部报告个人有关事项制度延伸到村级，出台村干部个人报告的具体办法，将所有行政村“两委”主要干部纳入报告范围，促进农村党组织书记清白做人，干净做事，防止小官大贪。二是改进群众监督方式。保障群众的知情权、信息权是提升群众监督效

率的重要条件。要将农村资金、资产、资源管理、宅基地审批等日常运作频繁、村民普遍关心的村级事务各项权力分门别类、界定清晰，让基层干部和群众明白干部权力运行的红线，既帮助基层干部认清权力的边界，也为村民加强监督提供指南。三是构建长效机制。探索形成干部“能下”的常态化机制，健全完善村书记岗位职责，推行竞职承诺、创业承诺和辞职承诺“三承诺制”。要明确规定村书记“为官不为”的具体表现，一方面，研究不胜任、不称职、不合格书记调整处置方法，请为官不为者出局；另一方面，要坚决贯彻落实省委出台的“三项机制”的要求，为符合免责容错条件者担责和容错，积极营造干事创业的氛围，鼓励干事创业者为乡村振兴贡献力量。

（四）强化农村党组织书记的激励保障，营造拴心留人的政治环境

抓好农村党组织书记队伍建设，保障激励是关键，不仅需要“紧箍咒”，也需要“关心关爱”，让这一群体有奔头、有想头、有盼头，真正让农村党组织书记岗位更有吸引力、更体面。一是要让基层负担“减下来”。适时组织督察回头看，全面检视江苏各地贯彻落实中央《关于加强和完善城乡社区治理的意见》以及江苏《关于加强农村社区治理与服务的意见》中关于基层减负增效的具体要求，推动“人往基层走、钱往基层投、政策往基层倾斜”，特别是在提高财政补助村级组织运转经费标准、提高农村干部养老和医疗保险补助、设立村级组织为群众服务专项经费等方面提供政策支持，保障农村基层“有人管事、有钱办事、有场所议事”，减轻农村党组织书记的工作负担，帮助他们集中精力振兴乡村。二是要把收入水平“提上去”。要按相关规定落实“一定三有”的基本保障，加强集体经济以逐步缩小报酬待遇的区域性差异，建议按照当地镇长工资水平确定村书记的最低报酬标准，并实行同步调整。另外，还可以鼓励农村党组织根据本村实际，发挥优势、挖掘潜力，拓宽日常生活经济收放渠道，将农村日常生活经营性收入与农村党组织书记报酬挂钩，对发展壮大村集体经济做出突出贡献的农村党组织书记，经村民议事会讨论通过，镇党委审核批准，村集体经营性收

入增长部分按照一定比例用于奖励农村党组织书记。还可以鼓励各地区通过享受事业编制待遇，更好地解决农村党组织书记的后顾之忧，吸引更多优秀人才从事基层工作。三是精神上的关怀要“跟上来”。激发农村党组织书记的干劲和热情，除了经济待遇、政治舞台，更重要的是形成一种积极向上的气场、氛围和文化。要建立上级党组织有关负责人与村书记经常性的谈话谈心制度，帮助他们解决思想、工作和生活中遇到的矛盾和困难。进一步加大表彰优秀和宣传模范的力度，围绕“政治素质强、担当作为强、发展本领强、作风纪律强、治理能力强”五个方面的标准，每年对农村党组织书记进行综合考评，树立一批优秀农村党组织书记的先进典型，发挥先进示范和引领作用，推动农村党组织书记对标找差，补短板、强弱项，激发农村党组织书记队伍干事创来的斗志，激励广大农村党组织书记不忘初心、牢记使命，为推动乡村振兴贡献力量。

社会与文化事业

当前复杂形势下江苏就业形势分析及应对策略研究

张春龙*

摘　要：近年来，伴随着中国经济社会发展过程中一些内外因素的变化，尤其是中美贸易摩擦、全球新冠肺炎疫情的常态化，江苏的就业面临前所未有的挑战。但从就业发展的总体趋势来看，特别是在疫情以前，江苏的形势稳中向好，就业结构不断优化，城乡居民收入稳步增长，就业满意度持续上升。2020年最初的几个月，江苏受疫情影响，就业形势异常严峻。但在国内疫情好转的情况下，就业情况逐步好转。即便如此，在国际不确定性发展趋势及国内经济转型升级的情况下，江苏就业仍面临着一些压力，主要是劳动力总量总体下降，总体劳动力素质与新经济、新业态的发展不相匹配，人才的吸引力微弱下降等。当前应对就业面临的复杂形势，要深化“大众创业、万众创新”，形成就业新机制新动能；加大援企稳岗力度，帮助中小微企业渡过难关；拓展就业新渠道，根据一些新业态、新职业灵活就业；进一步为个体劳动者提供支持并创造良好营运环境；多方面化解就业结构性矛盾，为经济转型提供支持；创新形式，全方位、精准化做好就业

* 张春龙，江苏省社会科学院社会学研究所副所长，研究员。

服务体系建设。

关键词： 就业形势 经济转型 江苏

近年来经济运行和社会发展过程中一些内在和外在因素的变化对就业的稳定发展造成一定的冲击，比如全球经济运行放缓、逆全球化趋势和单边主义的涌现、中美贸易摩擦进一步加剧、AI 快速发展对重复性劳动力的替代等，再加上突如其来的新冠肺炎疫情的冲击及疫情防控常态化，当前全国的就业面临前所未有的复杂形势。江苏作为外向型经济特征明显、制造业发达的省份，其就业状况受到的冲击更大、影响更为深远。虽然在政府的不懈努力下，江苏的就业形势基本保持了稳中向好的态势，但面临一些眼前的压力及深层次结构性就业问题，江苏需要在多方面采取措施，以应对当前复杂的就业形势，为完成当前“保就业”的任务及长远的高质量就业发展打下坚实的基础。

一 江苏当前就业面临复杂的国际国内形势

从目前国际发展的态势来看，中美及世界重要经济体之间的贸易摩擦仍将持续，新冠肺炎疫情在全球的蔓延之势仍然没有得到遏制。江苏作为外向型经济占有重要地位的省份，世界不确定的经济形势对江苏经济产生强烈影响，江苏的就业必然面临巨大挑战。

（一）中美贸易摩擦影响外向型经济的就业

近几年，中美贸易摩擦呈逐步升级的态势。2020 年，美国对中国经济的打压几乎到了歇斯底里的程度。应该说，这是我国经济及就业在当前面临的最大最直接的风险。特朗普当选美国总统以后，中美之间的贸易摩擦对中国乃至江苏就业的影响基本认为是非线性非均衡的。最初美国加征关税的种类并不是主要集中于一些劳动密集型行业，而且当时加征关税的幅度较小，对我国就业的影响并不很明显。但是如果美国将重点转向我国的劳动密集型行业，并持续提高关税，一些行业在一些地区（包括制造业发达且出口占很大比例的江苏地区）失业风险增加的可能性将大大增加。有分析指出，对美出口的通用设备制造业等 9 个行业占对美出口行业直接从业人员的 70% 以上，而这些行业关税加征临界幅度如果达到略低于 25% 的水平，可能引爆失业风险。仅以此测算，2019 年通用设备、电气机械及器材、金属、橡胶和塑料制品业①可能已经达到失业临界点的水平，近 500 万直接从事对美出口的生产人员有极大的失业风险。② 江苏作为制造业拉动、外贸依存度较高的省份，自 2018 年初中美贸易摩擦发生开始，部分出口依赖型中小微企业由于出口受限、开工不足，其就业吸纳能力受到很大影响。

（二）新冠肺炎疫情直接冲击各个特殊群体的就业

2020 年突如其来的新冠肺炎疫情，短时间内加剧了就业空前压力。国家统计局数据显示，2020 年 4 月份全国城镇调查失业率为 6%，2020 年高校毕业生达 874 万人，江苏应届高校毕业生就达到 58.4 万人。岗位供给侧变化复杂。在疫情暴发后一个月的调查显示，被调查单位招聘需求预计增加的占 34.3%，与上年持平的占 27.2%，有所减少的占 13.1%，暂不确定的占 25.4%。③ 疫情期间，部分用人单位缓招减招停招，国家公务员考试、省公务员考试面试工作延迟，以教育系统、卫生系统为代表的事业单位招聘考试还未开始，大量优质岗位暂未释放。此外，受研究生招生和专转本考试工

---

① 从地域分布看，无锡、常州有对美出口的通用设备制造业，苏州、常州有对美出口的电气机械及器材制造业，无锡、常州有对美出口的金属制品业。

② 此观点来自中国人民大学应用经济学院丁守海教授团队的判断。参阅《人大中国宏观经济论坛发布报告：结构大变革时期中国就业形势应“一分为二”看待》，中国发展网，http：//finance.chinadevelopment.com.cn/yw/2019/09/1566282.shtml。

③ 此数据来源于对 7994 家招聘江苏高校毕业生的用人单位开展的问卷调查。参阅《江苏高校打好稳就业“战役”》，《江苏教育报》2020 年 6 月 20 日。

作延后影响，备考学生进入求职缓慢状态。家庭困难、残疾和少数民族毕业生等特殊群体就业机会或被挤压，新产业、新岗位、新就业形态对供需结构性问题的缓解作用或遭对冲，就业供需、工作节奏、风险防范等都出现新情况新变化。

（三）经济转型对就业形势产生持续明显影响

当前江苏经济正从高速增长转变为高质量增长，经济结构转型升级正在推进。经济转型对就业的明显影响主要表现在：与前些年相比，受多种因素影响，一些原来集中大量劳动力的汽车、电子通信、纺织等制造业以及建筑、房地产、信息服务业等，解决就业人口的数量明显减少；民营经济作为就业的生力军，这几年的发展遇到较大的困境，不仅就业数量增长大幅度放缓，而且就业景气度也出现快速下跌的情况；一些小微企业发展也出现低迷的情况，吸纳就业的能力明显弱化，不仅如此，新冠肺炎疫情对部分小微企业产生重大冲击甚至是毁灭性的打击。此外，工业企业面临的经营问题还可能传导至上线的原材料行业和下线的生产性服务行业，特别是后者的仓储物流、信息传输、IT 等吸纳大量劳动力的行业，就业数量和就业质量都会受到冲击。也就是说，在未来较长的一段时间里，制造业中的技术进步不可避免，其排斥劳动力和减少劳动力也成为必然；一些在传统行业中的弱势中小企业逐步倒闭也不可避免，其中的低端劳动力必然被抛向市场。从这个层面来看，除了外在的多种因素冲击江苏就业外，技术进步、经济转型将成为影响就业的长期的趋势性因素，这会使江苏的就业形势更加复杂。

二　江苏就业基本态势和疫情下的发展趋势

近年来，江苏全面贯彻落实党中央、国务院稳就业的决策部署，积极有效应对宏观形势变化，经济稳步转型、就业状况稳中向好。2019 年城镇新增就业 148.32 万人，城镇登记失业率、调查失业率分别控制在 3.03% 和

4.5%，高校毕业生总体就业率达95.9%，农村劳动力转移就业率超过76%。[①]

（一）经济稳步增长及结构优化为就业创造了条件

截至2019年末，江苏经济社会发展的稳定性、协调性明显增强，主要经济指标保持在合理区间，在全国整体经济发展趋缓的背景下依然保持着稳步提升。2019年，江苏地区生产总值实现99631.5亿元，比2018年增长6.1%，全省人均GDP达到123607元，比2018年增长5.8%。[②] 总体来看，经济保持增长势头是促进充分就业、提升就业质量的重要基础，一般来说，地区生产总值每增长一个点，就会拉动就业22万人左右，[③] 换言之，继续保持经济高质量发展是推行就业高质量的必要条件。同时，江苏加快推进产业结构优化，非公有制经济活力增强。2019年全年非公有制经济实现增加值74125.9亿元，占GDP比重达74.4%，较2018年提高0.9个百分点。第三产业进入持续高速发展期，服务业增加值占GDP比重比2018年提高0.9个百分点，吸纳就业能力持续上升。新兴动能不断壮大，全年高新技术产业产值比2018年增长6.0%，战略性新兴产业产值比2018年增长7.6%。[④]

（二）就业总量呈波动式下降，但总体就业形势持续向好

近几年，在总人口增长趋缓、抚养比逐渐上升的情况下，江苏劳动力规模缩少态势明显，15～64岁的劳动力人口自2012年平均每年减少36.6万人左右。2019年末全省就业人员4745.2万人，比2018年末减少5.7万人，

① 《我省就业工作再次受到国务院督查激励》，江苏人力资源和社会保障厅网站，http://jshrss.jiangsu.gov.cn/art/2020/5/9/art_78497_9464027.html。

② 《2019年江苏省国民经济和社会发展统计公报》，江苏省人民政府网站，http://www.jiangsu.gov.cn/art/2020/3/3/art_34151_8994782.html。

③ 参见《今年江苏就业形势如何？5500家企业用工数据告诉你答案》，搜狐网，https://www.sohu.com/a/299345776_814631。

④ 《2019年江苏省国民经济和社会发展统计公报》，江苏省人民政府网站，http://www.jiangsu.gov.cn/art/2020/3/3/art_34151_8994782.html。

但总体就业形势持续向好，2011～2018 年，城镇登记失业率逐年下降，2018 年末稳定在 2.97%，这说明江苏的总体就业吸纳能力较好（见图 1）。但是也应看到，2019 年受到经济下行、中美贸易摩擦以及 2020 年初新冠肺炎疫情影响，稳就业依然是江苏民生发展的重头戏。

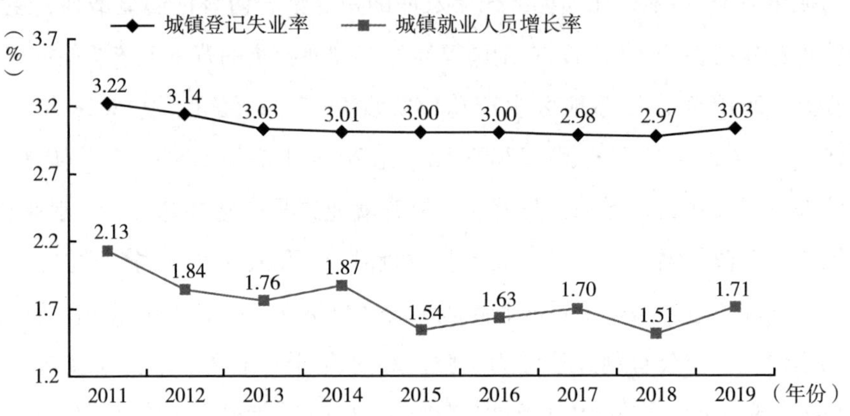

图 1　2011～2019 年江苏城镇登记失业率和就业人员增长率

资料来源：2019 年数据引自《2019 年江苏省国民经济和社会发展统计公报》，其他数据引自《江苏统计年鉴 2019》。

（三）就业结构进一步优化，重点群体就业受到特别帮扶

与产业结构优化相辅相成，江苏整体就业结构进一步优化，第一产业继续呈挤出效应，就业人数保持较大规模的缩减；第二产业尤其是劳动力密集型制造业加快转型升级步伐，吸纳就业能力有所下降；第三产业新型行业不断涌现，内部分工进一步细化，总体增长态势明显，就业人数占比逐年增加，成为未来拉动就业的主要增长点（见图 2）。

与此同时，江苏加大政策扶持力度，着力做好重点群体就业帮扶工作。2018 年支持 30.11 万人成功自主创业并带动就业 121.28 万人，“创业带动就业”已经成为江苏稳就业的一大特色。城乡一体化质量明显提升，2018 年新增转移农村劳动力 25.53 万人，累计转移 1953.39 万人，

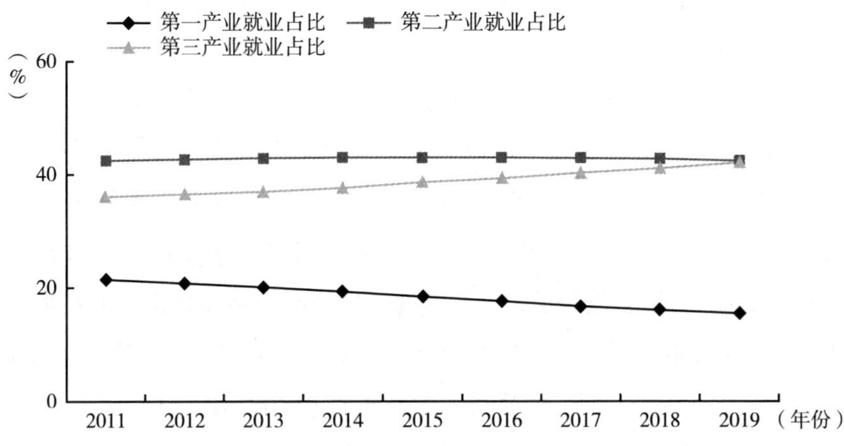

图 2　2011 ~2019 年江苏三大产业就业占比

资料来源：2019 年数据来自《2019 年江苏省国民经济和社会发展统计公报》，其他数据来自《江苏统计年鉴 2019》。

转移率 75.3%。仅 2018 年江苏组织 236.18 万人参加企业职工岗位技能提升培训，59.23 万人参加城乡劳动者就业技能培训，24.12 万人参加创业培训，帮助城镇失业人员再就业 89.45 万人。有资料显示，江苏省个体从业人数达 1398.5 万人，占全国总数的 19%，位居全国第三，仅次于广东、山东。①

（四）经受住疫情的巨大冲击，就业逐步恢复到疫情前的水平

在经历了几个月的疫情冲击之后，经过政府及各街道努力，企业逐步复工复产，江苏整体就业态势逐步回稳。在疫情得到基本控制之后，江苏全省高度重视就业工作，将其放在“六稳”“六保”的首要位置，坚持减负、稳岗、扩就业并举，并大力实施就业优先战略和积极就业政策，确保全年就业形势总体稳定。数据显示，2020 年上半年，江苏省城镇新增就业 63.54 万

① 《江苏省稳就业“成绩单”亮眼！个体经济解决了 1398.5 万人就业，位居全国第三》，新华日报财经网，http：//xhfmedia. com/newsdetail. htm？id＝2001160041。

人，完成全年目标的63.5%。但在政府“六稳”“六保”的全力努力下，在我国疫情好转的基础上，到6月末，在“三快”（企业复工快、员工到岗快、农民工返岗快）的推动下，江苏的城镇登记失业率为3.11%，较上年末全省城镇登记失业率3.03%略高，全省上半年城镇新增就业63.54万人，接近上年同期水平。据对5550户重点企业监测，6月末企业复工率达到99.8%，监测企业员工到岗率接近98%，在江苏务工的农民工人数已经超过上年同期水平。[①] 也就是说，江苏的就业形势已经逐步趋稳，但在世界疫情出现第二波反弹、美国对中国企业打压力度进一步加大的情况下，江苏仍然必须充分估计困难，以应对疫情可能造成的风险和不确定性。

从2020年的基本情况来看，受经济下行压力、中美摩擦进一步加剧和新冠肺炎疫情叠加影响，企业用工需求的不确定性、不稳定性仍然存在。再加上就业结构性矛盾难以在短时间内得到根本性解决，就业形势复杂多变的态势仍然不会改变，未来就业预期的不确定性仍然会在较长的时间内存在。

三　当前江苏就业面临的供给侧困境

江苏稳定的经济增长为就业创造了良好的大环境，但劳动力数量减少和素质偏低的状况并不能在短期解决。而且，经济发展进入新常态，供给侧结构性改革必然会造成更大的就业压力，创新性的技术进一步可能通过创造性毁灭引起失业。不仅如此，严重的疫情影响将进一步促使企业思考技术创新减少岗位、降低成本的问题。

（一）人口自然增长率出现下降趋势，多因素使劳动力短缺成为常态

2011～2018年，江苏全省人口自然增长率呈现明显的下降趋势，尽管

① 《多措并举保就业　江苏上半年就业形势回稳》，新华网，http：//www.js.xinhuanet.com/2020－07/28/c_1126295885.htm。

生育政策连续调整对出生人口数量的反弹起到了关键的推动作用，但2016年后江苏人口出生率又开始回落。从人口红利来看，2018年末江苏0~14岁人口1124.6万人、15~64岁人口5759.9万人、65岁及以上人口1185.5万人，① 少年抚养比、老年抚养比和总人口抚养比分别达到19.5%、20.6%、40.1%（见图3）。总体老龄化程度进一步加深，劳动力资源人口持续减少，加上人口省际流入趋缓，就业供给侧短缺已经成为常态，劳动力短缺正在倒逼江苏整体产业结构转型升级，全省对创新型、科技型人才的需求量增加。

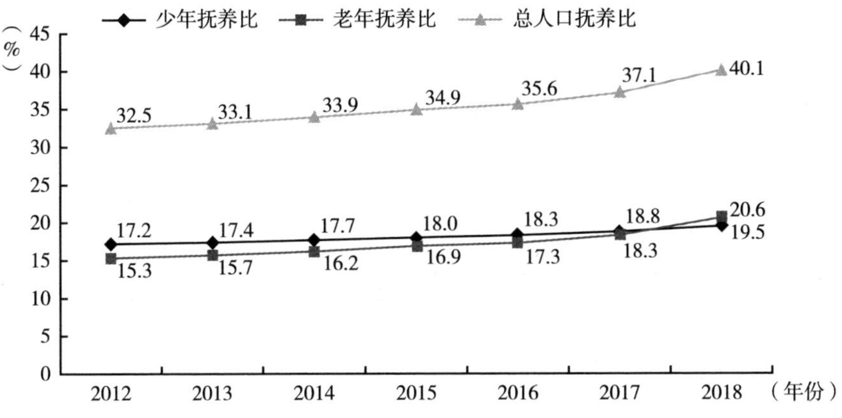

图3　2012~2018年江苏人口抚养比

资料来源：《2019年江苏统计年鉴》。

（二）劳动力供给质量偏低，教育投入和人才吸纳是未来就业的主要推动力

一方面，目前在劳动力总量持续降低的大背景下，劳动力供需结构矛盾依旧突出，并且随着江苏产业结构优化和高新技术产业发展，中、高端就业岗位供不应求，专业技术人员和劳动熟练工人持续短缺（见图4）；另一方面，随着网络技术和AI技术的进一步发展，中低端产业工人被智能化技术

① 《2019年江苏省国民经济和社会发展统计公报》，江苏省统计局网站，tj. jiangsu. gov. cn/art/2020/3/3/art_ 4031_ 8993801. html。

所取代已经成为未来发展的趋势之一。这两方面相互叠加，加速了劳动力供需的结构性矛盾。未来，科技创新和人才吸纳将成为江苏高质量就业乃至高质量发展的重点。目前来看，江苏正着力完善聚才用才机制，积极培育引进高层次、高技能、急需紧缺人才，增加全社会对科技创新的投入，以提升劳动力素质、优化劳动力生产效率来促进整体就业高质量发展。

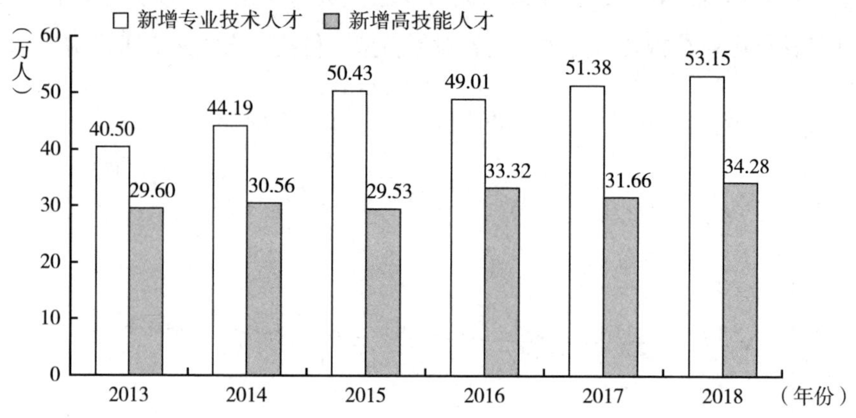

图4　2013～2018年江苏新增专业技术人才、高技能人才数

资料来源：2013～2018年度《江苏省人力资源和社会保障事业发展统计公报》。

（三）高校毕业生就业率有所降低，人才吸引力呈现微弱下降

从省教育厅发布的数据来看，近4年全省高校毕业生初次就业率始终保持在85%以上，年终就业率均超过95%（见图5），总体就业情况保持稳定，这主要得益于江苏对于毕业生就业指导服务工作的重视，不断加强校企融合，鼓励自主创新创业。但是，从发展趋势来看，高校毕业生就业率在近4年还是表现出缓慢下降的趋势，这与国际国内的经济形势不无关系，而2020年，受新冠肺炎疫情影响，高校毕业生就业形势将更加严峻。

在已就业的高校毕业生中，留苏就业比例一直高位稳定，2019年全省高校毕业生中留苏就业31.3万人，占实际就业人数的76.2%，高于本省生源数比例7.3个百分点。但是从纵向趋势来看，2017～2019年留苏就业毕

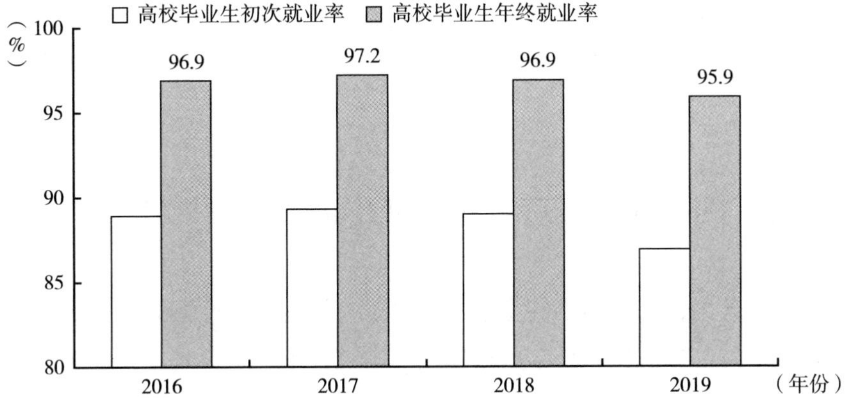

图 5　2016～2019 年江苏高校毕业生就业率

资料来源：2019 年数据来自《2019 年江苏省国民经济和社会发展统计公报》，其他数据来自《2019 年江苏统计年鉴》。

业生占比有所下降，2019 年比 2017 年下降 2.2 个百分点，尤其是本专科毕业生的流失更为明显（见表 1）。这从一方面反映出江苏的人才吸纳能力稍显不足，另一方面反映出与同在长三角地区的浙江、上海相比仍有不足。

表 1　2017～2019 年高校毕业生中留苏就业的人数占比

单位：%

年份	留苏毕业生占比	留苏毕业生		
		研究生占比	本科毕业生占比	专科毕业生占比
2017	78.4	60.1	76.0	85.9
2018	78.0	60.5	75.7	84.7
2019	76.2	59.4	74.2	82.8

资料来源：2019 年数据来自《2019 年江苏省国民经济和社会发展统计公报》，其他数据来自《2019 年江苏统计年鉴》。

总的来看，随着经济结构持续调整，就业结构性矛盾仍将是未来一段时间就业领域的主要矛盾。[①] 江苏也是如此。在此基础上，供给侧结构性改

① 2018 年 2 月 26 日人力资源和社会保障部副部长张义珍在国务院新闻办公室举行的就业和社会保障情况新闻发布会上，对中国当前和今后一个时期就业形势给出了总体判断，强调就业的结构性矛盾仍然是就业领域的主要问题，提高就业质量是未来就业工作的重点。

革、高质量发展、新技术的应用和新企业运行模式的推广对劳动力市场形成的冲击在一定时期内使就业领域主要矛盾更加突出，这些将直接对就业产生影响。

四 应对当前复杂就业形势的主要对策

尽管江苏经济在整体的转型中表现出了大局稳、韧性强的特点，但由于国际疫情持续蔓延、国际贸易摩擦加剧等不稳定不确定因素显著增多，稳就业依然是需要优先保障的重点工作，如何在常态化疫情防控中，充分考虑贸易国际环境变化和国内经济转型的长期影响，成为江苏应对当前复杂形势解决就业的重点问题。

（一）深化"大众创业、万众创新"，形成就业新机制新动能

国家层面提出的"大众创业、万众创新"是希望依托创新、创业带动就业数量增多、就业质量提高的一种形式，其目的是有效促进新技术、新业态、新模式的不断涌现，以此来推动一批小微企业出现、成长和发展，从而形成创新、就业、发展的良性互动，形成一种新就业机制。这种机制的形成，一是需要通过资金扶持，对企业骨干、小微创业者、大学生等重点群体给予创业补贴，建立更加灵活、方便的创业贷款机制。二是需要支持企业骨干创业基地、高校创业街区等支持载体的建设，这些载体要努力做到将创业项目的遴选、落地、培育、孵化全流程覆盖。三是需要围绕产业发展和重点就业群体需求，通过政府购买服务，引导优质培训机构、职业院校、公共实训机构和行业协会积极参与，实现有效促进就业的培训。需要不断增强"大众创业、万众创新"的动能。从目前来看，要通过布局数字经济、生命健康、新材料等战略性新兴产业推进科技创新，充分挖掘数字经济、共享经济、现代供应链等新经济领域的就业潜能。要关注先进制造业体系，聚焦集成电路、工程机械、新型电力等领域对于就业的需求，积极做好劳动力的开发与储备。要注意挖掘现代服务业领域创业就业的潜力。

（二）加大力度援企稳岗，帮助中小微企业渡过难关

作为市场主体的企业也是就业主体，因此保就业就要保市场主体，企业有活力才能稳住就业。作为经济“毛细血管”的中小微企业和个体经营户，承载了半数的城镇就业。疫情对就业的影响，主要是因为疫情对中、小、微企业的影响。政府在现有援企稳岗政策基础上，需要进一步加大支持力度。国务院《政府工作报告》对利用财政政策、货币政策稳定企业、扩大就业已经做出了相应部署，江苏应该尽快部署落实。在财政政策方面，仍然需要在一段时间里保持为企业的减税降费，推动中小微企业更容易贷款，考虑直接针对稳定经营、吸纳稳定就业、服务民生的中小微商户，根据承租经营面积或安排就业岗位数量给予一定的社保补贴，稳定企业，扩大就业。在支持对象方面，应与产业转型升级相结合，采取措施支持发展一批新的小微企业，支持重点人群自主创业，比如带成果、带项目创业的科技高层次人才，拥有通过创业能力测度和创业项目可行性测度等方式挑选通过的项目的大学生，返乡创业的农民工。对于上述三类重点人群创业，要注意建立创业风险分担机制与保障体系等。

（三）拓展就业新渠道，根据一些新业态、新职业灵活就业

随着新产业、新业态、新模式的不断涌现，以及人们对生活质量和市场消费要求的提高，更多新兴职业出现。2020 年 5 月 8 日，江苏省人社厅发布 2020 年 100 个高技能人才培训补贴紧缺职业（工种）目录，其中很多是围绕农业、服务业等特色产业，医疗卫生健康产业，以及其他一些适应江苏产业发展、满足百姓对于美好生活的更高追求而产生的行业。新职业代表着新机遇、新挑战，有助于不断拓宽就业和择业渠道，进而推动形成健康长效的就业机制。但要注意的是，促进灵活就业必须提高他们的权益保护和社会保障水平，取消不合理限制灵活就业的规定，并从地方劳动登记监管、失业管理和保障、工伤保障以及职业培训体系等方面，对灵活就业做出相应规定。针对共享经济用工模式快速增长的需求，应支持发展共享用工、就业保

障，为灵活就业者打造线上管理服务平台。如打造“互联网＋税务”平台，集合“共享用工众包＋资金结算＋委托代征＋个税核定”等功能，完善行业运营模式和健全税务监管服务机制。

（四）进一步为个体劳动者提供支持并创造良好营运环境

个体劳动者（包括工商户和个体务工者）在繁荣市场经济、扩大社会就业、方便群众生活、维护社会和谐稳定等方面发挥着重要作用。个体劳动者大多从事服务业，大多属于“工作一天，获得一天收入”的情况，是受疫情影响严重的行业和群体。针对个体工商户，从国家到江苏省、各地市均已出台了一系列的支持政策。现在虽然国内疫情缓解，但个体工商户的经营并没有得到完全恢复，而且疫情的损失也难以弥补。因此，一方面要继续落实相关的帮扶政策，将针对个体工商户的各类减免、补贴等落实到位；另一方面，要鼓励互联网平台积极履行社会责任，放宽入驻条件，降低平台费用，帮助个体工商户拓展经营模式。另外，也要重视个体经营户灵活就业及就业蓄水池的效应，有组织、有规划、有管理地采用划定区域、早市、晚市，简化工商注册流程等手段，适度提高经营时间、地点的灵活性。省内外部分地区推进的有针对性（比如针对餐饮、景区旅游、住宿、美容美发、零售等个体户相对集中的行业）的消费券、“个转企”的引导、为转型线上销售提供技术支持等措施，都可以结合各自的特点推行。

（五）多方面化解就业结构性矛盾，为经济转型提供支持

从劳动力供给总量来看，要适时调整人口政策和退休政策，调控劳动力市场总量供给。在目前二孩政策基础上，进一步放开生育政策，保障未来青年劳动力的可持续供给。适时出台弹性退休制度，提高老年人口劳动参与率。研究制定老年群体重新进入人力资源市场的法律规定，加强对大龄和老龄劳动者的权益保护。要根据现代化经济体系建设的人力资源需求，加快培养知识型、技能型、创新型劳动者大军，化解结构性就业矛盾。加大教育培训体制的改革力度，改进教育教学内容和方式，加快建立终身职业培训体

系，提高劳动者转换职业的能力。实现职业技能培训与市场需求的良好对接，实现岗位需求和专业技能的相互匹配，提升关键业务和岗位的技能培训，使其能够真正满足市场需要。此外，还要充分发挥企业等用工主体的作用，引导职业培训更适应产业升级和企业岗位的需要。加强职业精神的培养，大力弘扬劳模精神和工匠精神。加大人事人才制度改革力度，在人才培养、使用、评价、激励等方面减少制度约束，让科技人才和各类专业技术人才能够人尽其用。

（六）创新形式，全方位、精准化做好就业服务体系建设

在总体存在劳动力供给侧与需求侧结构性矛盾的情况下，全方位为用工企业和务工人员做好精准对接服务显得更为重要。要注意创建并用好线上劳动力调剂平台，促进用工企业与务工人员精准对接，切实做好疫情防控期间公共就业服务工作。要注意开展人力资源市场供求调查，以“互联网+”搭建智慧就业信息平台，分专业、分行业、分地区组织专场网上招聘会，加大活动频次，提高对接成效。要深入了解企业用人难题，对于一些重要企业，有时需要做到“一对一”帮助企业解决用工难题。健全以城镇为核心、城乡社区全覆盖的公共就业服务信息网络，强化就业服务基本需求等相关信息的收集、汇总和发布，加强对城乡尤其是重点地区和重点群体就业状况的监测，实现城乡劳动力资源信息即时传输和共享。加快建立健全以社会保障卡持卡人基础信息库、用人单位基础信息库为基础的省级就业信息资源库。利用数据库平台提供的客观信息，做好持续更新和动态整理，进行大数据分析应用，为全省各地就业状况及形势分析研判提供支撑。

参考文献

《促就业举措应出尽出，拓岗位办法能用尽用》，《经济日报》2020 年 5 月 26 日。

邵文波、盛丹：《信息化与中国企业就业吸纳下降之谜》，《经济研究》2017 年第 6 期。

《2020 年政府工作报告》。

《补贴撬动，让新职业快速走向百姓》，江苏省人力资源和社会保障厅网站，http：//jshrss. jiangsu. gov. cn/art/2020/5/9/art_ 78497_ 9464028. html。

刘琛：《新职业激发新业态发展潜力》，《广州日报》2020 年 5 月 14 日。

《招聘不见面网上“云就业”——江苏“互联网＋就业”新模式助力疫情期间高校毕业生就业渠道通畅》，《中国青年报》2020 年 3 月 21 日。

《对冲疫情影响，江苏近六十万高校毕业生如何实现更好就业?》，JSBC 江苏教育新闻，2020 年 6 月 11 日。

《多措并举保就业　江苏上半年就业形势回稳》，新华网，http：//www. js. xinhuanet. com/2020－07/28/c_ 1126295885. htm。

《人大中国宏观经济论坛发布报告：结构大变革时期中国就业形势应“一分为二”看待》，中国发展网，http：//finance. chinadevelopment. com. cn/yw/2019/09/1566282. shtml。

《中国经济：当前和今后一个时期就业形势更加复杂严峻，任务更艰巨》，参考网，http：//www. fx361. com/page/2020/0102/6253325. shtml。

江苏基础教育现代化中的主要问题及对策

韩海浪*

摘　要：　“十三五”期间，江苏基础教育现代化平稳推进。学前教育规模快速扩张，义务教育均衡发展与质量提升齐头并进，应对高考新方案的高中教育改革正式起步，教育治理体系和治理能力现代化取得新进展。但是，投入不足、均衡发展和质量提升缓慢仍是目前乃至“十四五”期间江苏基础教育现代化进程中存在的主要问题。对此，建议建立健全制度化的教育投入机制；完善城乡义务教育一体化、优质均衡发展机制；建立健全基础教育质量提升保障机制。

关键词：　基础教育　现代化　均衡发展　江苏

基础教育与每一个人相关，是提高国民素质、实现国家富强的基础性工程。2019 年 7 月，国务院总理李克强就基础教育改革发展做出重要批示，指出我国的基础教育要“着力在提高质量、促进公平上下功夫，努力办好人民群众满意的基础教育”。之后召开的全国基础教育工作会议、江苏省基础教育工作视频会议，都积极贯彻落实了李克强总理批示精神，对基础教育工作做出了一系列部署。

2019 年 5 月，江苏召开全省教育大会，明确提出建设现代化教育强省，在全国率先高水平实现教育现代化。会后颁布的《江苏教育现代化 2035》

* 韩海浪，江苏省社会科学院社会学研究所副研究员。

和《加快推进江苏教育现代化实施方案（2019～2022年）》提出，2022年全省教育事业发展主要指标要总体达到国家确定的教育现代化水平，到2035年要全面实现教育现代化。基础教育现代化方面，提出要“发展公平优质的基础教育”。

一　江苏基础教育现代化的新进展

总体上看，“十三五”时期江苏基础教育现代化进展平稳，各项改革实施顺利，教育的公平发展与质量提升齐头并进，各类教育普及领先全国，总体上有望按时达成2020年规划目标。在2018年国家级教学成果奖评选（每隔四年评一次）中，江苏各级各类教育获奖总数及一等奖总数均位居全国第一。根据江苏教育现代化监测数据，2018年全省优质教育资源持续扩大，学生综合素养不断提升。全省教育现代化建设综合得分为84.6分，其中，苏南以91.5分的综合得分率先达到2020年省定目标。根据联合国教科文组织统计数据，江苏学前教育、高中教育普及程度已达到高收入国家平均水平，义务教育普及水平已超过世界高收入国家的平均水平。①

（一）学前教育规模快速扩张，受重视程度不断提高

学前教育秉持广覆盖、保基本、有质量宗旨，坚持政府主导、公益普惠原则，公办、民办幼儿园都得到大力发展，以公办为主、非营利民办为辅的学前教育体系初步形成。据《2019年江苏省国民经济和社会发展统计公报》，2019年全省幼儿园达到7608所，比2018年增加386所；在园幼儿数达到253.9万人，比上年减少1.7万人。另据省教育厅统计，全省公办园和普惠性民办园覆盖率达到78%，其中在公办园的幼儿占到63%，比全国水平高约20个百分点。全省85%以上的幼儿就读于优质幼儿园，比上年增加

① 顾月华主编《2019年江苏教育现代化监测报告》，江苏凤凰教育出版社，2020，第14、16、19页。

10个百分点。全省学前三年教育毛入园率达98%以上，高于全国平均水平14.6个百分点。

全省各级政府对学前教育越来越重视。一是2019年7月出台《关于学前教育深化改革规范发展的意见》，进一步明确全省学前教育奋斗目标。二是增加幼儿教育投入。2019年2月，省政府办公厅印发《关于进一步调整优化结构提高教育经费使用效益的实施意见》，要求各地不断加大学前教育投入力度，到2020年全省平均支出水平不低于生均6000元。三是提高幼儿教师工资待遇。2018年底江苏出台的《关于全面深化新时代教师队伍建设改革的实施意见》明确规定，幼儿教师和中小学教师一样，平均工资收入水平不低于或高于当地公务员平均工资收入水平。四是提升幼儿教师素养。全省对幼儿教师（不分公办民办，也不管在编与否）开展了5年一周期全员培训，制定幼儿教师专业技术资格标准，并对他们的职称实行单独评审，还增设学前教育正高级职称。五是提高幼儿教师在编比例。据江苏省教育厅统计，自2013年出台《江苏省公办幼儿园机构编制标准（试行）》以来，全省新增在编幼儿教师1万余名，公办幼儿园在编教师占比提高到38%，有效缓解了幼儿师资数量不足、质量不高的问题。六是将幼儿教育纳入政府履职考核。全省明确把学前教育作为教育领域4项考核指标之一，并将住宅区配套幼儿园建设和幼师队伍建设纳入省政府对设区市政府履行教育职责考评指标。

（二）义务教育均衡发展与质量提升齐头并进

据江苏省教育厅数据，2019年全省共有小学在校生572.6万人，比上年增长2.2%；共有普通初中在校生242.5万人，比上年增长7.4%。2018年，全省九年义务教育巩固率、小学学龄儿童入学率、小学毕业生升学率、初中毕业生升学率均为100%。

义务教育区域、城乡和校际差距不断缩小。据省财政部门统计，2018年省财政统筹中央资金累计安排教育专项资金103.8亿元，用于扶持激励市县教育事业发展。其中，下达苏北五市县的经费为60.28亿元，占比为

58.07%，超过全省市县总额的一半，充分体现了优先支持经济薄弱地区的倾斜政策，有力保障了苏北教育事业发展。2019 年 11 月，省教育厅出台乡镇寄宿制学校和乡村小规模学校办学标准，为进一步有效缩小城乡教育差距提供了重要保障。

在特殊教育领域，2019 年初江苏出台了《关于加强普通学校融合教育资源中心建设的指导意见》，提出在全省中小学、幼儿园中选择一批示范校，集中力量配置特殊教育资源。进城务工人员随迁子女义务教育方面，2019 年和 2020 年，江苏的一号文件都强调坚持公办为主解决好农民工随迁子女上学问题，保障他们接受义务教育的权利。据省教育厅 2019 年的统计，全省义务教育阶段随迁子女 145.37 万人，在公办学校就读比例达 85.5%，有效满足了随迁子女在流入地入学的需求。留守儿童义务教育方面，2017 ~ 2020 年省政府连续 4 年将农村留守儿童关爱保护工作列入年度民生实事工程，实行目标管理。到 2020 年 5 月，全省共有农村留守儿童 15.65 万人，与 2016 年相比，减幅超过 35%。人数降幅之巨、工作成效之大，稳居全国前列。

在均衡发展取得优秀成绩的同时，义务教育质量也得到持续提升。全省持续推进义务教育学校标准化建设，全省 83.2% 的义务教育学校达到省定办学标准，比上年增长近 12 个百分点。2018 年的监测显示，全省义务教育阶段学生综合素质评价优良率达 97.19%，小学和初中学业合格率分别为 99.2%、93.9%，义务教育学生学业优秀率超过全国平均水平 20 个百分点。学生体质健康测试合格率达 94.71%，人才培养模式满意度为 83.97%。①

（三）应对新高考方案的普通高中教育现代化正式起步

2019 年，全省共有普通高中在校生 105 万人，比上年增长 7.1%。建成 465 所三星级以上普通高中，就读学生达高中学生总数的 90% 以上；② 全省

① 顾月华主编《2019 年江苏教育现代化监测报告》，江苏凤凰教育出版社，2020，第 21 页。

② 王拓：《江苏扩大优质教育资源　提升群众在基础教育领域获得感》，《新华日报》2019 年 12 月 31 日。

高中阶段优质学校比例达83.3%（2018年），全省高中阶段教育的毛入学率达到99%以上，高于全国平均水平10个百分点，与高收入国家水平基本接近。

2019年江苏普通高中教育最显著的变化便是在巩固"纠偏"成果的基础上，正式迎来了应对新高考方案的各项改革。2019年4月，江苏高考新方案出炉，并将从2021年开始实施。8月，为因应普通高中课程改革和高考招生制度改革，省教育厅颁布《关于高考综合改革背景下加强普通高中教学组织管理工作的意见》，明确2020年前，全省普通高中全面实施新课程、使用新教材。普通高中学生获得144个学分方可毕业。为此，省、市将建设一批新课程新教材实施示范校，发挥引领带动作用。同时提出建立选课指导制度，有序推进走班教学。

高品质示范高中建设方面，江苏继2018年出台《关于高品质示范高中建设的意见》之后，2019年7月教育厅又颁布《关于进一步推进高品质示范高中建设的意见》，要求把立德树人融入思想道德教育、文化知识教育、社会实践教育各环节。之后，全省有20所普通高中被确定为高品质示范高中首批建设立项学校，有12所普通高中被确定为高品质示范高中首批建设后备学校。

教育评价方面，2019年4月出台《江苏省普通高中学生综合素质评价实施方案》，提出要从思想品德、学业水平、身心健康、艺术素养、社会实践、自我认识与生涯规划六个方面来评价普通高中学生综合素质。8月，《省教育厅关于加强普通高中学生发展指导的实施意见》颁布，倡导适合的教育，加强对学生"自我认知、社会理解、学业发展、健康生活和生涯规划"五方面的指导，引导学生树立正确的世界观、人生观、价值观，努力培养德智体美劳全面发展的社会主义建设者和接班人。

（四）教育治理体系日益完善，治理能力逐步提高

一是扩大教育规模。新建、改扩建基础教育学校被列入2019年省政府需要办好的十项民生实事之一，全省开工建设的幼儿园、义务教育学校、普

通高中分别达455所、472所、68所，分别高出预定目标155所、105所、38所。二是建立预警机制。2019年，江苏成功完成了对全省及13个设区市基础教育资源需求预警工作，形成省级及各设区市预警报告，并印发给各设区市党委、政府。三是强化公共服务。针对家长下班时间和学生放学时间的错位，全省不断完善中小学课后服务措施，联合相关部门于2018年出台了课后服务指导意见，争取到了财政补助。省政府将“在全省中小学普遍建立课后服务制度”列为2019年十项民生实事内容。四是集中治理违规。继2018年10月集中整治校外培训机构，有效扼制应试、超标、超前培训以及与招生入学挂钩的各类行为之后，2019年4月又发布《关于集中开展义务教育学校违规办学行为专项治理的实施方案》，继续治理义务教育学校违规招生入学、违规考试和超标超前教学两大方面的10种行为。经过治理，全省义务教育学校免试入学、“公民同招”、规范招生收费等得到基本落实，学校违规办学现象得到有效遏制。五是完善评价体系。将“义务教育优质均衡比例”等纳入“对设区市人民政府履行教育职责的考评指标”之后，又将学前教育资源配置率、普通高中资源供给比例两个指标纳入2019年度设区市、县（市、区）高质量发展监测评价指标体系等。

二　江苏基础教育现代化中存在的主要问题

目前，中国的改革已经进入深水区，江苏基础教育改革也是如此。“十四五”面对的，除了一些新问题外，还有历史遗留下的一些深层次难点问题，主要集中在投入、均衡（公平）和质量三方面。《2019年江苏教育现代化监测指标》（市县指标）8个一级指标中，有6个达到80%以上，唯独教育公平度（76.42%）和教育保障度（69.34%）两个指标不仅低于80%，而且还有所下降。全省仍有20%左右的县（市、区）教育现代化综合得分提升乏力，如期实现目标的难度非常大。因此，深化改革是必由之路。具体来说，财政投入机制、学前教育协调发展机制、义务教育均衡发展进程中随迁子女和留守儿童教育机制等问题，都有待进一步深化。

（一）投入不足仍是一大“短板”

按照《国家教育事业发展“十三五”规划》要求的“两个只增不减”来衡量，2018 年全省一般公共预算教育支出做到了逐年“只增不减”，而“生均一般公共预算教育经费支出”并未做到：普通小学 2018 年为 13622.07 元，与上一年（14284.49 元）相比不增反降；普通初中 2018 年为 23633.61 元，与上年（24493.67 元）相比，同样不增反降。

再看法定的“三增长”情况。从教育部、国家统计局和财政部联合发布的历年《全国教育经费执行情况统计表》中的数据来看，江苏的教育投入与教育大省的地位甚至法定要求之间仍有一定的差距。比如公共财政教育经费增长方面，2018 年全省一般公共预算教育经费与财政经常性收入增长幅度（教育增长 3.09%，财政收入增长 7.30%）比较，数值为 -4.21%，也就是说教育经费增长远低于财政经常性收入增长，不仅低于上海、浙江、广东增幅，与本省 2017 年（增幅 5.64%）相比也退步不少；2018 年全省义务教育生均一般公共预算教育事业费增长率由 2016 年、2017 年的正增长转为负增长，不仅远低于全国平均增幅，亦低于沿海的上海、浙江以及广东。并且，在沿海沪苏浙粤三省一市中，也只有江苏是负增长。全省义务教育生均一般公共预算公用经费支出的情况也是一样，2016 ~ 2018 年三年不仅呈大幅下降趋势，也远低于全国平均水平，在沪苏浙粤三省一市中也是最差的（见表 1、表 2）。以普通小学为例，2018 年生均一般公共预算公用经费支出为 2649.55 元，比全国平均低 145.03 元；2019 年为 2528.31 元，比全国平均低 315.48 元；2019 年支出增长率为负数（-4.58%），而全国支出平均增长率为 1.76%。

表 1　2016 ~ 2018 年沪苏浙粤一般公共预算教育事业费增长情况

单位：%

地区	2016 年	2017 年	2018 年
上海市	-7.61	0.51	-0.51
江苏省	2.07	5.64	-4.21

续表

地区	2016年	2017年	2018年
浙江省	1.28	-4.28	-1.45
广东省	0.15	2.45	2.64

资料来源：2016~2018年《全国教育经费执行情况统计表》，教育部网站。

表2　沪苏浙粤各级教育生均一般公共预算教育事业费和一般公共预算公用经费增长情况

单位：%

各级教育生均一般公共预算教育事业费增长情况							各级教育生均一般公共预算公用经费增长情况				
地区	年份	全国	上海	江苏	浙江	广东	全国	上海	江苏	浙江	广东
普通小学	2016	8.14	6.94	4.29	11.28	14.15	7.25	0.02	-7.69	22.99	10.58
	2017	6.71	-6.55	4.63	7.97	12.71	4.64	-7.31	1.84	7.22	8.47
	2018	3.82	2.81	-4.64	7.82	5.62	2.29	-1.21	-8.53	14.33	1.96
普通初中	2016	10.83	9.58	11.27	13.13	19.81	5.98	4.62	-4.00	19.40	11.23
	2017	9.13	0.95	5.52	9.39	17.18	6.47	4.21	6.30	8.65	9.73
	2018	4.79	8.70	-3.51	7.46	11.09	3.04	20.24	-3.10	18.69	3.36

资料来源：2016~2018年《全国教育经费执行情况统计表》，教育部网站。

（二）均衡发展水平仍需进一步提高

2018年，全省办学条件差异系数县区达标率，小学为74%，初中为66%，班额和规模不达标、生均资源不足等成为各地义务教育优质均衡发展中的共性问题。

1. 学前教育保障力度滞后于规模扩张

全省幼儿园规模扩张迅猛，首先面临的便是投入不足问题。学前教育生均一般公共财政教育事业费在全国省份的排名，省定目标是前三名。2019年江苏为7445.65元，仅排全国第18名，不仅低于全国平均水平（7884.00元），与北京（37465.30元）、上海（25746.12元）差距太大，与浙江（13052.25元）甚至内蒙古（11733.65元）、海南（15960.61元）、西藏（19100.49元）等相比，也存在很大差距。其次面临的是师资建设滞后问题。

一是幼儿教师数量紧缺，质量不高。据 2017 年省人大的调查，全省幼儿教师缺口达 3.8 万名，并且，现有幼儿教师中 24.05% 无教师资质，公办幼儿园在编教师比例也仅为 34.88%。二是幼儿教师收入较低而且区域差异较大。大部分苏北地区和部分苏中地区农村幼儿教师的可支配月收入仅在 1000 元左右，有的甚至还没有缴纳社保。苏南与苏北、城市与农村、在编与不在编差距尤其明显。保障力度的滞后，导致全省幼儿园班额和规模不达标的比例较大，优质幼儿园难以满足群众需求，直接影响 2020 年预期目标的实现（见表 3、表 4）。

表 3　2016～2018 年江苏达到省定优秀标准的基础教育学校比例

单位：%

检测点	目标值	2018 年	2017 年	2016 年
省优质幼儿园比例	≥90	61.63	59.24	56.04
义务教育学校达省定办学标准比例		83.17	71.26	55.93
高中阶段达省定三星级以上学校比例		81.41	83.33	85.95

资料来源：顾月华主编《2019 年江苏教育现代化监测报告》，江苏凤凰教育出版社，2020，第 33 页。

表 4　2018 年江苏学校规模与班额情况监测

单位：%

<table>
<tr><th>检测点</th><th>监测要点</th><th>目标值</th><th>2018 年</th><th>2017 年</th><th>2016 年</th></tr>
<tr><td rowspan="4">学校布局与规模</td><td>园均规模不高于 4 轨的幼儿园比例</td><td>≥90</td><td>73.71</td><td>72.00</td><td>72.21</td></tr>
<tr><td>小学规模不高于 6 轨的学校比例</td><td>≥90</td><td>74.62</td><td>75.95</td><td>77.15</td></tr>
<tr><td>初中规模不高于 12 轨的学校比例</td><td>≥90</td><td>84.51</td><td>86.21</td><td>87.28</td></tr>
<tr><td>普通高中规模不高于 16 轨的学校比例</td><td>≥90</td><td>76.43</td><td>77.56</td><td>76.33</td></tr>
<tr><td rowspan="4">中等及以下学校达到标准班额比例</td><td>幼儿园达到标准班额的比例</td><td>≥85</td><td>42.66</td><td>38.28</td><td>40.20</td></tr>
<tr><td>小学达到标准班额的比例</td><td>≥85</td><td>54.45</td><td>55.60</td><td>59.91</td></tr>
<tr><td>初中达到标准班额的比例</td><td>≥85</td><td>64.93</td><td>71.67</td><td>77.40</td></tr>
<tr><td>普通高中达到标准班额的比例</td><td>≥85</td><td>52.69</td><td>60.04</td><td>66.96</td></tr>
</table>

资料来源：顾月华主编《2019 年江苏教育现代化监测报告》，江苏凤凰教育出版社，2020，第 36～37 页。

2. 随迁子女义务教育入学机制有待完善

一是户籍学龄人口增长导致公办义务教育压力越来越大。二是入学中的不公平现象依然存在，主要表现在两个方面，一方面是户籍优先政策，另一方面是不公平的积分入学政策。以苏南某市为例，其将监护人入户（籍）积分（内含学历分、职称分等）和其子女入学积分画等号，实际上造成了孩子接受义务教育机会的大小取决于其父母的学历、职称，这显然是违反国家教育法的相关规定的，也是不公平的。三是师资、学位紧缺成为客观障碍。目前编制只减不增政策导致师资紧缺，农村学龄人口大规模进城进一步加剧学位紧张，改扩建学校缺地（近几年城市用地指标紧张）缺资金。四是消除“大班额”政策的出台，导致城市公办义务教育压力越来越大，影响随迁子女“以公办为主”的教育模式。

3. 留守儿童义务教育关爱机制有待加强

一是家庭教育缺失影响义务教育质量。幼儿时期的家庭教育极为关键，父母关爱的缺失直接影响孩子的智商与情商，对他们之后接受义务教育极为不利。二是义务教育学业水平有待提高。日常教学中，对成绩薄弱学生的帮扶工作也未得到应有的重视，导致部分学生成绩一旦下降便很难得到及时补救。三是基层工作中重“安全”轻“教育”。目前进行的农村留守儿童关爱保护行动，重点在于他们的基本生活安全和人身安全，义务教育只是关爱保护行动的内容之一，其重要性还未受到应有的重视。四是基层工作人手不足，经费不够。

4. 普通高中教育区域差距仍然较大

依据《江苏统计年鉴2019》数据，苏南普通高中比苏北少10所，差别不大。而在校生数苏南比苏北少10.35万人，苏南苏北全省占比分别为34.2%和44.76%。再看优质高中，2019年，苏南五市四星级高中139所，而在校生比苏南多出十多万人的苏北五市仅有93所，区域反差特别明显。再以南北两端的苏州和徐州为例，苏州普通高中在校生98064人，比徐州少13186人。而苏州四星级高中达41所，徐州仅有23所，徐州只是苏州的约一半。

（三）教学质量有待进一步提升

首先，各级各类教育优质资源比例离 90% 的目标值仍有不同程度的差距，与人民群众不断增长的对优质教育资源的需求仍有差距（见表 3）。

其次，师资力量短缺严重，不利于大班额消解、生师比的下降，严重影响了教育质量的提升。据省教育厅测算，基于生源增加和化解现有大班额和超班额办学状况的需求，全省学位缺口 108.02 万个，学校存量缺口 1390 所，教师存量缺口 6.01 万人。2020 年全省基础教育各学段新增学龄人口 77.25 万人，按照江苏教育现代化办学标准测算，学校增量缺口 596 所，教师增量缺口 6.04 万人。

师资短缺，一是导致超规模学校、超班额办学有扩大趋势（见表 4）。以超班额办学为例，2018 年全省幼儿园超班额比例为 57.34%，超班额状况严重，小学、初中、高中超班额比例分别为 45.55%、35.07%、47.31%，超班额状况均呈加剧态势。二是导致生师比达标状况也呈下降趋势。2018 年幼儿园生师比为 16.91∶1，未达 15∶1 的标准；小学生师比 17.73∶1，未达 17∶1 的标准；初中、高中生师比虽达标，但达成度呈下降趋势。[①]

三　江苏“十四五”基础教育现代化主要对策建议

进入“十四五”，国际国内经济社会发展都呈现新的态势，同时国家又明确提出要“建设高质量教育体系”，任务更重，也更艰巨。江苏基础教育需要未雨绸缪，紧紧抓住“公平优质”目标，在财政投入制度化、城乡发展一体化以及教育水平优质化等方面不懈努力，确保现代化教育强省目标的如期实现。

① 顾月华主编《2019 年江苏教育现代化监测报告》，江苏凤凰教育出版社，2020，第 36 页。

（一）建立健全制度化的教育投入机制

首先，应该将“两个只增不减”确定为制度化的强制要求。这不仅是2017年《国家教育事业发展“十三五”规划》的明确要求，也是2018年《国务院办公厅关于进一步调整优化结构提高教育经费使用效益的意见》中重申的规定。江苏要想建设现代化教育强省，这也是明显的最基础要求。

其次，“三增长”是新修订的《中华人民共和国教育法》第56条的明确规定。作为历史悠久的教育大省、将“建设现代化教育强省”作为奋斗目标的经济强省，遵从法律的明文规定是基本要求，教育投入水平位居全国前列更是理所应当。

（二）完善城乡义务教育一体化、优质均衡发展机制

1. 创建“公”“民”并重、“质”“量”并举的学前教育发展机制

在学前教育快速发展时期，江苏要坚持“两条腿”走路的原则。一是坚持“建设公办园”与“扶持民办园”并重。公办园建设资金需求量大，建设周期长，且涉及规划、土地、教育等许多部门，而财政投入总是有限的，不可能将幼儿园全部变成公办。因此，像重视公办园那样重视民办园、扶持民办园发展，是江苏学前教育健康发展的必由之路。二是坚持“量的扩张”与“质的提高”并重。学前三年教育毛入园率快速提升到98.0%以上，说明江苏学前教育“量的扩张”很受重视，且成绩优异。在此背景下，要重视优质园建设，更要扩充师资数量和编制，提高师资质量和待遇。建议出台明确规划，将新建公办幼儿园优先安排在农村地区和经济薄弱地区，优先保障家庭经济困难、家庭教育能力较弱的群体。

2. 进一步重视随迁子女和留守儿童义务教育工作

首先，“增校扩位”势在必行。一是要重视、推进外来工子弟学校的软硬件建设，协助提升其办学水平。二是采取进编制、合同聘用以及政府购买服务等多种措施，增强随迁子女学校义务教育师资力量。其次，以公平为原则完善积分入学政策。尽快全面实施“以居住证”为标准的义务教育入学

政策。地方具体细则不能违反教育法的规定。最后，强化留守儿童关爱保护工作中的父母责任与义务教育工作。一是强化家庭教育中父母的责任意识。要大力宣传父母的陪伴与教育对于婴幼儿健康成长的极端重要性，强化监护人的责任意识和法律意识。同时，要继续扩大本地就业岗位，从源头上降低留守儿童数量。二是要高度重视留守儿童的义务教育。要将留守儿童的“安全”与“教育”并重，实施“教育关爱”工程。在义务教育学校内成立以教师为主的关爱组织，将留守儿童心理辅导、学习补差等作为关爱工作重点。校外要成立以村督导员为负责人的留守儿童关爱组织。

普通高中教育要进一步向苏北、向经济发展水平较弱的地区倾斜，加大财政专项扶持力度，持续增加优质教育资源。应对新高考方案，江苏还需在课程以及考试题目的难度系数方面与全国保持一致，并在艺术素养、社会实践、自我认识和生涯规划等方面“补短板”。

（三）建立健全基础教育质量提升保障机制

江苏要围绕《江苏教育现代化 2035》提出的 2022 年和 2035 年两个预定目标，积极开展机制创新，为基础教育质量提升提供强有力的保障。

1. 加强优质教育资源建设

面对经济下行和财政压力增大，需要转变思路，积极引导社会资本进入基础教育。要大力发展民办学前教育，增加普惠性幼儿园覆盖率；要鼓励支持高质量民办义务教育，争取两三年内让全省所有义务教育学校都能达到省定办学标准。

2. 完善师资队伍建设机制

一是高度重视教师的操守与能力。对拟进编、聘任的教师，除了在学历方面的高要求外，更须考察其品德修养与教育的适应性。二是实行机制创新，扩大师资队伍。目前，各类生源持续增加是客观趋势，师资力量的增加是必然趋势。而受客观条件制约，政府实行的是“财政供养人员只减不增”的政策。正因为如此，苏南等地即使在财政经费允许的条件下也无法增加公办学校教师编制。建议实行机制创新，设立为期三年的“在聘教师”，并将

“在聘”经历作为“进编”条件。要保障“在聘教师”与“在编教师”在工资与福利待遇方面的一致性。这样，可有效解决目前基础教育方面巨大的师资缺口。

3. 坚持“以学生为中心”，构建科学的教育评价制度

义务教育、高中教育必须尽快扭转目前“一分两率”的日常教学评价标准和重点学校“升学率”的学校评价标准，始终坚持“以学生为中心”，坚持把“立德树人”作为根本任务。特别是义务教育阶段，应建立统一而公平的招生入学制度。对于薄弱学校以及“学困生”，需要有针对性地实行增值评价，确实保障教育过程公平。教育主管部门和学校要健全立德树人落实机制，实行德智体美劳全面发展的教育评价导向，坚决克服唯分数、唯升学率的顽瘴痼疾，从根本上解决教育评价指挥棒问题。

江苏城乡居民基本养老保险政策创新及其发展

胡平峰　陈　瑞*

摘　要：江苏城乡居民基本养老保险制度无论是省级政策还是市级政策，都具有自己的特色，取得了不俗的成绩。但城乡居民基本养老保险制度正面临参保人员年龄结构严重老化和个人缴费占比逐渐降低的挑战。在参保率基本饱和的情况下，提高个人缴费水平是建立制度良性循环的唯一出路。部分地市在提高城乡居民基本养老保险缴费水平上做了一些探索，将这些做法提炼改进，可为江苏全面提高城乡居民基本养老保险缴费水平探索一条出路：设置“倒 L”形的政府缴费补贴结构，探索个人账户奖励性养老金制度，从提高缴费收益和改变收益结构两方面同时提升政府补贴的激励效果；完善推广质押免息借款制度，解除居民提高缴费的后顾之忧；改变默认缴费档次，增强居民信任度，从心理层面引导居民提高缴费。

关键词：城乡居民基本养老保险　政策创新　江苏

社会保障兜底是我国打赢脱贫攻坚战的底气所在。城乡居民基本养老保险（以下简称“城乡居保”）在防止居民因年老丧失劳动能力而返贫上具有

---

* 胡平峰，江苏省社会科学院人事处副处长，高级人力资源师；陈瑞，江苏省社会科学院人事处七级职员。

重要作用，是健全多层次社会保障体系极为重要的一环，也是改善民生，实现乡村振兴的重要内容。江苏城乡居保一直走在全国前列，2008 年率先建立新农保制度，2011 年率先建立城乡统一的居民养老保险制度，目前城乡居保参保率在 98% 以上，基础养老金发放率近 100%，基本达到兜底线、织密网的要求。但城乡居保的缴费水平是可选择的，居民可以自愿决定自己的缴费档次。在缴费档次的选择上，江苏也具有全国普遍存在的缴费档次偏低的问题。低水平缴费会导致养老金待遇偏低，影响多层次社会保障体系的健全，不符合改善民生、实现人民共同富裕的目的。针对这一现象，江苏城乡居保发展的重心应是提升居民缴费水平，提高养老金待遇，不仅要把城乡居保扶贫的网“织密”，还要“织牢”。

一　江苏城乡居保政策现状

（一）省级层面政策

江苏省城乡居保发展从 2006 年泰州等地试点新型农村社会养老保险以来已有 15 年，经过 15 年的发展，江苏省城乡居保已经惠及 2000 多万城乡居民。江苏省 2013 年就将新型农村居民社会养老保险和城镇居民社会养老保险合并为城乡居民社会养老保险，2014 年又根据国家政策进行了完善。

一是缴费档次设置更适合省情。与国家政策一样，江苏省缴费档次分 12 个，即每年 100 元、300 元、400 元、500 元、600 元、700 元、800 元、900 元、1000 元、1500 元、2000 元、2500 元，但相比国家政策一减一增，减少了 200 元档次，增加了 2500 元档次。其中 100 元档次原则上只适用于重度残疾人等缴费困难群体，一般人员实际最低缴费档次为 300 元，比国家标准高出 200 元，最高缴费档次也高出 500 元，这体现了江苏省 13 个地市都为全国百强市的均衡发展特点。而经济发展不平衡的省份，如广东省，在制定省级政策时就必须充分考虑经济落后地市的缴费能力，因此广东省最低缴费档次设为 180 元，而最高档次达 4800 元。

二是落实“长缴多得”政策。江苏省规定，连续缴费超过 15 年的人员，在计算基础养老金时，每超过 1 年可增发 1%。以 2020 年省最低基础养老金标准 160 元计，每多缴 1 年，基础养老金可增加 1.6 元，相当于往个人养老金账户补贴 222.4 元，并且增发金额随着基础养老金的调整而增加。

三是提出建立基础养老金最低标准正常调整机制，相比于国家“适时调整全国基础养老金最低标准”更具可操作性。尤其是 2017 年初，江苏省委省政府联合下发《关于聚焦富民持续提高城乡居民收入水平的若干意见》，明确城乡居保基础养老金省定最低标准每年按照不低于 8% 的幅度调整。2012 年以来江苏省定最低基础养老金经过连续 9 年调整，从每人每月 60 元提高到 2020 年的 160 元。国家从 2018 年才发布《关于建立城乡居民基本养老保险待遇确定和基础养老金正常调整机制的指导意见》（人社部发〔2018〕21 号），正式建立起基础养老金正常调整机制。

四是提高个人账户记账利率。规定个人账户储存额参照江苏省企业职工基本养老保险个人账户记账利率计息。国家政策中表述为“个人账户储存额按国家规定计息”，“国家规定”具体则是不低于中国人民银行公布的金融机构人民币一年期存款利率。二者在 2016 年之前并无差别，但是从 2017 年起，为坚持制度公平性，增强制度激励作用，中央出台《关于印发〈统一和规范职工养老保险个人账户记账利率办法〉的通知》（人社部发〔2017〕31 号），统一公布全国职工养老保险个人账户记账利率，2016 年江苏职工养老保险个人账户记账利率从 2.6% 提高到 8.31%，此后几年未低于 7%。而同期城乡居保个人账户记账利率仍按原规定执行。如 2019 年浙江为 3.79%，广西为 2.25%，江苏城乡居保个人账户记账利率则参照职工养老保险个人账户记账利率，为 7.61%，保障了全省 2000 多万城乡居民的利益。

（二）地市层面政策

各地市在省政策的基础上，根据自身的经济社会发展情况，制定了符合当地实际的城乡居保政策。尤其是 2018 年省人社厅、省扶贫办等 4 个部门联合发布了《关于精准实施城乡居民基本养老保险扶贫工作的意见》（苏人社发〔2018〕230号）以来，各地市围绕落实“三个百分百”，创新开展城乡居保扶贫工作，在保费代缴、提高保障标准、强化激励约束机制等方面进行了一系列的探索，充分发挥了城乡居保在社保扶贫中的重要作用。

一是对缴费档次进行精简和提高。在实际缴费过程中可以发现，缴费具有趋同性，绝大多数缴费集中在最低档次上，因此在缴费档次设置上政府越来越倾向于精简缴费档次。如表1所示，一方面提高最低缴费档次。比如，南京市选择最低缴费档次人员占比90%以上，提高最低缴费档次标准无疑可以提高缴费水平，尤其是为建档立卡未脱贫的低收入人口、低保对象、特困人员等困难群体代缴费水平。又如，常州市市本级2020年将最低缴费档次提高到960元，政府也为困难群体代缴960元，并享受缴费补贴80元，累计个人缴费达1040元，接近省内平均个人缴费水平的2倍，极大地保障了困难群体的老年生活，充分体现了城乡居保扶贫的重要作用。另一方面适当提高最高缴费档次标准，13个地市中仅宿迁市市级政策维持了省定标准，其他地市均将最高缴费档次适当提高，满足了城乡居民对老年生活的美好向往。

表1　2014年以来江苏缴费档次数量有变动的地市情况

地　市	2014年缴费档次数量	2020年缴费档次数量	2020年最低缴费档次（元）	2020年最高缴费档次（元）	备　注
南京市	6	4	1320	2520	—
无锡市	8	4	500	3000	市区一般1000元
常州市	5	3	960	2520	—
南通市	6	7	100	4000	增加4000元档次，一般人员500元
盐城市	15	12	100	5000	一般人员300元
扬州市	15	14	100	6000	市区一般900元
镇江市	9	7	100	4000	一般人员300元

二是养老保险入口补贴提高。城乡居保入口补贴主要体现在缴费补贴上，有一半以上的地市缴费补贴在2014年制度定形后仍有提高。补贴最高

的仍是南通市，缴费3000元补贴1000元；其次为苏州的420元和无锡的350元。提高缴费档次的地市一般缴费补贴也随之提高，如南京市最高缴费补贴从150元提高到最高缴费的10%（即250元），镇江市从150元提高到200元。另外一个明显的特征就是缴费补贴更加注重公平性和激励性。南京市2014年6个缴费档次的缴费补贴分别是130元、130元、130元、140元、140元和150元，存在补贴激励性不强的问题，2020年改为按个人缴费的10%进行补贴，使得补贴按照缴费档次的比例提高，增加缴费补贴的激励性。镇江市也是按缴费比例进行补贴，但由于最高缴费档次较高，因此设定最高补贴不超过200元，避免出现“补贴富人”的现象，保障补贴的公平性。

三是养老保险出口补贴形式多样化。城乡居保出口补贴主要包括基础养老金和其他形式的养老金补贴，如缴费年限养老金、高龄养老金和个人账户奖励性养老金。各地市基础养老金不仅按照省定最低标准进行调整，部分地市市级标准又在省定最低标准上进行了追加，无锡市市区基础养老金达540元/月，苏州和南京次之；缴费年限养老金主要是鼓励参保人长缴费，大部分地市按照省定标准缴费15年后每超过1年奖励基础养老金的1%，南通市为2%（按2020年基础养老金标准计算为4.68元），泰州市更是高达5元/年，另外，南京、常州对15年内的缴费年限也进行了奖励，其中南京为10元/年，常州为缴费满15年增发108元；高龄补贴主要考虑到城乡居民养老保险制度建立较晚，年龄较大人员没有个人缴费或者个人缴费金额较少，个人账户养老金没有或者较低，因此对年满65周岁以上人员进行补贴，一般补贴为5元/月，如盐城市、扬州市，部分地市对75周岁以上再增加5元，如常州市、南通市，还有地市对更高龄的再进行补贴，如南京市、苏州市对80周岁以上的增发30元/月；个人账户奖励性养老金是指政府按照个人账户养老金发放金额进行补贴的一种方式，主要目的在于激励个人提高缴费，如按照扬州市建立个人账户养老金增长机制的要求，宝应县2015年按个人账户养老金增长10%的比例增发个人账户养老金，这种养老金补贴方式只有较少地市实行。

二　江苏城乡居保面临的挑战

作为我国社会保障体系中的重要组成部分，城乡居保制度生机勃勃，参保缴费人数不断增长，但是在发展的过程中，已经暴露出了一些问题，这些问题将对制度的存续提出挑战。

（一）参保人数结构老龄化日趋严重

由于城乡居保面向的是农村居民和城镇居民中未参加城镇职工基本养老保险人员，其中主要是农村居民。在城镇化不断加剧的形势下，农村居民的青壮年是城镇化的对象，而留守人员则是“九九三八六一”部队，加上原本江苏省人口老龄化严重，2019 年 65 周岁以上人口占比 14.69%，超过全国 12.6% 的水平，这也导致城乡居保中年龄结构整体偏大，直接表现就是缴费人数逐渐下降，享受养老金人数不断增加。江苏省城乡居保参保人口在 2011 年达到高峰，此后便处于下降的趋势中，而领取养老金人数则是一直处于上升状态，2010 年参保人数是领取养老金人数的 2 倍，到 2019 年参保人数仅比领取养老金人数多 12.8%。从城乡居保内的老年抚养比角度来看，从 2010 年的 0.49 到 2019 年 0.89，意味着城乡居保的老年抚养比从 1∶2 提高到接近 1∶1。尽管江苏省从 2017 年开始实施全民参保登记计划，2019 年参保人数比 2018 年略有增长，终结了参保人数“七连降”的局面，但仍然不能扭转农村人口结构变化的趋势，未来参保人数下降的趋势不可避免。

从全省农村人口结构比例来看，0～14 岁人口占比 15.07%，45～59 岁人口占比 25.84%，60～69 岁人口占比 18.49%。[①] 江苏省 60 周岁以上老年人平均去世年龄接近 80 岁，意味着未来 15 年享受养老金的人数要增加1/4，而新参保人员则可能相当有限。从实际缴费情况来看，这种情

① 《江苏统计年鉴 2019》。

况可能更加严重。泰州市某乡镇 2019 年 10778 名参保缴费人员中，16～30岁人员累计只占比 1.82%，而 45 岁以上人员占比近 68%。南京市某乡镇 7432 名参保缴费人员中，16～30 岁人员累计也只占比 5.71%，45 岁以上人员占比达 61.76%（见图 1）。2 个乡镇的城乡居保缴费人员年龄结构基本一致，这不仅意味着 15 年后这些乡镇 45 岁以上参保人都要进入领取养老金阶段，参保缴费人员结构严重老龄化，新鲜血液严重不足。

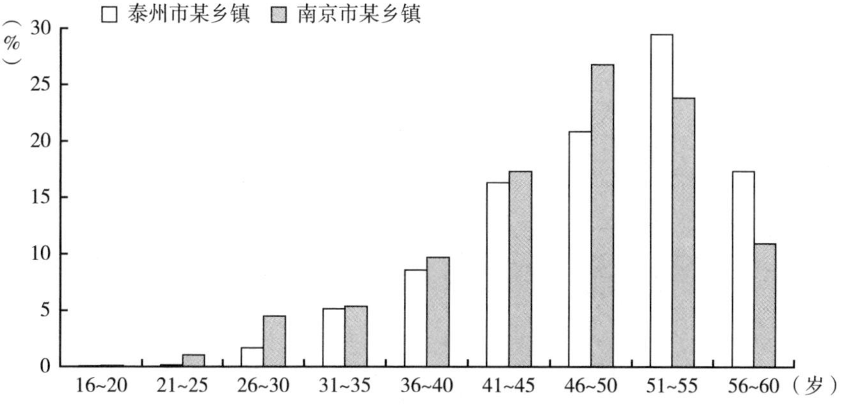

图 1　2019 年泰州市某乡镇和南京市某乡镇参保人员年龄结构

（二）个人缴费占基金收入比重逐渐降低

现代保险体系是按照大数法则建立起来的，参保人员缴费不仅意味着风险分担，更是保险体系赖以运行的基础。在我国其他群体的养老保险中，个人缴费是保险基金来源的主体。城乡居保面向的是农民，个人缴费在基金收入中占比不高，政府补贴占据了基金收入的绝对主体。城乡居保政府补贴分入口补贴和出口补贴，入口补贴是指匹配个人缴费的缴费补贴，出口补贴是指全部基础养老金和个人养老金账户发放完毕后仍然需要兑付的个人账户养老金。江苏省城乡居保在 2010 年时基金收入中个人缴费与政府补贴占比各半，以后政府补贴占比逐年上升，到 2018 年、2019 年时已经达 80%（见图

2）。造成这种变化的原因主要是政府补贴大幅度提升，包括缴费补贴实行“多缴多得”和基础养老金的稳步提升。个人缴费变化则相对较小，除2010年政策实施伊始存在大量补缴因而总额较高外，2011～2014年个人缴费总额一直在54亿元左右浮动，2015年由于全省最低缴费标准从100元提高到300元，个人缴费总额随之提高到65.32亿元，之后每年略有提升，到2019年达到70.85亿元。由于参保缴费人数是下降的，人均缴费实际上是逐年增长的，但这个增长相对较小，2011～2014年年均增长5%，而2015～2019年年均增长仅3.48%，同基金收入2011年以来年均增长12.34%相比微不足道。

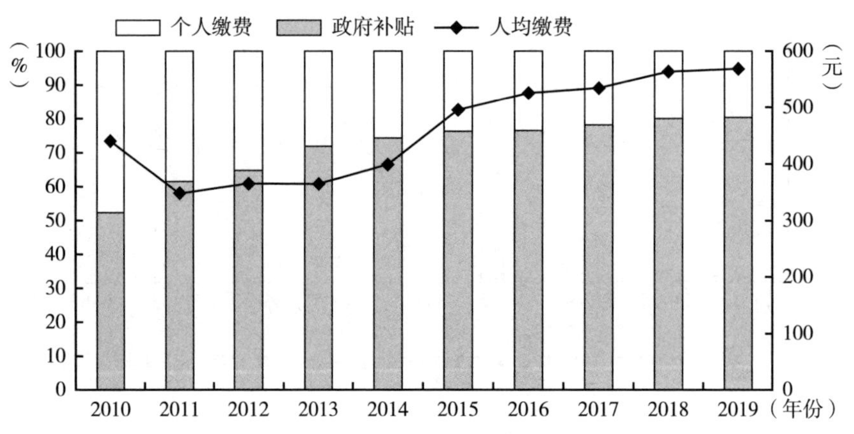

图2　2010～2019年江苏省城乡居保基金收入构成变化情况

参保人员年龄结构老化和个人缴费占比降低对城乡居保制度的挑战是相当严峻的。参保人员年龄结构老化是我国年龄结构老化和城镇化双重影响的结果，这种影响是难以逆转的。个人缴费占比降低一方面体现政府对农业农民新中国成立以来支持工业的补偿，体现我国人民共享发展成果的发展理念；另一方面是农村养老保险制度改革成本的需求。但是作为一个参保超5亿人的养老保险，主要依靠政府补贴显然不是长久之计，城乡居保需要建立自己的良性循环。在参保率基本饱和的情况下，延长城乡居保制度存续时间的唯一良性出路是提高个人缴费水平。

三　江苏城乡居保政策创新与探索

针对城乡居保制度面临的挑战，江苏一些地市进行了一些有益的探索，试图通过政策引导居民改变缴费选择，进而提高居民的养老金水平。主要的政策创新包括以下几个方面。

（一）差异化政府缴费补贴，提高缴费补贴的吸引力

城乡居保个人养老金账户收入主要来源是个人缴费和政府缴费补贴。各地多采取增加政府缴费补贴的方式，吸引居民提高缴费档次，主要有两种形式。一是以提高政府缴费补贴绝对水平吸引居民提高缴费，如南通市将政府缴费补贴的上限提高到 1000 元，居全省前列。二是将政府缴费补贴拉开档次，激励居民选择高档次缴费，如连云港市每高一个缴费档次政府缴费补贴提高 20 元；镇江市按缴费比例对居民缴费进行补贴，缴费越高补贴金额越多，但不同缴费的补贴收益率保持一致。

（二）探索个人账户养老金增长机制，增加养老金补贴的吸引力

城乡居保养老金包括基础养老金和个人账户养老金。现有的养老金政策只调整基础养老金，无论缴费与否、缴费多少，调整幅度都一样，对高缴费人员没有吸引力。因此，部分地市探索建立个人账户养老金增长机制来吸引居民提高缴费。泰州市设立了个人账户奖励性基础性养老金，由财政安排资金，以个人账户养老金水平为基准，按一定比例提高养老金。如靖江市 2012 ~2014 年连续三年按个人账户养老金的 10% 发放个人账户奖励性基础性养老金，2014 ~2018 年不仅扭转人均缴费“四连降”的趋势，且年均增长幅度达 10% 以上。扬州市 2015 年要求各县（市、区）适时建立个人账户养老金增长机制，宝应县 2015 年按个人账户养老金增长 10% 的比例增发个人账户养老金。增发个人账户养老金的问题在于：一是财政负担问题。市、县（区）财政在入口补贴、出口补贴已经支出很大一部分的前提下，能否

负担起更多的、增长的养老金补贴？二是公平问题。因制度改革有大量未缴费或少缴费的参保人员，这部分人员在增发个人账户养老金中的利益如何保障？

（三）拓宽个人账户使用渠道，增强居民抗风险能力

现有政策下，个人账户养老金 60 岁之后才能领取使用。高缴费意味着现期可支配收入的减少，降低了居民抗风险能力，在一定程度上限制了居民提高缴费。针对这一问题，泰州市拓宽个人账户养老金的使用渠道，创立了质押免息借款制度，规定如参保人员家庭成员患大病或遭受重大灾害，可以持缴费证、身份证等办理质押免息借款。提高了居民的抗风险能力，解决了居民提高缴费的后顾之忧。但是，这一政策存在很大的问题。一是政策合法性问题。按照相关规定，个人账户养老金只能专款专用，利息也不能提前支取，即便是本人将个人账户养老金贷借出来也属违规。二是参保伦理问题。如个人不能及时将所借养老金还上，到龄时是否能够享受养老金待遇？三是账户亏空问题。由于是贷款不收取利息，但是个人账户正常计息，因此会产生亏空，这个亏空由谁负责填补？何时填补？这些都是必须解决的问题。

（四）高标准起步，利用缴费惯性引导居民缴费选择

居民的缴费选择存在一定惯性，初始选择在很大程度上会影响以后的选择，在政策设计之初选择高起步标准，有利于引导居民提高缴费。泰州市 2006 年出台的农保制度，规定最低缴费标准为农村最低生活保障标准的 60%。按此标准，泰州市市区 2009 年最低缴费为 1100 元/年。国家和省标准出台后，泰州市 2010 年将其降低为 500 元/年，但大部分居民仍未更改缴费档次。如某乡镇 2009 年选择 1100 元档次缴费的 3809 人中，直到 10 年后的 2018 年仍有 933 人选择该档次缴费，从这一现象可看出初始标准的重要作用。但是这种情况只发生在制度实施初期，在制度进入正常运行后，如何利用这种惯性去改变居民的缴费行为？

（五）提高政策透明度，积累政策信任

居民对政策的了解与信任是政策能够顺利实施的基础。泰州市人社局直接经办市本级业务，在业务经办过程中能够及时发现问题并进行回应。同时，通过设立自助终端一体机，让群众及时、方便地了解参保政策和个人账户信息，提升政策透明度。江苏省人力资源和社会保障厅在网站上设立城乡居民社会养老保险专栏，可以对城乡居保进行养老金模拟计算和查询个人账户信息，有利于加深居民对政策的了解，提升政策信任度。

四　江苏城乡居保政策创新可能的发展

在提高城乡居保缴费水平上，江苏各地市进行的探索取得了一定的成绩。将这些探索存在的问题进行提炼改进，使之具备可推广性，以全面提高江苏城乡居保居民参保缴费水平。在既定政策框架和财政预算约束下，从提高缴费收益和改变现有的收益结构两方面着手，辅以改善宣传技巧、实施心理引导等方式，精准施策，创新开展城乡居保扶贫工作。

（一）设置“倒L”形的政府缴费补贴，提高缴费补贴的激励效果

对美国401（k）计划以及美国个人发展账户（IDAs）的大量研究表明，缴费补贴是提高缴费参与率的有效措施，对于已参加者，差额缴费补贴对缴费水平影响较小，但缴费补贴上限产生的影响比缴费补贴比例影响更大。因此，可以将政府补贴差额设置为“倒L”形，政府缴费补贴随缴费档次按10%的比例提高，当缴费档次达到一定标准时，缴费补贴不再提高。这个缴费档次标准可锚定达到农村最低生活保障标准的养老金水平来设置，如在当前省级政策下，城乡居保养老金要达到省农村最低生活保障500元/月的标准，大约需按2000元档次连续缴费15年，那么就以缴费2000元政府补贴200元设为缴费补贴上限，各地市可参照此方法类推。这种补贴结构，既有利于引导居民提高缴费，又避免政府补贴沦为富人福利，保障了制度的公平性。

（二）探索个人账户奖励性养老金制度，提升基础养老金的激励效果

相比于政府补贴打入个人账户，基础养老金直接发放到居民手中，具有多缴多得的直观效果，更有利于激励居民提高缴费。基础养老金高于江苏最低基础养老金的县市可改变当前基础养老金的调整方式，实施基础养老金、个人账户奖励性基础性养老金和高龄养老金同时调整的方案：基础养老金按照省规定的最低基础养老金调整；个人账户奖励性养老金按照个人账户养老金的一定比例进行调整，为兼顾制度公平性，调整比例不宜过大，总增资额控制在与原调整方式持平即可；高龄养老金有别于高龄补贴，主要面向制度实施时已年满60周岁，因无须缴费而导致仅能享受基础养老金的人员，高龄养老金平均调整水平较个人账户奖励性养老金略低为宜。

（三）完善推广质押免息借款制度，解决居民提高缴费的后顾之忧

向上争取政策创新试点，继续完善并推广质押免息借款制度，以放松个人账户部分使用权的方式解决居民提高缴费的后顾之忧。居民在家庭成员患大病或遭受重大灾害等变故需要急用资金时，可以动用个人养老金账户，让缴费不仅是存“养老钱”，也是存“应急钱”，引导居民提高缴费。可将质押免息借款额度设定为超出省规定的每年最低缴费档次部分，解决借款不能按时归还带来的参保伦理问题。同时，对于借款期间出借部分不再计息，按时归还后正常计息，解决账户的亏空问题。

（四）改变默认缴费档次，强化高缴费档次的心理暗示

提高默认缴费档次，简化缴费人员的选择过程，对缴费敏感性不高的人来说是行之有效的方式。在自助缴费时，可将默认缴费档次设置为达到居民最低生活保障标准的缴费档次。当参保人调降缴费档次时，及时进行提醒，并增加降低缴费档次的操作步骤，同时，简化提高缴费档次时的操作。但银行代缴等被动缴费方式则不适合采用此方式。

（五）加强重要信息宣传与沟通，提高居民对城乡居保制度的信任度

加强对城乡居保制度中重点信息的宣传，如差额政府补贴、养老金待遇、养老金终身发放、个人账户养老金增长机制等能够引导居民提高缴费档次的信息。除在网上设置模拟计算系统与信息查询系统外，针对城乡居保参保人员普遍年龄偏大的特点，将个人养老金账户变动情况及时推送到个人手机，让个人账户养老金变得可见，增强居民对养老金安全性的信任。

提高个人缴费水平有利于改善城乡居保建立起良性循环，虽然这种改善也只能延缓制度危机的发生时间，在参保人员年龄结构老化未改变的情况下，并不能扭转城乡居保制度的式微倾向。但从另外一个角度看，既然建立一个统一的养老保险制度是大势所趋，当城乡居保个人缴费提高到接近灵活就业人员养老保险缴费的水平时，制度并轨会更加平稳顺滑，实现城乡居民职工均等养老保障待遇将更加现实。

以非物质文化遗产保护促民生就业的政策现状及完善

李　昕*

摘　要：　促就业、保民生是维护经济社会健康发展的前提和基础。将非物质文化遗产保护与促民生就业有机结合，不仅有利于非物质文化遗产的活态传承，也是现阶段创造就业岗位的重要途径。近年来，我国制定了一系列法律、法规保护非物质文化遗产，推动以非物质文化遗产保护促民生就业，这些政策相辅相成，对实践起到了重要的指导作用，且成效显著。为进一步依托非物质文化遗产保护促民生就业，各级政府应立足实际，在细化以非物质文化遗产保护促民生就业的内部制度，完善以非物质文化遗产保护促民生就业的外部配套制度，构建生产类非物质文化遗产产品的创新机制，建立完备的以非物质文化遗产保护促民生就业的约束机制等方面加强制度建设。江苏非物质文化遗产资源丰富，在江苏以非物质文化遗产保护促民生就业必须立足江苏实际，在认真领会、落实传统工艺振兴计划及非遗扶贫工坊相关政策的基础上，从法制建设、制度建设及市场建设等方面加强引导。

关键词：　非物质文化遗产　民生就业　文化消费

* 李昕，江苏省社会科学院哲学与文化研究所研究员。

党的十九大报告指出："就业是最大的民生。要坚持就业优先战略和积极就业政策，实现更高质量和更充分就业。大规模开展职业技能培训，注重解决结构性就业矛盾，鼓励创业带动就业。"① 保民生就业是维护社会健康发展的前提和基础。将非物质文化遗产保护与促民生就业有机结合，不仅有利于非物质文化遗产的活态传承，而且是现阶段创造就业岗位的重要途径。

促民生就业是非物质文化遗产保护与传承过程中所产生的社会效益和经济效益的集中体现。在对非物质文化遗产进行有效保护的基础上，充分利用某些非物质文化遗产的生产性质，将非物质文化遗产保护与促民生就业有机结合，对促进文化消费、扩大就业、改善民生均具有重要意义。

近年来，我国制定了一系列法律、法规保护非物质文化遗产，也出台了相关政策推动以非物质文化遗产保护促民生就业，这些政策相辅相成，在非物质文化遗产保护、改善民生等方面发挥了重要作用，成效显著。

一　非物质文化遗产保护的相关政策及其成效

以非物质文化遗产促民生就业的基本前提是非物质文化遗产的有效传承，因此，非物质文化遗产保护的相关政策是促进民生就业的基础和保障。

（一）非物质文化遗产保护的相关政策

自2004年国务院批准加入联合国教科文组织通过的世界《保护非物质文化遗产公约》以来，文化和旅游部颁布了一系列部门规章和政策文件，不仅从上至下构建起非物质文化遗产保护体系，而且形成了良好的非物质文化遗产保护氛围，为非物质文化遗产的传承与合理利用奠定了坚实的基础。

在国家层面，我国已出台非物质文化遗产保护相关的法律、法规及政策近百项，按照内容、性质大致可分为四类。

---

① 《习近平：决胜全面建成小康社会　夺取新时代中国特色社会主义伟大胜利——在中国共产党第十九次全国代表大会上的报告》，中华人民共和国中央人民政府网，http：//www.gov.cn/zhuanti/2017－10/27/content_ 5234876.htm。

第一类为法律、法规，如《中华人民共和国非物质文化遗产法》（2011）、《中华人民共和国中医药法》（2016）、《国家级非物质文化遗产保护与管理暂行办法》（2006）、《关于加强我国非物质文化遗产保护工作的意见》（2005）等。

第二类为以建立非物质文化遗产保护制度为目的所制定的政策，如为构建非物质文化遗产代表性项目名录所制定的《国务院关于公布第四批国家级非物质文化遗产代表性项目名录的通知》（2014），为建立非物质文化遗产代表性传承人保护制度而制定的《国家级非物质文化遗产代表性传承人认定与管理办法》（2019），以及为促进非物质文化遗产整体性保护而制定的《文化部关于加强国家级文化生态保护区建设的指导意见》（2010）等政策。

第三类为规范和引导非物质文化遗产具体保护措施而制定的政策，如《国家级文化生态保护区管理办法》（2018）、《中国传统工艺振兴计划》（2017）、《关于加强非物质文化遗产生产性保护的指导意见》（2012）等。

第四类是针对具体非物质文化遗产项目或门类的保护与发展出台的相关政策，如文化和旅游部出台的《曲艺传承发展计划》（2019）、《中宣部、文化部、教育部、财政部关于新形势下加强戏曲教育工作的意见》（2017）、《商务部等16部门关于促进老字号改革创新发展的指导意见》（2017）、《工业和信息化部关于促进文房四宝产业发展的指导意见》（2016）、《国务院办公厅印发关于支持戏曲传承发展若干政策的通知》（2015）、《文化部办公厅关于利用民族传统节日开展富有特色文化活动的通知》（2008）等。

在国家相关政策的指导下，各地政府也制定了相应的非物质文化遗产保护政策，自2005年以来，全国31个省（区、市）全部制定了非物质文化遗产保护条例或保护办法，有21个省和地区制定了当地的传统工艺振兴计划，安徽省、广东省和甘肃省分别制定了《文化生态保护区管理办法》，江苏省和福建省制定了省级《非物质文化遗产代表作传承人认定与管理办法》。

（二）非物质文化遗产保护成效显著

随着非物质文化遗产保护政策的不断完善，我国的非物质文化遗产保护工作取得很大成效。

1. 非物质文化遗产保护的法律体系逐步建立

继2011年《中华人民共和国非物质文化遗产法》颁布实施以来，全国已有31个省（区、市）颁布了省级非物质文化遗产保护条例。文旅部会同有关部门，就国家级非物质文化遗产代表作的保护与管理、保护专项资金管理、代表性传承人的认定与管理、文化生态保护区建设等制定了一系列政策和法规。这些法律、法规在非物质文化遗产保护的具体实践中发挥着重要作用，说明我国已逐步建立非物质文化遗产保护的法律体系。

2. 非物质文化遗产保护对象的名录体系基本形成

2006年以来，国务院公布了4批1372项国家级非物质文化遗产代表性项目（第五批国家级非物质文化遗产代表性项目正在申报评选中），文化和旅游部认定了五批3068名国家级非物质文化遗产代表性传承人；各省、自治区、直辖市认定了15777项省级代表性项目和16432名省级代表性传承人。① 目前全国已建立起国家、省、市、县四级非物质文化遗产代表作目录和传承人名录。

3. 非物质文化遗产保护工作机构逐步健全

截至2016年，全国31个省（区、市）均已建立了省级非物质文化遗产保护中心，其中，北京、山西、内蒙古、安徽、四川、云南等11个省（区、市）成立了独立建制的省级非物质文化遗产保护中心，北京、江苏、浙江、河南、广东、广西、贵州、陕西、青海、新疆等21个省（区、市）文化和旅游厅（局）成立了非物质文化遗产处，223个市、1291个县成立了本级非物质文化遗产保护中心，全国从事非物质文化遗产保护工作专兼职

① 《文化和旅游部：我国为非遗保护投入超70亿》，中国网，http：//guoqing. china. com. cn/2019 - 10/19/content_ 75317718. htm。

人员2万多人。①

4. 非物质文化遗产保护各级财政稳定支持的机制正在形成

我国很早就设立了非物质文化遗产保护的专项资金，2012年，根据《中华人民共和国非物质文化遗产法》和国家有关法律法规，财政部、文化部制定了《国家非物质文化遗产保护专项资金管理办法》。全国已有29个省、自治区、直辖市出台了非物质文化遗产保护地方性条例，把非物质文化遗产保护纳入地方财政预算，也出台了各自的《非物质文化遗产保护资金管理细则》。

自2011年《非物质文化遗产法》颁布以来，我国的非物质文化遗产保护资金累计投入已超过70亿元。这些资金的投入极大地缓解了非物质文化遗产保护投入大、周期长、见效慢的困境，为非物质文化遗产的传承和发展奠定了坚实的基础。

5. 非物质文化遗产的保护氛围日益浓厚

随着中央及地方政府对非物质文化遗产保护的重视，非物质文化遗产展示等活动被各地纳入国家的公共文化服务。依托每年的“文化遗产日”及各种传统节日，全国各地每年都会利用当地的公共文化设施举办丰富多彩的非物质文化遗产展示、展演等活动，如成都国际非遗节、山东非遗博览会等均已形成品牌，这些活动不仅极大地丰富了人民群众的业余文化生活，也在全国范围内形成了良好的非物质文化遗产保护氛围。

二　以非物质文化遗产保护促民生就业的相关政策及成效

非物质文化遗产保护政策与促民生就业的相关政策是一个不可分割的整体，非物质文化遗产保护是促民生就业的前提和基础，促民生就业是非物质文化遗产保护政策的延伸。

① 《项兆伦在全国非物质文化遗产保护工作会议上的讲话》，文化和旅游部网站，https：//www. mct. gov. cn/whzx/whyw/201809/t20180911_ 834728. htm。

（一）非遗保护工作机制和名录体系为促民生就业奠定了基础

以非物质文化遗产保护促民生就业是一项长期而复杂的系统工程，做好这项工作必须明确几个关键性问题，首先是要寻找可以依托的、具有良好市场前景的非物质文化遗产项目。其次，鉴于非物质文化遗产技艺口传心授的传承特点，寻找具有管理经验和创新能力的非物质文化遗产传承人。最后，必须看到以往家庭作坊式的生产方式已无法满足当前的就业需求，只有依托协会或较大规模的非物质文化遗产保护单位，才能实现促民生就业的目标。

在非物质文化遗产相关政策的指导下，我国非物质文化遗产保护工作机构、人才配备、经费保障等方面均取得较大进展，名录体系也日趋完备，2011 年和 2014 年分别公布两批非物质文化遗产生产型保护示范基地，共涉及 100 家企业或单位（第一批 41 家，第二批 59 家），98 项国家级名录项目（第一批 39 项，第二批 59 项）。2018 年，文化和旅游部、工业和信息化部编制了第一批国家传统工艺振兴目录，共计 383 项。2019 年，文化和旅游部通过对前期 21 个国家级文化生态保护实验区的验收、评比，最终确定 7 个国家级文化生态保护区。2019 年，文化和旅游部公布了国家级非物质文化遗产代表性项目保护单位名单，共计 3514 家。

这些都为以非物质文化遗产保护促民生就业提供了重要的条件，是进一步实现非物质文化遗产保护经济效益重要的推动力量。

（二）以非物质文化遗产保护促民生就业的相关政策

以非物质文化遗产保护促民生就业的有效途径是进一步促进非物质文化遗产中传统手工艺的传承，吸引剩余劳动力学习，在实现促进就业、增产增收的同时，实现非物质文化遗产的生产性保护和传统工艺的活态传承。

因此，近年来我国出台的以非物质文化遗产保护促民生就业的相关政策主要集中于非物质文化遗产的生产性保护和传统工艺的传承和发展，如 2012 年文化部出台的《关于加强非物质文化遗产生产性保护的指导意见》和 2017 年的《中国传统工艺振兴计划》。这两项是近年来我国以非物质文化遗产促民生就业相关政策的纲领性文件。

《关于加强非物质文化遗产生产性保护的指导意见》（2012）首次以政府文件的形式，清楚地阐释了非物质文化遗产（具有生产性质的）生产、保护及传承之间的密切关系。该意见指出“非物质文化遗产生产性保护是指在具有生产性质的实践过程中，以保持非物质文化遗产的真实性、整体性和传承性为核心，以有效传承非物质文化遗产技艺为前提，借助生产、流通、销售等手段，将非物质文化遗产及其资源转化为文化产品的保护方式”①。该意见还明确指出非物质文化遗产保护在促进民生就业方面的重要作用，“在有效保护和传承的前提下，加强传统技艺、传统美术和传统医药药物炮制类非物质文化遗产代表性项目的生产性保护，符合非物质文化遗产传承发展的特定规律，……有利于促进文化消费、扩大就业，促进非物质文化遗产保护与改善民生相结合，推动区域经济、社会全面协调可持续发展”②。

与《关于加强非物质文化遗产生产性保护的指导意见》一脉相承，2017 年文化部、工业和信息化部、财政部制定的《中国传统工艺振兴计划》明确将“促进就业增收”作为中国传统工艺振兴计划的基本原则之一，并指出要做到“发挥传统工艺覆盖面广、兼顾农工、适合家庭生产的优势，扩大就业创业，促进精准扶贫，增加城乡居民收入”③。

该计划还明确指出今后的主要任务包括：建立国家传统工艺振兴目录，扩大非物质文化遗产传承人队伍，将传统工艺作为中国非物质文化遗产传承人群研修研习培训计划实施重点，加强传统工艺相关学科专业建设和理论、技术研究，提高传统工艺产品的设计、制作水平和整体品质，拓宽传统工艺产品的推介、展示、销售渠道，加强行业组织建设，加强文化生态环境的整

① 《文化部关于加强非物质文化遗产生产性保护的指导意见》，文化和旅游部网站，https：//www. mct. gov. cn/whzx/bnsj/fwzwhycs/201202/t20120214_ 765156. htm。

② 《文化部关于加强非物质文化遗产生产性保护的指导意见》，文化和旅游部网站，https：//www. mct. gov. cn/whzx/bnsj/fwzwhycs/201202/t20120214_ 765156. htm。

③ 《国务院办公厅关于转发文化部等部门中国传统工艺振兴计划的通知》，中华人民共和国中央人民政府网站，http：//www. gov. cn/zhengce/content/2017 -03/24/content_ 5180388. htm。

体保护，促进社会普及教育，开展国际交流与合作共十项。[①]

这十项任务不仅是传统工艺振兴的具体任务，也是实现传统工艺有效传承，并利用传统工艺促进就业的具体措施。在这些措施的推动下，传统工艺不仅生存状况得到了很大的改善，也带动了就业，在改善民生方面做出了重要的贡献。

2018 年以来，随着我国的脱贫攻坚进入决胜年，非物质文化遗产保护在改善民生就业方面的重要作用更加受到重视，文化和旅游部办公厅先后出台了《关于大力振兴贫困地区传统工艺助力精准扶贫的通知》（2018），与国务院扶贫办综合司出台了《关于支持设立非遗扶贫就业工坊的通知》（2018）、《关于推进非遗扶贫就业工坊建设的通知》（2019）。

从精准扶贫到大力推进非遗扶贫就业工坊建设，这些以非物质文化遗产保护促民生就业的政策中所包含的，如设立非遗扶贫就业工坊，广泛吸纳就业；组织开展传统工艺培训；发展提升传统工艺产品；扩大传统工艺产品销售渠道；开展媒体传播，扩大社会影响等措施都更加具体，也更加具有可操作性。

（三）以非物质文化遗产保护促民生就业相关政策的成效

在政府的大力推进下，在相关政策的指导下，以非物质文化遗产保护促民生就业已初见成效。

1. “非遗传承人研修研习培训计划”助力非遗产品提档升级

“非遗传承人群研修研习培训计划”是 2015 年由文化部主导，旨在提高非遗传承人当代实践水平和传承能力的研修培训计划，其主要任务是为非物质文化遗产保护提供大学学术和教学资源的支持，帮助传承人群增强传承实践能力。

该计划立足非遗保护中的实际问题，针对部分传统手工艺者的综合文化

① 《国务院办公厅关于转发文化部等部门中国传统工艺振兴计划的通知》，中华人民共和国中央人民政府网站，http://www.gov.cn/zhengce/content/2017-03/24/content_5180388.htm。

修养、设计创新能力、市场竞争力不足等问题，重点围绕非遗保护的政策理论、传承人的权利与义务、非遗的传承与创新、品牌推广与网络营销等内容，通过专题教学、实例分析、现场教学、学员沙龙等形式进行培训。研培计划自2015年实施以来，得到社会各界的大力支持和广泛参与。“中国非遗传承人群研修培训计划”自2015年启动以来，累计举办培训班701期，培训学员2.92万人次，加上延伸培训覆盖传承人群达到9.89万人次。①

培训计划极大地拓宽了非遗从业人员的视野，加快了非遗产品的提档升级。山东临沂的草编艺人解印权说：“培训前我只是按照祖辈们传下来的手艺去编东西，以前只做筐、篓、篮，下一步我将在现代美术设计上下功夫，增强这项传统手艺的创作观赏性，还准备注册一个草柳编的品牌。”随着非遗从业人员创新意识、品牌意识和市场营销意识的增强，非遗产品的市场价值得到人们的认可，并逐渐成为促民生就业的重要力量。

2. 非遗扶贫工坊增加就业机会，实现增产增收

设立非遗扶贫工坊是我国近年来以非遗保护促民生就业的一项重要举措。2018年，文化和旅游部办公厅印发《关于大力振兴贫困地区传统工艺助力精准扶贫的通知》，指出要支持贫困地区探索设立非遗扶贫就业工坊，要“以深度贫困地区‘三区三州’为重点，确定一批‘非遗+扶贫’重点支持地区。支持利用当地已有的非遗保护利用设施、传统工艺传习所、闲置场所或企业厂房，设立非遗扶贫就业工坊，以具有市场潜力、带动就业强的传统工艺项目为依托，以培训为重点抓手，以扶贫带头人作为组织、培训、运营等相关工作的牵头人，形成一个或几个相对集中的生产培训和交流展示的空间，帮助当地有意愿的建档立卡贫困人口学习掌握传统工艺或相关技能，掌握一技之长，激发内生动力，带动就业增收”。

同年，文化和旅游部办公厅、国务院扶贫办综合司印发《关于支持设立非遗扶贫就业工坊的通知》，指出设立非遗扶贫就业工坊的基本路径为

① 《文化和旅游部：我国为非遗保护投入超70亿》，中国网，http://guoqing.china.com.cn/2019-10/19/content_75317718.htm。

“支持设立非遗扶贫就业工坊；组织传统工艺手艺培训，帮助当地建档立卡贫困户学习传统工艺，掌握相关技能；组织专家团队，对传统工艺产品进行专业设计和改造提升；搭建平台，支持电商企业等通过订单生产、以销定产等方式，帮助销售非遗扶贫就业工坊生产的传统工艺产品，形成扶贫就业、产业发展和文化振兴的多赢格局”①，同时选取四川省凉山彝族自治州等10个“非遗+扶贫”重点支持地区，设立非遗扶贫就业工坊。

2019年，文化和旅游部办公厅、国务院扶贫办综合司印发《关于推进非遗扶贫就业工坊建设的通知》，进一步扩大非遗扶贫就业工坊建设范围，该通知也细化了工作路径：其一，摸清资源情况，明确项目抓手；其二，设立非遗工坊，广泛吸纳就业；其三，开展传统工艺技能培训；其四，培育扶持非遗扶贫带头人；其五，发展提升传统工艺产品；其六，扩大传统工艺产品销售渠道；其七，开展媒体传播，扩大社会影响；其八，加强成效跟踪和动态管理。

截至2020年6月初，全国设立的非遗扶贫就业工坊已经超过2000所，带动非遗项目超过2300个，培训近18万人，带动近50万人就业，20多万贫困户借此脱贫。②

这种“保护+培训+生产”的非遗扶贫工坊在促进民生就业方面效果明显。如江西九江修水县依托宁红茶制作技艺开设的非遗工坊吸纳了51名贫困家庭人员务工，培训他们掌握茶叶养护、采摘、制作等技能，实现人均增收3000多元，同时还以茶园为依托，带动附近村庄数百人就业，2019年该基地支付给当地贫困户和农民工资超过100万元。

不仅是生产和经营方式大大创新，工艺产品销售渠道也大幅拓宽，尤其是2020年受疫情影响，非遗产品的线上销售迈上了新台阶。2020年“文化

---

① 《文化和旅游部办公厅　国务院扶贫办综合司关于支持设立非遗扶贫就业工坊的通知》，中国非物质文化遗产网·中国非物质文化遗产数字博物馆网站，http://www.ihchina.cn/zhengce_details/11575。

② 《文旅部：全国已设立超2000所非遗扶贫就业工坊》，新浪网，http://news.sina.com.cn/o/2020-06-01/doc-iircuyvi6126536.shtml。

和自然遗产日”，全国有近6500家店铺参加了几大电商平台联合举办的“非遗购物节”，产品种类有8万多种，涉及各级非遗项目约4500项。销售渠道的多样化大幅提高了非遗产品的市场转化率，在帮助其实现市场价值的同时，也创造出更多的就业机会。

三　以非物质文化遗产促民生就业政策的进一步完善

2020年受新冠肺炎疫情影响，城市就业机会减少，生活成本大幅增加，多地暴发外出务工人员的“返乡潮”。大批外出务工人员返回家乡在给传统街区和村落带来生机和活力的同时，也给地方带来巨大的就业压力。

事实上，外出务工人员返乡客观上有利于传统习俗及传统生产及生活方式的恢复，也有利于恢复非物质文化遗产所赖以生存的文化生态，对以非物质文化遗产保护促民生就业而言，是机遇也是挑战。为进一步依托非物质文化遗产保护促民生就业，各级政府应立足实际，在以下四个方面加强制度建设。

（一）细化以非遗保护促民生就业的内部制度

目前，国家和地方出台的直接与以非遗保护促民生就业相关的政策较少，涉及制度建设的更是有限，且缺乏针对具体非物质文化遗产门类或的非物质文化遗产项目具体的制度安排，在今后的工作中，要针对不同的非物质文化遗产特质逐步细化、完善以非遗保护促民生就业的内部管理制度、运营制度，构建共性与个性共存的政策体系。

（二）完善以非遗保护促民生就业的外部配套制度

以非遗保护促民生就业不是一朝一夕可见成效的，且必须以非物质文化遗产的有效保护为基本前提，这就决定了其不仅需要非物质文化遗产保护的相关制度做铺垫，更需要政府在其发展初期能够在用地、税收等方面给予大力扶持。因此，需要各级政府立足地方实际，逐步完善以非遗保护促民生就业相关的用地、税收减免等外部配套制度。

（三）构建生产类非物质文化遗产产品的创新机制

人才是社会发展的基础。非遗传承人普遍存在年龄偏大、思想观念老化、创新能力不足等问题。以2018年公布的第五批国家级非物质文化遗产代表性项目代表性传承人为例，入选的1082人平均年龄为63.29岁，60岁以上的占58.3%，而且非遗工坊从企业管理、产品开发到市场营销普遍缺乏专业团队的引领，再加上有些非遗项目传习困难，“人亡艺绝”现象时有发生，这些都在很大程度上影响了企业的创新能力，无法保证非遗扶贫工作的时效性和可持续性。因此，当务之急是要通过制定相关政策在市场准入、资金配置、人才流动、产权保护、成果转化等方面构建非物质文化遗产产品的创新机制，以促进以非物质文化遗产保护促民生就业的可持续发展。

（四）建立完备的以非遗保护促民生就业的约束机制

以非遗保护促民生就业在本质上是利用非物质文化遗产的产业化改善民生，非物质文化遗产与文化产业相结合固然有利于促进民生就业，但也容易因开发利用不当而导致诸多不利于非物质文化遗产保护的现象。

以非遗研学为例。非遗研学是依托非遗项目的传承展示基地，如非遗展厅、博物馆、传习所等场馆，让参与者亲身学习、体验非遗项目生产过程，是集研究性学习和亲身体验于一体的非遗教育实践活动。非遗研学常常以“非遗基地＋工作室＋研学旅行”为基本模式，把非物质文化遗产保护与旅游发展相结合，不仅有利于深刻、直观、全面、系统地认识非遗项目，也有效促进了文化旅游及旅游业的转型升级，在促进旅游消费的同时，也增加了就业机会。

但目前非遗研学乱象丛生，普遍存在受众单一、流于形式、缺乏深度等一系列问题，不仅大幅降低了消费者对于非遗研学的满意度，也在相当大的程度上降低了对于从业人员的吸引力。因此，在今后的工作中，我们要构建完备的以非遗保护促民生就业的规约机制，树立红线意识，加强监管，建立准入制度和退出机制。

四　江苏以非物质文化遗产促民生就业的对策与建议

江苏非物质文化遗产资源丰富，在以非遗保护促民生就业方面具有明显的优势。首先，江苏的非物质文化遗产资源丰富，仅世界级非物质文化遗产项目就有8项，国家级非物质文化遗产项目126项，其他省、市、县三级共有名录项目近5000项，代表性传承人5000多名。其次，非物质文化遗产保护制度相对健全，地方政府的投入也相对较高。最后，江苏高校云集、人才济济，有利于非物质文化遗产的传承创新。江苏具有较好的制造业基础，许多如宜兴紫砂、扬州玉雕、苏州刺绣等非物质文化遗产项目已经成为当地重要的经济发展助力，在促进就业和增产增收方面发挥着重要作用。

但优势与劣势往往相伴而生，江苏是制造业大省，其现代化程度、城市化程度相对较高。高度现代化、方便快捷的生产和生活方式与费时费力的非物质文化遗产传统手工艺形成鲜明对比，强烈的心理落差令许多年轻人不愿意学习非物质文化遗产传统技艺。

在江苏以非物质文化遗产保护促民生就业必须立足江苏实际，在认真领会、落实传统工艺振兴计划及非遗扶贫工坊的相关政策的基础上，充分发挥自身优势，从以下几方面进一步细化以非遗保护促民生就业的相关工作。

（一）出台相关法律、法规规范非遗研学

出台相关法律、法规规范非遗研学，将非遗研学纳入公民教育体系，改变目前非遗研学主要针对青少年，且游大于学、流于形式、缺乏深度的现状，将非遗研学发展成为面向全体公民、增强文化自信的重要渠道，这有利于创造更多的就业机会，使其成为吸引从业人员的窗口。

（二）将技艺类非遗传承纳入江苏职业教育和中小学素质教育体系

出台相关的法律、法规，以条例、法规等形式将技艺类非物质文化遗产传承纳入江苏职业教育和中小学素质教育体系。这一点可以借鉴北京市的做

法，2019 年北京市通过的《北京市非物质文化遗产条例》中明确指出，“学校和其他教育机构应当按照教育主管部门的有关规定，将非物质文化遗产纳入相关教育教学活动”。可以通过素质教育扩大非物质文化遗产传承人培养的基数，通过职业教育促进非物质文化遗产传统手工技艺从业人员的年轻化和传承的制度化，为技艺的传承做好人才储备。

（三）依托江苏高校加强对传统工艺传承人的培训

江苏人文教育资源丰富，在今后的工作中要依托江苏高校，加强对传统工艺传承人的培训，帮助非物质文化遗产传承人实现从小手工业者向现代企业经营者转化，可以选择一些投入小、见效快、市场前景较好的传统手工艺，如草编、剪纸、刺绣等对农村剩余劳动力进行职业培训，不仅可以使其获得一技之长，也可以为将来自主创业奠定基础，缓解就业压力。

（四）利用江苏的人才优势助力非遗产品提档升级

利用江苏的人才优势，在充分尊重并保留非物质文化遗产传统工艺精髓的前提下，整合科研力量全面对江苏的传统工艺产品进行专业设计和改造提升，以提高其市场竞争力。

（五）利用苏浙沪地区的物流优势为非遗产品搭建线上销售平台

苏浙沪地区商业需求旺盛，物流网络遍布，物流生态链成熟。应该依托物流优势，为非物质文化遗产产品搭建线上、线下全方位的销售平台，助力地摊经济、小店经济，鼓励以创业促就业，实现增产增收。

江苏现代新型智库建设的现状、问题与对策

顾丽敏　梁 剑*

摘　要：江苏新型智库建设取得初步成效，智库数量不断增加，影响力逐步提升，但新型智库的发展也面临一些挑战。高端智库少，知名智库专家较少，对江苏乃至全国产生全局性、深远性影响的智库研究成果少，在全国乃至世界范围的智库品牌也很少，与江苏这一经济社会发展和社科研究大省的地位不匹配，新型智库建设依然任重道远。江苏还需要进一步整合集聚智库资源、理顺管理体制、优化评价机制，创造参与公共政策议程法治与政策环境。

关键词：新型智库　智库人才　智库管理　江苏

2015 年以来，江苏以出台《关于加强江苏新型智库建设的实施意见》为契机，对江苏新型智库体系建设做了总体规划与全面推进。江苏先后制定出台《江苏省新型智库管理与考核评估办法》及经费管理实施细则，成立江苏新型智库理事会，出台《关于江苏社会智库健康发展的实施意见》等创新举措，为江苏新型智库完善运作、高效发展不断注入新的活力。同时，江苏为推进新型智库建设投入了大量的物力和财力，这些努力为江苏新型智库的发展奠定了良好的基础。

---

* 顾丽敏，江苏省社会科学院区域现代研究院副研究员；梁剑，江苏省社会科学院科研组织处研究人员。

一　江苏新型智库建设的现状

（一）新型智库主体数量不断增加

2015 年 11 月，江苏省首批 9 家省级重点高端智库挂牌成立。2016 年，又进一步遴选出江苏长江经济带研究院、食品安全风险治理研究院等 15 家省级重点培育智库。2017 年，长江产业研究院（南大）成为江苏省第一家入选国家高端培育智库单位。2018 年 4 月，江苏省重点高端智库大运河文化带建设研究院（挂靠在江苏省社会科学院）正式成立。2019 年三年节点考核后，江苏又新增几家重点高端智库和省级培育智库。截至 2020 年 9 月底，江苏共有 1 家国家级高端培育智库，12 家省级重点高端智库，17 家省级重点培育智库。[①] 江苏省级层面新型智库初步形成“国家级培育智库—省级重点智库—省级重点培育智库”体系。

江苏省社会科学院统筹规划，积极与省内各设区市党校、社科联、政府部门合作建立分院、调研基地等，截至 2019 年底，共成立 6 家省社科院地方分院。江苏省社科联则充分发挥联系纽带作用，在省级高校、科研单位和其他相关部门成立了江苏省决策咨询研究基地，截至 2020 年 9 月底，研究基地发展到 48 家。

江苏各设区市也在自主探索发展新型智库。比如南京市在省内最早组建南京智库联盟（2014 年），经过发展不断壮大，影响力不断提升；连云港市依托地处亚欧大陆桥东桥头堡优势，最先发出倡议并与其他城市联合成立全国“一带一路”沿线城市智库联盟（2016 年）；2019 年 11 月，苏北地区的徐州智库联盟也正式成立。2019 年 1 月，新华传媒智库联合省内多家智库共同发起成立了“江苏新智库联盟”，这是江苏首家省级智库联盟，到 2019

① 刘德海：《中国特色新型智库建设的江苏探索》，中国社会科学网，http：//www. cssn. cn/gd/gd_ rwhd/gd_ ktsb_ 1651/zgtsxxzkjsdjsts/202009/t20200903_ 5178390. shtml。

年底，江苏新智库联盟已经发展会员单位近 30 家。江苏省委党校及其他高校也开始自主建立各类智库，比如 2020 年 5 月，南京医科大学等单位联合发起成立江苏大健康智库联盟。

（二）成果刊载与传播体系不断完善

成果刊载和报送渠道增加。研究报告是江苏很多智库研究平台的成果形式，编写研究报告和决策专报是智库通行的做法。江苏 10 家省级重点高端智库、15 家省级培育智库的研究成果会不定期地报送给省委宣传部智库办，由省委宣传部智库办编发印制成《智库专报》报送到相关省领导。除此之外，这些智库也编发了相应的研究报告。比如，长江产经研究院编发研究报告《长江产经决策咨询报告》报送到省领导及中央领导；江苏省社科院主要编发报送《决策咨询专报》和《江苏发展报告》，不定期向省领导报送；江苏省社科联通过组织全省专家，以约稿方式编发《决策参阅》，定期向省领导报送。

专业性智库期刊扩大影响。2015 年以来，江苏专业智库报刊取得突破并不断发展。一是创办《群众・决策资讯》版。作为专业性智库期刊，主要刊发决策研究成果，为拓展领导决策视野、提高决策能力和创新能力服务。2019 年共编发 24 期，刊载决策咨询报告近 150 篇。二是《智库理论与实践》期刊。该期刊由中国科学院文献情报中心和南京大学于 2016 年 2 月联合创立，作为专业智库类学术期刊，到 2019 年底，已经刊发 24 期，在国内智库研究领域已形成影响力。三是新华日报《智库周刊》。2020 年 4 月，新华日报《智库周刊》创刊，“交汇点・智库”频道同步上线。《智库周刊》是继《思想周刊》《人文周刊》等之后推出的“第六刊”。《智库周刊》还兼作“江苏新智库联盟”和新华传媒智库四个研究中心的会刊。

智库论坛形成品牌。高端智库论坛是发布研究成果、传播智库思想、发挥资政建言作用的重要平台，也是发挥资政建言的重要方式。目前江苏省内已经形成多个有影响力的智库论坛品牌，比如江苏发展高层论坛、江苏智库峰会、现代智库论坛（江海论坛）、现代化策论等。2019 年 7 月，江苏发展高层论坛第36次会议主题为“长三角区域一体化发展与江苏作为”，江苏省主要领导、省内外知名专家与会。2019年12月，第四届江苏智库峰会在南京举行，主题为“推进治理体系和治理能力现代化、谱写‘强富美高’新篇章”，会议评选出十佳智库实践案例、十佳智库研究成果、智库研究与决策咨询优秀成果。近年来，省内智库积极创办新型论坛。比如中国智库治理暨思想理论传播高峰论坛由南京大学与《光明日报》于2016年联合创办，每年举办一届，目前已经成为全国性智库交流峰会；江南文脉论坛于2018年由江苏文脉整理与研究工程首创，2019年举办了第二届，主题为“文脉传承与长三角一体化发展”，对江南文化的深厚底蕴和当代价值进行了深入研讨。会议期间集中发布江苏文脉整理和研究工程《江苏文库》第二批成果182册图书，《江苏文库》成果数字化并正式上线。这些高端智库论坛对提升智库研究水平，加强智库间交流，促进江苏新型智库发展，更好地服务江苏高质量发展起到了积极的推动作用。

（三）服务决策方式不断创新

江苏新型智库不断创新服务方式，除了常规性的报送研究报告之外，还主动直接参与政府相关政策制定过程。比如，2018年，江苏省区域现代化研究院参与江苏省改革和发展委员会牵头的“江苏基本实现社会主义现代化试点”建设工作，并为江苏社会主义现代化试点提供智力支持；全程参与省委宣传部“新时代文明实践中心”建设工作，为基层工作提供指导和服务。此外，江苏智库还积极参与了江苏“十三五”发展中期评估工作。① 在服务江苏发展的同时，江苏智库还积极服务其他地方政府，服务企业与社会。比如，紫金文创研究院承接并完成“拉萨市‘十三五’文化发展规划（2018～2020）”课题，研究报告内容已经被吸收并作为拉萨市政府文件下发。长江产经研究院参与中宣部“百企”大调研，形成了多篇

① 刘德海主编《江苏新型智库发展报告（2015～2018）》，江苏人民出版社，2020，第101、102页。

有分量的企业研究报告，其中《徐工集团改革发展调查》入选国家高端智库报告。

（四）智库综合影响力不断提升

获得省级以上领导批示和被相关部门直接采纳的成果不断增加。据不完全统计，仅2018年江苏10家省级高端智库共报送研究报告近200份，获得省级以上领导批示有40项之多，其中还有多个副国级领导批示。截至2019年10月，长江产经研究院报送决策咨询报告近100份，有41份获得省部级以上领导批示，其中获得副国级以上领导批示8份；2019年，江苏省社会科学院共编发上报研究报告50多期，获得省级领导肯定性批示十多项；2019年，江苏省社科联共编发报送研究报告46期，获得省领导批示20篇次。

有全国影响力的智库品牌不断增多。长江产经研究院作为江苏新型智库发展的标杆，在国内的影响不断扩大。“江苏高层论坛”已经成为全省智库论坛第一品牌。江南文脉论坛也成为传播和展示江苏文化的名片。《光明日报》与南京大学联合发布的“中国智库索引”（CTTI）正式上线运行，已经成为国内智库研究评估的权威系统之一。南京师范大学中国法治现代化研究院组织评选的“年度中国十大法治影响力事件”，已成为观察中国法治发展、揭示中国法治发展方向的国内品牌。

在理论创新、决策咨询、舆论引导等领域的影响力不断提升。根据2019年上海社科院智库研究中心发布的《2018中国智库报告：影响力排名与政策建议》，在中国智库综合影响力排名中，南京大学长江产业经济研究院进入全国前50名（是江苏智库首次进入全国前50强）。系统影响力评价方面，在社科院系统中江苏省社科院排名全国第4；在地方党校（行政学院）系统中，中共江苏省委党校（行政学院）排名全国第5。江苏智库整体水平和实力位居全国前列，影响力在不断提升。①

① 上海社会科学院智库研究中心：《2018中国智库报告：影响力排名与政策建议》，2019年2月1日，第11~18页。

二　江苏现代新型智库建设面临的问题

江苏新型智库建设虽然取得了长足发展，但是也面临很多挑战。智库名家大家较少，对江苏乃至全国产生全局性、深远性影响的智库研究成果总体不多，全国性乃至世界性的智库品牌还很少，这些与江苏作为经济社会发展和社科研究的大省地位不匹配，现代新型智库建设依然任重道远。

（一）智库研究力量较为分散，专业化程度还有待提高

现代新型智库作为从事智库产品创造的实体性组织机构，必须具有专业领域知识储备、持续跟踪研究能力和协作分工能力。现代新型智库已“不是自娱自乐的俱乐部，不是‘作坊式’的、‘小农式’的知识加工，而是像大工业生产那样，通过知识的多层次开发、集成式开发而生产新的知识，再把新的认知落实在策略、措施等实际行动中”①。江苏在推进智库建设的过程中，虽然对全省范围智库进行了整合与专业化提升，但是力量分散、专业化水平不高的局面依然存在。一些智库的研究领域较为分散，研究力量和研究方向缺少聚焦，难以形成合力；一些高校智库从学术机构转型过来或者研究人员以兼职为主，研究定位上面面俱到，在精力上很难集中于智库研究。具体来看，政府智库、高校智库与民间智库主要面临以下不同的困难与问题。

1. 政府智库具有先天优势，仍须加大投入力度

江苏政府智库主要是指政策研究室系统、党校系统、社科院系统和社科联系统等。政府智库在规模数量、研究质量和政策资源掌握方面有着先天的优势，这些优势在于与政府机构有着密切联系，因而容易最先获得一手数据资料，容易与决策部门建立沟通机制。但是整个政府智库的构成中，四路大军所发挥的功用也各不相同，各有其特色。研究室系统的最大优势是其优先

① 王文涛、刘燕华：《智库运行和智库产品的评价要点》，《智库理论与实践》2016 年第 2 期。

所掌握的政策信息和资源，其政策咨询的针对性、时效性强。党校系统由于其首要工作是党的领导干部的培养，因此其很大的精力是放在政策的解读宣传和对党政领导干部的教育和培养上，提供政策咨询服务不是其最首要的工作和任务。社科联系统专业研究人员少，限制了自身的理论研究和政策咨询服务能力的提高。社科院系统是官方智库中唯一的定位于专门进行政策咨询服务的智囊机构，优势在于专业研究人员多、研究方向广、咨询服务经验丰富。但是由于社科院系统在全省范围内还没有建成省市县三级系统，没有政策研究室那样的行政资源，因而在社会调研和相关信息的获取上也存在不少的困难。

2. 高校智库呈现快速发展态势，仍须提升成果转换水平

一是高校系统的主要任务是教育育人，政策咨询不是首要任务。因而，高校科研人员的精力很难完全放在政策咨询上。二是高校系统在政策资源获取、社会信息收集上远不如政府智库系统便利，这也是影响其发挥智库作用的现实因素。三是目前高校系统“遍地开花”式的智库建设，使得潜藏的智库资源很难有效地开发，甚至可能导致浪费。四是高校之间长期以来存在信息闭锁和沟通不畅的问题，研究力量和资源相对分散，报送渠道较少，智库成果转化率不高。江苏新型智库体系中，依托高校系统建立智库占据了很大的比例，然而普遍面临“在机构建设、组织管理、人员评聘、科研活动安排、经费保障措施、协同创新等方面基本上延续原有传统的高校管理体制和机制。没有突破现有瓶颈，高校新型智库建设改革缓慢，高校智库缺乏相对自主性，运行效率不高，缺乏激发活力的管理机制”①。

3. 民间智库发展处于初级阶段，仍须加强发展环境建设

江苏的民间智库在市场化环境中不断发展，但总体上专业性的智库数量偏少、社会影响力也很弱，远远没有形成系统性影响。在全国范围内影响力靠前的民间智库中，江苏民间智库缺席，与江苏的整体发展水平和社科研究

---

① 岳洪江：《高校新型智库建设扫描及发展策略——以江苏为例》，《扬州大学学报》（高教研究版）2018 年第 4 期。

水平不匹配。比如江苏大任咨询管理有限公司、江苏华信科技战略研究院等智库规模较小，服务对象基本上倾向于企事业单位等群体，在政府决策咨询中很难看到他们的身影。2018 年，江苏省民政厅等多部门联合出台《关于江苏社会智库健康发展的实施意见》，进一步推动江苏民间社会智库健康发展。但是如何让民间智库与政府智库、高校智库能够参与政府的政策决策过程，依然有很多难题需要解决。

（二）智库管理体制机制科学化水平有待完善

1. 资政建言制度化参与机制有待进一步完善

虽然江苏智库专家学者积极主动参与江苏社会发展的政策制定，但是如何"在法律制度上正式将智库引入公共决策过程之中，将公共智慧吸纳进来，建立起公开、透明、开放的公共决策制度"① 依然是江苏建设新型智库发展不能回避的突出问题。如何在决策咨询机制上建立公开公平公正的竞争机制，完善政策咨询项目招投标机制，使得官方智库、高校智库与民间智库能够实现公开、公正、公平的同台竞争，提高政策咨询成果的质量；如何完善政策咨询成果的评估与政策咨询机构的认证制度，保证决策咨询质量等都需要在推动建设江苏新型智库中有所回应。

2. 智库评价机制建设有待进一步优化

虽然政府、高校和民间智库的决策咨询服务能力与水平不断提高，向地方党委、政府提供决策咨询产品和服务的主动性增强，但由于缺乏科学、合理的评价指标体系，对智库所提供给的决策咨询产品和服务如何评价，是获得党政主要领导的肯定性批示，还是受社会的欢迎或学界的认同，这一难题尚未得到解决。另外，高校智库研究成果如何能与高校研究体系衔接并被学界认同，也在客观上成为影响江苏新型智库持续健康发展的重要因素。

---

① 《陈里：新形势下推动中国特色新型智库建设的思考》，中国共产党新闻网，http://theory.people.com.cn/n1/2016/0331/c238162-28241447.html。

3. 新型智库管理模式有待进一步理顺

目前江苏新型智库管理体制在省级层面已经形成基本的架构，大体是“省委宣传部（智库理事会）—智库办—各类省级智库”管理模式。该模式在推进江苏新型智库建设中发挥了积极的重要作用，然而在实际运行过程中，面临条块分割的管理难题，存在多部门管理与协调上的困难，新型智库管理模式效用发挥还存在不少的障碍。比如业务管理上党校系统归属省委组织部，省社科联、省社科院归属省委宣传部，省政策研究室系统直属省委省政府。高校智库系统虽然从管理上隶属省教育厅管理或者是归属省社科联指导，然而还有很多没有被纳入体系内的高校智库基本处在自存自立状态。民间智库由于背景复杂，管理上涉及民政、公安、人力资源等多个部门联合管理。此外，江苏大部分的设区市乃至县级市的智库管理体制还没建立。总体而言，新型智库建设还缺少统一的管理体制。

（三）智库人才队伍建设需要进一步加强

1. 智库人才数量与结构需要充实优化

江苏有全国数量最多的高等院校，有一支数量庞大的社科人才队伍，然而智库人才队伍建设却存在短板。一是专业化的智库人才队伍总量偏少，兼职类居多，特别是人才众多的高校智库的专家，主业还是在教学与科研。自2017年开始，江苏省智库研究与交流中心举办多期的江苏青年智库学者培训班，在培训广大青年社科人才撰写研究报告，提升决策咨询服务能力上取得了不错的成效，然而在智库人才培养上还缺少制度化安排。二是智库人才梯队建设上出现青黄不接的现象。官方智库中党校系统、社科院系统、社科联系统等在人才引进方面缺少配套的政策与资金支持，引进高端人才上还面临不少困难。目前省内知名的智库专家主体是“50后”“60后”群体，“70后”“80后”后智库人才还在成长之中。

2. 智库人才的发展空间不足

由于“现代智库以专业化的研究为基础，但又不是一种纯学术的研究，而是更加注重将研究成果和结论作用于国家治理，从而实现对政策生产和国家治理的影响”[①]，因而智库人才是一种要求很高的复合型人才，除了具备最基本的专业理论素养，还需具备社会实践调研、政策分析与制定评估等各方面能力。这种能力的培养，需要通过“旋转门”机制来完成，即政府人员和智库研究人员通过制度化的岗位轮换，让产学研和官学研人才双向交流动起来，这才有助于培养高素质智库人才。目前，与国内其他地区一样，江苏在智库人才“旋转门”交流机制面临体制机制障碍，限制了江苏智库人才成长与发展空间。

3. 智库人才考核需要进一步完善

由于大部分官方智库和高校智库同时受到上级部门智库考核与所在单位的管理考核，在人才评价上存在双重标准。上级部门智库考核主要是智库成果，所在单位考核主要是学术研究成果，而这两套标准互不认可会对智库人才成长造成有很大的阻碍。特别是江苏高校，需要对智库工作给予正面肯定，在薪酬待遇、职称晋升、工作考核中，能够实现多元评价，既认可智库成果，也认可学术成果。

三　江苏新型智库创新发展的对策

（一）不断充实江苏智库研究力量，充分发挥各类智库比较优势

按照科学化、专业化的原则，继续优化布局建立以官方智库为核心、以高校智库为重点、以民间智库为补充的江苏新型智库体系。在省级层面，集中力量重点培育若干高水平智库，积极向国家队智库靠拢，更好发挥江苏智库的社会影响力。各智库自身加强内部治理，加强智库人才队伍的培养，建立高效灵活专业的智库团队，与新媒体建立良好合作，助推智库成果的社会化转化，以提升智库成果质量和公信力。

---

① 钟裕民、刘伟：《现代新型智库：角色定位与实现路径》，《福建行政学院学报》2017 年第 1 期，第 83 页。

一是探索试点社科创新工程，释放政府智库活力。在政府智库中探索试点社科创新工程，以实施社科创新工程为抓手，引入竞争机制，把增量投入优先用于创新型智库、创新型人才和创新型项目，着力构建与中国特色新型智库建设相适应的科研管理服务体系、薪酬体系、人才引进与培养机制和职称评价机制，打造省级高水平综合性现代智库人才队伍。

二是有序引导、合理布局提升高校智库潜能。合理布局高校智库数量与类型，形成高校智库资源的优化，避免高校智库的泛滥与研究力量的分散。针对高校面临的信息封闭和沟通不畅、研究力量分散、科研成果转化率不高的困境，探索建立“省级研究室—省发展研究中心—省高校智库”这样一种三方合作机制。选题机制应积极发挥省级研究室统领作用，瞄准社会亟须解决的问题，瞄准地方政府亟须关切的问题，瞄准江苏经济社会短期和长期的问题。发挥省发展研究中心决策咨询优势，把省政策研究室政策实践优势和高校专家的理论专业优势进行有效整合，完成成果转化。评估调整机制应加强沟通与合作，研究工作前期指导、中期督查和后期完善上要积极听取省级政策研究室的意见和建议。在同行专家评审和省级政策研究室建议双重保障机制下进行调整，以便于领导批示、进入决策和产生效益。这样有助于高校智库资源纳入决策咨询服务，进一步优化合作平台，提高高校智库潜能。

三是探索组建江苏民间智库联盟，培养民间智库发展。由于民间智库的运行机制是市场化机制，在民间智库的发展上也应该遵循市场经济规律。在此前提下，考虑把民间智库纳入江苏整个智库管理体系中。参照部分兄弟省份的做法，组建江苏民间智库联盟以增强话语能力。

（二）探索现代新型智库管理体制，提升服务地方发展的能力

一是建立高级别管理协调机制，提高智库研究需求与智库研究供给的精准对接能力。深化智库管理体制改革，培育智库发展统领核心部门和独立的、专业的科研部门。考虑到江苏智库研究四路大军的特点特色，建议学习借鉴广西（见表1）等兄弟省份现代新型智库体系顶层设计的经验，并且充分结合江苏的实际，进行新型智库管理体制的重构优化：加强政策研究室系

统的核心地位，形成官方智库中以政策研究系统为统领的地位；继续整合资源，以省社科联、省社科院、省参事室、省规划办等单位为基础，组建江苏省发展研究中心；形成江苏省社科研究与智库研究的管理与指导部门；建立新型智库统一管理模式。应探索建立江苏新型智库“省委省政府—省级政策研究室—省发展研究中心”管理模式。政策研究室作为省发展研究中心的直接业务联系部门，二者统一直属于省委省政府。这样的管理模式能较好地减少管理消耗，较好地增强政策需求与政策产出的联结，较好地形成省级研究室与省社科院的联合研究、优势互补，最大限度提高官方智库效能（见表2）。

表1　广西新型智库体系顶层设计

主要机制	具体内容
核心管理机构	政研室(决咨委)
管理协调机制	广西特色新型智库联盟
重点建设智库	党政部门智库、社科院和党校行政学院干部学院智库、高校智库、科研院所智库、企业智库、社会智库
四大服务平台	需求库、信息库、专家库、成果库

资料来源：李凌、姜泽：《“西南现象”背后的智库因素：以广西智库建设为例》，《智库理论与实践》2018年第1期，第49页。

表2　江苏新型智库管理体制

主要机制	具体内容
核心管理机构	省政府(政研室)
管理协调机制	江苏省发展研究中心 (合并省参事室、省社科联、省社科院、省规划办等部门)
重点建设智库	高校智库、民间智库、官办智库

二是建立智库与决策部门的常态化沟通机制，提升智库研究成果服务效率。根据相关法规，政府部门决策体系进一步向智库开放，吸引智库力量参与决策，鼓励决策部门、智库部门、社会公众多方互动，强化决策体系的开放性，发挥智库部门联结决策部门和社会公众的纽带作用，提高智库部门的

参与性以及决策成果的针对性和有效性。扩大政府购买智库服务范围，提高政府购买智库服务力度。

（三）不断改革创新完善智库发展环境，为智库发展注入活力

一是营造各类智库健康发展、公平竞争的法治环境。江苏作为在全国范围内实现“两个率先”的探路者，在智库发展上应解放思想，勇于创新，探索建立政策咨询的制度化环境。考虑颁布制定“江苏省公共政策制定管理条例”，在法律制度程序上正式将智库引入公共决策过程之中，明确智库在公共政策制定中的角色定位与参与领域，保证智库研究人员的第三方地位，建立起公开、透明、开放的公共决策制度，为智库开展决策咨询服务提供法治基础。

二是进一步完善评价机制，引导智库健康发展。进一步完善智库运行的评价机制，建立正向进入与淘汰机制。将逐渐跟不上社会发展节奏、已不具备智库研究条件的智库进行正常的淘汰，避免智库的空转与资金的浪费。同时，特别要把那些具备条件的民间智库积极吸纳到江苏新型智库体系中来。进一步改革智库成果评价机制，在江苏省范围内特别是在高校中科研人员的职称评审、职务晋升上认可智库成果。

三是探索建立符合江苏省情的智库人才“旋转门”机制。促进智库合作与人才交流，提升多角度、多层次的跨界研究能力。如政府与智库、智库与智库的一事一议，专题性合作等。

新时代传统人文社科期刊媒体融合发展的现状及完善

冯　潇*

摘　要：传统人文社科期刊是哲学社会科学开展学术交流的重要平台之一，为我国人文学科的发展做出了十分重要的贡献，但在当前也遭遇了一些具有普遍性的新情况、新问题。最为突出的问题就在于，网络信息技术的飞速发展使云学习、云会议等以互联网为中介平台的学术活动逐渐成为学科内更受欢迎的交流方式，而通过微信公众号、微博订阅号等平台发布学术文章、阐述学术观点亦成为当前学者以文会友的重要场域。这使以往作为学术交流重要平台的传统人文社科期刊感受到了危机。打破过时的办刊思路，拥抱新技术、融合新媒体已成为学术期刊人共有的理念。从现有条件看，在积极参与期刊数字化发展的同时，推动交叉学科研究，重视选题策划，打造便捷的学术交流平台，让优秀的中国理论传播出去，应当是破解眼前难题、提升办刊品质的重要途径。

关键词：传统人文社科期刊　交叉学科研究　媒体融合　学术理论　“走出去”

* 冯潇，江苏省社会科学院副研究员。

中国当前的哲学社会科学正迎来蓬勃发展的新机遇。各个人文学科都力图能在新时期按照“立足中国、借鉴国外，挖掘历史、把握当代，关怀人类、面向未来”的思路，[①] 认真梳理并总结自身的发展经验及特点，在巩固传统优势科研项目的同时，下大力气开展跨学科、跨界别的研究活动，以拓展新的研究领域，积极将以互联网为代表的新技术引入学科内部，拓展研究方法、打开研究思路，大大激发了学科内部的理论活力。人文社科期刊长期以来一直是哲学社会科学学者发表学术论文、阐述学术理论、解答学术难题、共议学术热点的重要平台。近年来，人文社科期刊办刊的物质条件有了明显改善，各类刊物也逐渐瞄准了各自的发展方向，明确了办刊宗旨，拥有了业务素质较高的编辑队伍、作者队伍以及数量可观的读者群体。鉴于数字化刊物在近年来的快速发展已成为一股不容忽视的新兴期刊发展模式，本文的讨论把依然延续传统的以纸本为载体的哲学社会科学类期刊定义为传统人文社科期刊。从目前看，传统人文社科期刊的发展态势良好，就发展数量来说，截至 2018 年，我国已有人文社会科学期刊 1500 余种，仅 2013 ~ 2017 年，就新增（或更名）期刊 164 种；[②] 从发展质量来看，传统人文社科期刊稳中有进，以 CSSCI 来源期刊数量为参照，刊物数量从 1998 年统计的 496 种升至 2019 年统计的 568 种；[③] 从刊物种类来说，可以按照学科、出版周期、基础理论或应用研究等方式进行划分。应当说，经过长期的积淀特别是 21 世纪以来的学科快速发展之后，传统人文社科期刊已经形成了覆盖面广、专业纵深强、作者读者黏性高、理论宣传效果好的可喜局面。

但也需要看到，随着新技术的发展以及科研工作者对于刊物质量和影响力要求的不断提升，传统人文社科期刊也遭遇了许多过去不曾有过

---

① 《习近平关于社会主义文化建设论述摘编》，中央文献出版社，2017，第 81 页。

② 《中国人文社会科学期刊 AMI 综合评价报告（2018 年）评价结果及证书申领公告》，中国社会科学网，http：//www. cssn. cn/xspj/xspj_ yw/201811/t20181119_ 4777954. shtml。

③ 《CSSCI 来源期刊目录（2019 ~ 2020）》，南京大学中国社会科学研究评价中心网，https：//cssrac. nju. edu. cn/cpzx/zwshkxywsy/20200814/i125597. html。

的问题。其中较为突出的问题集中在传统刊物如何与新技术新媒体相融合这一范围。随着近年来我国网络信息技术的飞速发展，云学习、云会议等以互联网为中介平台的学术活动逐渐成为学科内非常受欢迎的交流方式，而通过微信公众号、微博订阅号等平台发布学术文章、阐述学术观点亦成为当前学者以文会友的重要场域。这使以往作为学术交流重要平台的传统人文社科期刊感受到了危机。打破过时的办刊思路，拥抱新技术、融合新媒体已成为学术期刊人共有的理念。可以预见的是，学术刊物在未来必然会走上学术评价体系引导下的新媒体融合发展道路，但也有越来越多的教训警示我们，忽视自身特色、盲目跟风搞数字化网刊未必是一条适宜所有传统人文社科期刊的上升通道。与其在形式上煞费苦心，不如求诸“内功心法”，借国内外学术交流日益广泛的东风，立足多学科、多视角刊文的优势，以新媒体融合为激发点，加强选题策划，在将国外优秀学术思想“引进来”的同时，进一步推动优秀的中国学术思想“走出去”，应当是未来人文社科期刊的优势生长点。

一　勇担使命：建设与时代同步伐的学术刊物

传统人文社科期刊自创立之初就被赋予了带动学科发展的历史使命，这源于其独特的成长经历。人文社科期刊的起步和发展是与我国人文学科跌宕起伏的历程交织在一起的。新中国成立之初，哲学社会科学百废待兴，为响应学界增进学术交流的渴望，自 20 世纪 50 年代起，各地相继出现了办一份能代表当地最高学术水平的刊物的呼吁。《文史哲》《江海学刊》《江汉论坛》《江淮论坛》等刊物均是在这一背景下应运而生的。以《江海学刊》为例，在当时分管江苏省思想理论工作的省委代理第一书记刘顺元的支持下，经各相关部门充分讨论之后正式创办了这份刊物，其创刊号首篇就刊发了时任中共中央宣传部部长陆定一的文章，提出“我们的社会科学——政治学、经济学、法学、教育学、新闻学等必须为促进我国的社会生产力服务”，要

“进行创造性的学术研究”。[①] 可见，这类刊物的创办在尚显贫瘠的学术年代被赋予了开疆辟土的学术期待，希望能以此带动各人文学科开展全面的、属于中国人自己的学术研究，众多学术大师也借着这样一个平台直抒胸臆、交流思想。传统人文社科期刊在当时真正承担起了促进学术繁荣发展、服务社会主义建设的使命。

受“文化大革命”影响，学术研究陷入停滞，人文社科期刊也难逃厄运，众多刊物相继停办。“文化大革命”结束后，学术界逐渐呈复苏之势。1977 年 5 月 7 日，经党中央批准，在中国科学院哲学社会科学部基础上正式组建了中国社会科学院，同时，各地社会科学院也先后复办、创办。当时中央对中国社会科学院提出的三大定位是：马克思主义的坚强阵地、中国哲学社会科学研究的最高殿堂、党中央国务院重要的思想库和智囊团。无论是中央还是地方社科院，其定位之一就要代表当地哲学社会科学研究的最高水平，那么创办一份优秀的学术刊物，以星火之势燎起人文社会科学的熊熊烈火，就显得势在必行。以社科院为依托单位，一批以“某某省/市社会科学”来命名的学术性刊物成长起来。尤其值得一提的是，为了充分发挥刊物在当地的优势及特色，在少数民族地区还专门创办了少数民族语言类的社会研究刊物，如《内蒙古社会科学》（蒙文版）、《新疆社会科学》（哈文版）等，都是当地学术发展不可或缺的动因。应当说在我国哲学社会科学百废待兴的攻坚时期，人文社科类期刊尤其是各地的综合类学术刊物承担了带动当地哲学社会科学全面复苏的重要角色。

20 世纪 90 年代至 21 世纪初期，是数字化技术推动传统人文社科期刊标准化发展的关键时期。这一阶段纸本刊物仍然是学术期刊的主流，但刊物与数字化技术的结合亦是大势所趋，在数字化技术的推动下，刊物逐渐建立了更加规范的评价体系、更为科学的审稿用稿流程，在期刊影响力传播方面也获得了极大提升。

---

① 李海中：《江流千里　海纳百川——〈江海学刊〉60 年办刊史回溯》，《江海学刊》2019 年第 5 期。

首先，从评价体系来说，我国以往依靠学者间口耳相传、同行间互相打分等偏主观的方式来判定期刊好坏的做法显得相对粗糙且不利于新兴刊物的发展，特别是面对期刊数量井喷式发展的繁荣局面，学界更加需要以客观的、可计算的方式来对刊物质量做出全面的、科学的综合性判断。在此背景下，以北大核心、南大核心以及中国人文社会科学核心为代表的专业机构在借鉴国外学术杂志评价指标的基础上，结合国内刊物的自身发展状况，制定出了相应的评价体系，也使我国学术期刊的发展更加规范化、国际化。

其次，就稿件投递及处理流程而言，手写稿件投递的方式逐渐转变为向期刊邮箱发送电子稿件，这不仅使稿件的投递更加准确、便捷，也免去了杂志需要将手写稿转为电子稿编辑印刷的中间环节，同时，各期刊相继落实三审三校制度，保证了刊物的整体质量。

最后，就期刊的学术影响力来说，2000 年前后维普、知网等学术网站相继成立，期刊数据库的强大数据处理及分享能力使电子化稿件可以以十分便捷的方式被下载、阅读，这使更多的读者能够跳开纸本这一载体，阅读海量的文献，类型相同的文章也能够被快速查找并集中阅读。应当说，期刊的数字化发展已成为提升办刊质量、扩大刊物影响力的有力抓手。

近年来，传统人文社科期刊已进入稳定发展阶段，同时积极、深入地与新媒体相融合，进一步激发刊物活力，已成为学术期刊工作者的共识。当前人文社科期刊正面临前所未有的发展机遇。学术刊物无论是从硬件还是从软件来说，都获得了前所未有的保障支持。这首先得益于新时代中国特色社会主义事业的不断向前。自改革开放至今，尤其是党的十八大以来，我国经济社会发展取得重大成就，为人文社会科学的发展提供了良好的物质基础，以国家社科基金为代表的定向支持为学术期刊的发展提供了稳定的资金来源。其次，哲学社会科学的繁荣发展是期刊发展的重要依托。2011 年，中共中央通过了《推动文化大繁荣大发展的决定》，教育部下发《高等学校哲学社会科学繁荣计划（2011～2020 年）》，在很大程度上带动了国内人文社科的振兴，培养了一大批优秀的中青年作者，并凝聚起稳定的读者群，学术平台的水准也水涨船高。最后，传统人文社科期刊借助新技术扩大影响力，现代化的期刊编审出版流程基本定型，同时各期刊相继建立专门的网络投稿系统，不仅使期刊的工作流程更加透明化、便捷化，也使刊物与作者的沟通更加及时有效。但问题也是不容忽视的。越来越多的作者、读者日渐适应非纸本的写作和阅读方式，期刊电子化似乎已是大势所趋，有部分从业者不禁提出疑问：传统人文社科期刊在数字化时代应当如何生存？

二　多维困境：传统人文期刊的转型之路

学界对于传统人文社科期刊的发展及其对人文科学研究所起到的作用是高度肯定的。但新的发展时期，面对势不可当的数字化发展浪潮，传统刊物正面临诸多困境，且在短期内很难得到解决。与过去被作为学界“香饽饽”的境遇相对比的，是期刊在当前许多学术活动中的“冷场”“缺场”。随着数字化传播媒介的兴起，理论的阐释、传播途径已不仅限于纸本，而是以更加生动活泼的方式传递给大家，并能获得更加良好的互动效果，学术平台的日益增多使不少纸媒都面临着作者队伍萎缩、读者群体流失的窘境，传统人文社科刊物的转型已迫在眉睫。具体而言，新技术发展所引发的新问题集中在以下几个方面。

第一，刊物的桥梁作用被不断削弱。过去，作者与作者、作者与读者之间很难见面，迫切需要有这样一个中介将学者的思想传递给同行，或引发争论，或寻求共鸣，在交流中共同推动学术发展。曾经有一段时间，一些刊物还会接受读者来信，将之整理后发给作者，辗转往来，以求解疑释惑。但新技术的崛起拉近了学者之间的距离，人们可以在第一时间通过网络进行交流，这种便捷性是传统刊物无法直接提供的。此外，期刊对于学术活动的影响力也日益减弱。在相当长的一段时期，期刊是引领学术话题的旗手，优秀的学术编辑作为一个中介点，可以敏锐地捕捉到学界内大家普遍关注的话题，并将其串联起来组织学术研讨活动。这促使许多学者会主动关注期刊的栏目设置、选题策划，并有针对性地发表自己的相应观点，形成良性互动。可以说，传统的学术期刊作为重要的理论中介，串联起了作者、读者、话题等一系列与学术相关的重要元素，这也是为什么诸多学术会议会以期刊作为主办或承办单位的重要原因。但目前随着学科的专业化发展以及技术的兴起，学者可以越过期刊自租场地直接进行面对面的交流。在新冠肺炎疫情之后，这一现象变得更为普遍，学者们可以通过云视频、云会议等 App 随时随地发布学术话题、举办学术会议，在这当中，传统期刊的参与度进一步被削弱了。

第二，传统的学术研讨方式受到挑战。学者因年龄不同而在思想上产生隔阂的情况在学界普遍存在，但以往这种代际性更多表现在不同年龄段的学者关注的理论话题、运用的阐释思路及使用的理论话术不同，学者之间以文会友的方式依然是无障碍的。但以数字技术为代表的新技术的出现打破了这一平静的局面，是否掌握数字技术有时甚至已成为能够加入学术交流圈的敲门砖。首先，也是最为直接的，是否会使用电脑或智能手机就决定了你是否能够进行学术阅读及写作、能否参与学术讨论，事实上有个别资深学者就曾因电脑技术不过关，而不得不求助于他人，将其手稿转为电子版后再通过网络投递寄出，当前推广得热火朝天的视频会议模式再次成为不会使用数字技术的学者加入讨论的门槛。其次，以往文字性的学术交流多以笔谈或商榷性文章的形式发表在学术期刊，一来一往，促成话题的展开。但当前作者除了在传统刊物发表论文之外，也愈加频繁地在网络平台发声，如微信公众号、微博 V + 阅读、简书等都成了作者第一时间表达观点、点评时事的场地，加之小视频等新媒体的崛起，有不少作者还会通过慕课、哔哩哔哩等以视频的方式将思想内容呈现给大家。这种方式不仅能使读者即时读到作者的最近作品，更能在第一时间以留言或者弹幕的形式与作者交流，甚至可以在交流群中与作者直接对话。网络的发展在拓宽作者发挥场域、提升读者可选择性的同时，也拉近了双方的距离，而这是传统学术期刊所无法提供的。

第三，人们的阅读和写作习惯发生改变。人们更希望能够以快速便捷的方式即时获取有用信息，过去靠人工翻阅大量学术资料只为查找一个细小的知识点的做学问的方式正在被取代，只需找到相应的数据库点击查找，就会立即获得海量的准确的相关信息。从普遍性上来说，学者们已越来越难脱离数字技术开展学术研究和写作了。同时，数字化阅读正逐渐成为读者的主流学习方式。人们从过去通过纸质期刊阅读文章，发展至通过知网、维普等网站查阅论文，再到通过数字网络平台获取相关学术信息，数字时代的到来使读者不仅能更快捷地获取海量信息，还方便查找归类，资料的收集更具有针对性。目前有不少传统刊物也就这一问题谋求解决之道，力图以数字刊等形式在技术转型过程中占据要地，但依然困难重重。一方面，若只是将纸刊简单转为数字化刊物上传至网络，并不能从根源上解决中介性被削弱的困境；另一方面，就以往经验来看，数字化容易导致刊物的趋同化，如何能够在不抹去纸刊优势特色的情况下，运用数字化技术实现期刊的良性发展，是摆在期刊工作者面前的一个重要论题。

第四，传统期刊内部建设存在困难。简单说来就是学术编辑队伍内部存在割裂，很难兼顾好理论素养和数字技术这两个方面。首先，学术期刊编辑目前流动性仍然较高，兼职现象并不少见，因此，这类具有流动性抑或兼职的编辑积极学习数字技术的主动性并不高。同时，许多资深编辑学习融媒体新技术的意愿并不强烈，他们自身也更加适应传统的办刊模式，即使已经意识到传统期刊与媒体融合发展的必要性，但当深入具体技术学习时难免产生畏难情绪。其次，缺乏系统有效的技术学习指导。编辑工作是一份需要投入大量精力和时间的工作，学术期刊编辑不仅需要有过硬的编辑技能，更需要有良好的学术素养，需要对学科领域有十分广博且专业的认知，关注学术热点，跟进学术动态，甚至可以说，每一位编辑人员都要对他所负责的学科中的各领域有相当深入的了解，在综合性学术刊物中这一情况尤为明显，因此，要胜任这一岗位，需要进行长期的持续性的理论学习。但数字技术作为学术编辑的技能短板，目前尚缺乏专业性、持续性、系统性的培训指导，仍然以自学为主，不利于队伍的总体成长。最后，在现阶段的媒体融合中期刊难以把握发文、选文的方向。传统期刊媒体融合发展的变因之一就在于读者群发生了变化，随着刊物内容从纸本转向互联网，其读者也由过去的学者、学生群体扩大至所有兴趣爱好者，人们只需关注订阅号等信息即可阅读互动。作为杂志来说，开辟媒体融合这一发展路径的初衷便在于扩大期刊影响，因此必须考虑读者的理论兴趣偏好。但目前看来，专业性强的文章往往并不受读者关注，而科普性介绍性强、受读者欢迎的文章往往理论性较弱，并不在纸本刊物的选文范畴之内。是否需要另辟蹊径，将纸本内容与新媒体内容做一个区分，这是许多期刊工作者都在思考，但又由于操作难度较大而持观望态度的重要话题。

第五，数字指标评价下的囚徒困境。期刊评价是为推动学界理论发展而产生的一种科学的评价机制和研究方法。事实上学术评价在期刊界早已有之。过去主要是以同行评价、作者口碑、读者喜好等作为判定办刊水平的标准，自20世纪90年代起，国内先后出现了北大核心、南大核心以及中国人文社会科学核心三大评价体系，通过数字计量的方式来评价一本刊物的学术水准。目前，学界普遍接受了以学术评价体系判断刊物质量好坏的做法，但当期刊纷纷指向新媒体发展之际，评价体系如何起到正面的监督和引导作用就成为十分困难的问题。与传统期刊已经进入相对稳定的发展阶段后才引入评价机制不同，当前各期刊的媒体融合发展尚处于起步阶段，具有共识性的发展模式尚未出现，因此新的评价机制的建立无疑起到了风向标的作用。一旦机制建立得不够科学，无疑会导致众多刊物在“对标建设”的过程中忽视自身特色，陷入发展困境。尤其是对于历史较为悠久的偏重基础理论的刊物来说，其内容向新媒体转化的难度相对较大，到底是为了追求数据值上升放弃自身传统优势多刊发应用类的文章，还是保持自身特色钟情于基础理论研究，可能会是这类刊物普遍要面对的困难抉择。

三　破题之路：发展数字化综合性学术交流平台

在新技术的带动下，新媒体融合无疑是未来刊物发展的主流方向，虽然具体的路怎么走尚未有定论，但各类期刊均已在踊跃尝试且成果颇丰。我们需要考虑的是，在肯定这一共有发展路向的同时，是否能找到更贴近传统人文社科期刊自身特色，更能够发挥其传统优势来推动期刊转型、提升办刊品质的媒体融合发展方式呢？总结近年来取得的经验，解决传统人文社科期刊新媒体融合发展困境的破题之路或许在以下几个方面。

第一，依托新技术，让期刊活起来。这是当前讨论期刊未来走向的主流声音。随着技术的进步以及读写方式的改变，纸质刊物已不再囿于传统的出版传播方式，而是要借助新的技术手段进一步拓展学术交流平台。除了现在较为普遍的微信公众号平台之外，慕课、在线学术会议等方式也势必会成为未来期刊主导、参与的传播方式。做到二者的有效融合，在严把质量关的同时提高传播效率，无疑是未来期刊的发展趋向。但在这个过程中有一个容易被忽视的问题，期刊的数字化绝不等同于期刊的同一化。若罔顾期刊特色，只是将刊物转化为冷冰冰的数字模块并无益于提升刊物品质。数字化的目的就在于打破期刊中介性作用被削弱的僵局，以文章、思想为依托，使更多优秀的作者和读者凝聚在一起，共研学术话题，发挥刊物的引导力和号召力优势，把更多正向的、有深度的声音传播开来。

第二，重视选题策划，打造精品栏目。传统人文社科期刊既要有深厚的底蕴，集思想性和学术性于一身，又要有对现实问题的敏锐把握，集新颖性和灵活性于一身，选题策划无疑是打通这两条路径的最佳方案。当前有许多期刊已经充分认识到选题策划的重要性，花大力气出方案、组队伍、做宣传，将期刊的编辑主体性发挥得淋漓尽致，在收获了广泛社会影响的同时，也提升了刊物的品牌价值。选题策划的制定是办好一本杂志的核心问题，选题策划制定得科学可行，就会为杂志的稳步发展打好基础，给人以主题鲜明、轻重有度、编辑意向明晰的感觉，经过一段时间的积累便会形成刊物的自身特色，成为刊物品牌，吸引并壮大作者、读者群。[①] 如《江海学刊》的《原创学术空间》栏目，以推动马克思主义理论和人文社会科学理念创新为己任，对学界及社会建设中的重大前沿问题给予深切关注，编发了一系列有影响、有价值的学术佳作；又以《探索与争鸣》为例，该期刊借助数字化平台的宣传优势，积极地以学理化的方式对社会热点问题做深度点评，为学术刊物如何借选题策划使理论研究更接地气摸索

① 韩璞庚：《论学术理论期刊的选题策划》，《江西社会科学》2005 年第 4 期。

出一条道路。

第三，打通学科壁垒，以交叉性学术研究带动期刊发展。过去一段时间，人文学科进入了精细化发展阶段，这也是近年来专业性学术期刊异军突起的主要原因之一。近年来，随着新技术的不断涌现，人类目前的伦理观念及思维方式遭遇了前所未有的挑战，从新的视角出发，将科学与人文联系起来，多角度思考人与社会、人与技术以及人与人之间的关系将会成为未来人文社会发展的重要方向之一，与之相应，跨学科交叉性学术研究也必将是未来广泛适用于人文社会科学的重要方法。综合性人文社科期刊的特色就在于视野宏大、学科分布广，在这一基础上大力展开交叉性学术研究具有先天的优势，而专业期刊在具体学术领域的过硬的理论阐释能力也必然会为各类学术讨论提供高质量的理论支持，刊物间彼此增进合作，才能应对新时期理论阐释的新要求，才能把问题说通说透。因此，利用好现有平台，打通学科壁垒，以文论、讨论会以及其他媒体化的交流方式在以人工智能、物理学新发现等为代表开启的覆盖面广泛的领域展开更为丰富有深度的学术交流和论争，应是今后传统人文社科期刊提升刊物水平、扩大期刊影响力的重要生长点。

第四，做好平台建设，推动人文社会科学的“引进来”和“走出去”。传统人文社科期刊在相当长时间内发挥着作者与读者之间的桥梁作用，但是，若只将这一中介作用局限于一本刊物内部却显得有些狭隘了。习近平总书记在多个重要场合强调，我们要坚定“四个自信”，在哲学社会科学繁荣发展的今天，我们的理论自信、文化自信不仅要表现在对内，更应展示给外界，使更多的读者能够看到、听到、领略到我们优秀的中国故事、中国文化。过去，我国学术期刊注重吸纳海外重要学术观点，诸多有价值的话题以译文的形式被介绍入国内。随着国内学术水平的快速上升，我们的话题已经具备了向外发声的能力和价值，因此相应的传播平台也亟须建立，且在形式上应有创新性和前瞻性。我们看到一些刊物已经有了自己的探索，如编发期刊的英文版对外发行就是一种有益的尝试。但我们也需要意识到，相比于外界对中国的期望值来说，我们的努力还远远不够。期刊应跳出自己作为一本学术刊物的实体之外，把自己进一步定位为学术中介，发挥引导和沟通的作用，促进国内外学术交流。不仅要把海外优秀的思想、优秀的学者“引起来”，更要让国内主流的学术声音传出去，让我们优秀的学者能够通过更便捷、传播性更好的平台对外发声，使中国的学术形象能够得到更加生动鲜活的展示。

Abstract

Analysis and prospect of Jiangsu development (*2021*) is an important institutionalized work for Jiangsu Academy of Social Sciences to strengthen decision-making consultation service. This book includes 1 general report and 27 special reports. The special reports are divided into five parts: regional modernization, industrial development, open economy, public governance and social undertakings. Taking the economic, social and cultural development of Jiangsu in 2020 as the main line, this book combines theoretical research and data analysis to make a high-level summary and in-depth analysis of major social reality problems in Jiangsu, with comprehensive content, multiple perspectives and detailed data. It is not only a summary and prospect of Jiangsu's economic, social and cultural work, but also a scientific basis for relevant departments to improve the level of governance.

Keywords: Economy; Society; Culture; Jiangsu Province

Contents

Ⅰ General Report

Abstract: In 2020, Jiangsu's economy will undergo the great test of epidemic situation, the economy will rebound to the bottom, the growth rate will lead, the industrial structure will continue to adjust and optimize, the three growth forces will recover steadily, the new momentum will become the new force of high-quality development, the high-level Opening-up will continue to advance, and the people's livelihood will continue to improve effectively. In 2021, the world economy is expected to achieve overall recovery, but there are still many uncertain and unstable factors, and the external situation is still grim and complex. In order to Promoting Jiangsu's economic development in 2021, we suggested consider multiple scenarios, make sufficient policy and scheme reserves by classification, meet the domestic market demand, shape the first mover effect and leading advantage integrated into the domestic big cycle, strengthen the support of industrial development, consolidate the industrial foundation for building a new development pattern, cultivate and strengthen the innovation subject, and build the micro foundation of new development pattern with high quality, meanwhile to optimize the macro environment in an all-round way and create a comprehensive ecology conducive to the construction of a new development pattern.

Keywords: Examination of Plague; High Quality Development; New Development Pattern; Jiangsu

Ⅱ Special Reports

Regional Modernization

Abstract: According to the National Statistical Monitoring Index System for Building a Moderately Prosperous Society in An all-round Way, Jiangsu has achieved a good degree in general, which is reflected in the steady improvement of the realization degree, the general improvement of the quality of various major indicators, and the coordination of regional development. According to the degree of realization of the six categories of indicators, the paper systematically analyzes the decisive achievements of building a moderately prosperous society in an all-round way in Jiangsu Province and the existing weak points, and looks forward to the prospect of opening a new journey to basically realize modernization.

Keywords: All-round Well-off Society; Modernization; Jiangsu

Abstract: Six counties (cities and districts) in southern Jiangsu Province have carried out pilot projects of socialist modernization. Which is an important measure for Jiangsu Province to carry out the mission of "exploring the way for national development". Since the pilot work has been carried out for more than a year, the pilot areas have made remarkable achievements in exploring the connotation of socialist modernization construction, high-quality development path and system and mechanism reform by paying attention to organizational leadership, planning guidance, dynamic tracking and policy empowerment. However, there are still some problems, and we need to take targeted measures to promote the successful completion of the pilot modernization work Officials: first, focus on "reinforcing the weak points"; second, focus on improving the pilot evaluation index system; finally, focus on strengthening the reform and innovation of the system and mechanism.

Keywords: Socialist Modernization; Pilot; Southern Jiangsu Province

Building Beautiful Jiangsu during the "14th Five-year Plan": Goals, Tasks and Policy Tools

Abstract: Since the 19th National Congress of CCP, 2017, Jiangsu has made remarkable achievements in upgrading industries, building beautiful cities, developing green recycle economy, and constructing Yangtze River Economic Belt. The project Building Beautiful Jiangsu (BBJ) mainly focuses on enhancing space layout, building beautiful cities, building beautiful countryside, cultivating the brand of water town culture, and strengthening the workforce overall. However, there are still some issues that needs to be addressed, 1) the hard constraining conditions of environment and resources as well as limited ecological carrying capacities, 2) the paradox between heavy chemical industry and green development, and 3) the shortages of funding, infrastructures and human resources. This study proposes the following policy advices, 1) designing mechanisms for ecological compensation, 2) introducing market mechanisms to encourage public participation, 3) promoting new model of modernization in countryside, and 4) paving the way for multi-in-one plans.

Keywords: Ecological Environments; Livable Cities; Countryside; Building Beautiful Jiangsu

Research on the Difficulties and Countermeasures of a Well-off Society in Rural Areas of Northern Jiangsu

Miao Guo / 075

Abstract: Persevering in poverty alleviation and achieving the goal of building a moderately prosperous society in all respects is the solemn commitment of our party. The key to a comprehensive well-off in Jiangsu lies in northern Jiangsu, and the weak point in northern Jiangsu lies in the rural areas. In recent years, the northern Jiangsu area has strengthened the organization and leadership of rural poverty alleviation work, increased the level of poverty alleviation project construction and public service investment, increased policy publicity and supervision work, and through grasping the market, launching projects, excellent services, expanding investment, etc. We have done everything possible to increase the income of the poor, and the poverty alleviation work has achieved remarkable results. At the same time, there are also insufficient endogenous motivations for high-quality development and a high level of comprehensive well-off. The foundation for poverty alleviation of rural low-income families is not yet strong, and the ability of "targeted poverty alleviation" to continuously increase income is not strong. Problems such as prominent contradictions and insufficient attention by relatively poor groups.

Keywords: All-round Well-off; Relative Poverty; Rural Areas in Northern Jiangsu

On the Status, Prospect and Countermeasures of Nanjing-Zhenjiang-Yangzhou and Suzhou-Wuxi-Changzhou Metropolitan Integration

Du Yuwei, Guan Shu / 087

Abstract: The integration development of Nanjing-Zhenjiang-Yangzhou and Suzhou-Wuxi-Changzhou metropolitan areas is an important way and key step for Jiangsu to integrate into the national strategy of Yangtze River Delta regional integration. Based on the related theories of metropolitan integration, the paper firstly reveals the problems existing in the integration of transportation infrastructure, the division of industrial structure between cities, the unified opening of the big market and the cooperation and coordination between cities, and puts forward the corresponding improvement direction. Then, on the basis of setting the overall and specific development goals of the two metropolitan areas, the paper brings forth the basic ideas for metropolitan integration, in terms of coordinating the interest relationship, improving the governance mechanism, clarifying the city orientation, and grabbing the institutional bonus. Finally, the countermeasures for Nanjing-Zhenjiang-Yangzhou and Suzhou-Wuxi-Changzhou metropolitan integration are put forward, related to strengthening the planning convergence, improving the infrastructure integration, optimizing the industrial system and spatial distribution, constructing the mechanism of resource sharing and policy coordination, and strengthening the institutional guarantee of integration.

Keywords: Nanjing-Zhenjiang-Yangzhou; Suzhou-Wuxi-Changzhou; Metropolitan Integration; City

Studying the Thoughts and Countermeasures of Cultivating & Strengthening the Innovation Subjects of Jiangsu Province During the Period of "The 14th Five-Year Plan"

Zhao Jinchun, Shen Hongting / 107

Abstract: This paper systematically had analyzed the policy measures and achievements of Jiangsu Province in cultivating and strengthening innovation subjects and study and judged the problems existing in cultivating and strengthening innovation subjects in Jiangsu Province and clarified the key areas and main directions of cultivating and strengthening innovation subjects in Jiangsu Province during the "The 14th Five-Year Plan" period. This paper had shown under the condition of multiple policy supports and encouragements, Jiangsu innovation subjects had made remarkable progress in the number of institutions, the quality of R&D personnel, and the quality and efficiency of innovation carriers. However, there were still some shortcomings in the " Industry University Research " integration, High quality institutions and Talents Gathering, innovation incentive mechanisms and investment and financing systems. In the future, Jiangsu should focus on deepening the reform and innovation of systems and mechanisms in the aspects of subjects' cultivation, professional talents, innovation platform and innovation mechanism, as well as, enhancing the effectiveness of cultivating and strengthening innovation subjects so as to play the roles of innovation subjects in Jiangsu's economic development.

Keywords: "The 14th Five-Year Plan"; Innovation Subjects; Jiangsu

Industry Development

Research on Development Opportunities, Challenges and Improvement Strategies of New Infrastructure in Jiangsu Province

Abstract: The development of new infrastructure in science and technology, related to whether a country can occupy the commanding heights of the world's scientific and technological development and economic development, has a very important strategic significance. As an economically developed region, In order to further accelerate industrial transformation and high-quality development, Jiangsu should combine the characteristics of new infrastructure and the actual situation of Jiangsu province, highlight the key points, make full use of advantages and avoid disadvantages, speed up the promotion, and strive for greater development space and opportunities. Based on the basic theory of new infrastructure to promote economic and social development and combining with Jiangsu's current development situation, this paper expounds the development opportunities and challenges brought by the new infrastructure to Jiangsu from five aspects: first, urbanization, second, modern agriculture, third, industrial upgrading, fourth, enterprise transformation and fifth, efficient innovation and entrepreneurship platform. Try to build a more systematic and more complete practice frame of policy system, and discuss the development and improvement strategy of Jiangsu new infrastructure.

Keywords: New Infrastructure; Urbanization; Upgrade Industries; Jiangsu

The Study about Advancing the Industrial Basis and Modernizing the Industrial Chains in Jiangsu Province

Abstract: To form the best ratio among the three industries and to construct positive relationships between manufacture and services are two relations to be handled in order to improve the industrial basis in Jiangsu. The main questions about the advanced industrial basis lie in the two relations above mentioned which can not be resolved. Modernization of the industrial chains in Jiangsu should be one of the high-quality development of its manufacture, and enough experiences in OEM will become the base on improving Jiangsu's industrial chains. According to these questions and present situations, Jiangsu needs to reform its ways of thinking, strategic decisions, markets of productive factors, and so on.

Keywords: Industrial Basis ; Industrial Chains; High-quality Development; Jiangsu

Abstract: Private economy plays an important role in Jiangsu. At the first stage of the outbreak of COVID-19, the private economy was seriously damaged, but in the medium term, it rebounded strongly and entered a stable recovery stage. The impact on different industries is not the same. The impact on traditional industries and labor-intensive industries is greater than that on new-technology industries. After the outbreak of the COVID-19, governments and public departments in Jiangsu Province quickly responded and issued a series of supporting policies, which helped private enterprises to resume work and production and successfully tide over the epidemic. The epidemic situation has a dual impact on the future development of the private economy. It will not only cause great challenges, but can also promote the transformation and upgrading of the private economy. Jiangsu should actively learn from other developed provinces and regions, introduce supporting policies in financing, tax reduction, employment stability, operating cost reduction, and scientific and technological innovation, so as to promote the joint efforts of various departments and regions, and provide strong support for the sustained and stable development of private economy.

Keywords: Private Economy; COVID-19; Supporting Policies; Jiangsu

Evaluation and Promotion Strategy of Agricultural and Rural Economic Modernization in Jiangsu Province *Cao Mingxia*, *Gu Chunlei* / 163

Abstract: Agricultural and rural modernization is an important part of national modernization. As a pilot province of cooperation with the Ministry of agriculture and rural areas, Jiangsu is exploring a new way for the development of national agricultural and rural modernization. Therefore, exploring the connotation and characteristics of agricultural and rural modernization, building a scientific and reasonable evaluation index system and selecting appropriate evaluation methods are the first to explore the connotation and characteristics of agricultural and rural modernization. Based on the construction of evaluation index system, the development level of agricultural and rural modernization in Jiangsu Province from 2017 to 2019 is evaluated. The results show that the overall level of agricultural and rural modernization in Jiangsu Province is relatively high, and the development level of rural modernization is more prominent, but the development degree of each evaluation index is quite different. It is suggested that Jiangsu should lay a solid foundation, stimulate endogenous power and adhere to the direction of green development in the management and protection of agricultural and rural infrastructure and basic public service facilities, innovation and entrepreneurship and transformation of scientific and technological achievements, ecological environment governance and protection, and the connection mechanism between small farmers and large markets.

Keywords: Agricultural and Rural Areas; Modernization; Jiangsu

Abstract: Jiangsu Province has never relaxed the construction of food security. In recent years, the comprehensive production, processing and sales capacity of grain have been significantly improved, and the level of collection and storage service and management systems have been significantly enhanced. These achievements were inseparable from the strong support of system, talent, and finance, as well as the continuous improvement of brand, quality and technology. Facing the complex and changeable macro environment at home and abroad, we should fully grasp the major opportunities such as reshaping the international structure, superimposing national strategies, and transforming the grain industry, and actively respond to the crisis challenges such as trade protection, imbalance between supply and demand, single structure, regional differences and resource constraints. During the "14th Five-Year plan" period, it is necessary to set up the development ideas of global strategic balance goal, encourage nutrition and health consumption, enhance industrial competitiveness, and strengthen emergency early warning security. In order to promote the high-quality development of grain industry, it puts up some suggestions, which include to improve effective supply, expand industrial economy, promote innovation, implement precise support and improve macro-control, and so on.

Keywords: Food Security; High Quality Development; Grain Industry Economy; Emergency Security System

Open Economy

Abstract: General secretary Xi Jinping pointed out that the construction of free trade pilot zone is a strategic move of the CPC Central Committee in promoting reform and opening up in the new era, and is a milestone in the process of reform and opening up. Since established, Jiangsu pilot Free Trade Zone has thoroughly implemented the policy decision and deployment of the Party Central Committee and the State Council, the work requirements of the provincial Party committee and the provincial government. Centering on the strategic orientationof "building an antecedent area of open economic development, a demonstration zone for innovation and development of the real economy and industrial transformation and upgrading", the pilot free trade zone is guided by emancipating the mind, driven by reform and opening up, taking system innovation as the core, guided by the needs of enterprises, highlighted the differential exploration, strengthened the system integration. The high quality development of Jiangsu pilot free trade zone is in the forefront of the country, and has accomplished the expected mission excellently, which lays a solid foundation for the next step of innovation and development.

Keywords: Pilot Free Trade Zone; System Innovation; High Quality Development; Jiangsu

The Development, Features and Countermeasures of Jiangsu's International Trade and FDI under the COVID-19 Impact

Zhang Yuanpeng, Cao Xiaolei / 200

Abstract: The domestic and international situations undergo complex and profound changes. The United States launched the trade war against China in 2018. The conflict between China and the United States is deepening. The COVID-19 outbreak and spread all over the world in 2020, which brings unprecedented impact on the world economy. The negative effects transfer between countries through market demand, global supply chains, logistics chains, finance chains. The COVID-19 also has deep impact on Jiangsu open economy.

After the COVID-19 is under control, Jiangsu enterprises quickly return to work and production. In spite of the foreign trade import and export rise and fall, the recovery is obvious in the recent months. The FDI of Jiangsu grows against the wind. The total volume increased steadily and the structure continued to be optimized. The Pandemic second wave has come and in the short term it is difficult to control the spread of the epidemic, we suggest that continue to encourage the extended export of the epidemic prevention products and home products, and video products, encourage international trade enterprises to develop online trade, key components, energy, agricultural imports will be expanded till a suitable amount, promoting the government construction of the rule of law, further optimize the business environment.

Keywords: Foreign Trade; FDI; the COVID -19; Global Supply Chain; Jiangsu

Abstract: Over the past 40 years of reform and opening up, Jiangsu has become a leading open economy and manufacturing province by actively opening up and integrating into the international circulation, and actively utilizing the capital effect, trade effect and technology spillover effect of foreign investment. At present, the century great changes encounters the century pandemic, which accelerated the development of the international political and economic structure. Promoting the formation of a new development pattern with the main domestic cycle as the main body and the international double circulation promoting each other is a major long-term strategic judgment made by the Central Committee of the CPC with Comrade Xi Jinping as the core, which is at the right time according to the development stages, conditions and changes in the international environment in China. It's also the new starting point of high quality development of Jiangsu's open economy. In the new stage of development, Jiangsu should actively updated its development ideas, follow the trend of competitive advantage change from low-cost elements to a complete supply chain system and domestic super large-scale market, and supports "external circulation" with "internal circulation", drives "internalcirculation" with "external circulation", and promotes the transformation of open development from "made in Jiangsu" to "intelligent manufacturing in Jiangsu" and "innovation in Jiangsu". We should build Jiangsu innovation chain by opening up domestically, lay out future industries such as digital economy, deepen the opening up of service industry, promote the coordinated development with the opening up of manufacturing industry, strengthen the open cooperation based on market rules and the construction of regional industrial chain supply chain with developed countries such as Europe and the United States, and build the pilot free trade zone as a strong link of dual Circulation.

Keywords: Dual Circulation; Foreign investment; Service Industry; Jiangsu

Public Governance

Abstract: the COVID-19 epidemic is a major public health emergency, and the fight against the epidemic is a comprehensive test of the national governance system and governance capacity. Jiangsu Province has made remarkable achievements in the prevention and control of public health emergencies by timely initiating response to public health emergencies, building an epidemic defense line for early detection of cases, and paying close attention to the management of epidemic prevention and control. In the process of response, there are also problems in the major epidemic prevention and control system and mechanism: first, the early warning and evaluation of public health emergencies are not timely and accurate; second, the core competence of CDC in emergency management needs to be improved; third, the imperfect public health anti epidemic system affects the "wartime" prevention and control function; fourth, it is urgent to strengthen the system construction of health events; fifth, the response mechanism and coordination mechanism under abnormal conditions are not perfect. In view of the above problems, the suggestions are as follows: first, to establish the concept and guidance of "big public health"; second, to build a new public health safety prevention and control network; third, to improve the operational efficiency of public health emergency system; fourth, to strengthen the core capacity construction of disease control institutions.

Keywords: Emergency; Public Health; Emergency Management

Abstract: The risks of modernization of production safety management in Jiangsu Province are as follows: continuous growth of transportation safety risks; frequent occurrence of dangerous chemical safety risks; relatively concentrated safety risks of mining and excavation; long alarm bell of metallurgical industry and trade safety risks; wide range of construction safety risks; well prepared oil and gas pipeline safety risks; complex fire safety risk environment. It is urgent to promote the modernization of work safety governance: firstly, construct the responsibility systems ; secondly, smooth the implementation mechanisms; thirdly, consolidate the basic foundations; fourthly, advance the key points; fifthly, compact the main responsibility; the sixth is to implement special rectification in key areas; the seventh is to improve the emergency response mechanism; lastly, Improve the multiple co-governance mechanisms.

Keywords: Production Safety; Security Risk; Governance Modernization; Jiangsu

Abstract: The construction of the cultural belt of the Grand Canal in Jiangsu puts forward the goal of "three corridors". At present, the quality of ecological environment along the Jiangsu section of the Grand Canal has been significantly improved; the water quality and shoreline environment of the Grand Canal have been significantly improved by the south to North Water Diversion project. While the environmental treatment of the Grand Canal in Jiangsu Province has made some achievements, there are still some obvious problems, mainly manifested in the heavy pollution load of the main stream, which makes it difficult to control; the water quality in the tributaries is low, which makes it difficult to control; the development and utilization of shoreline resources are not balanced, and management and protection have not yet formed a joint force. In view of a series of environmental problems, the environmental governance along the Grand Canal in Jiangsu should adhere to six major points: first, strengthen the control of ecological space; second, focus on the construction of green ecological corridor; third, repair the natural ecosystem; fourth, emphasize the treatment of water pollution in the basin; fifth, improve the ability to cope with ecological risks; sixth, strengthen the modernization of governance capacity and methods. The relevant countermeasures include: Innovating the planting mode along the line and the surrounding natural ecosystem; attaching importance to the waterfront ecological landscape design and systematically planning the ecological space along the river; improving the riparian environment and shaping the hydrophilic space; strictly implementing the river length system to effectively protect the ecological environment of the Grand Canal; promoting the integrated protection and restoration of mountains, rivers, fields, lakes and grasses along the Grand Canal;

and carrying out environmental monitoring and assessment To establish the ecological environment early warning mechanism of the Grand Canal, formulate the protection plan of " one lake and one policy", promote the ecological construction of key areas, and accelerate the modernization of regional environmental governance of the Grand Canal.

Keywords: Jiangsu Section of Grand Canal; Environmental Governance; Protection and Restoration

Abstract: The community governance in the concentrated resettlement area of rural residents is the key area to realize the modernization of rural governance. With the inherent requirements of urbanization and agricultural scale, the scale of rural centralized resettlement in Jiangsu Province is expanding day by day. At present, the community governance of rural centralized resettlement areas in the province mainly focuses on the leadership of Party building, diversified participation, standard service, optimization of structure and cultural construction, and actively carries out governance innovation. But in this process, the governance of rural centralized resettlement community also exposed some problems, such as the governance subject positioning is not clear enough, the operation mechanism is not smooth enough, the community residents' collective consciousness and sense of belonging are missing. Based on the problems, this paper puts forward some countermeasures and suggestions, such as defining the main role of community governance, deepening the reform of social governance mechanism, and strengthening the construction of community governance culture.

Keywords: Rural; Centralized Resettlement ; Community Governance

The Current Situation, Problems and Suggestions of the Construction of Charity Law in Jiangsu Province

Qian Ningfeng / 273

Abstract: the construction of the rule of law of charity in Jiangsu Province starts from legislation, and gradually expands to various fields of charity, forming a charity legal system with the characteristics of Jiangsu Province. The specific manifestations are: the legislation of charity tends to be comprehensive; the rules of charity law enforcement are constantly refined; the work of cracking down on crimes in the field of charity is strengthened; and the law popularization of charity is strengthened. Although Jiangsu Province has always attached great importance to the legal construction of charity, it still needs to pay more attention to this work. One is to improve the charity system under the framework of charity legislation. Second, strengthen the supervision of charity. Third, strengthen the charity law enforcement activities. The fourth is to improve the legal procedure of charity. The fifth is to strengthen the evaluation system of charity.

Keywords: Charity; Rule of Law Construction; Jiangsu

The Current State and the Way to Make Progress of the Education for the History of CPC and PRC to the Cadres and Mass in Jiangsu Province

Cui Wei / 287

Abstract: The central committee of CPC with comrade Xi Jinping as the core attaches great importance to the ideology work. The education of the history of CPC and PRC to the cadres and mass is an important part of the work. The party's 5th session of the 19th central committee provides the new momentum. The CPC Jiangsu Provincial committee totally carries out general secretary Xi's instruction, arranging and implementing the work in the whole province completely, which has made great progress. At the time that the 100th anniversary of the establishment of CPC and finishing building the moderately prosperous society, we should summarize the experience, consolidate our achievements, draw lessons from other domestic provinces to make this important work in Jiangsu province suit the new situation and continue to go further at the higher starting point.

Keywords: Ideology; the Education of the History of CPC and PRC; The Cadres and Mass; Jiangsu

Abstract: The secretary of rural area CPC branch is the leader of Rural Revitalization and the key group to implement the strategy of Rural Revitalization. In recent years, Jiangsu have strengthened the construction of rural area CPC branch, constantly optimized the team structure, improved the governance ability, strengthened the standardized level of management, and stimulated the vitality of the team, which effectively promoted the process of Rural Revitalization in Jiangsu. Nevertheless Jiangsu is also facing a series of new challenges in the new period, it still have to strengthen the construction of secretary of rural area CPC branch from strengthening of leadership, building mechanism and improving ability.

Keywords: Rural Revitalization; Secretary of Rural Area CPC Branch; Jiangsu

Social and Cultural Undertakings

An Analysis of the Employment Situation in Jiangsu Province under the Current Complex Situation and the Research on the Coping Strategies *Zhang Chunlong* / 309

Abstract: In recent years, with the changes of some internal and external factors in the process of China's economic and social development, especially the Sino US trade friction and the normalization of the new epidemic situation in the world, Jiangsu's employment is facing unprecedented challenges. In the first few months of 2020, Jiangsu was initially affected by the epidemic situation, and the employment situation was extremely grim. However, the situation of employment in China has gradually improved. Even so, with the development trend of international uncertainty and the domestic economic transformation and upgrading, Jiangsu still faces some pressure on employment, mainly the overall decline of the total labor force, the mismatch between the overall quality of labor force and the development of new economy and new formats, and the weak decline in the attraction of talents. To cope with the complex situation of employment, we should deepen the mass entrepreneurship and innovation to form a new employment mechanism and new kinetic energy; increase efforts to assist and stabilize jobs to help small, medium and micro enterprises to tide over difficulties; expand new employment channels, flexible employment according to some new formats and new occupations; further provide support for individual workers and create a good operating environment; innovative forms, comprehensive and accurate construction of employment service system.

Keywords: Employment Situation; Economic Transition; Jiangsu

The Problems and Countermeasures in the Modernization of Basic Education in Jiangsu

Han Hailang / 325

Abstract: Basic education in Jiangsu developed steadily in 13th five-year period. The fast scale expansion of preschool education, the balanced development and quality improvement of compulsory education, the curriculum reform in senior high school education aiming at the new plan of College Entrance Examination in Jiangsu. The modernization of governance system and capacity made new progress. The insufficient financial input, slow progress in the balanced development and quality improvement are the main problems at present, and also will be in 14th five-year period. The Countermeasures in deepening the reform of system and mechanism include following three aspects: institutionalization of financial input, perfecting system of urban-rural Integration and high-quality equilibrium in compulsory education, and establishing and perfecting the quality guarantee mechanism in basic education.

Keywords: Basic Education; Modernization; Balanced Development; Jiangsu

Innovation and Development of Basic Pension Insurance for Urban and Rural Residents in Jiangsu Province

Hu Pingfeng, *Chen Rui* / 339

Abstract: Basic pension insurance for urban and rural residents of Jiangsu has its own characteristics and achieved remarkable results, whether it is a provincial or municipal policy. However, it is facing the challenges of aging of the insured and the gradual reduction of the proportion of individual payment. In the case of the saturation of the insurance rate, improving the level of individual payment is the only way to establish a virtuous cycle of the system. Some cities have made some explorations in improving the level of urban and rural pension insurance payment.

Refining and improving these practices can explore a way out for Jiangsu to comprehensively improve the level of urban and rural pension insurance payment. Firstly, setting upthe "inverted L" type government payment subsidy structure, exploring the individual account incentive pension system, and improving the incentive effect of government subsidies from two aspects of improving the payment income and changing the income structure results. Secondly, improving and promoting the pledge interest free loan system to relieve the residents' worries about raising the payment. Then, change the default payment level, enhance the residents' trust, and guide the residents to increase the payment from the psychological level.

Keywords: Basic Pension Insurance for Urban and Rural Residents; Policy Innovation; Jiangsu

Abstract: In recent years, China has taken a string of measures and polices to ensure job creation by safeguarding and utilizing intangible cultural heritages. These policies complement each other and play an important role in practice, which helps us achieved a lot in stabilizing employment in China. In the future, we will improve the concerning policymaking in several aspects, such as paying more attention to specific item of intangible cultural heritage and its utilization, making more preferential tax policies and other policies for job creation in safeguarding intangible cultural heritage, improving the creative capability of the cultural industry of intangible cultural heritage and setting up restriction mechanism for the utilization of intangible cultural heritage.

Keywords: Intangible Cultural Heritage; Job Creation; Culture Consumption

Abstract: The construction of new think tanks in Jiangsu Province has achieved initial results. The number of think tanks is increasing and their influences are gradually increasing. However, the development of new modern think tanks are also facing some challenges, including few high-end think tanks, few well-known think tank experts, few think tank research results that have a global and far-reaching impact on Jiangsu and even the whole country, and there are few think tank brands in the whole country and even in the world, which do not match Jiangsu as a major province of economic and social development and social science research, and the construction of new modern banks still has a long way to go. Jiangsu should to further integrate think tank resources, rationalize the management system, optimize the evaluation mechanism, and create a legal and policy environment for participating in public policy agenda.

Keywords: Think Tanks; Think Tank Talents; Think Tank Management; Jiangsu

Abstract: Traditional humanities and social sciences journals are one of the important platforms for philosophical and social sciences. They have made a very important contribution to the development of humanities in China. However, they have encountered some universal new situations and problems now. The problem centers on the area of media convergence in journals. With the rapid development of network information technology, internet-based academic activities such as cloud learning and cloud conference have gradually become more popular means of communication within the discipline. Publishing academic articles and expounding academic opinions through WeChat official accounts, Weibo subscription accounts and other platforms has also become an important way of academic communication. As an important platform for academic exchanges, the traditional humanities and social sciences journals have felt the crisis. The common idea of academic journals is to break the outdated idea of running journals, embrace new technologies and integrate new media. We should actively promote the media convergence development of Journals. The key point of our solution is to promote interdisciplinary research, attach importance to topic selection and planning, build a convenient academic exchange platform, and spread excellent Chinese theories.

Keywords: Traditional Humanities and Social Sciences Journals; Interdisciplinary Research; The Intermediary; Academic Theory "Going Out"